Vahlens Handbücher
der Wirtschafts- und Sozialwissenschaften

Finanzwissenschaft I

Rechtfertigung der Staatstätigkeit

von

Prof. Dr. Dietmar Wellisch

unter Mitarbeit von

Dipl.-Volkswirt Ulrich Hange

Verlag Franz Vahlen München

Die Deutsche Bibliothek – CIP-Einheitsaufnahme

Wellisch, Dietmar:
Finanzwissenschaft / von Dietmar Wellisch. – München :
Vahlen (Vahlens Handbücher der Wirtschafts- und Sozialwissenschaften)
1. Rechtfertigung der Staatstätigkeit / unter Mitarb. von Ulrich Hange. – 1999
ISBN 3 8006 2500 8

ISBN 3 8006 2500 8

Satz: DTP-Vorlagen der Autoren
Druck und Bindung: C. H. Beck'sche Buchdruckerei, Nördlingen
Gedruckt auf säurefreiem, alterungsbeständigem Papier
(hergestellt aus chlorfrei gebleichtem Zellstoff)

Vorwort

Das vorliegende Werk zur Finanzwissenschaft umfaßt drei Bände, Finanzwissenschaft I: *Rechtfertigung der Staatstätigkeit*, Finanzwissenschaft II: *Theorie der Besteuerung* und Finanzwissenschaft III: *Staatsverschuldung*. Es geht auf eine Vorlesungsreihe zurück, die ich seit vier Jahren an der Universität Dresden abhalte. Der gewählte Aufbau dieser Bände soll das Verständnis für finanzwissenschaftliche Problemstellungen erleichtern. Ihm liegt ein normativer Ansatz zugrunde, der der Einsicht folgt, daß man zunächst die Aktivitäten des Staates als solche in einer marktwirtschaftlichen Ordnung rechtfertigen und somit den Bereich staatlicher Aufgaben festlegen muß, bevor man Fragen der Wirkungsweise öffentlicher Ausgaben und deren Finanzierung erörtern kann. Deshalb stehen im vorliegenden Band Finanzwissenschaft I Marktversagensgründe im Vordergrund der Betrachtung. Immer dann, wenn der Markt - selbst unter idealen Bedingungen - allokative Verzerrungen oder eine nicht erwünschte Einkommens- und Vermögensverteilung hervorbringt, besteht eine potentielle Rolle für einen korrigierenden Staatseingriff. Die Rolle des Staates kann in solchen Fällen jedoch nur potentiell sein, da die Unvollkommenheiten des Marktes mit den immanenten Defiziten staatlichen Handelns infolge einer ausufernden Bürokratie und mangelnder Leistungsanreize der staatlichen Entscheidungsträger verglichen werden müssen. Nur wenn die Marktunvollkommenheit schwerer wiegt, läßt sich ein staatlicher Eingriff oder die staatliche Übernahme bestimmter Aufgaben tatsächlich rechtfertigen. Der Band Finanzwissenschaft II: *Theorie der Besteuerung* geht von der so bestimmten Festlegung des öffentlichen Aufgabenbereichs und der damit determinierten Ausgaben aus und beschäftigt sich mit der Frage, wie öffentliche Ausgaben möglichst effizient und gerecht durch Steuern finanziert werden können. Schließlich thematisiert der Band Finanzwissenschaft III: *Staatsverschuldung* eine vermeintlich zweite Möglichkeit, Staatsausgaben zu finanzieren - die öffentliche Neuverschuldung. Es werden dabei insbesondere die Verteilungswirkungen der staatlichen Verschuldungspolitik zwischen den Generationen hervorgehoben. Auch werden Fragen der staatlichen Alterssicherungspolitik, die in ihren Verteilungswirkungen sehr ähnlich ist, angesprochen.

Ich möchte mich an dieser Stelle ausdrücklich bei meinen wissenschaftlichen Mitarbeitern Frau Diplom-Volkswirtin Elke Baumann, Herrn Diplom-Volkswirt Ulrich Hange, Herrn Diplom-Volkswirt Jörg Hülshorst und Herrn Diplom-Volkswirt Jörg Kroschel für die umfangreiche Unterstützung bedanken, die ich bei der Erstellung der Buchmanuskripte erfahren habe. Ohne ihre Hilfe wäre es mir nicht gelungen, dieses Werk innerhalb einer recht kurzen Zeit vorzulegen.

Gewidmet sind diese drei Bände meiner lieben Frau Dorothee und unserem kleinen Sohn Moritz.

Dresden, im September 1999 Dietmar Wellisch

Inhaltsverzeichnis

Kapitel 1

Eine Einführung

Der Staat spielt in allen modernen Industrienationen eine bedeutende Rolle. Durch Steuer- und Ausgabenpolitik, Regulierungs- und Umverteilungsmaßnahmen greift er in die ökonomischen Handlungsspielräume der privaten Haushalte und Unternehmen ein. Um eine Vorstellung zu gewinnen, wieviele Ressourcen in einer modernen Volkswirtschaft durch die Hände der Staates laufen, betrachten wir Abbildung 1.1.

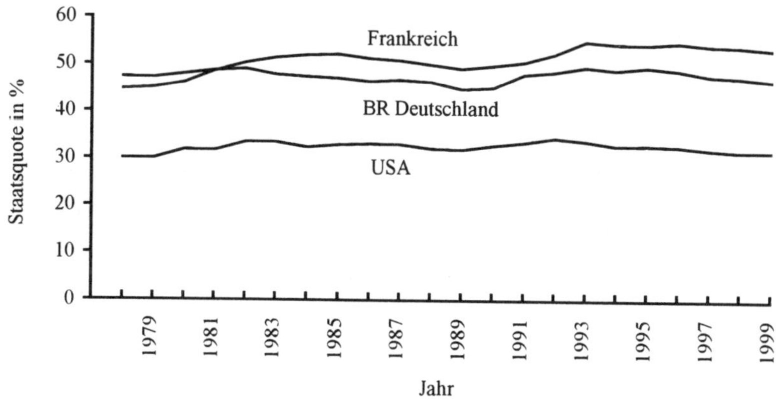

Schätzungen für 1998 und 1999.
Bundesrepublik Deutschland: ab 1991 inkl. neue Bundesländer, ab 1994 inkl. Deutsche Bahn Vermögen, ab 1995 inkl. Erblastentilgungsfonds.

Quelle: OECD (1996, 1998).

Abb. 1.1: Staatsquoten im Vergleich

In dieser Graphik ist die Entwicklung der Staatsausgaben im Verhältnis zum Bruttoinlandsprodukt, die sogenannte Staatsquote, der Bundesrepublik Deutschland, Frankreichs und der USA für den Zeitraum 1978–1999 dargestellt. Die **Staatsquote** liegt in diesen Ländern zwischen 30 und 55 Prozent. Während der Anteil der Ausgaben des öffentlichen Sektors am Bruttoinlandsprodukt in den USA relativ gering ist, beträgt er in Frankreich und in der BR Deutschland gut fünfzig Prozent. Ohne die großen Unterschiede erklären zu wollen, fällt auf, daß in diesen drei Ländern die Staatsquote relativ konstant blieb. Allein der Umfang des Anteils der Staatsausgaben am Bruttoinlandsprodukt ist Grund genug, sich mit dem öffentlichen Sektor als Akteur in einer Volkswirtschaft zu beschäftigen.

Welche Rollen übernimmt der Staat in modernen Industrienationen? Neben der Schaffung und Aufrechterhaltung der **Rechtsordnung** und der unmittelbaren **Beaufsichtigung** von Unternehmen durch verschiedene Aufsichtsbehörden, z.B. zur Einhaltung von Wettbewerbsbestimmungen und Umweltauflagen, greift der öffentliche Sektor auch direkt in das Marktgeschehen ein. Er tritt als Unternehmer auf und bietet Güter und Dienstleistungen an. So betreibt der Staat in vielen Ländern Telekommunikationsgesellschaften, die Eisenbahn und einen Teil des Rundfunks und Fernsehens. Ebenso besitzt er Anteile an vielen privaten Unternehmen wie z.B. an Energiebetrieben und Luftfahrtgesellschaften. Daneben tritt er als Nachfrager auf und kauft Güter und Dienstleistungen, um Polizei und Militär auszurüsten oder Krankenhäuser, Schulen und Universitäten auszustatten. Schließlich betreibt er eine massive **Einkommensumverteilung** insbesondere durch die staatlichen Sozialversicherungssysteme und die Sozialfürsorge. Die Tatsache, daß der Staat in vielerlei Hinsicht in das Marktgeschehen eingreift, provoziert drei Fragen:

- Welche ökonomischen Wirkungen besitzen diese Eingriffe?
- Warum greift der Staat in das Marktgeschehen ein?
- Warum soll der Staat in das Marktgeschehen eingreifen?

Betrachten wir als Beispiel die Diskussion über die Einführung einer Energiesteuer. Zunächst können wir untersuchen, welche Folgen diese Maßnahme besitzt: Wird durch die Einführung einer Energiesteuer die Beschäftigung erhöht oder gesenkt? Werden sich die Preise erhöhen? Wie ändert sich die Produktionsstruktur in der Volkswirtschaft? Die Beantwortung derartiger Fragen zeigt uns die ökonomischen Wirkungen der staatlichen Maßnahme auf. Wenn wir wissen, wer in welcher Weise von der Einführung einer Energiesteuer betroffen wird, dann können wir bestimmen, welche Gruppen in der Volkswirtschaft gewinnen und welche verlieren. Die unterschiedlichen Interessen der einzelnen Gruppen beeinflussen die Chancen für eine mögliche Einführung einer Energiesteuer. Wie in einem politischen Prozeß eine kollektive Entscheidung endgültig gefällt wird, ist Gegenstand der Politischen Ökonomik. Sie versucht zu erklären, warum der Staat tätig wird.

Der Analyse der Folgen und der Entscheidungsfindung ist gemeinsam, daß ihre Untersuchung ohne eine Bewertung erfolgt. Es ist nicht ihre Aufgabe, den gesellschaftlichen Wert der Einführung einer Energiesteuer zu beurteilen. Wenn wir aber erklären wollen, warum der Staat tätig werden soll, müssen wir zunächst eine Vorstellung davon gewinnen, was wünschenswert ist und was nicht. Hierfür benötigen wir Normen. Deswegen nennen wir die Untersuchung der Frage, warum der Staat eingreifen soll, auch **normative** Analyse. Dagegen nennen wir die Untersuchung der Folgen und die Beschreibung der politischen Entscheidungsfindung eine **positive** Analyse. In diesem Manuskript werden wir vor allem nach Erklärungen suchen, warum ein Staatseingriff wünschenwert ist. Für diese normative Analyse benötigen wir natürlich auch die Methoden der positiven Theorie. Denn um beurteilen zu können, ob eine staatliche Maßnahme geeignet ist, ein Ziel in erwünschter Weise zu erreichen, müssen wir zuerst die Folgen des Staatseingriffs kennen. Ein normative Analyse ist ohne die positive Theorie nicht denkbar.

Bevor wir mit den Ausführungen beginnen, sei die Vorgehensweise kurz dargestellt. In Kapitel 2 werden wir zunächst untersuchen, wie die Ressourcenallokation in einer dezentral organisierten Marktwirtschaft ohne staatlichen Sektor funktioniert. Wie wir sehen werden, sichert der Preismechanismus des Marktes unter ganz bestimmten Umständen einen von vielen als wünschenswert angesehenen Zustand. Diesen Zustand nennen wir effizient. Wir werden in Kapitel 2 zunächst den Begriff „Effizienz“ definieren und die Bedingungen für einen effizienten Zustand genauer bestimmen. Wenn der Markt aber eine effiziente Ressourcenallokation hervorbringt, warum soll der Staat überhaupt eingreifen? Wir werden zwei Begründungen geben: Zum einen sichert der Markt nur unter ganz bestimmten Umständen eine effiziente Allokation. Sind eine oder mehrere dieser Bedingungen verletzt, so versagt der Markt. Wir können dann einen Staatseingriff als einen Mechanismus zur Überwindung der Marktfehler begründen. Zum anderen sichert das Kriterium der Effizienz im allgemeinen noch nicht diejenige Einkommensverteilung, die von vielen als erwünscht oder gerecht angesehen wird. Dieser Umstand liefert uns eine zweite Begründung für einen Staatseingriff.

In den Kapiteln 3 bis 6 beschäftigen wir uns ausführlich mit einigen Problemen, die aufgrund verschiedener Gründe des **Marktversagens** auftreten. Wir werden Güter kennenlernen, die in einer Marktwirtschaft ohne staatlichen Eingriff nicht angeboten werden würden, wie z.B. die nationale Verteidigung. Derartige öffentliche Güter sollte der Staat bereitstellen. An welchen Regeln er sich dabei ausrichten soll, untersuchen wir in Kapitel 3. In Kapitel 4 wenden wir uns der Frage zu, was der Staat unternehmen soll, wenn die Aktivitäten eines Haushalts oder Unternehmens andere Wirtschaftssubjekte beeinträchtigen, und zwar ohne daß diese Beeinflussung über den Preismechanismus des Marktes übertragen wird. Diese Beeinträchtigungen oder externen Effekte kann der Staat beheben, indem er entweder durch Steuern und Subventionen den Preis der Aktivität selbst verändert oder einen Markt für den externen Effekt schafft.

Nach diesen normativen Ausführungen fragen wir uns in Kapitel 5, wie der Staat die Präferenzen seiner Bürger ermitteln kann, um zu wissen, in welcher Höhe er ein öffentliches Gut, wie z.B. kulturelle Einrichtungen, bereitstellen soll. Nicht nur das Angebot, sondern auch die Produktion von bestimmten Gütern liegt in staatlicher Hand. So führt der öffentliche Sektor, wie wir oben bereits erwähnt haben, einige Versorgungsbetriebe und Transportunternehmen in eigener Regie. In Kapitel 6 werden wir diskutieren, warum derartige Unternehmen vom Staat betrieben werden sollten, welche Alternativen es zu einer staatlichen Produktion gibt und welche Kapazität diese Unternehmen besitzen sollten.

Ein beträchtlicher Teil der öffentlichen Ausgaben fallen im Bereich des staatlichen Versicherungsschutzes an. Warum der Staat als Versicherer auftreten soll und welche Probleme dadurch zugleich entstehen können, werden wir anhand der staatlichen **Kranken**– und **Rentenversicherung** in Kapitel 7 diskutieren.

In Kapitel 8 werden wir untersuchen, wie eine gerechte Einkommens- und Vermögensverteilung aussehen könnte. Diese Frage ist sehr umstritten, da bei jeder Umverteilungsmaßnahme eine Gruppe auf Kosten einer anderen Gruppe gewinnt. Welche Verteilung daher als gerecht angesehen wird, ist im allgemeinen von unterschiedlichen Werturteilen abhängig, die man zugrundelegt. Wir werden in Kapitel 8 unterschiedliche Gerechtigkeitskonzepte kennenlernen, die in der Volkswirtschaftslehre eine bedeutende Rolle spielen.

Wenig umstritten ist dagegen, daß der Staat die Aufgabe hat, allen Gesellschaftsmitgliedern ein **Existenzminimum** zu sichern, wie dies z.B. in der BRD durch die **Sozialhilfe** geschieht. Welche Wirkungen verschiedene Systeme der Gewährleistung eines Mindesteinkommens insbesondere auf die individuelle Arbeitsangebotsentscheidung besitzen, werden wir in Kapitel 9 analysieren.

Der Aufbau dieses Manuskripts folgt einer subjektiven Auswahl der wichtigsten Funktionen des öffentlichen Sektors. Auch andere moderne Lehrbücher im Bereich der Finanzwissenschaft weisen einen ähnlichen Aufbau auf, allerdings mit abweichender Schwerpunktsetzung. Dennoch ist die Lektüre der Lehrbuchliteratur, die unten angeführt ist, nur zu empfehlen. Zusätzlich zu diesen Lehrbüchern sind am Ende eines jeden Kapitels die zitierten Artikel und weitere Bücher angegeben, die sich in den angeführten Abschnitten mit den gleichen Fragestellungen befassen. Auch ihre Lektüre kann das Verständnis für die dargestellte Problematik erleichtern und vertiefen.

Literaturempfehlungen zu Kapitel 1

Empfohlene Lehrbuchliteratur:

Boadway, Robin W. und David E. Wildasin, 1984, *Public Sector Economics*, 2. Aufl., Little Brown, Boston, Kapitel 1.

Rosen, Harvey S., 1995, *Public Finance*, 4. Aufl., Homewood, Illinois, Kapitel 1, 2 und 3.

Stiglitz, Joseph E. und Bruno Schönfelder, 1994, *Finanzwissenschaft*, 2. Aufl., Oldenbourg, München, Kapitel 1 und 2.

Zitierte Literatur:

OECD, 1996, *Economic Outlook 59*, OECD, Paris.

OECD, 1998, *Economic Outlook 63*, OECD, Paris.

Kapitel 2

Begründung der Staatstätigkeit

Das ökonomische Grundproblem besteht in der Knappheit der Ressourcen, die für die Befriedigung unstillbarer menschlicher Bedürfnisse herangezogen werden können. Dieses Problem kann auf verschiedene Arten gelöst werden. In einer gemischten Wirtschaftsordnung, wie der Bundesrepublik Deutschland, gelingt dies insbesondere mit Hilfe zweier Mechanismen: Durch den Preismechanismus des Marktes und durch die Aktivitäten des staatlichen Sektors.

Weshalb wird in einem marktwirtschaftlichen System der Staat benötigt? Unumstritten ist wohl, daß der Staat eine **Ordnungsfunktion** übernehmen soll. Er soll die Wahrung der Eigentumsrechte, der Vertragsfreiheit und Schutz der körperlichen Unversehrtheit garantieren. Doch warum reicht innerhalb dieses Ordnungsrahmens eine freie Marktwirtschaft zur Lösung des ökonomischen Grundproblems nicht aus? Der Grund liegt darin, daß Ergebnisse, die bei einem freien Spiel der Marktkräfte auftreten können, von den Individuen nicht erwünscht werden. Doch wie können wir bestimmen, was erwünscht ist und was nicht? Hierfür benötigen wir Kriterien, nach denen wir die Allokation der Ressourcen, d.h. die Zuteilung von Gütern und Faktoren auf alternative Verwendungsmöglichkeiten, beurteilen können. In diese Buch werden wir zwei Kriterien benutzen. Zum einen das Kriterium der **Effizienz**: Die Ressourcen sollen so auf die alternativen Verwendungsmöglichkeiten verteilt werden, daß einerseits eine möglichst große Menge an Gütern produziert werden kann und andererseits diejenigen Güter produziert werden, die eine möglichst „gute" Bedürfnisbefriedigung gewähren. Zum anderen das Kriterium der **Gerechtigkeit**: Die Ressourcen sollen so eingesetzt werden, daß die Verteilung der Güter als „gerecht" angesehen wird. Eine Rechtfertigung der Staatstätigkeit kann nun erfolgen, wenn eine freie Marktwirtschaft eine ineffiziente oder ungerechte Allokation der Ressourcen hervorbringt.

In den Abschnitten 2.1 und 2.2 wird zunächst der Begriff der Effizienz genauer erläutert werden. Hierbei wird ebenfalls untersucht werden, ob und unter welchen Umständen in einer Marktwirtschaft eine effiziente Allokation gesichert ist. Abschnitt 2.3 präsentiert dann das Konzept der Konsumenten- und Produzentenrente als Maße der Wohlfahrtsänderungen bei einem Übergang von einer Ressourcenallokation zu einer anderen. Zuletzt wird in Abschnitt 2.4 ein Überblick über Marktfehler gegeben, die zur Rechtfertigung staatlichen Handelns dienen können und in den nachfolgenden Kapiteln näher analysiert werden.

2.1 Das Konzept der Pareto-Optimalität als Effizienzkriterium

Mit Hilfe eines Kriteriums wollen wir mögliche Zustände der Welt in einer Rangfolge ordnen. Ein Kriterium ist eine Norm und beruht wie jede Norm auf Werturteilen. Da unterschiedliche **Werturteile** zu unterschiedlichen Rangfolgen führen, gibt es keinen objektiven oder eineindeutigen Weg, die Zustände zu ordnen. In der normativen ökonomischen Theorie hat sich das Konzept der Pareto-Optimalität als Beurteilungskriterium durchgesetzt, welches in diesem Abschnitt behandelt wird. Dieses Konzept ist nach dem italienischen Ökonom *Vilfredo Pareto* (1848-1923), 1917, benannt. Es beruht insbesondere auf zwei Werturteilen:

- Die gesellschaftliche Rangordnung soll sich an der individuellen Reihung der Zustände orientieren; die **individuellen Präferenzen** sind Grundlage der Bewertung. Somit wird angenommen, daß der Einzelne am besten beurteilen kann, was für ihn gut oder schlecht ist.

- Das **Pareto-Prinzip:** Wird ein Zustand A von mindestens einer Person höher bewertet als ein Zustand B, und werten alle anderen Personen den Zustand A mindestens nicht schlechter als den Zustand B, so ist der Zustand A aus gesellschaftlicher Sicht dem Zustand B vorzuziehen.

Akzeptiert man diese beiden Werturteile und besitzt man dazu eine Theorie, die aufzeigt, wie ein Individuum einen Zustand der Welt bewertet (Mikroökonomische Nutzentheorie), so gelingt es, eine soziale Rangfolge der Zustände zu bilden. Einen Zustand der Welt nennen wir dann optimal im Sinne Paretos, wenn ausgehend von diesem kein Individuum besser gestellt werden kann, ohne daß zugleich mindestens ein anderes

Individuum schlechter gestellt wird. Im ökonomischen Kontext ist eine Pareto-optimale Allokation der Ressourcen dann erreicht, wenn es durch eine Reallokation nicht möglich ist, den Nutzen einer Person zu erhöhen, ohne den Nutzen mindestens einer anderen Person zu reduzieren. Gelingt es aber durch eine Veränderung der Allokation zumindest eine Person besser zu stellen, ohne eine andere Person zu verschlechtern, so liegt eine **Pareto-Verbesserung** vor. Ein **Pareto-Optimum** ist daher eine Situation, in der eine Pareto-Verbesserung nicht mehr möglich ist. Das Konzept der Pareto-Optimalität dient uns als normative Basis zur Beurteilung einer Allokation. So sagen wir, daß eine Reallokation wohlfahrtserhöhend ist, wenn durch sie eine Verbesserung im Sinne Paretos eintritt.

Werden dagegen durch eine Veränderung der Ressourcenallokation einige Individuen besser und andere schlechter gestellt, so sind diese Zustände nach dem Pareto-Kriterium nicht vergleichbar. Wie können wir aber bewerten, ob z.B. eine finanzpolitische Maßnahme gut oder schlecht ist, wenn sie eine Umverteilung der Ressourcen zwischen verschiedenen Gruppen bewirkt? Eine Möglichkeit wäre, den Nutzengewinn der einen Gruppe mit den Nutzeneinbußen der anderen zu vergleichen. Da aber der individuelle Nutzen nicht kardinal meßbar ist, und somit ein Vergleich der Nutzen zwischen Personen nicht möglich ist, schlägt dieser Versuch fehl. Deshalb wählen wir die Einkommensveränderungen der Gruppen aufgrund einer Variation der Ressourcenverteilung. Eine Maßnahme wird dann als wohlfahrtssteigernd angesehen, wenn sie das Gesamteinkommen der Gesellschaftsmitglieder erhöht. Um dieses Maß wählen zu können, nehmen wir an, daß ein Zuwachs des individuellen Einkommens um eine Einheit bei allen Individuen den gleichen gesellschaftlichen Wert besitzt. Dies ist eine sehr strenge Annahme, denn wir unterstellen damit zugleich, daß die Einkommen bereits gesellschaftlich optimal verteilt sind. Immer wenn wir also die Einkommensänderungen als Maß heranziehen, so beurteilen wir die Auswirkungen einer finanzpolitischen Maßnahme implizit ausgehend von einer gesellschaftlich optimalen Einkommensverteilung.

Der Begriff der Effizienz ergibt sich direkt aus dem Konzept der Pareto-Optimalität. Eine **effiziente** Allokation der Ressourcen ist definiert als ein Pareto-Optimum: Liegt eine effiziente Allokation vor, so ist es nicht möglich, eine Person besser zu stellen, ohne gleichzeitig eine andere Person schlechter zu stellen. Aus diesem Grund sprechen wir auch von einer **Pareto-effizienten** Ressourcenallokation.

2.2 Effizienz und vollkommener Wettbewerb

Das Konzept der Pareto-Optimalität erlaubt nun die Beschreibung einer effizienten Ressourcenallokation. Diese erfolgt mit Hilfe von Effizienzbedingungen. So werden wir in diesem Abschnitt u.a. die Bedingungen für Tauscheffizienz, Produktionseffizienz und globale Effizienz untersuchen. Diese sind rein technische Bedingungen und somit unabhängig von einem Mechanismus der Ressourcenallokation wie z.B. dem Preismechanismus. Neben der Herleitung der Effizienzbedingungen wenden wir uns der Frage zu, ob und unter welchen Bedingungen der Preismechanismus des Marktes zu einer effizienten Allokation führen kann. Die Bestimmung dieser Voraussetzungen ist notwendig, um die Staatstätigkeit zu rechtfertigen. Ist nämlich (mindestens) eine dieser Bedingungen verletzt, so besteht die Vermutung, daß ein staatlicher Eingriff eine Verbesserung der Ressourcenallokation bewirken kann.

2.2.1 Vollkommener Wettbewerb und dezentrales Verhalten

Ein Hauptergebnis der Wohlfahrtsökonomik ist die Aussage, daß ein allgemeines Gleichgewicht bei vollkommenem Wettbewerb unter bestimmten Annahmen eine effiziente Allokation der Ressourcen gewährleistet. Diese Aussage motiviert einen Vergleich einer effizienten Ressourcenallokation mit derjenigen Alloktion, die sich auf einem Markt bei vollkommenem Wettbewerb und dezentralem Verhalten ergibt. Doch bevor dies geschehen kann, sind die Begriffe des vollkommenen Wettbewerbs und des dezentralen Verhaltens zu klären.

Unter **vollkommenem Wettbewerb** charakterisieren wir diejenige Situation am Markt, die folgende Merkmale besitzt:

- Reine Mengenanpassung seitens aller Marktteilnehmer an die Marktpreise (**Preisnehmerverhalten**). Weder Anbieter noch Nachfrager können die Preise beeinflussen. Daneben gelten für alle Marktteilnehmer die gleichen Preise für die gleichen Güter.
- **Freier Marktzutritt** für alle Marktteilnehmer.

Darüberhinaus treffen wir in diesem Kapitel insbesondere folgende Annahmen. In der betrachteten Ökonomie werden nur „private" Konsumgüter erstellt und nachgefragt: Der zusätzliche Konsum eines Gutes durch ein Individuum reduziert die verfügbare Konsummenge der anderen Individuen genau um diese zusätzlich konsumierte Menge. Wir unterstellen, daß keine **„externen Effekte"** vorliegen: Das Nutzenniveau eines Individuums bestimmt sich allein aus den von ihm selbst konsumierten Gütermengen, und das Produktionsniveau jedes Gutes hängt allein von den Faktormengen ab, die direkt für seine Produktion verwendet werden. Die Produktion der Güter ist nicht mit **„steigenden Skalenerträgen"** verbunden: Wird der Einsatz aller Produktionsfaktoren um den selben Faktor erhöht, so erhöht sich die produzierte Menge um höhstens diesen Faktor. Ebenso unterstellen wir **vollständige Information**: Alle Marktteilnehmer sind über die Preise und die Qualität der Güter umfassend informiert. Kein Marktteilnehmer besitzt Informationen, die den anderen nicht zugänglich sind.

Dezentrales Verhalten aller Marktteilnehmer unterstellt die Verhaltenshypothesen, daß

- alle Haushalte ihren Nutzen maximieren wollen und
- alle Unternehmen ihr Gewinnmaximum verwirklichen wollen,

wobei sie bestimmte Restriktionen des Budgets oder der Produktionstechnologie beachten müssen. Die Marktteilnehmer passen ihre Wahlvariablen, d.h. ihre Angebots- und Nachfragemengen, je nach Situation am Markt an, bis sie ihr Nutzen- bzw. Gewinnmaximum realisieren. Ist ihre Wahl individuell optimal, d.h. haben sie keinen Anreiz, ihre Wahl zu revidieren, so sprechen wir von einem **Gleichgewicht**. Mit einem Gleichgewicht wird also eine Ressourcenallokation beschrieben, die von den Marktteilnehmern freiwillig aufgrund ihrer Verhaltenshypothesen und unter Beachtung bestimmter Restriktionen gewählt wird. Dagegen heißt eine Allokation effizient, wenn sie ganz bestimmte technische Bedingungen erfüllt, die unabhängig vom Wahlverhalten der Marktteilnehmer sind.

Um die Analyse der effizienten Ressourcenallokation und des Gleichgewichts bei vollkommenem Wettbewerb auch geometrisch anschaulich darstellen zu können, beschränken wir uns auf eine zweidimensionale Ökonomie. Es gebe zwei Individuen, A und B, zwei private Güter, x und y, und die zwei Produktionsfaktoren Arbeit, N, und Kapital, K. In jedem der folgenden Unterabschnitte wird zunächst eine neue Umwelt postuliert. Dann werden die Bedingungen für eine effiziente Ressourcenallokation aufgezeigt, und schließlich untersucht, ob in einer Ökonomie bei vollkommenem Wettbewerb ein Gleichgewicht eintritt, welches die Effizienzbedingungen erfüllt.

2.2.2 Tauscheffizienz: Die optimale Güterverteilung

In einer Tauschwirtschaft vernachlässigen wir den Produktionssektor. Wir nehmen an, daß die Volkswirtschaft mit einer bestimmten Menge an Gütern $x = \bar{X}$ und $y = \bar{Y}$ ausgestattet ist. Die Präferenzen eines Individuums i, $i = A, B$, hinsichtlich der beiden Güter werden durch eine **Nutzenfunktion** $U^i(x_i, y_i)$ abgebildet. Wir unterstellen, daß der Nutzen eines Individuums stetig steigt, wenn es mehr Güter konsumiert. Formal gilt daher z.B. für das Individuum A bezüglich des Gutes x, $\frac{\partial U^A}{\partial x_A} > 0$. Wir sagen, sein **Grenznutzen (marginal utility)**, $U_x^A \equiv \frac{\partial U^A}{\partial x_A}$, ist positiv. Jedoch nimmt dieser Nutzenzuwachs mit zunehmender konsumierter Menge ab. Formal bedeutet dies für den Grenznutzen des A bezüglich des Gutes x, $\frac{\partial^2 U^A}{\partial x_A^2} < 0$. Insgesamt ergibt sich also ein positiver, aber abnehmender Grenznutzen.

Bedingungen für Tauscheffizienz

In dieser Tauschwirtschaft ist eine effiziente Allokation dann erreicht, wenn die exogen gegebenen Gütermengen $\bar{X}$ und $\bar{Y}$ so auf die Individuen A und B verteilt sind, daß es nicht möglich ist, durch eine Umverteilung der Güter entweder A oder B besser zu stellen, ohne gleichzeitig den jeweils anderen schlechter zu stellen.

Die Ableitung der Bedingungen für eine effiziente Verteilung der Güter gelingt uns, indem wir uns in die Rolle eines weisen Zentralplaners oder wohlwollenden Diktators versetzen. Dieser Zentralplaner ist keine reale Person, sondern dient uns nur als gedankliches Konstrukt bei der Herleitung der Effizienzbedingungen. Der wohlwollende Diktator wählt willkürlich das Individuum A als diejenige Person aus, deren Nutzen maximiert werden soll. Diese Optimierung erfolgt unter drei Nebenbedingungen. Um mit einem Pareto–Optimum vereinbar zu sein, darf zunächst der Nutzen des B ein beliebig festgelegtes, positives Nutzenniveau, $\bar{U}^B > 0$, nicht unterschreiten: $U^B(x_B, y_B) \geq \bar{U}^B$. Zudem kann der Zentralplaner nicht mehr Güter auf die Individuen verteilen, als der Ökonomie insgesamt zur Verfügung stehen. Da die Volkswirtschaft zwei unterschiedliche Güter besitzt, resultieren die zwei Nebenbedingungen: $\bar{X} \geq x_A + x_B$ und $\bar{Y} \geq y_A + y_B$. Ein derartiges Optimierungsproblem lösen wir mit Hilfe des Lagrangeansatzes. Um den formalen Aufwand in einem angemessenen Verhältnis zu dem hier verfolgten Ziel zu stellen und die grundlegenden Zusammenhänge in einleuchtender Form zu präsentieren wird im folgenden von möglichen Randlösungen abgesehen. Somit werden Ungleichungen in der analytischen Darstellung vermieden. Wir fassen alle Nebenbedingungen als Gleichungen auf. Bezeichnen wir die Lagrangefunktion mit $\mathcal{L}$, so resultiert das Maximierungsproblem formal als

$$\begin{aligned} \max \quad \mathcal{L} = U^A(x_A, y_A) &+ \lambda_1[\bar{U}^B - U^B(x_B, y_B)] \\ &+ \lambda_2(\bar{X} - x_A - x_B) \\ &+ \lambda_3(\bar{Y} - y_A - y_B). \end{aligned} \tag{2.1}$$

Durch Nullsetzen der ersten Ableitungen nach den vier zu bestimmenden Variablen (x_A, y_A, x_B, y_B) und den drei Lagrangemultiplikatoren $(\lambda_1, \lambda_2, \lambda_3)$ ergeben sich sieben Bedingungen erster Ordnung:

$$\begin{aligned} U_x^A - \lambda_2 &= 0; \quad U_y^A - \lambda_3 = 0; \\ -\lambda_1 U_x^B - \lambda_2 &= 0; \quad -\lambda_1 U_y^B - \lambda_3 = 0; \\ \bar{X} &= x_A + x_B; \quad \bar{Y} = y_A + y_B; \quad \bar{U}^B = U^B(x_B, y_B). \end{aligned} \tag{2.2}$$

Fassen wir die Maximierungsbedingungen für jeweils ein Individuum zusammen, so ergibt sich als notwendige Bedingung für eine effiziente Allokation der Gütermengen $\bar{X}$ und $\bar{Y}$

$$\frac{U_x^A}{U_y^A} = \frac{\lambda_2}{\lambda_3} = \frac{U_x^B}{U_y^B}. \tag{2.3}$$

Die Verhältnisse der Grenznutzen beider Güter sollen für beide Individuen übereinstimmen. Eine Interpretation dieses zunächst nur formal abgeleiteten Ergebnisses gelingt uns mit Hilfe einer **Indifferenzkurve**. Eine Indifferenzkurve ist der geometrische Ort all derjenigen Güterkombinationen (x_i, y_i), $i = A, B$, die dem Individuum i den gleichen Nutzen stiften. Die Steigung einer Indifferenzkurve ergibt sich aus der totalen Differentiation der Nutzenfunktion, wobei der Nutzen unverändert bleibt,

$$dU^i = U_x^i dx_i + U_y^i dy_i \stackrel{!}{=} 0 \quad \Rightarrow \quad -\frac{dy_i}{dx_i} = \frac{U_x^i}{U_y^i}.$$

Diese Steigung gibt nun in absoluter Form an, wieviele Einheiten des Gutes y dem Individuum gegeben werden müßten, um ihn für eine kleine Reduktion der Menge x zu entschädigen, so daß das Individuum den gleichen Nutzen besitzt wie vor der Änderung. Diese Steigung heißt auch **Grenzrate der Substitution (marginal rate of substitution)** zwischen dem Konsum der Güter x und y, $\frac{U_x^i}{U_y^i} \equiv MRS_{xy}^i$. Ebenso läßt sich die Steigung wie folgt interpretieren: MRS_{xy}^i gibt in absoluter Form an, wieviel Nutzen das Individuum i, $i = A, B$, der letzten (marginalen) Einheit des Gutes x, U_x^i, beimißt im Verhältnis zu der letzten Einheit des Gutes y, U_y^i. Die Grenzrate der Substitution ist somit ein Maß der **marginalen Zahlungsbereitschaft** bezüglich des Gutes x in Einheiten des Gutes y. Eine effiziente Verteilung der Güter erfordert gemäß Bedingung (2.3) folglich, daß die Grenzrate der Substitution zwischen dem Konsum der Güter x und y für beide Individuen übereinstimmen soll. Allgemein ergibt sich das

Ergebnis 2.2.1 *Tauscheffizienz ist dann erreicht, wenn die marginale Substitutionsrate im Konsum für alle Individuen übereinstimmt.*

Dieses formal gewonnene Ergebnis läßt sich auch graphisch veranschaulichen. Hierfür betrachten wir die **Edgeworth-Box** in Abbildung 2.1[1]. In dieser Box befinden sich alle möglichen Aufteilungen der gegebenen Güterbestände $\bar{X}$ und $\bar{Y}$ auf die Individuen A und B, so daß keine Gütereinheit verschwendet wird. Die Strecken $O_A\bar{X}$ und $O_A\bar{Y}$ geben die innerhalb der Ökonomie vorhandenen Mengen der Güter x und y wieder. O_A gibt den Koordinatenursprung der Allokation für das Individuum A an, während die Güter für B ausgehend von O_B gemessen werden. Die Edgeworth-Box stellt folglich zwei ineinander gestellte Haushaltsdiagramme dar.

Wir wählen nun willkürlich eine Güterverteilung e als Ausgangssituation. Bei dieser Allokation besitzt das Individuum A die Gütermengen x_A^e und y_A^e und B die Mengen $x_B^e = \bar{X} - x_A^e$ und $y_B^e = \bar{Y} - y_A^e$. Bei dieser Aufteilung realisiert das Individuum A den Nutzen U_e^A und B den Nutzen U_e^B. Das Nutzenniveau des B sei jener vom Zentralplaner willkürlich gewählte Reservationswert, $U_e^B = \bar{U}^B$.

Nehme nun der Zentralplaner dem A Δy-Einheiten weg und gebe ihm dafür Δx-Einheiten, so entsteht eine neue Güterverteilung f. Bei dieser erhöht sich das Nutzenniveau des A auf U_f^A, während das Nutzenniveau

[1] Diese ist nach dem Ökonom *Francis Ysidoro Edgeworth* (1845-1922) benannt.

des B unverändert bleibt. Diese Reallokation stellt eine eindeutige Verbesserung im Sinne Paretos gegenüber der Allokation e dar. Ausgehend von f ist eine weitere Erhöhung des Nutzens von A bis zum Punkt p möglich, ohne daß das Individuum B schlechter gestellt wird. Würde der Zentralplaner ausgehend von p noch weiter umverteilen, so würde der Nutzen des A wieder abnehmen, wenn der Nutzen des B konstant bleiben soll. Die Güterverteilung, die durch p charakterisiert wird, ist also bei gebenenem Nutzenniveau des B effizient und stellt ein Tauschoptimum dar. In diesem Punkt tangieren sich die Indifferenzkurven der beiden Individuen gerade. Ihre Steigung ist mithin gleich und somit auch die Grenzrate der Substitution.

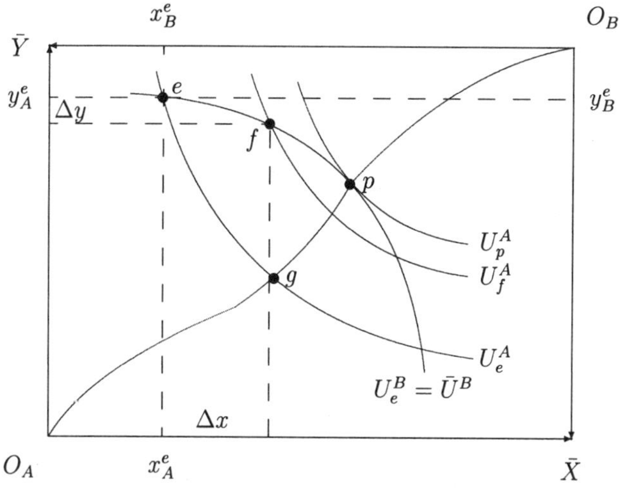

Abb. 2.1: Tauschkontraktkurve

Wir können für jede beliebige Ausgangsverteilung der Güter in dieser Box und gegebenem Nutzenniveau eines Individuums i, $i = A, B$, eine Verteilung der vorhandenen Güter finden, so daß sich die Steigungen der Indifferenzkurven beider Individuen entsprechen. Ausgehend von der Verteilung e ist daher auch g eine effiziente Güterallokation, wenn der Nutzen des B maximiert wird unter der Nebenbedingung, daß der Nutzen des A das Niveau U_e^A nicht unterschreiten darf. Der geometrische Ort, welcher alle Tauschoptima miteinander verbindet heißt **Tauschkontraktkurve**. In der Graphik verläuft diese Kurve durch die Punkte $O_A g p O_B$.

Jeder Punkt innerhalb der Edgeworth-Box bezeichnet eine ganz bestimmte Nutzenverteilung zwischen den Individuen A und B. Diesen Zusammenhang können wir in einem Nutzendiagramm wie in Abbildung 2.2

aufzeigen. An der Abszisse ist der Nutzen des A, U^A, und an der Ordinate der Nutzen des B, U^B, abgetragen. Die Ausgangsverteilung e in Abbildung 2.1 impliziert für A das Nutzenniveau U_e^A und für B den Nutzen U_e^B. Diese Allokation ergibt in Abbildung 2.2 die Nutzenverteilung E. Bei Beibehaltung des Nutzenniveaus von B ließ sich der Nutzen für A bis zum Niveau U_p^A steigern. Die zugehörige Nutzenverteilung ist in der Graphik durch den Punkt P angegeben. Hält der Zentralplaner ausgehend von der Verteilung e den Nutzen des A auf dem Niveau U_e^A konstant und maximiert stattdessen den Nutzen des B, so kennzeichnet der Punkt g in der Edgeworth-Box die effiziente Allokation. Diese ergibt die Nutzenverteilung, die durch Punkt G dargestellt ist.

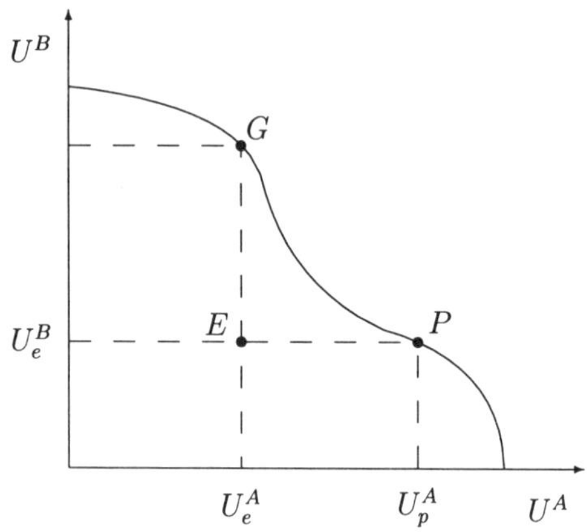

Abb. 2.2: Nutzenmöglichkeitskurve

In gleicher Weise lassen sich für alle Punkte auf der Tauschkontraktkurve die Nutzenverteilungen bestimmen. Der geometrische Ort, der alle Nutzenverteilungen wiedergibt, die bei gegebener Güterausstattung zugleich effizient sind, nennen wir **Nutzenmöglichkeitskurve**, UPC (**utility possibilities curve**). Sie verläuft in der Graphik durch die Punkte G und P. Ob diese Nutzenmöglichkeitskurve konvex oder konkav zum Ursprung verläuft, läßt sich ohne genauere Bestimmung nicht sagen. Jedoch muß sie unter den getroffenen Annahmen fallend verlaufen.

Eine Anmerkung: Die Scitovsky-Indifferenzkurve

Ein weiterer Zusammenhang zwischen der Güter- und Nutzensphäre, der uns bei der Beschreibung der globalen Effizienz in Abschnitt 2.2.4 hilfreich sein wird, wird durch Abbildung 2.3 aufgezeigt. Wir suchen nun diejenigen aggregierten Güterausstattungen, die mindestens erforderlich sind, um eine gegebene Nutzenverteilung zwischen den Individuen A und B zu gewährleisten. In diesem Güterdiagramm ist die Edgeworth-Box von Abbildung 2.1 eingezeichnet. Die aggregierte Güterausstattung ist durch den Punkt O_B angegeben. Sei die Güteraufteilung zwischen den Individuen durch Punkt p gegeben, welcher eine effiziente Güterallokation angibt. In diesem realisieren die Individuen den Nutzen U_p^A und U_p^B. Ausgehend von O_B werde nun die anfängliche Güterausstattung $(\bar{X}, \bar{Y})$ so variiert, so daß jedes Individuum das gleiche Nutzenniveau wie in p erreicht. Geometrisch gelingt dies, indem wir die Indifferenzkurve des B, U_p^B, an der Indifferenzkurve des A mit Nutzen U_p^A entlanggleiten lassen. Hierdurch wird der Punkt O_B z.B. in Punkt O_B' oder O_B'' verschoben[2].

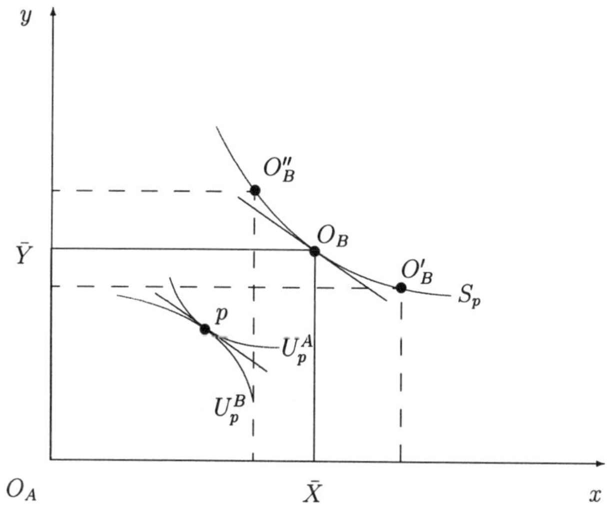

Abb. 2.3: Scitovsky-Indifferenzkurve

Der geometrische Ort aller (minimalen) aggregierten Güterausstattungen, die genau den gleichen Nutzen für beide Individuen wie in Punkt p ermöglichen, heißt **Scitovsky**-Indifferenzkurve für die Allokation p, S_p[3].

[2] Hilfreich für die geometrische Konstruktion der Punkte O_B' und O_B'' ist es, auf einem durchsichtigen Papier den Punkt O_B und die Indifferenzkurve U_p^B zu zeichnen. Läßt man nun dieses Papier über die Zeichnung gleiten und beachtet dabei, daß die Indifferenzkurve U_p^B die Indifferenzkurve U_p^A tangieren soll, so ergeben sich die gesuchten Punkte.

[3] Sie ist nach dem Ökonom *Tibor Scitovsky* (1942), Emeritus der Stanford University, benannt.

Sie trägt den Index p, da sie nur für die Allokation p gilt. Jedes Tauschoptimum und damit jeder Punkt auf der (nicht eingezeichneten) Tauschkontraktkurve bedingt seine eigene Scitovsky-Indifferenzkurve. Allen gemeinsam ist, daß sie durch den Punkt O_B verlaufen; jedoch besitzt jede von ihnen in Punkt O_B gerade diejenige Steigung, die die Indifferenzkurven der Individuen in dem zugehörigen Tauschoptimum besitzen. Die Steigung der Scitovsky-Indifferenzkurve, S_p, in Punkt O_B entspricht also der Steigung der Indifferenzkurven U_p^A und U_p^B in Punkt p. Sie gibt uns also an, wieviele Einheiten des Gutes y in der Ökonomie zusätzlich vorhanden sein müssen, um beide Individuen für den Verlust einer Einheit von x zu entschädigen, wenn diese das gleiche Nutzenniveau erreichen sollen wie bei der Güterverteilung p.

Alle Punkte nordöstlich der Kurve S_p bezeichnen diejenigen aggregierten Güterausstattungen, mit denen zumindest ein Individuum bei Erfüllung der Effizienzbedingung für ein Tauschoptimum einen höheren Nutzen erreichen könnte als bei einer Güterverteilung gemäß Punkt p. Es stehen dann nämlich mehr Güter zur Verfügung als notwendig sind, um den Nutzen beider Individuen konstant zu halten. Folglich kann mindestens ein Individuum besser gestellt werden.

Effizienz im Tausch und vollkommener Wettbewerb

Sichert nun der Preismechanismus eine effiziente Güterallokation, wenn die Individuen dezentral entscheiden? Diese Frage kann von uns bejaht werden, wenn zwei Bedingungen erfüllt sind: Zum einen müssen sich die Individuen A und B als Preisnehmer verhalten. Zum anderen müssen für sie die gleichen Güterpreise gelten. Diese Bedingungen sind bei vollkommenem Wettbewerb erfüllt. Zum Nachweis dienen folgende Ausführungen.

Jedes Individuum i, $i = A, B$, besitze ein exogenes Einkommen I_i[4]. Mit diesem Einkommen kann es nun die Güter x und y erwerben. Der Preis des Gutes x ist p_x und des Gutes y p_y. Aus diesen Angaben erhalten wir die Budgetrestriktion für das Individuum i:

$$I_i = p_x x_i + p_y y_i. \tag{2.4}$$

[4] Es soll hier nicht erklärt werden, woher dieses Einkommen stammt. Aber wir stellen uns vor, daß es sich um Lohneinkommen oder Kapitalerträge handelt.

Das Optimierungsproblem des Individuums i besteht nun in der Maximierung seines Nutzens unter Beachtung der Budgetrestriktion

$$\max \quad \mathcal{L} = U^i(x_i, y_i) + \lambda(I_i - p_x x_i - p_y y_i) \tag{2.5}$$

durch Wahl der Nachfragemengen x_i und y_i, wobei die Preise und das Einkommen exogen gegeben sind. Als Lösung erhalten wir formal

$$MRS^i_{xy} = \frac{p_x}{p_y}. \tag{2.6}$$

Diese Bedingung kennzeichnet das Haushaltsoptimum des Individuums i. In diesem ist die Nachfrage nach den Gütern dann optimal, wenn die Substitutionswünsche des i, die durch die Grenzrate der Substitution zum Ausdruck kommen, mit den Substitutionsmöglichkeiten, welche durch das exogen gegebene Preisverhältnis, $\frac{p_x}{p_y}$, beschrieben werden, übereinstimmen. Passen sich beide Individuen an die gleichen exogen gegebenen Güterpreise an, so ist auch die Bedingung für eine effiziente Güterallokation erfüllt,

$$MRS^A_{xy} = \frac{p_x}{p_y} = MRS^B_{xy}, \tag{2.7}$$

und somit erhalten wir das

Ergebnis 2.2.2 *Verhalten sich die Konsumenten als Preisnehmer, so sichern dezentrale Entscheidungen Tauscheffizienz.*

2.2.3 Produktionseffizienz: Der optimale Faktoreinsatz

In diesem Abschnitt betrachten wir nur den Produktionssektor. Die Ökonomie besitzt nun statt einer exogen gegebenen Güterausstattung einen festen Bestand an Produktionsfaktoren Arbeit, $N = \bar{N}$, und Kapital, $K = \bar{K}$, mit denen die Güter x und y produziert werden können. Wir sprechen gleichbedeutend von dem Sektor x oder y. Die Produktion des Gutes i, $i = x, y$, erfolge mit Hilfe einer Technologie, die durch die Produktionsfunktion $F^i(N_i, K_i)$ abgebildet werden kann. Diese weise positive aber abnehmende Grenzproduktivitäten bezüglich des Faktoreinsatzes auf. Die Grenzproduktivität ist positiv, da der Mehreinsatz eines Faktors um eine Einheit das Produktionsniveau erhöht. Die Grenzproduktivität ist jedoch abnehmend, da dieser Produktionszuwachs mit zunehmendem Einsatz des Faktors kleiner wird. Betrachten wir zunächst die Produktion des Gutes x. In Abbildung 2.4 ist die **Isoquante** für das Produktionsniveau $\bar{X}$ dargestellt. Sie ist der geometrische Ort derjenigen Faktoreinsatzkombinationen an Arbeit und Kapital, die genau das Produktionsniveau $\bar{X}$ erzeugen. Die Steigung dieser Isoquante heißt **Grenzrate der technischen Substitution**, $MRTS^x_{NK}$ (**marginal rate of technical substitution**). Sie gibt an, um wieviel der Einsatz an Kapital erhöht werden muß, wenn der Arbeitseinsatz um eine Einheit reduziert wird und zugleich das Produktionsniveau $\bar{X}$ beibehalten werden soll.

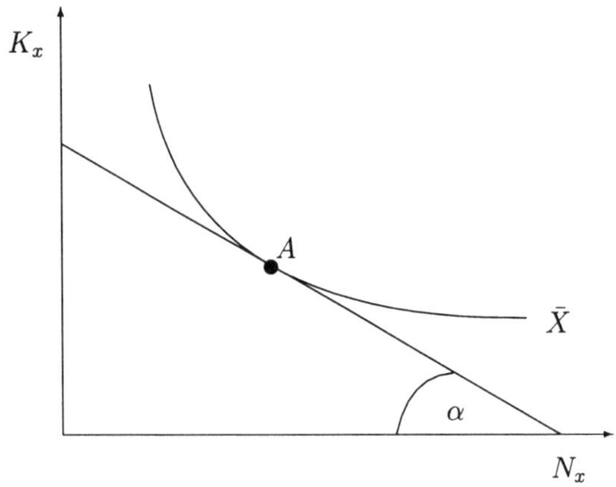

Abb. 2.4: Grenzrate der technischen Substitution

In der Graphik beträgt z.B. die Grenzrate der technischen Substitution in Punkt A absolut $\tan\alpha$. Formal resultiert diese Beziehung durch totale Differentiation der Gleichung $F^x(N_x, K_x) = \bar{X}$:

$$F^x_N dN_x + F^x_K dK_x = d\bar{X} \stackrel{!}{=} 0 \quad \Rightarrow \quad -\frac{dK_x}{dN_x} = \frac{F^x_N}{F^x_K} = MRTS^x_{NK},$$

wobei $F^x_i \equiv \frac{\partial F^x}{\partial i_x}$, $i = N, K$, die **Grenzproduktivität** des Faktors i (**marginal productivity**) bezeichnet. Die Grenzrate der technischen Substitution im Sektor x entspricht also dem Grenzproduktivitätsverhältnis der eingesetzten Faktoren Arbeit und Kapital.

Bedingungen für eine effiziente Produktion

Eine effiziente Produktion wird dann realisiert, wenn der gegebene Faktorbestand so auf die Produktion der Güter x und y verteilt ist, daß die Produktion des einen Gutes nicht mehr gesteigert werden kann, ohne zugleich diejenige des anderen zu senken.

Um die Bedingungen für Produktionseffizienz zu erhalten, versetzen wir uns wieder in die Rolle eines Zentralplaners. Dieser wählt willkürlich das Gut x, dessen Produktion maximiert werden soll. Wiederum erfolgt die Optimierung unter drei Nebenbedingungen. Zunächst darf ein beliebig festgesetztes (nicht negatives) Produktionsniveau $\bar{Y} = \bar{F}^y$ des Gutes y nicht unterschritten werden, $F^y(N_y, K_y) \geq \bar{F}^y$. Dann können nicht mehr Faktoren in der Produktion verwendet werden als der Volkswirtschaft zur Verfügung stehen. Da die Produktion mit Hilfe zweier Faktoren erfolgt, ergeben sich zusätzlich die Nebenbedingungen: $\bar{N} \geq N_x + N_y$ und $\bar{K} \geq K_x + K_y$. Auch hier wollen wir mögliche Randlösungen vernachlässigen und fassen die Nebenbedingungen als Gleichungen auf. Formal resultiert das Maximierungsproblem

$$\begin{aligned} \max \quad \mathcal{L} = F^x(N_x, K_x) \; &+ \; \lambda_1[\bar{F}^y - F^y(N_y, K_y)] \\ &+ \; \lambda_2(\bar{N} - N_x - N_y) \\ &+ \; \lambda_3(\bar{K} - K_x - K_y). \end{aligned} \tag{2.8}$$

Maximieren wir diese Funktion durch Wahl der zu bestimmenden Variablen (N_x, N_y, K_x, K_y) unter Beachtung der Lagrangemultiplikatoren, so ergeben sich wieder sieben notwendige Bedingungen

$$\begin{aligned} F_N^x - \lambda_2 &= 0; & F_K^x - \lambda_3 &= 0; \\ -\lambda_1 F_N^y - \lambda_2 &= 0; & -\lambda_1 F_K^y - \lambda_3 &= 0; \end{aligned} \tag{2.9}$$

$$\bar{N} = N_x + N_y; \quad \bar{K} = K_x + K_y; \quad \bar{F}^y = F^y(N_y, K_y).$$

Fassen wir die Bedingungen für jeweils ein Gut zusammen, so erhalten wir als notwendige Bedingung für eine effiziente Produktion:

$$\frac{F_N^x}{F_K^x} = \frac{\lambda_2}{\lambda_3} = \frac{F_N^y}{F_K^y}. \tag{2.10}$$

Eine effiziente Produktion ist demnach dann erreicht, wenn die Grenzproduktivitätsverhältnisse zwischen Arbeit und Kapital in der Produktion der Güter x und y gleich sind. Da dieses Verhältnis jeweils der Grenzrate der technischen Substitution entspricht, gilt äquivalent

$$\frac{F_N^x}{F_K^x} = MRTS_{NK}^x = MRTS_{NK}^y = \frac{F_N^y}{F_K^y}. \tag{2.11}$$

Zusammenfassend erhalten wir

Ergebnis 2.2.3 *Die Produktionsfaktoren sind dann effizient auf die Produktion der Güter x und y verteilt, wenn die Grenzrate der technischen Substitution in den Sektoren identisch ist.*

Graphisch läßt sich diese formal gewonnene Bedingung mit Hilfe von Abbildung 2.5 darstellen.

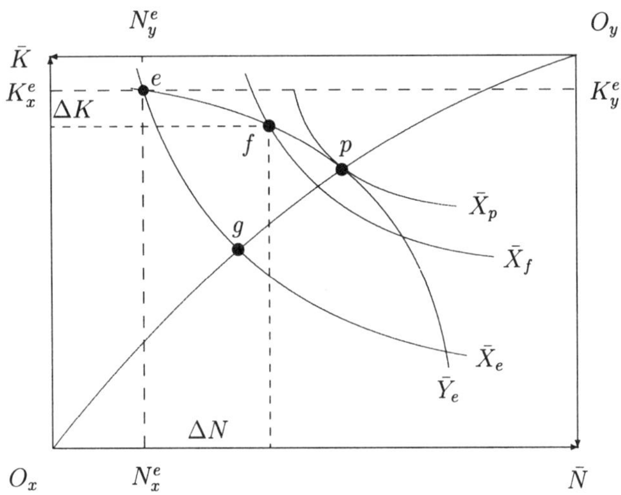

Abb. 2.5: Produktionseffizienz

Die Achsenlängen geben den vorgegebenen Faktorbestand der Volkswirtschaft an. Von O_x ausgehend wird das Produktionsniveau des Gutes x abgelesen, während dasjenige des Gutes y von O_y aus gemessen wird. Innerhalb der Box liegen alle für die Volkswirtschaft realisierbaren Aufteilungen der Faktoren Arbeit und Kapital auf die Produktion der Güter x und y. Als Ausgangssituation wählen wir willkürlich die Faktorallokation e. Bei dieser stehen für die Produktion des Gutes x N_x^e Einheiten an Arbeit und K_x^e Einheiten an Kapital zur Verfügung. Werden keine Faktoren in der Ökonomie verschwendet, so verbleiben für die Produktion des Gutes y die Faktoren $N_y^e = \bar{N} - N_x^e$ und $K_y^e = \bar{K} - K_x^e$. Bei dieser Faktoraufteilung und gegebener Technologie wird eine ganz bestimmte Anzahl an Gütern erzeugt, welche durch die Isoquanten $\bar{X}_e$ und $\bar{Y}_e$ in der Graphik verdeutlicht werden. Das Produktionsniveau des Gutes y, $\bar{Y}_e$, sei jene vom Zentralplaner festgesetzte Ausbringungsmenge. Ausgehend von e kann nun die Produktion des Gutes x gesteigert werden, ohne daß das Produktionsniveau des Gutes y verringert werden muß, indem der Kapitaleinsatz im Sektor x um ΔK gesenkt und gleichzeitig der Arbeitseinsatz um ΔN erhöht wird. Durch eine derartige Umverteilung der Faktoren resultiert die Allokation f. Bei dieser erhöht sich die Produktion des Gutes x, da ausgehend von O_x eine höhere Isoquante, $\bar{X}_f$, erreicht wird. Von der Situation f ausgehend ist eine weitere Erhöhung der Produktion von x bis zu einer Allokation p möglich, ohne daß das Produktionsniveau des Gutes y verringert wird. Eine weitere Umverteilung der Faktoren würde dagegen zu einer Abnahme des Produktionsniveaus des Gutes x führen, wenn gleichzeitig das Niveau $\bar{Y}_e$ gehalten werden soll. Im Punkt p tangieren sich die Isoquanten gerade, ihre Steigung ist somit identisch und damit auch ihre Grenzrate der technischen Substitution. Die Faktorallokation p erfüllt die Bedingungen der effizienten Produktion. Bei gegebener Menge an Kapital und Arbeit können wir eine Vielzahl von Faktorallokationen ausfindig machen, die zugleich effizient sind. Die Faktorallokation g z.B. erfüllt ebenfalls die Effizienzbedingungen. Der geometrische Ort, welcher alle effizienten Faktorallokationen anzeigt, nennen wir **Kurve der effizienten Produktion**. Sie verläuft in der obigen Graphik durch die Punkte $O_x g p O_y$.

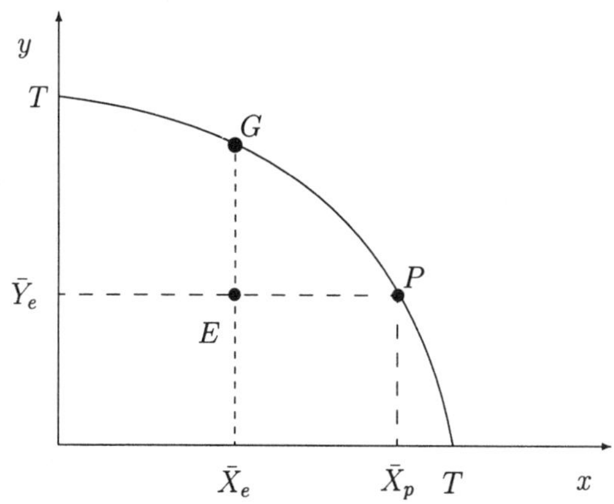

Abb. 2.6: Produktionsmöglichkeitenkurve

In Analogie zu der Nutzenmöglichkeitskurve, wollen wir mit Hilfe der Abbildung 2.5 die **Produktionsmöglichkeitenkurve** in einem Güterraum wie in Abbildung 2.6 ableiten. Wählen wir die Faktorallokation e, so ergibt sich eine Produktion der Güter x und y in Höhe von $\bar{X}_e$ und $\bar{Y}_e$. Diese Güterkombination charakterisiert der Punkt E in Abbildung 2.6. Durch Reallokation der Faktoren ließe sich bei Beibehaltung des Produktionsniveaus von y, $\bar{Y}_e$, die Produktion des Gutes x bis zu dem Niveau $\bar{X}_p$ erhöhen. Die sich ergebende Güterkombination $(\bar{Y}_e, \bar{X}_p)$ ist effizient und wird durch den Punkt P in Abbildung 2.6 wiedergegeben. In gleicher Weise können wir die effiziente Faktorallokation g in Punkt G übertragen. Die Produktionsmöglichkeitenkurve, die auch **Transformationskurve** genannt wird, verbindet alle Faktorallokationen, die eine effiziente Produktion kennzeichnen. Sie verläuft in der Graphik durch die Punkte $TGPT$. Formal können wir eine derartige Transformationskurve auch durch eine **Transformationsfunktion**,

$$H(x, y) = 0,$$

darstellen. Diese Funktion bildet diejenigen aggregierten Güterbündel (x, y) ab, die bei gegebenen Faktorbeständen und gegebener Technologie effizient produziert werden können. Betrachten wir z.B. den Punkt P im obigen Diagramm. Durch diesen Punkt wird die Güterkombination $(\bar{X}_p, \bar{Y}_e)$ beschrieben. Wie wir gesehen haben, erfüllt dieses Güterbündel die Bedingungen der effizienten Produktion und stellt somit ein Wertepaar der Transformationfunktion dar, $H(\bar{X}_p, \bar{Y}_e) = 0$. Mit Hilfe der Transformationsfunktion können wir nun alle Mengen des Gutes y als Funktion der produzierten Menge des Gutes x darstellen, wenn die Faktoren effizient eingesetzt werden:

$$y = y(x)_{TT}.$$

Der Index TT dieser Funktion soll uns daran erinnern, daß diese Funktion nur unter den Bedingungen der effizienten Produktion gilt. Gemäß dieser Funktion erhalten wir den Punkt P auf der Transformationskurve aus der Bestimmung der Funktion $y(x)_{TT}$ an der Stelle $\bar{X}_p$: $\bar{Y}_e = y(\bar{X}_p)_{TT}$.

Die Steigung der Produktionsmöglichkeitenkurve ergibt sich durch ein einfaches Gedankenspiel. Ausgehend von einem Punkt auf der Produktionsmöglichkeitenkurve werde die Ausbringungsmenge des Gutes x reduziert und diejenige von y erhöht, indem eine (sehr) kleine Menge des Faktors Arbeit von Sektor x in den Sektor y umgelenkt wird. Die Menge an y erhöht sich folglich um $dy = F_N^y dN_y$, während sich die produzierte

Menge von x um $dx = F_N^x dN_x$ absolut verringert. Da der Bestand an Arbeit für die Volkswirtschaft exogen gegeben ist und die gesamte Faktormenge eingesetzt wird, gilt $dN_y = -dN_x$. Somit resultiert die Steigung absolut als

$$-\frac{dy}{dx} = \frac{F_N^y}{F_N^x}. \tag{2.12}$$

Dieser Ausdruck bezeichnet die **Grenzrate der Transformation** oder MRT_{xy} (**marginal rate of transformation**) zwischen der Produktion der Güter x und y. Sie gibt an, wieviel Einheiten an y bei gegebener Faktorausstattung in der Ökonomie insgesamt mehr produziert werden können, wenn auf eine Einheit der Produktion des Gutes x verzichtet wird. Sie ist insofern ein Maß für die Grenzkosten der Produktion des Gutes y in Einheiten des Gutes x.

Produktionseffizienz und vollkommener Wettbewerb

Welche Beziehung besteht zwischen der Produktionseffizienzbedingung (2.11) und dem dezentralen Verhalten von Unternehmen in einer Marktwirtschaft bei vollkommenem Wettbewerb?

Bei vollkommenem Wettbewerb sind sowohl die Preise auf den Faktormärkten, der Lohn w und der Kapitalzins r, als auch die Absatzpreise für die Güter x und y, p_x und p_y, für die Unternehmen exogen gegebene Daten. Wir unterstellen, daß jedes Unternehmen nur eines der beiden Güter produziert. Bei gegebenem Absatzpreis für das Gut i, p_i, $i = x, y$, und gegebenen Faktorpreisen w und r wählt jedes Unternehmen seine Nachfrage nach den Faktoren N und K so, daß sein Gewinn maximiert wird. Formal löst es das Optimierungsproblem

$$\max \quad p_i F^i(N_i, K_i) - wN_i - rK_i, \quad i = x, y, \tag{2.13}$$

durch Wahl von N_i und K_i bei gegebenem p_i, w und r. Die Bedingungen erster Ordnung lauten

$$\begin{aligned} p_i F_N^i &= w, \\ p_i F_K^i &= r. \end{aligned}$$

In beiden Sektoren x und y wählt demnach ein gewinnmaximierendes Unternehmen seine Faktornachfrage so, daß das **Wertgrenzprodukt** des Faktors, d.h. der Erlöszuwachs durch den Einsatz der letzten Faktoreinheit, gerade dessen Faktorpreis entspricht. Wir können daher den

Faktorpreis als den monetären Wert interpretieren, den ein Unternehmen der letzten eingesetzten Einheit des Faktors beimißt. Ebenso erhalten wir, daß bei gewinnmaximierendem Verhalten das Grenzproduktivitätsverhältnis zwischen beiden Faktoren, $\frac{F^i_N}{F^i_K}$, dem Faktorpreisverhältnis, $\frac{w}{r}$, entspricht. Sind für alle Unternehmen die gleichen Faktorpreise maßgebend, so sind die Grenzproduktivitätsverhältnisse bei gewinnmaximierendem Verhalten in beiden Sektoren gleich:

$$\frac{F^x_N}{F^x_K} = \frac{w}{r} = \frac{F^y_N}{F^y_K}.$$

Da das Grenzproduktivitätsverhältnis auch die Grenzrate der technischen Substitution angibt, erhalten wir die Beziehung

$$\frac{F^x_N}{F^x_K} = MRTS^x_{NK} = \frac{w}{r} = MRTS^y_{NK} = \frac{F^y_N}{F^y_K}. \tag{2.14}$$

Diese kennzeichnet genau die Bedingung für eine effiziente Produktion. Somit können wir festhalten:

Ergebnis 2.2.4 *Sind die Unternehmen auf allen Märkten Preisnehmer, so sichern dezentrale Unternehmensentscheidungen eine effiziente Produktion.*

2.2.4 Globale Effizienz: Die optimale Produktionsstruktur

Bisher wurden der Produktionssektor und der Haushaltssektor getrennt betrachtet. In diesem Abschnitt wollen wir beide Sektoren zusammenführen. Wir nehmen an, daß die Ökonomie mit einem festen Bestand an Arbeit, $N = \bar{N}$, und Kapital, $K = \bar{K}$, ausgestattet ist. Mit Hilfe dieser Faktoren können unter den gleichen Bedingungen wie im vorigen Abschnitt die Güter x und y produziert werden. Die produzierten Gütermengen dienen dann der Bedürfnisbefriedigung der Individuen A und B. Die Präferenzen dieser Individuen bilden wir durch Nutzenfunktionen ab, die die gleichen Eigenschaften besitzen wie in Abschnitt 2.2.2.

Bedingungen für globale Effizienz

Bei gegebenem Faktorbestand an Kapital und Arbeit ergibt sich eine unendliche Anzahl an produzierbaren Kombinationen der Güter x und y, welche die Bedingungen der Produktionseffizienz erfüllen. Diese Kombinationen stellen wir durch eine Produktionsmöglichkeitenkurve dar. Ebenso bestimmen die Bedingungen für ein Tauschoptimum eine unendliche Anzahl an Möglichkeiten, wie ein gegebener Güterbestand auf die Individuen A und B effizient verteilt werden kann. Diese Tauschoptima bilden wir durch die Tauschkontraktkurve ab. Mit Hilfe der Bedingungen der globalen Effizienz wollen wir nun diejenigen Allokationen finden, die simultan die Bedingungen für Tausch- und Produktionseffizienz erfüllen **und** zugleich einen Zustand beschreiben, in dem kein Individuum besser gestellt werden kann, ohne daß ein anderes schlechter gestellt wird. Wir suchen daher nach dem effizienten produzierbaren Güterbündel von x und y unter Berücksichtigung der Präferenzen von A und B.

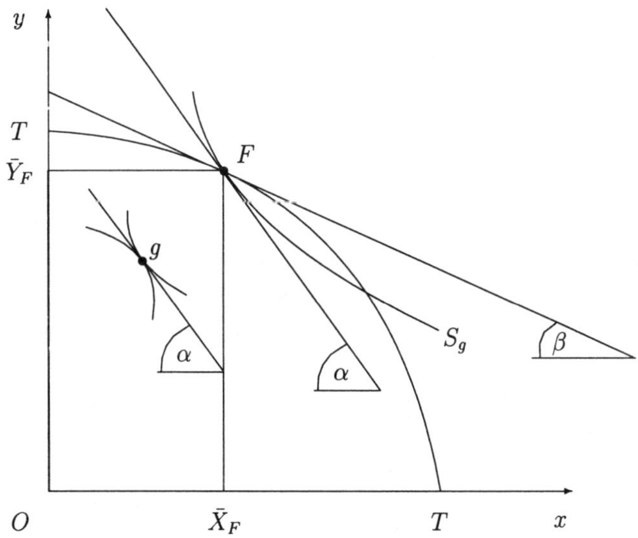

Abb. 2.7: Tauscheffizienz, Produktionseffizienz und globale Effizienz

Daß eine einfache Verknüpfung der beiden Effizienzbedingungen nicht genügt, zeigt Abbildung 2.7. Die Kurve TT gibt die Produktionsmöglichkeitenkurve an. Auf dieser Kurve wählen wir willkürlich den Punkt F. In diesem Punkt sind die gegebenen Faktorbestände $\bar{N}$ und $\bar{K}$ so verteilt, daß die Bedingungen der Produktionseffizienz erfüllt sind. In Punkt F besitzt die Produktionsmöglichkeitenkurve die Steigung $\tan\beta = MRT_{xy}$. Wie wir bereits wissen, gibt diese Grenzrate der Transformation an, wieviele Einheiten an y zusätzlich produziert werden können, wenn auf die Produktion einer Einheit des Gutes x verzichtet wird. In Punkt F werden die Gütermengen $\bar{X}_F$ und $\bar{Y}_F$ produziert. Durch diesen Güterbestand wird eine Edgeworth-Box $O\bar{X}_F F\bar{Y}_F$ aufgespannt. In dieser befinden sich alle möglichen Aufteilungen der Gütermengen $\bar{X}_F$ und $\bar{Y}_F$ auf die Personen A und B.

Wählen wir willkürlich die Güteraufteilung g, von der wir annehmen, daß bei ihr die Bedingungen für ein Tauschoptimum erfüllt sind. Zu diesem Tauschoptimum gehört die Scitovsky-Indifferenzkurve S_g. Wie wir oben gezeigt haben, besitzt diese im Punkt F die gleiche Steigung wie die individuellen Indifferenzkurven im Punkt g, $\tan\alpha = MRS^i_{xy}$, $i = A, B$. Die Steigung der Scitovsky-Indifferenzkurve in Punkt F gibt uns an, wieviele Einheiten des Gutes y zusätzlich erzeugt werden müßten, um beide Individuen für den Verlust einer Einheit des Gutes x zu entschädigen, so daß A und B weiterhin das gleiche Nutzenniveau erreichen wie bei der Güteraufteilung g. Aus der Graphik erkennen wir sofort, daß diese Steigung in Punkt F größer ist als die Steigung der Transformationskurve im gleichen Punkt: $MRS^i_{xy} > MRT_{xy}$, $i = A, B$. Dies bedeutet, daß der Produktionsanstieg von y, der bei einer Verringerung der Produktion des Gutes x um eine Einheit in Punkt F erreicht werden kann, nicht ausreicht, um die Individuen für eine derartige Verringerung der Menge an x zu entschädigen. Umgekehrt gilt, daß weniger Einheiten des Gutes y auf der Produktionsseite aufgewendet werden müssen, wenn die Produktion von x um eine Einheit erhöht werden soll, als für eine Kompensation der Konsumenten A und B notwendig sind. Daher könnte ausgehend von g mindestens eine Person besser gestellt werden, wenn die Produktion von x auf Kosten des Gutes Gutes y ausgedehnt wird. Wir halten fest, daß die Produktion in Punkt F für das Tauschoptimum g nicht effizient ist, obwohl die Faktoren so eingesetzt werden, daß die Produktion des einen Gutes nicht mehr gesteigert werden kann, ohne die Produktionsmenge des anderen Gutes zu senken. Es ist eben für die globale Effizienz nicht nur entscheidend, wie produziert wird, sondern auch was produziert wird.

Ausgehend von einer Verteilung g bezeichnet der Bereich, der zwischen der Scitovsky-Indifferenzkurve S_g und der Produktionsmöglichkeitenkurve liegt, alle mit dem gegebenen Faktorbestand produzierbaren Güterkombinationen, mit denen der Nutzen mindestens eines Individuums erhöht werden kann, ohne daß das andere Individuum schlechter gestellt wird. Welche dieser Güterkombinationen können wir als global effizient ansehen? Offensichtlich muß dies eine Güterkombination sein, bei der die Grenzrate der Substitution beider Individuen mit der Grenzrate der Transformation übereinstimmt:

$$MRS^A_{xy} = MRS^B_{xy} = MRT_{xy}. \tag{2.15}$$

Erst wenn diese Bedingung erfüllt ist, tangiert die zu einem Tauschoptimum gehörende Scitovsky-Indifferenzkurve die Produktionsmöglichkeitenkurve, und es gibt keine produzierbaren Güterkombinationen mehr, bei denen zumindest ein Individuum besser gestellt werden kann, ohne daß zugleich das andere schlechter gestellt wird. Allgemein folgt

Ergebnis 2.2.5 *Wenn die Grenzrate der Substitution aller Individuen im Konsum mit der Grenzrate der Transformation in der Produktion übereinstimmt, ist globale Effizienz erreicht.*

Dieses Ergebnis läßt sich auch algebraisch gewinnen. Hierfür versetze man sich in die Rolle des wohlwollenden Diktators, welcher die Lagrangefunktion

$$\begin{aligned}\mathcal{L} = U^A(x_A, y_A) \;&+\; \lambda_1\{\bar{U}^B - U^B[F^x(N_x, K_x) - x_A, F^y(N_y, K_y) - y_A]\}\\ &+\; \lambda_2(\bar{N} - N_x - N_y)\\ &+\; \lambda_3(\bar{K} - K_x - K_y).\end{aligned}$$

durch Wahl der Variablen $x_A, y_A, N_x, N_y, K_x, K_y$ unter Beachtung der Lagrangemultiplikatoren maximiert. Die Interpretation und die Lösung dieses Problems wird der eigenen Übung überlassen.

Die Beziehung zwischen Nutzen- und Güterraum: Die Nutzenmöglichkeitsgrenze

Jeder Punkt auf der Produktionsmöglichkeitenkurve bezeichnet genau eine aggregierte Güterausstattung und spannt somit eine Edgeworth-Box auf. Zu jeder Edgeworth-Box können wir die Tauschkontraktkurve beschreiben und somit eine Nutzenmöglichkeitskurve entwerfen. Dieser Zusammenhang zwischen Güter- und Nutzenraum wird in Abbildung 2.8 aufgezeigt.

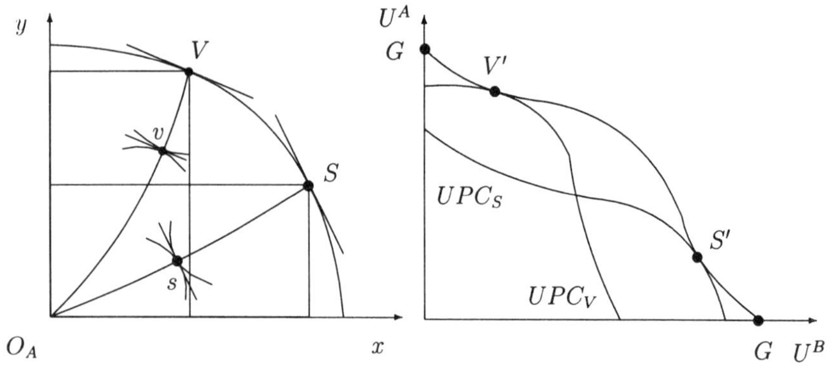

Abb. 2.8: Nutzenmöglichkeitsgrenze

Betrachten wir den Produktionspunkt V im linken Diagramm. Dieser spannt die eingezeichnete Edgeworth-Box auf. Die tauschoptimalen Verteilungen der Gütermengen werden durch die Tauschkontraktkurve O_AvV dargestellt. Diese Kontraktkurve läßt sich in den Nutzenraum des rechten Diagramms überführen und durch die Nutzenmöglichkeitskurve UPC_V darstellen[5]. Sie trägt den Index V, da sie nur für die Güterausstattung, die durch den Produktionspunkt V beschrieben wird, gilt. In gleicher Weise leiten wir die UPC_S für den Punkt S auf der Transformationskurve ab. In dieser Graphik läßt sich für die Produktionspunkte V und S jeweils genau eine tauschoptimale Verteilung finden, die zugleich die Bedingungen für globale Effizienz erfüllt. Diese Verteilungen werden durch die Punkte v und s in den jeweiligen Edgeworth-Boxen wiedergegeben. Die Tauschoptima v und s wiederum implizieren eine ganz bestimmte Nutzenverteilung, welche in dem Nutzenraum durch die Punkte V' und S' charakterisiert werden. Wiederholt man diese Vorgehensweise, so ergibt sich eine ganze Schar von Nutzenmöglichkeitskurven. Die Kurve, die alle Nutzenverteilungen verbindet, die den Bedingungen der globalen Effizienz genügen, wie z. B. V' und S', nennen wir die **Nutzenmöglichkeitsgrenze**. Sie ist die Umhüllende aller Nutzenmöglichkeitskurven im Nutzenraum bei einer gegebenen Faktorausstattung. Sie wird im rechten Diagramm der Abbildung 2.8 durch die Kurve GG dargestellt[6].

Die Nutzenmöglichkeitsgrenze gibt uns unendlich viele Nutzenverteilungen an, die global effizient sind. Welche Nutzenverteilung nun ausgewählt

[5] Vergleiche Abschnitt 2.3.2.

[6] Da die Nutzenmöglichkeitsgrenze die Umhüllende aller Nutzenmöglichkeitskurven ist, ist ihr genauer Verlauf durch diese bestimmt.

werden soll, kann nach dem Pareto-Prinzip nicht mehr entschieden werden. Um dennoch eine Auswahl treffen zu können, muß ein weiteres Kriterium herangezogen werden, welches uns sagt, welche Nutzenverteilung erwünscht ist und welche nicht. Hierfür müssen wir die Nutzen der einzelnen Individuen gewichten. Diese Gewichtung bilden wir durch eine sogenannte **Soziale Wohlfahrtsfunktion**, $W(U^A, U^B)$, ab, die wir in Kapitel 8 näher untersuchen werden. Graphisch können wir nun analog zur Haushaltstheorie eine **soziale Indifferenzkurve** entwerfen. Sie ist der geometrische Ort aller Nutzenverteilungen, die gemäß einer gesellschaftlichen Präferenzordnung als gleich gut beurteilt werden. Ein möglicher Verlauf dieser Indifferenzkurve einer sozialen Wohlfahrtsfunktion ist in Abbildung 2.9 eingezeichnet.

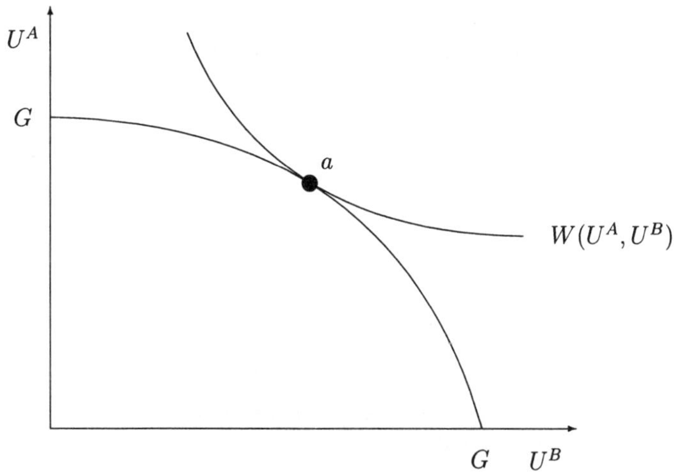

Abb. 2.9: Soziale Wohlfahrtsfunktion

Gemäß dieser willkürlich gewählten Wohlfahrtsfunktion ist von allen möglichen Nutzenverteilungen auf der Nutzenmöglichkeitsgrenze die Nutzenverteilung a die beste. In a ist ein **soziales Optimum** erreicht. Dieses Optimum gilt nur für diese spezielle Wohlfahrtsfunktion. Würden wir eine andere Gewichtung der Nutzen wählen, so wäre eine andere Nutzenverteilung optimal.

Globale Effizienz und vollkommener Wettbewerb

Bisher haben wir gezeigt, daß dezentrales Verhalten aller Marktteilnehmer bei vollkommenem Wettbewerb die Effizienzbedingungen sowohl für Tausch als auch für die Produktion sichert. Ist der Preismechanismus auch geeignet, die Bedingungen für globale Effizienz zu sichern?

Auch diese Frage kann bejaht werden, wenn sich alle Marktteilnehmer als Preisnehmer verhalten und für alle Marktteilnehmer die gleichen Preise gelten, d.h. bei vollkommenem Wettbewerb. Unter diesen Marktbedingungen fragen gewinnmaximierende Unternehmen in den beiden Sektoren solange Arbeit und Kapital nach, bis das Wertgrenzprodukt des jeweiligen Faktors dessen Faktorpreis entspricht. Da für beide Sektoren x und y die gleichen Faktorpreise, w und r, gelten, folgt aus gewinnmaximierendem Verhalten der Unternehmen eine Angleichung der Wertgrenzprodukte für jeweils einen Faktor zwischen den Sektoren. So gilt für den Einsatz des Faktors Arbeit in den Sektoren die Beziehung

$$p_x F_N^x = w = p_y F_N^y.$$

Durch Umformung dieser Beziehung erhalten wir

$$\frac{F_N^y}{F_N^x} = MRT_{xy} = \frac{p_x}{p_y}. \tag{2.16}$$

Gewinnmaximierendes Verhalten der Unternehmen bei vollkommenem Wettbewerb führt zu einer Angleichung der Grenzrate der Transformation an das Preisverhältnis.

Nutzenmaximierendes Verhalten der Haushalte führte gemäß der Beziehung (2.7) in Abschnitt 2.2.2 zu einer Angleichung der Grenzrate der Substitution aller Konsumenten an das Preisverhältnis

$$MRS_{xy}^A = \frac{p_x}{p_y} = MRS_{xy}^B.$$

Fügen wir die Bedingungen des Produktionsoptimums (2.16) und dieses Haushaltsoptimum zusammen, so erkennen wir, daß bei vollkommenem Wettbewerb die Bedingungen für globale Effizienz

$$MRS_{xy}^A = MRS_{xy}^B = \frac{p_x}{p_y} = MRT_{xy} \tag{2.17}$$

erfüllt sind. Allgemein erhalten wir das

Ergebnis 2.2.6 *Vollkommener Wettbewerb auf allen Märkten sichert globale Effizienz.*

2.2.5 Intertemporale Effizienz: Der optimale Investitionsplan

Unsere bisherigen Überlegungen beschränkten sich auf eine statische Analyse. Nun wird die Zeit mitberücksichtigt. Aus Gründen der Vereinfachung betrachten wir eine Ökonomie, die lediglich zwei Perioden bestehe. Die erste Periode sei durch 1 und die zweite durch 2 gekennzeichnet. In der ersten Periode besitze die Ökonomie einen historisch gegebenen Kapitalstock, $K_1 > 0$, und einen exogen gegebenen Bestand an Arbeit, N. Mit Hilfe dieser Faktoren wird in der ersten Periode gemäß der Produktionsfunktion $F^1(N, K_1)$ eine bestimmte Menge eines Gutes produziert. Diese Produktionsfunktion besitze die gleichen Eigenschaften wie bisher. Wir nehmen an, daß der Kapitalstock, K_1, bei dieser Produktion vollständig abgenutzt wird. Die in der ersten Periode produzierte Menge kann nun entweder gleich konsumiert werden, c_1, oder investiert werden, K_2[7]. Die Budgetrestriktion der Volkswirtschaft in Periode 1 lautet daher:

$$F^1(N, K_1) = K_2 + c_1. \tag{2.18}$$

Die Investitionen bilden den Kapitalstock der nächsten Periode, K_2. In der zweiten Periode besitze die Volkswirtschaft wieder einen exogen gegebenen Bestand an Arbeit, N. Unter Einsatz des Kapitalstocks, K_2, und der Arbeit, N, kann in Periode 2 die Gütermenge $F^2(N, K_2)$ hergestellt werden. Da wir annehmen, daß die Ökonomie nach der zweiten Periode zu bestehen aufhört, wird die gesamte produzierte Gütermenge der zweiten Periode konsumiert, c_2[8]. Die Budgetrestriktion der Ökonomie in der Periode 2 lautet daher

$$F^2(N, K_2) = c_2. \tag{2.19}$$

Den Haushaltssektor beschreiben wir durch ein repräsentatives Individuum. Dieses lebe zwei Perioden lang. Es zieht seinen Nutzen aus dem

[7] Um ein anschauliches Beispiel zu wählen, stellen wir uns Robinson Crusoe vor, der seine Weizenernte entweder zum Brotbacken (Konsum) oder als Saatgut (Investition) nutzen kann.

[8] Robinson C. wird mit Sicherheit nach der zweiten Periode gerettet und ißt daher all seinen Weizen auf.

Konsum heute, c_1, und morgen, c_2. Diesen Lebensnutzen bilden wir mit einer Nutzenfunktion, $U(c_1, c_2)$, ab. Diese Nutzenfunktion weise positive aber abnehmende Grenznutzen bezüglich des Konsums c_i, $i = 1, 2$, auf: $\frac{\partial U}{\partial c_i} \equiv U_{c_i} > 0$, $\frac{\partial^2 U}{\partial c_i^2} < 0$.

Bedingungen für intertemporale Effizienz

Welche Aufteilung der produzierbaren Gütermenge in Periode 1 auf den Konsum, c_1, und auf die Investitionen, K_2, (und damit auf die Produktionsmöglichkeiten der zweiten Periode) führt zu einer Maximierung des Nutzens des Individuums?

Um diese Frage zu beantworten, versetzen wir uns wieder in die Rolle eines weisen Zentralplaners. Dieser versuche den Nutzen des repräsentativen Konsumenten zu maximieren, wobei er die volkswirtschaftlichen Budgetrestriktionen in den Perioden 1 und 2 berücksichtigen muß:

$$\begin{array}{lll} \max & U(c_1, c_2) & \\ \text{unter den Nebenbedingungen} & F^1(N, K_1) & = K_2 + c_1 \\ & F^2(N, K_2) & = c_2. \end{array}$$

Da sowohl der Anfangsbestand an Kapital, K_1, als auch der Arbeitseinsatz in beiden Perioden, N, exogen gegeben ist, bestimmt der Zentralplaner den Konsumpfad des Individuums (c_1, c_2) eindeutig durch die Wahl der Investitionen K_2: Der heutige Konsum, c_1, ergibt sich nach Wahl der Investitionen als Residualgröße, $F^1(N, K_1) - K_2 = c_1$, während die Konsummöglichkeiten in der zweiten Periode, c_2, bei gegebenem K_2 und gegebenem Arbeitseinsatz eindeutig durch die Produktionstechnologie, $F^2(N, K_2)$, festgelegt sind. Formal gewinnen wir die Lösung des Optimierungsproblems am einfachsten, indem wir die Budgetrestriktionen in die Nutzenfunktion einsetzen: [9]

$$\max \quad U[F^1(N, K_1) - K_2, F^2(N, K_2)]. \tag{2.20}$$

Durch Ableiten nach K_2 erhalten wir die Bedingung erster Ordnung

$$\frac{U_{c_1}}{U_{c_2}} = F_K^2, \tag{2.21}$$

[9] Ebenso läßt sich das Problem mit dem Lagrangeansatz $\mathcal{L} = U(c_1, c_2) + \lambda_1[F^1(N, K_1) - K_2 - c_1] + \lambda_2[F^2(N, K_2) - c_2]$ durch Wahl der Variablen c_1, c_2, K_2, lösen.

wobei $F_K^2 \equiv \frac{\partial F^2}{\partial K_2}$ die Grenzproduktivität des Kapitals in Periode zwei angibt. Auf der linken Seite steht die Grenzrate der Substitution zwischen dem heutigen und morgigen Konsum, $MRS_{12} \equiv \frac{U_{c1}}{U_{c2}}$. Diese bezeichnen wir auch als **intertemporale Substitutionsrate** im Konsum. Um eine effiziente Ressourcenverteilung zu erhalten, soll diese der Grenzproduktivität des Kapitals in der zweiten Periode entsprechen. Verzichtet nämlich das Individuum in Periode 1 auf die letzte Einheit Konsum und investiert diese, so gewinnt es morgen F_K^2 Einheiten mehr Konsum. In Nutzeneinheiten ausgedrückt verliert es heute U_{c_1}, wenn es auf diese letzte Einheit Konsum verzichtet. Dafür steigt der Nutzen aufgrund dieser zusätzlichen Investitionseinheit in der Periode 2 um $U_{c_2} F_K^2$. Ein Konsumverzicht und damit eine Erhöhung der Investitionen in Periode 1 sollte daher solange erfolgen, solange der Nutzenverlust in der ersten Periode geringer ist als der Nutzengewinn in Periode 2: $U_{c_1} \leq U_{c_2} F_K^2$. Eine effiziente Allokation wird genau dann erreicht, wenn die Nutzeneinbuße heute aus der letzten Einheit Konsumverzicht genau dem Nutzengewinn morgen aus der zusätzlichen Investitionseinheit entspricht: $U_{c_1} = U_{c_2} F_{K_2}$. Durch Wahl des optimalen Investitionspfades wird die Bedingung für eine effiziente Ressourcenallokation zwischen Periode 1 und 2 erreicht. Diese Überlegungen können wir auch auf einen Mehr-Periodenfall übertragen, ohne daß sich diese Bedingung ändert. Wir erhalten allgemein das

Ergebnis 2.2.7 *Die Verteilung der Ressourcen auf Konsum und Investitionen ist dann effizient, wenn die intertemporale Substitutionsrate im Konsum der Grenzproduktivität der Investitionen (des Kapitals) entspricht.*

Intertemporale Effizienz und vollkommener Wettbewerb

Sichert eine Marktwirtschaft die Bedingung der intertemporalen Effizienz? Ja, wenn wir vollkommenen Wettbewerb unterstellen. Diese Annahme schließt insbesondere einen perfekten Kapitalmarkt ein, auf dem alle Marktteilnehmer zu einem aus ihrer Sicht exogen gegebenen Zinssatz, r, soviel anlegen und an Kredit aufnehmen können, wie sie wollen. Wichtig ist, daß für alle Marktteilnehmer der gleiche Zinssatz gilt. Um dies zu zeigen, wollen wir nun das dezentrale Verhalten der Marktteilnehmer untersuchen. Wenden wir uns zunächst dem Haushaltssektor zu.

Das repräsentative Individuum erhalte in Periode 1 ein exogenes Einkommen I_1. In der ersten Periode kann es damit Konsumgüter kaufen,

c_1, oder sparen, s[10]. Der Preis des Konsumgutes sei in beiden Perioden auf Eins normiert. Die Budgetrestriktion des Individuums in Periode 1 lautet dann:

$$c_1 + s = I_1. \tag{2.22}$$

Nach der zweiten Periode stirbt das Individuum und wird somit sein gesamtes Einkommen der zweiten Periode konsumieren. Dieses besteht aus seinem exogenen Einkommen in der zweiten Periode, I_2, und aus seinen verzinsten Ersparnissen der Vorperiode $(1+r)s$. In Periode 2 ist die Budgetrestriktion somit durch

$$c_2 = I_2 + s(1+r) \tag{2.23}$$

charakterisiert. Lösen wir die Budgetrestriktion in der zweiten Periode nach der Variablen s auf und setzen das Ergebnis in die Budgetrestriktion der ersten Periode ein, dann erhalten wir eine intertemporale Lebensbudgetrestriktion

$$I_1 + \frac{I_2}{(1+r)} = c_1 + \frac{c_2}{(1+r)}. \tag{2.24}$$

Die linke Seite der intertemporalen Budgetrestriktion kennzeichnet den Gegenwartswert des gesamten Lebenseinkommens des Individuums. Die rechte Seite gibt analog den Gegenwartswert des Konsums dieses Individuums wieder. Unter Beachtung dieser Budgetrestriktion maximiert das Individuum seinen Nutzen gemäß der Nutzenfunktion $U(c_1, c_2)$ durch Wahl der Konsumnachfrage in den beiden Perioden, c_1 und c_2[11]. Die notwendige Bedingung für ein Haushaltsoptimum ergibt sich als

$$\frac{U_{c_1}}{U_{c_2}} = 1 + r. \tag{2.25}$$

Die linke Seite gibt wieder die Grenzrate der Substitution und damit die Substitutionswünsche zwischen dem Konsum der ersten und der zweiten Periode an. Die rechte Seite zeigt dagegen die Substitutionsmöglichkeiten am Markt an. Verzichtet das Individuum heute auf eine Einheit Konsum, so erhält es in der zweiten Periode $(1+r)$ Einheiten. Der Haushalt wird

---

10 Ist $s > 0$, so ist die Ersparnis des Individuums positiv. Ist $s < 0$, so nimmt es einen Kredit auf.

11 Der Lagrangeansatz lautet: $\mathcal{L} = U(c_1, c_2) + \lambda[I_1 + \frac{I_2}{(1+r)} - c_1 - \frac{c_2}{(1+r)}]$.

folglich sparen, bis die Nutzeneinbuße aus dem Verzicht der letzten Einheit Konsum heute, U_{c_1}, dem Nutzenzuwachs aus dieser Einheit morgen, $(1+r)U_{c_2}$, entspricht.

Wenden wir uns nun dem Produktionssektor zu. Ein repräsentatives Unternehmen produziere unter Einsatz der Faktoren Arbeit und Kapital ein Gut. Der Absatzpreis wie auch die Faktorpreise sind aus Sicht des Unternehmens bei vollkommenem Wettbewerb exogen gegebene Daten. Wir normieren den Absatzpreis auf Eins. Ziel des Unternehmens ist die Maximierung seines Gewinns, durch Wahl der Faktoreinsatzmengen. Da wir uns in diesem Abschnitt auf die Investitionsentscheidung des Unternehmens beschränken wollen, verzichten wir auf eine Analyse der gewinnmaximierenden Arbeitsnachfrage[12]. Unter Vernachlässigung der Bestimmung des Arbeitseinsatzes ist der optimale Produktionsplan wie auch der Gewinn in Periode 1 bereits festgelegt, da der Kapitaleinsatz, K_1, exogen gegeben ist. Die einzige Entscheidung, die das Unternehmen in Periode 1 treffen muß, besteht in der Wahl der Investitionen für die zweite Periode 2, K_2, und diese Wahl bestimmt unter den getroffenen Annahmen zugleich den Gewinn in Periode 2. Wenn es ein Investitionsvolumen K_2 in Periode 1 am Kapitalmarkt nachfragt, so muß es in Periode 2 die Kapitalkosten $(1+r)K_2$ tragen. Werden nämlich z.B. die Investitionen über Kredite finanziert, so muß das Unternehmen $(1+r)K_2$ an Tilgung und Verzinsung an die Gläubiger zahlen. Der Unternehmensgewinn in Periode 2 unter Vernachlässigung der Lohnzahlungen lautet

$$F^2(N, K_2) - (1+r)K_2. \tag{2.26}$$

Das Unternehmen wird nun sein Investitionsvolumen so wählen, daß diese Gewinnfunktion maximiert wird. Wir erhalten hierfür die Bedingung erster Ordnung als

$$F_K^2 = 1 + r. \tag{2.27}$$

Auf der linken Seite steht das Wertgrenzprodukt der letzten investierten Einheit Kapital, F_K^2, wobei zu berücksichtigen ist, daß der Absatzpreis des Konsumgutes auf Eins normiert ist. Die rechte Seite gibt den Faktorpreis für eine Investitionseinheit, $(1+r)$, wieder. Da wir annehmen, daß das Kapital nach einer Periode vollständig abgenutzt wird, kostet eine Investitionseinheit netto $(1+r)$. Somit ist ein optimaler Umfang

---

[12] Wie wir bereits in dem Abschnitt 2.2.3 sahen, werden die Bedingungen für einen effizienten Arbeitseinsatz auf einem Markt bei vollkommenem Wettbewerb erfüllt.

der Investitionen dann erreicht, wenn die letzte investierte Einheit Kapital gerade so viel an Erlösen erwirtschaftet, nämlich das Wertgrenzprodukt F_K^2, wie sie am Kapitalmarkt kostet. Diese Optimalbedingung für eine gewinnmaximierende Investitionsnachfrage ist äquivalent zu den in Abschnitt 2.2.3 abgeleiteten Faktornachfragebedingungen. Fügen wir die Bedingungen für eine gewinnmaximale Investitionsnachfrage (2.27) und für die nutzenmaximierenden Konsumaufteilung (2.25) zusammen, so erhalten wir das

Ergebnis 2.2.8 *Vollkommener Wettbewerb sichert eine effiziente intertemporale Allokation.*

2.2.6 Effiziente Allokation bei Unsicherheit

Die Analyse in den vorangegangenen Abschnitten erfolgte in einer Ökonomie unter Sicherheit. Ein Unternehmer, der eine bestimmte Menge an Faktoren einsetzte, wußte genau, welchen Ertrag er erwirtschaften würde. Ebenso wußte der Konsument bei der Planung seines Konsums oder bei seiner Sparentscheidung mit Sicherheit, welche Einnahmen ihm zur Verfügung stehen, welche Ausgaben er machen kann und welchen Nutzen er davon hat.

Jedoch leben wir ganz offensichtlich in einer Welt, die von Unsicherheit geprägt ist. Ein Bauer, der seine Felder bestellt, weiß nicht mit Sicherheit, welche Ernte er einfahren wird, da diese u.a. von den Witterungsumständen abhängt. Eine Absolventin der Betriebswirtschaftslehre weiß nicht, welches Einkommen sie in Zukunft erhalten wird. Ebensowenig weiß sie, welche Krankheiten sie heimsuchen werden und wie lange ihr Leben dauern wird. Allgemein weiß keiner von uns mit Sicherheit, welchen Umweltbedingungen er in seinem Leben ausgesetzt sein wird, ob er einen Krieg erleiden muß oder in Ruhe und Frieden leben kann, ob er von einer Rezession betroffen sein wird oder auf der Welle einer Hochkonjunktur schwimmen wird. Aus diesem Grund werden wir in diesem Kapitel die Unsicherheit in unsere Analyse aufnehmen. Mit dieser Erweiterung verfolgen wir zwei Ziele. Zum einen wollen wir untersuchen, durch welche Bedingungen eine effiziente Allokation bei Unsicherheit gekennzeichnet ist und ob in einer Ökonomie bei vollkommenem Wettbewerb diese Bedingungen erfüllt werden. Zum anderen wollen wir bestimmte ökonomische Aktivitäten, die wir auf Versicherungsmärkten, Terminmärkten oder bei Spekulationsgeschäften beobachten können und die nur in einer Welt unter Unsicherheit denkbar sind, erklären.

Unsere Analyse erfolgt dabei anhand eines Beispiels unsicherer Lebenserwartungen. Hierfür betrachten wir eine Ökonomie, in der zwei Gruppen von Haushalten, A und B, leben. Die Mitglieder innerhalb einer Gruppe seien identisch und somit können wir jedes Mitglied einer Gruppe durch einen repräsentativen Haushalt darstellen. Haushalte unterschiedlicher Gruppen unterscheiden sich hinsichtlich ihrer Lebenserwartungen. Zwar lebt jeder Haushalt mit Sicherheit eine Periode 1 lang, jedoch erlebt jedes Mitglied der Gruppe i, $i = A, B$, nur mit der Wahrscheinlichkeit P_i eine zweite Periode 2. Wir nehmen an, daß die einzelnen Gruppen sehr umfangreich sind. Folglich entspricht die individuelle Überlebenswahrscheinlichkeit P_i gemäß dem Gesetz der großen Zahl zugleich der relativen Häufigkeit der Gruppe i in Periode 2. Zusätzlich normieren wir den Umfang der Gruppe A in der ersten Periode auf Eins. In der zweiten Periode leben dann noch P_A Mitglieder dieser Gruppe. Die relative Häufigkeit der Gruppe B bezogen auf die Gruppe A in der ersten Periode beträgt γ. Insgesamt leben somit in der ersten Periode 1 $1+\gamma$ Haushalte in unserer Ökonomie, während in Periode 2 lediglich $P_A + P_B\gamma$ Haushalte leben. Die Nutzenfunktion eines Haushalts der Gruppe i beschreiben wir mit Hilfe einer additiv–separablen **Erwartungsnutzenfunktion**

$$U^i(c_1^i, c_2^i) = U(c_1^i) + P_i U(c_2^i), \tag{2.28}$$

wobei c_1^i den Konsum in der ersten Periode 1 und c_2^i den Konsum in der Periode 2 eines Haushalts der Gruppe i angibt. Die periodenbezogenen Nutzenfunktionen $U(c_1^i)$ und $U(c_2^i)$ weisen einen positiven aber abnehmenden Grenznutzen auf, z.B. $\frac{\partial U(c_1^i)}{\partial c_1^i} \equiv U'(c_1^i) > 0$ und $U''(c_1^i) < 0$. Abschließend nehmen wir an, daß jeder Haushalt in Periode 1 mit einer exogenen Ressourcenausstattung I versehen ist und vernachlässigen somit den Produktionssektor. Da wir den Umfang der Gruppe A auf Eins normiert haben, beträgt die gesamte Ressourcenausstattung in der Ökonomie $I(1+\gamma)$.

Effizienzbedingungen bei Unsicherheit

Wie ist nun die gegebene Ressourcenausstattung $I(1+\gamma)$ und damit der Konsum auf die Haushalte der Gruppen A und B in den beiden Perioden zu verteilen, so daß es nicht mehr möglich ist, eine Gruppe besser zu stellen, ohne zugleich die andere schlechter zu stellen?

Der wohlwollende Zentralplaner, der diese Aufgabe lösen will, wählt willkürlich die Gruppe A als diejenige Gruppe aus, deren Nutzen maximiert werden soll. Die Optimierung erfolgt unter zwei Nebenbedingungen. Zum einen darf der Nutzen eines repräsentativen Haushalts der Gruppe B ein beliebig gewähltes, positives Nutzenniveau $\bar{U}^B$ nicht unterschreiten, $\bar{U}^B \leq U^B(c_1^B, c_2^B)$. Zum anderen können nicht mehr Ressourcen auf die Gruppen in beiden Perioden verteilt werden als in der Ökonomie vorhanden sind, d.h. der Zentralplaner muß die intertemporale Budgetrestriktion der gesamten Ökonomie,

$$c_1^A + \gamma c_1^B + P_A c_2^A + P_B \gamma c_2^B = I(1+\gamma), \tag{2.29}$$

beachten. Formal gewinnen wir die Bedingungen einer effizienten Allokation, indem wir die Lagrangefunktion

$$\begin{aligned} \mathcal{L} = U^A(c_1^A, c_2^A) &+ \lambda_1[\bar{U}^B - U^B(c_1^B, c_2^B)] \\ &+ \lambda_2[I(1+\gamma) - c_1^A - \gamma c_1^B - P_A c_2^A - P_B \gamma c_2^B] \end{aligned} \tag{2.30}$$

durch Wahl der Konsummengen c_1^A, c_2^A, c_1^B und c_2^B maximieren, wobei wir die Erwartungsnutzenfunktion (2.28) einsetzen. Als notwendige Bedingung erster Ordnung ergibt sich dann

$$\frac{U'(c_1^A)}{U'(c_2^A)} = \frac{U'(c_1^B)}{U'(c_2^B)}. \tag{2.31}$$

Bemerkenswert ist, daß gemäß dieser Bedingung nicht die **ex ante** Grenzraten der Substitution zwischen dem Konsum in Periode 1 und 2 aus Sicht der Periode 1 im Allokationsoptimum zum Ausgleich gebracht werden,

$$\frac{U'(c_1^A)}{P_A U'(c_2^A)} \neq \frac{U'(c_1^B)}{P_B U'(c_2^B)},$$

sondern die **ex post** Grenzraten der Substitution, also aus Sicht der Periode 2. Dies läßt sich folgendermaßen begründen: Wenn der Zentralplaner den Konsum der Gruppe A in der Periode 1 um eine Einheit reduziert, und diese an die Überlebenden dieser Gruppe in Periode 2 umverteilt, so erleidet diese Gruppe zwar in Periode 1 einen Nutzenverlust in Höhe von $U'(c_1^A)$. In Periode 2 stehen den Überlebenden der Gruppe A dafür aber insgesamt $\frac{1}{P_A}$ Einheiten an zusätzlichem Konsum zur Verfügung, da der Umfang der Gruppe von Eins auf P_A gesunken ist. Insgesamt erhöht sich der Nutzen der Gruppe A in Periode 2 um

$$\frac{1}{P_A} P_A U'(c_2^A) = U'(c_2^A).$$

Das gleiche Ergebnis erhalten wir für die Gruppe B. Die für eine effiziente Ressourcenallokation bei Unsicherheit relevante Grenzrate der Substitution innerhalb einer Gruppe ist folglich die ex post Grenzrate der Substitution. Die Effizienzbedingung (2.31) besagt nun, daß im Allokationsoptimum die Grenzraten der Substitution für eine Konsumeinheit in der Gegenwart zwischen den Mitgliedern verschiedener Gruppen ausgeglichen sein sollen. Ansonsten könnte der Zentralplaner eine Pareto–Verbesserung erreichen, indem er derjenigen Gruppe, die den Gegenwartskonsum geringer schätzt, eine Einheit Konsum in Periode 1 zugunsten der anderen Gruppe entzieht, und jene dafür mit einer zusätzlichen Einheit Konsum in Periode 2 entschädigt. Daher ist eine effiziente Allokation erreicht, wenn die Wertschätzung für eine Konsumeinheit in der Gegenwart zwischen beiden Gruppen identisch ist, und wir erhalten abschließend das

Ergebnis 2.2.9 *Im Allokationsoptimum müssen in einer unsicheren Welt die ex post Grenzraten der Substitution zwischen den Haushalten unterschiedlicher Gruppen ausgeglichen werden.*

Allokationseffizienz bei vollkommenem Wettbewerb und vollständiger Information

In einer dezentral organisierten Ökonomie ist jeder Haushalt in Periode 1 mit dem Problem konfrontiert, wie er seinen Konsum in der zweiten Periode sichern kann, falls er überlebt. Er kann dafür seine Ersparnisse am Kapitalmarkt anlegen oder einen Vertrag abschließen, um sich gegen das Risiko, zu lange zu leben, zu versichern. Dieser Versicherungskontrakt gewährt ihm gegen Zahlung einer Prämie in Periode 1 im Falle des Überlebens eine sogenannte **Leibrente** oder **Annuität** in vorher vereinbarter Höhe in Periode 2.

In diesem Abschnitt wollen wir zunächst untersuchen, ob ein derartiger Versicherungsmarkt existiert und wie dieser funktioniert. Hierfür nehmen wir an, daß es sehr viele kleine Versicherungsunternehmen gibt, die den Haushalten Versicherungskontrakte mit einer bestimmten Rendite anbieten. Kein Versicherungsanbieter besitzt folglich Marktmacht. Ebenso herrscht freier Marktzutritt, so daß im langfristigen Gleichgewicht kein Versicherungsunternehmen einen positiven Gewinn realisieren kann. Wir unterstellen, daß jedes Versicherungsunternehmen nicht nur die gesamtwirtschaftliche Sterbehäufigkeit und damit die gesamtwirtschaftliche Risikoverteilung in der Ökonomie kennt, sondern auch die individuelle Sterbewahrscheinlichkeit jedes einzelnen Versicherungsnehmers. Fragt ein Haushalt eine Versicherung nach, so weiß das Unternehmen aus welcher Gruppe dieser Haushalt stammt und kann somit bestimmen, welche Überlebenswahrscheinlichkeit dieser Haushalt besitzt. Dies ist die Annahme der vollständigen Information. Zusätzlich nehmen wir an, daß die Haushalte nicht altruistisch gegenüber ihren Nachkommen eingestellt sind. Schließlich gebe es einen Kapitalmarkt, auf dem man zu einem exogen gegebenen positiven Kapitalzins r sein Geld anlegen kann. Eine Konsequenz aus diesen Annahmen ist, daß Versicherungsunternehmen niemals für unterschiedliche Risiken eine einheitliche Rendite anbieten werden. Würden sie dies tun, erlitten sie bei den schlechten Risiken, d.h. bei Haushalten mit einer hohen Überlebenswahrscheinlichkeit P_i, Verluste, während sie bei guten Risiken, und damit bei Haushalten mit geringer Überlebenswahrscheinlichkeit, Gewinne erzielten, mit denen die Verluste ausgeglichen werden. Nun würde es sich aber für einen Versicherungsanbieter lohnen, ausschließlich für die Haushalte mit einer geringen Überlebenswahrscheinlichkeit einen Vertrag mit einer höheren Rendite als dieser Einheitsrendite anzubieten. Dieser Versicherungskontrakt wäre für alle guten Risiken attraktiver und sie würden alle die Einheitsrendite verschmähen. Bei vollkommenem Wettbewerb zwischen den Versicherungsunternehmen und vollständiger Information kann daher ein Gleichgewicht niemals durch eine Einheitsrendite gekennzeichnet sein. Die Versicherung gilt also jeweils innerhalb einer Risikogruppe: Aus den Beiträgen der Gruppe i, $i = A, B$ werden die Leibrenten dieser Gruppe finanziert. Die Prämien gehorchen dem **versicherungstechnischen Äquivalenzprinzip**.

Welche Renditen werden die Versicherungsunternehmen den Haushalten anbieten? Zunächst stellen wir fest, daß ein Versicherungsunternehmen einem Haushalt der Gruppe i eine Rendite anbieten kann, die den Kapitalmarktzins übersteigt, wenn es beim Ableben des Versicherungsnehmers den eingelegten Betrag behalten darf. Zahlen nämlich alle Versicherungsnehmer der Gruppe i zusammen eine Geldeinheit als Prämie ein, so kann diese von dem Versicherungsunternehmen am Kapitalmarkt angelegt werden. In Periode 2 stehen damit $(1 + r)$ Geldeinheiten zur Ausschüttung zur Verfügung, die aber nur an die Überlebenden ausgezahlt werden, deren relative Häufigkeit P_i ist. Die maximal mögliche Rendite, die das Versicherungsunternehmen einem Haushalt der Gruppe i anbieten kann beträgt

$$\frac{(1+r)}{P_i} > (1+r), \qquad \text{für} \quad 0 < P_i < 1.$$

Eine höhere Rendite würde unweigerlich zu Verlusten führen. Ist die Verzinsung nun geringer als die maximal mögliche Rendite, so erzielt das Versicherungsunternehmen einen Gewinn. Dies ist auch der Grund, warum sich ein Angebot an Versicherungen bildet, da ansonsten den Unternehmen Gewinnmöglichkeiten entgehen würden. Jedoch sichert die Annahme des vollkommenen Wettbewerbs und damit freien Marktzutritts neuer Versicherungsunternehmen, daß jede Rendite, die geringer als $\frac{(1+r)}{P_i}$ ist und daher zu Gewinnen führt, langfristig kein Gleichgewicht darstellen kann. Aufgrund dieser „Nullgewinnbedingung" werden den Haushalten der Gruppe i nur Kontrakte mit der maximal möglichen Verzinsung in Höhe von $\frac{(1+r)}{P_i}$ angeboten. Die Haushalte werden diese Versicherungskontrakte auch nachfragen und ihre Ersparnisse ausschließlich auf dem Leibrentenmarkt anlegen, da auf diesem die Verzinsung höher ist als auf dem Kapitalmarkt. Voraussetzung hierfür ist, daß die Haushalte nicht altruistisch gegenüber ihren Nachkommen eingestellt sind, denn dann stört es sie nicht, daß im Falle ihres Ablebens das Versicherungsunternehmen ihre Prämien einbehält.

Nachdem wir festgestellt haben, daß sich in einer unsicheren Welt Märkte für das Gut „Versicherung" herausbilden, wollen wir nun untersuchen, ob dezentrales Verhalten aller Marktteilnehmer bei vollständiger Information und vollkommenem Wettbewerb die Effizienzbedingungen sichert. Betrachten wir hierzu einen Haushalt der Gruppe i. Dieser besitze das exogene Einkommen I, welches er in Periode 1 erhält und entweder für seinen Konsum c_1^i oder für seine Anlage auf dem Annuitätenmarkt, seine Ersparnis s, verwendet. Die Budgetrestriktion in der ersten Periode lautet daher

$$c_1^i + s = I. \tag{2.32}$$

Falls der Haushalt überlebt, konsumiert er die gesamten Erträge aus seiner Versicherung in Periode 2,

$$c_2^i = s\frac{(1+r)}{P_i}, \tag{2.33}$$

da er nach der zweiten Periode mit Sicherheit stirbt. Fassen wir diese beiden Budgetrestriktionen zusammen, indem wir nach s auflösen, so erhalten wir die intertemporale Budgerestriktion des Haushalts bei Überleben als

$$I = c_1^i + \frac{P_i c_2^i}{(1+r)}. \tag{2.34}$$

Maximiert nun ein Haushalt der Risikogruppe i seinen Erwartungsnutzen

$$U^i(c_1^i, c_2^i) = U(c_1^i) + P_i U(c_2^i)$$

durch Wahl von c_1^i und c_2^i unter Beachtung der intertemporalen Budgetrestriktion, so ergibt sich als notwendige Bedingung für ein Haushaltsoptimum formal[13]

$$\frac{U'(c_1^i)}{P_i U'(c_2^i)} = \frac{(1+r)}{P_i}. \tag{2.35}$$

Ein Mitglied der Gruppe i paßt somit seine ex ante Grenzrate der Substitution, $\frac{U'(c_1^i)}{P_i U'(c_2^i)}$, an die für ihn geltende Rendite auf dem Leibrentenmarkt, $\frac{(1+r)}{P_i}$, an. Wie wir unschwer erkennen, folgt aus diesem Verhalten eine Angleichung der ex post Grenzrate der Substitution, $\frac{U'(c_1^i)}{U'(c_2^i)}$, an die Rendite auf dem Kapitalmarkt, $(1+r)$. Da dies für beide Risikogruppen A und B gleichermaßen gilt, führt dezentrales Verhalten bei vollkommenem Wettbewerb und vollständiger Information zu einer Angleichung der ex post Grenzraten der Substitution zwischen den Mitgliedern unterschiedlicher Gruppen an die gleiche Kapitalmarktrendite $(1+r)$,

$$\frac{U'(c_1^A)}{U'(c_2^A)} = 1 + r = \frac{U'(c_1^B)}{U'(c_2^B)}, \tag{2.36}$$

und wir erhalten das

Ergebnis 2.2.10 *Bei vollständiger Information und vollkommenem Wettbewerb sichern dezentrale Entscheidungen eine effiziente Allokation bei Unsicherheit.*

2.2.7 Eine Zusammenfassung der Ergebnisse und wichtiger Annahmen

Wir haben in den Abschnitten 2.2.2 bis 2.2.6 folgende Ergebnisse erzielt:

- In einer Ökonomie bei vollkommenem Wettbewerb werden bei dezentralem Verhalten der Marktteilnehmer die Effizienzbedingungen erfüllt, wenn die Ökonomie bestimmte Voraussetzungen erfüllt.

[13] Die zu maximierende Lagrangefunktion lautet $\mathcal{L} = U(c_1^i) + P_i U(c_2^i) + \lambda[I - c_1^i - \frac{P_i c_2^i}{(1+r)}]$.

- Welche Nutzenverteilung zwischen den Individuen resultiert, ist bei gegebenen Präferenzen abhängig von der Verteilung der Produktionsfaktoren bzw. der Güter.

Aus allokativer Sicht können wir einen Staatseingriff nur begründen, wenn eine oder mehrere dieser Voraussetzungen nicht erfüllt sind. Fassen wir die wichtigsten Voraussetzungen für diese Ergebnisse nochmals kritisch zusammen:

Abwesenheit von öffentlichen Gütern

In der obigen Analyse gibt es nur die privaten Güter x und y. Jede Einheit eines Gutes, die der Konsument A verbraucht, steht dem Individuum B nicht mehr zur Verfügung. Diese Rivalität im Konsum der Güter kommt in den Nebenbedingungen formal dadurch zum Ausdruck, daß die gesamte verfügbare Menge an einem Gut der Summe aus den individuell konsumierten Gütermengen entsprechen soll:

$$x_A + x_B = X \quad \text{und} \quad y_A + y_B = Y.$$

In der Realität konsumieren wir aber Güter, die von uns allen gleichzeitig genutzt werden können. Ein Standardbeispiel hierfür ist die nationale Verteidigung. Derartige Güter nennen wir **öffentliche** Güter. Sie liefern ein Hauptargument für einen Staatseingriff aus allokativer Sicht. Wir werden sie deshalb in Kapitel 3 und 5 einer eingehenden Betrachtung unterziehen.

Vollkommener Wettbewerb

Die abgeleiteten Ergebnisse stellen sich nur ein, wenn alle Akteure auf allen Märkten sich als Mengenanpasser verhalten. Kein Marktteilnehmer darf in der Lage sein, den Preis, der für alle Akteure gleich ist, zu beeinflussen. Diese Annahme ist nur gerechtfertigt, wenn sich eine sehr große Anzahl von Nachfragern und Anbietern auf einem Markt befinden, und wenn die gehandelten Güter in einem Sektor homogen, d.h. gleichartig sind. Reduziert sich die Anzahl der Marktteilnehmer insbesondere durch institutionelle Marktzugangsbeschränkungen, so können z.B. die Marktformen des Oligopols, Monopols oder Monopsons entstehen. Die Marktteilnehmer können dann durch Mengenfestlegung den Preis beeinflussen. Sind die gehandelten Güter durch Heterogenität gekennzeichnet, so führt die Produktdifferenzierung ebenfalls zu Preisgestaltungsmöglichkeiten durch den Anbieter. Diese Phänomene sollen hier nur am Rande Erwähnung finden. Sie werden in der Industrieökonomik behandelt.

Vollständige Information

Wie wir in Abschnitt 2.2.6 zeigten, kann selbst bei Unsicherheit eine effiziente Allokation bei vollkommenem Wettbewerb sichergestellt werden. Die entscheidende Voraussetzung ist jedoch, daß alle Marktteilnehmer vollständige Information über die einzelwirtschaftlichen Risiken besitzen. In der Realität kennt ein Versicherungsunternehmen jedoch höchstens die relativen Häufigkeiten von Sterberisiken, Gesundheitsrisiken etc. für die gesamte Bevölkerung. Selbst bei umfassenden Vorsorgeuntersuchungen zum Abschluß von Versicherungsverträgen werden die privaten Risiken, die nur dem Individuum bekannt sind, nicht vollständig enthüllt. Eine öffentliche Information über private, individuelle Risiken liegt daher nicht vor. Wir werden in Kapitel 7 dieses Problemfeld diskutieren.

Keine externen Effekte

Bisher nahmen wir an, daß im Produktionssektor das Produktionsniveau jedes Gutes allein von den Faktormengen abhängt, die direkt für seine Produktion verwendet werden, und daß das Nutzenniveau des Konsumenten nur von den von ihm selbst konsumierten Gütern bestimmt wird. In der Realität treten jedoch Wechselbeziehungen zwischen den einzelnen Akteuren am Markt auf. So beeinflusst das Verbrennen von Braunkohle die Qualität und damit den Konsum des Gutes Umwelt für die Anwohner. Diesem Problem der **externen Effekte** wird in der Ökonomik viel Aufmerksamkeit geschenkt. Wir werden uns mit ihnen in Kapitel 4 beschäftigen.

Keine steigenden Skalenerträge

Eine weitere wesentliche Voraussetzung ist, daß die Produktionsfunktionen keine steigenden Skalenerträge aufweisen. Würden diese vorliegen, so kann durch eine proportionale Erhöhung der Einsatzmengen aller Produktionsfaktoren die Produktionsmenge überproportional gesteigert werden. Bei gegebenen Faktorpreisen könnte dann ein Unternehmen zu sinkenden Durchschnittskosten produzieren und durch Ausdehnung der Produktion Kostenvorteile erzielen. Bei steigenden Skalenerträgen verbleibt daher nur ein Anbieter auf dem Markt und es entsteht ein natürliches Monopol, welches sich nicht auf Marktzugangsbeschränkungen, sondern allein auf den technologischen Bedingungen des Produktionsprozesses gründet. Auch in diesem Fall ist ein Staatseingriff zu rechtfertigen, welcher dann zu öffentlichen Unternehmen führen kann. Diese werden in Kapitel 6 untersucht.

Sind all diese Voraussetzungen erfüllt, so sichert dezentrales Verhalten aller Marktteilnehmer ein effizientes Ergebnis. Jedoch ist noch nicht entschieden, ob die resultierende Nutzenverteilung zwischen den Individuen auch erwünscht ist. Wie soll die Verteilung der Güter und der Faktoreinkommen aussehen? In Kapitel 8 werden wir verschiedene Ansätze diskutieren, mit deren Hilfe eine Auswahl der erwünschten Nutzen– und damit auch der Einkommens– und Vermögensverteilung gelingen soll. Diese Ansätze ergeben sich nahezu ausschließlich aus Gerechtigkeitsüberlegungen unterschiedlicher philosophischer Schulen. Welche Nutzenverteilung als erwünscht angesehen wird, ist daher auch abhängig von der zugrundegelegten Philosophie. Und darüber läßt sich trefflich streiten. Allgemein akzeptiert ist dagegen, daß jedem Individuum zumindest das Existenzminimum gesichert werden soll, wie dies in der Bundesrepublik z.B. durch die Sozialhilfe geschieht. In Kapitel 9 werden wir verschieden Instrumente für eine derartige Grundsicherung beschreiben und ihre Wirkungen auf die individuelle Arbeitsangebotsentscheidung untersuchen.

2.3 Ein Maß für Wohlfahrtsänderungen: Die Konsumenten- und Produzentenrente

Wie wir bereits diskutiert haben, können finanzpolitische Maßnahmen nicht nach dem Pareto–Prinzip beurteilt werden, wenn sie für eine Gruppe einen Gewinn und für eine andere einen Verlust bewirken. Da wir aber eine finanzpolitische Maßnahme als vorteilhaft ansehen, wenn die Gewinne die Verluste übersteigen und somit die Wohlfahrt insgesamt steigt, benötigen wir ein Maß, welches die Wohlfahrtsänderungen abbildet. Das in der Volkswirtschaftslehre oftmals angewandte Wohlfahrtsmaß in einem Partialmodell ist das Konzept der **Konsumenten-** und **Produzentenrente**. Aus diesen können wir ein monetäres Maß für die Wohlfahrtsänderungen aufgrund einer Änderung der Preise und des Einkommens auf einem Markt ableiten.

2.3.1 Die Konsumentenrente

Die Konsumentenrente leitet sich aus dem individuellen Nachfrageverhalten der Haushalte ab. In Abbildung 2.10 ist eine individuelle Nachfragekurve nach einem privaten Gut x eingezeichnet. Das Individuum sehe sich dem Preis p_1 gegenüber und fragt daher die Menge x_1 nach. Die grundlegende Idee ist, daß der Preis eines Gutes x, p_1, als monetäres Maß des Nutzens angesehen werden kann, welchen ein Individuum aus dem Konsum der letzten von ihm nachgefragten Einheit dieses Gutes, x_1, zieht. Somit gibt ein Punkt auf der Nachfragekurve an, wieviel ein Individuum bei gegebener Nachfragemenge höchstens bereit ist, für eine weitere Einheit des Gutes zu zahlen, und ist demnach ein Maß der Grenzzahlungsbereitschaft. Da die Nachfragekurve fallend verläuft, stiften alle (inframarginalen) Einheiten, die es bis zu dieser letzten (marginalen) Einheit nachfragt, mindestens den Nutzen der letzten Einheit. Die Summe der Differenzen zwischen der Grenzzahlungsbereitschaft und dem zu zahlenden Preis, p_1, aller nachgefragten Einheiten, kann nun als Rente oder Nettonutzen des Konsumenten interpretiert werden. In der obigen Graphik wird folglich die (individuelle) Konsumentenrente durch die Fläche ABp_1 beschrieben.

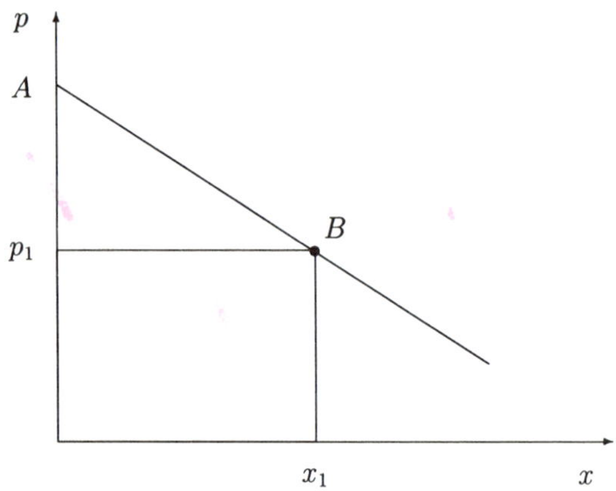

Abb. 2.10: Konsumentenrente

Die Gesamtnachfrage nach einem Gut x auf einem Markt ergibt sich aus der horizontalen Aggregation aller individuellen Nachfragen. Eine derartig aggregierte Nachfrage ist in Abbildung 2.11 dargestellt. Die Gesamtrente aller Konsumenten des Gutes x besteht daher aus der Summe aller individuellen Konsumentenrenten.

Auf diesem Markt können wir jetzt die Änderung der Wohlfahrt für die Konsumenten aufgrund einer finanzpolitischen Maßnahme mit Hilfe der Änderung der Konsumentenrente bestimmen. Nehmen wir an, der Staat subventioniere die Produktion des Gutes x, so daß dessen Preis auf p_2

falle. Durch diese finanzpolitische Maßnahme erhöht sich nun die Gesamtnachfrage auf die Menge x_2 und gleichzeitig die Konsumentenrente aller Nachfrager um die Fläche p_1ABp_2. Diese Erhöhung speist sich aus zwei Quellen. Einerseits sinken die Ausgaben der bisherigen Nachfrager um die Fläche p_1ACp_2. Andererseits kommen weitere Nachfrager zum Zuge, für die der Preis p_1 bisher zu hoch war. Diese zusätzlichen Nachfrager sichern sich die Rente ABC.

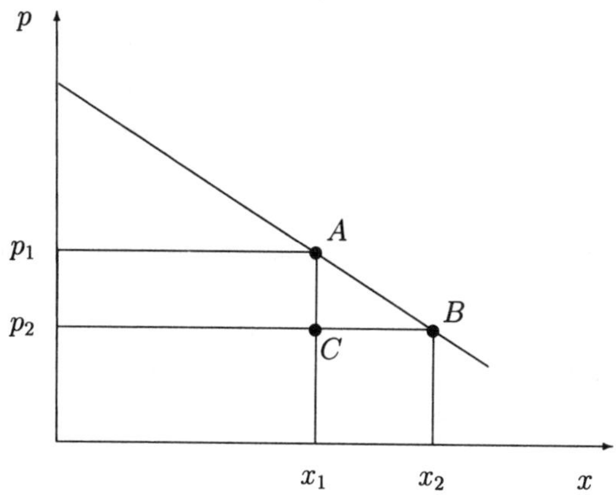

Abb. 2.11: Änderung der Konsumentenrente

Diese intuitive Herleitung der Konsumentenrente verdeckt zwei Problemfelder, die bei der exakten Bestimmung der Konsumentenrente entstehen.

Die aggregierte Nachfragekurve ergibt sich aus den individuellen **Marshallschen** Nachfragekurven[14]. Diese bezieht die beobachtbare individuelle Nachfrage nach einem Gut auf unterschiedliche Preise bei gegebenem **Nominal**einkommen. Eine Preissenkung bewirkt aber, daß sich das **Real**einkommen des Haushalts ändert und damit der Nutzen des Individuums. Jede Nachfragemenge, die sich durch eine **Marshallsche** Nachfragefunktion ergibt, ist daher mit einem anderen Realeinkommen bzw. Nutzenniveau des Individuums verbunden. Um die exakte Nutzenänderung des Haushalts aufgrund einer Preisänderung zu erfassen, müßten wir die Nachfrageänderung um einen Realeinkommenseffekt bereinigen. Daher ist die Bestimmung der obigen (individuellen) Konsumentenrente immer nur eine Annäherung an die exakte Wohlfahrtswirkung. Wir

[14] Diese Form der Nachfragefunktion ist nach dem bedeutenden britischen Ökonom *Alfred Marshall* (1842-1924), 1920, benannt.

nehmen im folgenden an, daß die individuellen Marshallschen Nachfragekurven die Wohlfahrtswirkung für den einzelnen Haushalt hinreichend genau abbilden.

Nachdem wir dieses Problem per Annahme ausgeschlossen haben, verbleibt ein zweites Problem, das sich aus der Aggregation der individuellen Nachfragen ergibt. Wenn wir nämlich die einzelnen individuellen Nachfragekurven einfach aufsummieren, so gibt die aggregierte Konsumentenrente die Summe der individuellen monetären Vorteile an. In dieser Summe wird nicht zwischen der unterschiedlichen Wertschätzung der einzelnen Konsumenten unterschieden. Wir unterstellen dabei implizit, daß ein Realeinkommenszuwachs von allen Konsumenten gleich bewertet wird. Genau diese Annahme haben wir bereits getroffen, indem wir forderten, daß der gesellschaftliche Wert, der einer Erhöhung des individuellen Einkommens um eine Einheit beigemessen wird, bei allen Individuen gleich ist. Unter den getroffenen Annahmen bildet die Veränderung der Konsumentenrente die Wohlfahrtswirkungen für die Konsumenten richtig ab. Das Konzept der Konsumentenrente ist das grundlegende Instrument zur Messung von Wohlfahrtsänderungen seitens der Konsumenten bei einer Änderung eines Preises.

2.3.2 Die Produzentenrente

Analog zu einer Interpretation der Fläche unter einer Marktnachfragekurve als Maß der Wohlfahrt der Konsumenten können wir mit Hilfe der Angebotskurven ein Maß für die Wohlfahrt der Produzenten gewinnen. Betrachten wir ein einzelnes Unternehmen, welches bei gegebenem Preis des Gutes x, p_1, seinen Gewinn maximieren will. Wir nehmen an, daß das Gut x vom Produzenten mit steigenden Grenzkosten, MC, hergestellt wird, die im gesamten Bereich oberhalb der **Durchschnittskosten** liegen. In diesem Fall repräsentiert die Grenzkostenkurve die kurzfristige Angebotskurve dieses Unternehmens. Diese Situation ist in Abbildung 2.12 dargestellt. Bei gegebenen Faktorpreisen, gegebener Technologie und vollkommenem Wettbewerb ist die gewinnmaximale Ausbringungsmenge, x_1, dadurch bestimmt, daß die Grenzkosten dem Preis entsprechen, $MC = p_1$. In diesem Gewinnmaximum verursacht die letzte produzierte Einheit genau so hohe Kosten wie sie an Erlös, p_1, erbringt. Die gesamten variablen Kosten, die durch die Produktion der Menge x_1 entstehen, entsprechen der Summe aller Grenzkosten. Folglich können wir die gesamten variablen Kosten der Produktion in der Abbildung an der Fläche ABx_10 ablesen. Die Erlöse des Unternehmens gibt das Rechteck p_1Bx_10

an. Der Gewinn des Unternehmens, der bei der Produktion der Menge x_1 entsteht, entspricht der Fläche p_1BA. Dieser kann als Nettovorteil des Unternehmens aufgefaßt werden und ist in diesem Fall der Produzentenrente äquivalent.

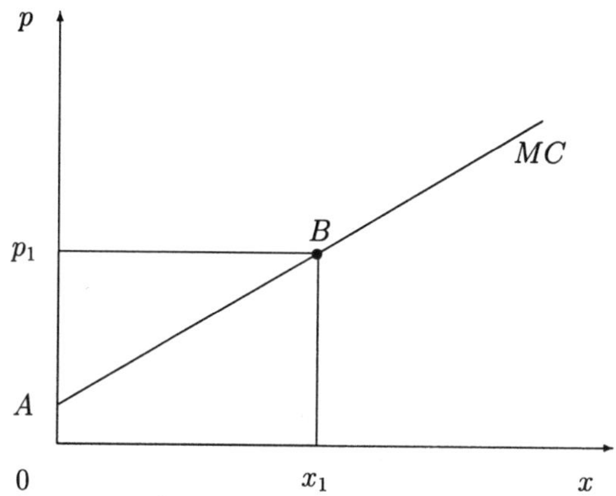

Abb. 2.12: Produzentenrente

Das aggregierte Angebot auf einem Markt erhalten wir wie auf der Nachfrageseite durch horizontale Aufsummierung der Angebotskurven der einzelnen Unternehmen. Die gesamte Produzentenrente entspricht dann der Summe aller Renten der Unternehmen. Eine aggregierte Angebotskurve ist in Abbildung 2.13 dargestellt.

Ausgehend von einem Absatzpreis p_1 erhöhe sich der Preis auf p_2. Durch diesen Preisanstieg erhöht sich das gesamte Angebot am Markt auf die Menge x_2. Die Produzentenrente aller Unternehmen zusammen wächst um die Fläche p_2BCp_1. Wiederum kann man dafür zwei Quellen ausmachen. Zum einen steigt der Erlös aus der bisher abgesetzten Menge x_1 um das Rechteck p_2ACp_1. Zum anderen kommt es durch die Absatzpreiserhöhung zu einer Ausdehnung der Produktion. Die Kosten der Mehrproduktion können wir an der Fläche x_1x_2BC ablesen. Die zusätzlichen Erlöse aus dieser Mehrproduktion gibt das Rechteck x_1x_2BA an. Aus der Mehrproduktion entsteht somit ein zusätzlicher Gewinn aller Produzenten in Höhe des Dreiecks ABC.

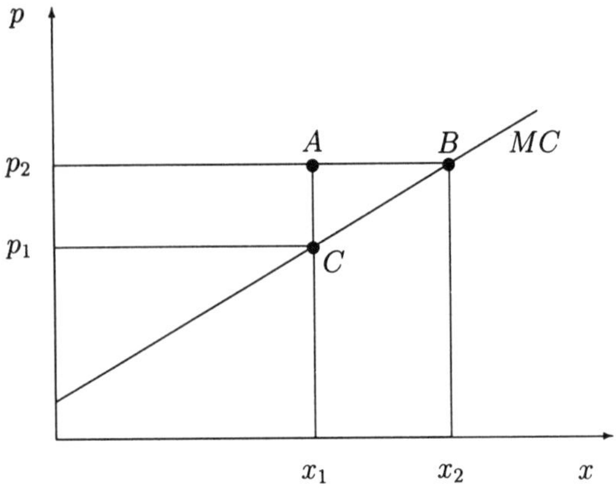

Abb. 2.13: Änderung der Produzentenrente

Vor einer allzu naiven Interpretation der Produzentenrente als Gewinn sei gewarnt. Entscheidend für die Bestimmung von Wohlfahrtsänderungen im Produktionsbereich sind die Grenzkosten. Wie wir wissen, ergibt sich die Grenzkostenfunktion aus der Ableitung der Kostenfunktion. Die Grenzkosten beinhalten daher lediglich die variablen Kosten. Der von den Unternehmen ausgewiesene Gewinn wird aber berechnet, indem zunächst die Fixkosten z.B. über Abschreibungen auf die variablen Kosten aufgeschlagen und diese Gesamtkosten dann vom Gesamterlös abgezogen werden. Somit ist der ausgewiesene Gewinn bei Existenz von fixen Kosten kleiner als die Produzentenrente.

Ebenso können wir das Konzept der Produzentenrente nur dann als Maß für die Wohlfahrtsänderung in der Produktion heranziehen, wenn die Grenzkostenkurve eines Unternehmens oder Sektors tatsächlich die marginalen sozialen Kosten einer alternativen Verwendung der Produktionsfaktoren, d.h. die Veränderung der Wertschöpfung in einem anderen Unternehmen oder Sektor, wiedergibt. Herrscht bei der Produktion auf allen Märkten vollkommener Wettbewerb, so gibt die Grenzkostenkurve eines jeden Unternehmens auch die sozialen Grenzkosten an. Zur Illustration betrachten wir folgendes Beispiel. In einer Ökonomie gebe es zwei Sektoren. In dem einen werde das Gut x ausschließlich unter Einsatz des Faktors Arbeit, $F^x(N_x)$, produziert. Der Lohn w wie auch der Absatzpreis p_x sind bei vollkommenem Wettbewerb exogene Daten. Die Grenzkosten dieses Sektors ergeben sich als $MC_x = \frac{w}{F_N^x}$[15]. In dem anderen Sektor

[15] Die Grenzkosten geben an, um wieviel sich die Faktorkosten erhöhen, wenn eine zusätzliche Einheit produziert wird. Da der Lohnsatz für das Unternehmen gegeben

werde das Gut y unter den gleichen Bedingungen hergestellt, wobei der Absatzpreis p_y betrage. Gilt für beide Sektoren der gleiche Faktorpreis, so führt gewinnmaximales Verhalten zu einer Angleichung der jeweiligen Wertgrenzprodukte,

$$p_x F_N^x = w = p_y F_N^y.$$

Nun können wir die Grenzkosten MC_x auch durch die Veränderung der Wertschöpfung der Unternehmen, welche das Gut y herstellen, ausdrücken. Es gilt nämlich

$$MC_x = \frac{w}{F_N^x} = \frac{p_y F_N^y}{F_N^x} = \frac{p_y dy}{dx}\frac{dN_x}{dN_y}.$$

Da bei Vollbeschäftigung die Zunahme des Faktoreinsatzes in einem Sektor genau der Abnahme in dem anderen Sektor entsprechen muß, $dN_x = -dN_y$, geben die Grenzkosten,

$$MC_x = -p_y \frac{dy}{dx},$$

den Wertschöpfungsverlust des y–Sektors an, wenn die Produktion von x ausgedehnt wird. Die Grenzkosten im Sektor x messen dann genau die marginalen sozialen Opportunitätskosten der Produktion von x und sind ein geeignetes Maß für die Wohlfahrtsänderung. Dies ist nur dann der Fall, wenn der Faktorpreis tatsächlich die Veränderung der Wertschöpfung, das Wertgrenzprodukt, in der alternativen Verwendung des Faktors Arbeit angibt. Wäre der y–Sektor ein monopolistisches Unternehmen, der den Lohnsatz an das Grenzerlösprodukt angleicht, welches kleiner ist als das Wertgrenzprodukt, $w = (p_y + \frac{dp_y}{dy} y) F_N^y < p_y F_N^y$, so werden die marginalen sozialen Opportunitätskosten durch die Grenzkosten im x–Sektor unterschätzt. Herrscht dagegen im y–Sektor auf dem Faktormarkt kein vollkommener Wettbewerb, so werden die sozialen Grenzkosten durch MC_x überschätzt. Um derartige Probleme zu vernachlässigen, unterstellen wir im folgenden bei der Verwendung der Produzentenrente, daß auf den alternativen Märkten vollkommener Wettbewerb herrscht.

---

ist, betragen die Grenzkosten im Beispiel $MC = w\frac{dN_x}{dx} = w\frac{1}{F_N^x}$.

2.4 Marktversagen als Rechtfertigung der Staatstätigkeit

Richard A. Musgrave (1959), ein Begründer der modernen Finanzwissenschaft, unterscheidet drei Aufgabenbereiche der Staates. Zunächst soll dieser dafür sorgen, daß die volkswirtschaftlichen Ressourcen in diejenigen Verwendungen geführt werden, in denen sie bestmöglich genutzt werden. Dies ist die allokative Funktion des Staates. Dann soll der Staat versuchen, eine gerechte Verteilung der Güter in der Ökonomie zu realisieren. Dies ist die (Re-)Distributionsaufgabe des Staates. Und schließlich soll er sich um einen Ausgleich zyklischer Schwankungen bemühen. Hierin liegt die Stabilisierungsfunktion des Staates. Diese letzte Aufgabe wird i.d.R. in der Makroökonomik behandelt und soll deswegen nicht Gegenstand dieser Ausführungen sein. Wir wollen uns vielmehr mit den allokativen und distributiven Aufgaben beschäftigen.

Wir sehen den Staat als einen Zweckverband an, zu dem sich die Individuen aus freien Stücken zusammengeschlossen haben, um bestimmte Probleme zu überwinden, die der Einzelne nicht lösen kann. Diese Sichtweise des Staates ist Ausdruck der **Vertragstheorie**, die sich in Europa in der politischen Ideengeschichte seit dem Beginn der Aufklärung entwickelte[16]. Gemäß dieser Theorie soll sich der Staat ausschließlich an dem Wohl des Einzelnen ausrichten. Eine Bewertung staatlichen Handelns erfolgt dann auf Grundlage des Pareto-Prinzips und somit der individuellen Präferenzen. Der Staat soll sich am **Individualwohl** orientieren und nicht an einem übergeordneten **Kollektivwohl**. Ziel der Staatstätigkeit ist daher die Befriedigung der Gesamtheit der individuellen Interessen.
Diesem Staatsverständnis entsprechend ist ein Staatseingriff begründbar, wenn durch den Markt die Gesamtheit der individuellen Interessen nicht so befriedigt wird, wie dies gemäß den Kriterien der Effizienz und der Gerechtigkeit erwünscht ist.

Wie in Abschnitt 2.2 ausgeführt wurde, führt der Preismechanismus des Marktes nur unter ganz bestimmten Umständen zu einer effizienten Allokation der Güter und Faktoren. Es ist offensichtlich, daß der Markt in den seltensten Fällen die geforderten Eigenschaften aufweist. Sind eine

---

[16] Bedeutende Vertreter dieser Staatsauffassung sind *Thomas Hobbes* (1588-1678) und *Jean Jacques Rousseau* (1712-1770). Ihr entgegen steht die sogenannte Organtheorie oder aristotelische Staatsauffassung, nach der der Staat einen Wert an sich verkörpert und mehr ist als die Summe der Individuen.

oder mehrere Annahmen verletzt, sagen wir, daß der Markt versagt. Dieses Marktversagen begründet für uns die Möglichkeit, einen staatlichen Eingriff zu rechtfertigen. Im folgenden werden wir uns auf vier **allokative** Gründe des Marktversagens konzentrieren: Die Existenz **öffentlicher Güter**, die Existenz **externer Effekte**, die Existenz **natürlicher Monopole** und das Vorliegen **unvollständiger Information** in einer Welt bei Unsicherheit.

Aber auch wenn der Markt eine effiziente Allokation der Ressourcen gewährleistet, kann aus distributiven Gründen ein Staatseingriff gerechtfertigt werden, wenn das Marktergebnis und die daraus resultierende Einkommensverteilung als „ungerecht“ empfunden wird. Wir sagen auch hier, daß der Markt versagt, da er nicht in der Lage ist, eine gerechte Einkommensverteilung zu gewährleisten. Doch was ist eine gerechte Verteilung? Dies können wir mit dem Pareto-Prinzip nicht beantworten. Wir werden einige Gerechtigkeitsmaßstäbe kennenlernen, mit denen staatliche Redistributionsprogramme gerechtfertigt werden können.

In diesem Sinne kann Marktversagen einen Staatseingriff begründen, falls der Staat die Probleme der Allokation und der Verteilung besser lösen kann als das dezentrale Verhalten der Einzelnen auf einem Markt. Marktversagen ist somit eine notwendige Bedingung für einen Staatseingriff, denn ohne Marktversagen sind auch Staatseingriffe nicht zu rechtfertigen. Marktversagen ist aber kein hinreichender Grund, da von vornherein nicht gewährleistet werden kann, daß ein Staatseingriff die Probleme besser lösen kann als der Markt. Die staatliche Ineffizienz muß daher gegen die private Ineffizienz auf dem Markt abgewogen werden. Aus Marktversagen erwächst nur eine potentielle Rolle für den Staat. Deshalb lautet die Problemstellung neben der Beschreibung der Gründe für Marktversagen in den folgenden Kapiteln:

- Welches ist der bestmögliche Staatseingriff?
- Welche Verzerrungen ergeben sich durch einen Staatseingriff?

2.4.1 Öffentliche Güter

Mit Hilfe zweier Kriterien können wir Güter in vier Klassen einteilen:

Ausschließbarkeit: Ein Gut besitzt die Eigenschaft der Ausschließbarkeit (im Konsum), wenn ein potentieller Nutzer von dem Konsum des

Gutes ausgeschlossen werden kann. Diese Ausschlußmöglichkeit ist eine notwendige Bedingung für die Möglichkeit, einen Preis für die Nutzung eines Gutes zu erheben.

Rivalität: Ein Gut besitzt die Eigenschaft der Rivalität (im Konsum), wenn der Konsum des Gutes durch die gleichzeitige Nutzung dieses Gutes durch einen anderen Konsumenten beeinträchtigt wird.

Gemäß dieser Unterteilung ergibt sich die in Abbildung 2.14 dargestellte Vier-Felder-Matrix.

		Ausschließbarkeit	
		Ja	Nein
Rivalität	Ja	Private Güter	Unreine öffentliche Güter
	Nein	Mautgüter	Reine öffentliche Güter

Abb. 2.14: Gütereinteilung nach Ausschließbarkeit und Rivalität

Ein Gut, welches sowohl durch Ausschließbarkeit als auch Rivalität gekennzeichnet ist, bezeichnen wir als ein privates Gut. Die meisten Güter, die wir kennen, sind private Güter, z.B. Nahrungsmittel, Automobile und Kleidungsstücke. Für all diese Güter zahlt das Individuum einen Preis, will es diese Güter konsumieren. Ohne Zahlung des Kaufpreises könnte es von dem Konsum dieser Güter ausgeschlossen werden. Ebenso herrscht Rivalität, da ein Kleidungsstück, welches ein Individuum trägt, nicht zugleich von einem anderen getragen werden kann.

Güter, die zwar Ausschließbarkeit aber keine Rivalität aufweisen, nennen wir Mautgüter. Das namengebende Beispiel ist eine Brücke oder Straße, die zwar wenig befahren wird, so daß keine Rivalität beim Konsum vorherrscht, für deren Nutzung man jedoch ein Wegegeld entrichten muß. So ist man auch nachts verpflichtet, für die Nutzung vieler Autobahnen in Italien oder Frankreich eine Maut zu zahlen, obwohl kaum Fahrzeuge diese befahren. Ein weiteres Beispiel ist ein Zoo, in dem sich wenige Besucher befinden. Zwar kann jeder zusätzliche Besucher von dem Besuch des Tiergartens ausgeschlossen werden, wenn er den Eintrittspreis nicht zahlen will. Jedoch beeinträchtigt ein zusätzlicher Besucher nicht (oder kaum) das Zooerlebnis der übrigen Anwesenden.

Die beiden anderen Kategorien sind öffentliche Güter. Die wesentliche Eigenschaft eines öffentlichen Gutes ist die **fehlende Ausschließbarkeit** bzw. die Nichtanwendung eines Ausschlußprinzips. Nach dem Grad der (Nicht-)Rivalität unterscheidet man **reine** und **unreine** öffentliche Güter. Das klassische Beispiel für ein öffentliches Gut, bei dem keine Rivalität in der Nutzung vorherrscht, ist die Landesverteidigung. Durch eine gegebene Anzahl an Streitkräften wird genau ein Sicherheitsniveau nach außen geschaffen, ganz gleich wieviele Bürger eines Landes durch jene geschützt werden. Weitere Beispiele für reine öffentliche Güter sind die Garantie der Vertragsfreiheit oder der Umweltschutz. Derartige Güter sind in der Realität selten zu finden. Zumeist weisen öffentliche Güter einen gewissen Grad an Rivalität auf, wobei die Übergänge fließend sind. Eine Brücke über die Elbe in der Stadt Dresden, für deren Nutzung keine Maut bezahlt werden muß, mag in der Nacht ein reines öffentliches Gut darstellen, da ein weiteres Fahrzeug auf dieser Brücke die anderen Fahrer in ihrer Nutzung nicht beeinträchtigt. Mit Beginn der Arbeitszeit behindern sich die Fahrer gegenseitig, bis in der **rush hour** alle Fahrzeuge nur noch im Schrittempo den Fluß überqueren können. Das reine öffentliche Gut „Elbbrücke in der Nacht“ wird zu dem unreinen öffentlichen Gut „Elbbrücke am Tag“. Das gleiche gilt für die gesamte Verkehrsinfrastruktur, die innere Sicherheit und kulturelle Einrichtungen. Aber auch öffentliche Parks und die Feuerwehr sind ab einer bestimmten Nutzerzahl als unreine öffentliche Güter zu bezeichnen.

Neben der Unterteilung nach dem Grad der Rivalität lassen sich öffentliche Güter auch nach der Zahl der Konsumenten, die jenes gemeinsam in Anspruch nehmen können, unterscheiden. So gibt es **lokale, regionale, nationale** und **internationale** öffentliche Güter. Ein lokales öffentliches Gut sind z.B. die lokale Feuerwehr, Zoos und Parkanlagen. Die Landespolizei ist dagegen ein regionales öffentliches Gut. Die nationale Verteidigung, der Bundesgrenzschutz und das nationale Rechtssystem sind nationale öffentliche Güter, während die NATO oder die Sauberkeit der Meere als internationale öffentliche Güter betrachtet werden.

Aufgrund der Eigenschaft der Nichtausschließbarkeit kann jedes Individuum dieses Gut nutzen, ohne für dessen Konsum bezahlen zu müssen. Ein rationales Individuum wird somit auch nicht freiwillig zahlen. Vielmehr wird es sich als **Trittbrettfahrer** oder **free-rider** verhalten. Ein gewinnmaximierender Anbieter wird folglich keinen Preis für das Angebot des öffentlichen Gutes gezahlt bekommen und dieses Gut, welches in der Produktion Kosten verursacht, auch nicht anbieten. Derartige Güter müssen also über einen anderen Mechanismus finanziert werden, wie z.B. Zwangsabgaben.

Doch selbst wenn ein Ausschluß unter hohen Kosten gelingen sollte, wie z.B. bei Straßen oder Brücken, so wäre dies aus allokativer Sicht nicht sinnvoll, wenn Nichtrivalität im Konsum besteht. Bei Nichtrivalität verursacht nämlich ein zusätzlicher Nutzer für die bisherigen Konsumenten keine Nutzeneinbuße, und damit auch keine zusätzlichen Kosten für die Gesellschaft. Jedoch wird der Nutzen des zusätzlichen Konsumenten erhöht, wenn dieser das öffentliche Gut konsumieren kann. Jeder Ausschlußmechanismus, der Individuen am Konsum des reinen öffentlichen Gutes hindert ist daher ineffizient. Aus allokativer Sicht sollte daher keine Maut für die Nutzung einer Straße erhoben werden, wenn das Verkehrsaufkommen sehr gering ist.

Die Bereitstellung öffentlicher Güter ist der wichtigste Grund für staatliche Tätigkeit.

Wenn die Individuen fürchten, in Höhe ihrer Wertschätzung einen Finanzierungsbeitrag zur Bereitstellung von öffentlichen Gütern leisten zu müssen, werden sie ihre wahre Zahlungsbereitschaft für öffentliche Güter nicht freiwillig preisgeben. Sie verhalten sich als Trittbrettfahrer. Der Staat kann dann die wahren Präferenzen der Bürger nicht ermitteln. Wie soll er aber den Umfang und die Struktur öffentlicher Güter bestimmen, wenn er die Wertschätzung der Konsumenten nicht kennt? Welche Ersatzmechanismen für den Preismechanismus sind denkbar, um die Präferenzen der Konsumenten zu ermitteln?

Eine Möglichkeit sind **Wahlen**. In einer Demokratie bieten Parteien alternative Bündel aus öffentlichen Gütern und Steuern, die zur Finanzierung dieser Güter dienen, an. Die Bürger wählen aus diesen Angeboten das Bündel aus, welches ihren Präferenzen am besten entspricht. Wahlen sind der Hauptersatzmechanismus für die Ermittlung der Präferenzen der Bürger in einer Demokratie. Wir werden uns daher eingehend in Kapitel fünf mit diesem Mechanismus beschäftigen.

Ein anderer Mechanimus besteht in der **Mobilität** der Individuen. Bei lokalen öffentlichen Gütern wandern Individuen in diejenige Region, in der das Bündel an öffentlichen Gütern und Steuern ihren Präferenzen am besten entspricht. Sie stimmen mit ihren Füßen über die Struktur der lokalen öffentlichen Güter ab. Dieser Präferenzoffenbarungsmechanismus geht auf *Tiebout* (1956) zurück und ist einer der Forschungsschwerpunkte der Finanzwissenschaft in diesem Jahrzehnt. Wir werden auch diesen Mechanismus in Kapitel fünf diskutieren.

Neben diesen Ansätzen, bei denen die Individuen entweder durch ihre Stimmabgabe oder durch ihre Wanderungsentscheidung ihre Präferenzen offenbaren, sind auch steuerliche Anreizmechanismen zur Präferenzenthüllung denkbar. Einen von ihnen werden wir ebenfalls in Kapitel fünf kennenlernen.

2.4.2 Externe Effekte

Ein weiteres Phänomen, welches eng mit der Problematik öffentlicher Güter verknüpft ist, sind die externen Effekte. Ein externer Effekt liegt vor, wenn eine Aktivität (Konsum oder Produktion) eines Individuums oder eines Unternehmens unmittelbar den Nutzen oder die Produktionsmöglichkeiten eines anderen Akteurs beeinträchtigt. Diese Aktivität kann positive oder negative Folgen für die anderen Akteure besitzen. Dementsprechend unterscheiden wir positive und negative externe Effekte. Beispiele für negative externe Effekte sind die Umweltverschmutzung, Lärm und die Überfischung der Meere. Ein positiver externer Effekt liegt z.B. beim privaten Anlegen eines Parks vor. Legt ein Individuum für sich einen Park an, und erfreuen sich die Nachbarn an seinem Anblick, so erhöht das Anlegen des Parks den Nutzen der Anwohner.

Das Problem der externen Effekte läßt sich folgendermaßen darstellen. Wenn ein Individuum oder ein Unternehmen das bestmögliche Ausmaß seiner Aktivität bestimmt, so wählt es dasjenige Niveau, bei dem der private Grenznutzen (Grenzerlös) den privaten Grenzkosten entspricht. Es ignoriert dabei die Auswirkungen, die seine Aktivität auf andere Akteure besitzt. Bei positiven externen Effekten ist die private Aktivität aus allokativer Sicht als zu gering anzusehen, während bei negativen externen Effekten die Aktivität eingeschränkt werden sollte. Das Problem liegt folglich in der Tatsache, daß der Einzelne nicht die gesamten Nutzen oder Kosten in sein Kalkül einbezieht.

Sowohl bei der Problematik der öffentlichen Güter als auch bei (positiven) externen Effekten liegt die Eigenschaft der gemeinsamen Nutzung einer Aktivität vor. Im Falle der externen Effekte lohnt es sich jedoch für den

Einzelnen die Aktivität aus eigenem Antrieb durchzuführen, während bei einem öffentlichen Gut der private Nutzen zu gering ist, um Eigeninitiative zu entwickeln. Vergleichen wir als Beispiel einen privaten mit einem öffentlichen Park. Der private Park wird freiwillig von dem Eigentümer angelegt. Zwar ist er im Vergleich zu einer effizienten Größe des Parks aufgrund der positiven externen Effekte zu klein, aber er wird dennoch freiwillig angelegt. Der öffentliche Park dagegen wird von keinem freiwillig bereitgestellt. Die Kosten dafür übersteigen den privaten Nutzen. Deshalb unterbleibt das Anlegen eines öffentlichen Parks durch eine Privatperson. Der Unterschied zwischen dem Vorliegen eines positiven externen Effekts und einem öffentlichen Gut besteht daher im Grad der Externalität. Hieraus folgt, daß öffentliche Güter vom Staat bereitgestellt werden sollten, während Güter mit externen Effekten durch Private angeboten werden können. Der Staat sollte dann nur noch korrigierend eingreifen, indem er Steuern erhebt oder Subventionen zahlt. Mit diesen Instrumenten soll der Einzelne dazu veranßt werden, alle Folgen seiner Aktivität in sein Kalkül miteinzubeziehen, d.h. zu internalisieren. Wir werden uns in Kapitel vier mit verschiedenen Internalisierungsstrategien beschäftigen. Eine Strategie besteht darin, die Verursacher von negativen externen Effekten zu besteuern. Derartige Politikmaßnahmen sind z.B. die Erhebung einer Emissionssteuer auf den Schadstoffausstoß von Unternehmen oder die Einforderung von Straßenbenutzungsgebühren bei stark befahrenen Straßen wie der Brenner-Autobahn. Die Steuern, die der Internalisierung externer Effekte dienen, nennen wir **Pigou**-Steuern[17]. Umgekehrt sollten die Verursacher von positiven externen Effekten subventioniert werden. Beispiele hierfür sind die Unterstützung des Denkmalschutzes oder privater Museen durch die öffentliche Hand. Eine weitere Internalisierungsstrategie besteht in der Schaffung von Eigentumsrechten an den Ressourcen, die von dem Verursacher der externen Effekte genutzt werden, ohne daß er einen Preis dafür entrichten muß. Man kann z.B. die Überfischung der Meere als ein Problem fehlender Eigentumsrechte an den Fanggründen ansehen. Müßten die Fischer an den Eigentümer der Fanggründe einen Preis für deren Nutzung bezahlen, so würden sie ihre Fangtätigkeit einschränken.

Bei all diesen Internalisierungsstrategien besteht genauso wie bei öffentlichen Gütern das Problem der Ermittlung der Zahlungsbereitschaft der Betroffenen. Ein Geschädigter wird seinen Schaden übertreiben, da er durch diese Strategie seinen Nutzen erhöhen kann. Nutznießer eines po-

---

[17] Der Vorschlag für diese Steuer stammt von dem englischen Ökonom *Arthur Cecil Pigou* (1877-1959).

sitiven externen Effektes dagegen werden, falls sie fürchten müssen, daß sie für diesen Vorteil bezahlen sollen, ihre wahre Zahlungsbereitschaft untertreiben.

2.4.3 Natürliche Monopole

Wie bereits oben dargelegt wurde, kann aufgrund steigender Skalenerträge ein natürliches Monopol bestehen. Bei zunehmenden Skalenerträgen steigt nämlich die Produktionsmenge eines Gutes überproportional zur Faktoreinsatzmenge an, so daß die Kosten der Faktoreinsatzmenge nur unterproportional zunehmen. Da die Grenzkosten folglich im gesamten Bereich unterhalb der Durchschnittkosten liegen, fallen diese ständig. Dies ist z.B. bei hohen Fixkosten der Fall. Eine derartige Kostenstruktur weisen u.a. Elektrizitätswerke, Luftfahrtgesellschaften, Telephongesellschaften und die Betriebe des öffentlichen Personennahverkehrs auf. Die Folge dieser Kostenstruktur ist die Entstehung eines natürlichen Monopols. Aufgrund der Marktmacht des Monopolisten wird ein effizientes Ergebnis verfehlt, welches die Gleichheit von Grenzzahlungsbereitschaft der Nutzer, also des Preises, und der Grenzkosten fordert. Gleichzeitig wäre eine effiziente Grenzkosten-Preisbildung für einen privaten Anbieter gar nicht möglich, da dieses Unternehmen einen Verlust erzielen würde. Der Preis liegt dann nämlich unter den Durchschnittskosten.

Wie soll sich der Staat gegenüber einem natürlichen Monopol verhalten? Zunächst kann er einen Eingriff unterlassen und das Monopol gewähren lassen. Dies führt zu einer ineffizienten Monopolpreisbildung. Dann kann er versuchen, das Monopol zu regulieren, indem er einen Preis vorschreibt, der gerade noch kostendeckend ist. Der Preis entspricht dann den Durchschnittskosten. Auch bei dieser Strategie wird eine effiziente Grenzkosten-Preisbildung nicht erreicht. Schließlich kann der Staat diese Leistung selbst anbieten und ein öffentliches Unternehmen einrichten. In diesem Fall kann ein Angebot zu Grenzkosten erfolgen. Der entstehende Verlust muß dann allerdings durch die Erhebung von Steuern finanziert werden. Diese wiederum führen u.U. auf anderen Märkten zu einer Verfehlung der Effizienzbedingungen. Der Staat befindet sich folglich in einem Dilemma, da er nicht auf allen Märkten gleichzeitig ein effizientes Ergebnis sichern kann. Er muß nach einer zweitbesten Lösung suchen und dann eine sog. **„second-best"-Strategie** verfolgen.

2.4.4 Unvollständige Information

Vollkommener Wettbewerb in einer Welt bei Unsicherheit sichert nur dann eine effiziente Allokation, wenn alle Marktteilnehmer über alle Risiken, insbesondere über die privaten, individuellen Risiken, vollständig informiert sind. In der Realität können jedoch die Versicherungsanbieter, selbst wenn sie die Versicherungsnehmer umfangreichen Untersuchungen unterziehen, das individuelle Gesundheitsrisiko oder Sterberisiko nicht bestimmen und müssen daher ihre Versicherungsprämien und Leistungen auf Grundlage von gesamtwirtschaftlichen Risikoverteilungen berechnen. Betrachten wir z.B. eine private Rentenversicherung, die für alle Personen eines Alters einen Versicherungskontrakt zu den gleichen Konditionen anbietet. Bei vollkommenem Wettbewerb auf dem Rentenversicherungsmarkt gilt nun, daß die zu zahlenden Prämien der durchschnittlichen Auszahlungen an die Versicherungsnehmer entsprechen müssen. Kauft eine Person A, die als Raucherin und Kaffeetrinkerin eine geringe Lebenserwartung besitzt und daher aus Sicht der Versicherung ein gutes Risiko darstellt, diese Police, so weiß sie, daß sie die schlechten Risiken mit ihren Beiträgen subventioniert. A wird nämlich als gutes Risiko im Durchschnitt weniger erhalten als sie eingezahlt hat. Wenn A nicht sehr risikoavers ist, wird sie diesen Kontrakt nicht erwerben wollen. Kaufen die guten Risiken keine Versicherung mehr, so werden die Prämien steigen. Der Prozeß setzt sich also fort, bis sich nur noch die schlechten Risiken versichern. Es kommt zu einer Negativauslese oder **adversen Selektion** der guten von den schlechten Risiken, die aus allokativer Sicht nicht erwünscht ist, da die guten Risiken einen gemessen am effizienten Niveau zu geringen Versicherungsschutz erhalten. Zwar kann der Staat die individuellen Sterberisiken genauswenig beobachten wie eine private Rentenversicherung. Aber er kann die Individuen dazu zwingen, eine Versicherung abzuschließen, die für alle Risikogruppen gleich ist, und dadurch das Problem der adversen Selektion überwinden. Mit dieser Zwangsversicherung subventioniert der Staat die schlechten Risiken durch die Prämien der guten Risiken, da die guten Risiken mehr zahlen, als sie im Durchschnitt als Auszahlung erhalten. Dies kann aber dennoch für die guten Risiken von Vorteil sein, da sie durch die staatliche Zwangsversicherung einen höheren Versicherungsschutz erhalten.

Neben dem Phänomen der adversen Selektion kann das Vorliegen unvollständiger Information zu **Anreizproblemen** führen. Ist nämlich eine Person versichert, so wird sie weniger Anstrengungen unternehmen, ihr Risiko zu verringern. So wird ein Krankenversicherter eher gefährlichere Sportarten ausüben, sich unausgewogen ernähren oder die Zahnpflege vernachlässigen, da er weiß, daß die negativen, monetären Folgen nicht allein von ihm, sondern von der gesamten Versicherungsgemeinschaft getragen werden. Ebenso kann eine Versicherung zu einem übermäßigen Konsum der Versicherungsleistungen führen, wenn der einzelne Versicherte lediglich einen Bruchteil der Kosten selbst trägt. Übernimmt z.B. ein Versicherungsunternehmen fast die gesamten Kosten für einen weiteren Tag im Krankenhaus, so mag ein Patient nach einer Blinddarmoperation einen Tag länger im Krankenhaus bleiben, obwohl dies gar nicht erforderlich wäre. Zugleich wird der Arzt den Patienten dazu überreden wollen, um eine Auslastung seiner Betten zu garantieren und die Pflegesätze von der Versicherung zu erhalten. Diese Anreizprobleme werden als moralisches Risiko oder **moral hazard** bezeichnet. Gegen diese Beeinflussung des individuellen Verhaltens ist weder eine private noch eine staatliche Versicherung gefeit. Sie ergibt sich aus der Versicherung selbst und kann nicht durch eine staatliche Zwangsmaßnahme behoben werden. Um diesem moralischen Risiko zu begegnen, gibt es eigentlich nur ein Mittel, nämlich die Versicherungsleistungen zu reduzieren und die Selbstbeteiligung zu erhöhen. Doch hierdurch entsteht ein Dilemma: Einerseits ist ein hoher Versicherungsschutz durchaus erwünscht, andererseits gewährt eine Verringerung des Versicherungsschutzes eine Vermeidung der ineffizienten Anreizwirkungen. Es muß also ein Mittelweg gefunden werden. So ist ein hundertprozentiger Versicherungsschutz auf keinen Fall sinnvoll. Eine Erhöhung der Selbstbeteiligung ist anzuraten. Unterstützt werden kann diese Maßnahme durch eine stärkere Kontrolle der Inanspruchnahme von Gesundheitsgütern in der Hoffnung, daß unnötige Behandlungen unterbleiben. Doch ein wirksames Kontrollsystem aufzubauen, ist nicht leicht. Eine Vielzahl von privaten Daten über Behandlungsart, Dauer und Erfolg müßten dafür erfaßt werden, was oftmals aufgrund des Datenschutzes untersagt ist. Zugleich hätten die Ärzte selbst einen Anreiz, ihre Patienten bei der Umgehung der Kontrollen zu helfen, um auch weiterhin die Zahlungen für erbrachte Dienste, die eigentlich nicht mehr erforderlich waren, wie z.B. nochmaliges Röntgen eines gebrochenen Knöchels, von den Krankenkassen zu erhalten. In Kapitel sieben wollen wir sowohl das moralische Risiko als auch die adverse Selektion ausführlich behandeln und verschiedene Lösungsmöglichkeiten für diese Problemfelder aufzeigen.

2.4.5 Staatliche Redistributionspolitik

Neben der Diskussion über das Erreichen eines effizienten Ergebnisses ist zu klären, welche der vielen effizienten Ressourcenallokationen gewählt werden soll. Nach welchen Kriterien sollen die produzierten Güter verteilt werden? Wer soll in welchem Maß öffentliche Güter oder die Verluste aus dem Betreiben öffentlicher Unternehmen finanzieren?

Derartige Fragen können wir nur aufgrund von Gerechtigkeitsüberlegungen lösen. Die Beantwortung der Frage, was gerecht ist, ist weitaus umstrittener als Fragen der effizienten Allokation. Denn im allgemeinen bedeutet das Erreichen einer als gerecht bezeichneten Verteilung der Ressourcen, daß eine gesellschaftliche Gruppe auf Kosten einer anderen gewinnt.

Jedoch läßt sich selbst nach dem Pareto-Prinzip Umverteilung rechtfertigen. Unterstellt man z.B., daß die reichen Individuen aus Angst vor Kriminalität die Armen unterstützen wollen, damit diese nicht versucht sind, die Reichen auszurauben, so ist eine staatlich organisierte Umverteilung auch im Interesse der Reichen. Ebenso kann man sich vorstellen, daß reiche Individuen altruistisch gegenüber armen Individuen eingestellt sind. Altruismus bedeutet hier, daß der Nutzen der Reichen gesteigert wird, wenn der Nutzen der Armen steigt. Der Nutzen oder der Konsum der Armen ist also Bestandteil der Nutzenfunktion der reichen Individuen. Wenn jedoch ein Reicher den Armen etwas von seinem Einkommen abgibt, so erhöht er neben seinem eigenen Nutzen zugleich den Nutzen aller übrigen reichen Altruisten. Der Nutzen der Armen kann dann als eine Form des öffentlichen Gutes interpretiert werden, das von allen reichen Individuen gleichzeitig „konsumiert“ wird. Auch in diesem Fall scheitert eine gesellschaftlich optimale private Bereitstellung des öffentlichen Gutes „Transfer an die Armen“ an dem free-rider-Problem. Eine **effiziente** Umverteilung kann dann nur durch den Staat gewährleistet werden. Mit Hilfe derartiger Überlegungen kann man zwar Redistributionsmaßnahmen in kleinen Gruppen, z.B. die Nachbarschaftshilfe, rechtfertigen, aber kaum die massive Umverteilungspolitik innerhalb einer Volkswirtschaft wie der Bundesrepublik Deutschland. Diese wird vielmehr mit Argumenten der Gerechtigkeit begründet.

Die ökonomische Theorie bedient sich u.a. zweier normativer Theorien der Gerechtigkeit: des **Utilitarismus** und der Theorie der Gerechtigkeit von *J. Rawls* [18] (1971). Diese beiden Auffassungen markieren die Extrem-

[18] *John Rawls* (geb. 1921) ist Professor an der Harvard University.

punkte einer Diskussion über eine gesellschaftlich erwünschte Verteilung. Der Utilitarismus ist eine philosophische Schule des 19. Jahrhunderts und beeinflußte durch Repräsentanten wie *Jeremy Bentham* (1748-1832) die Entwicklung der Volkswirtschaftslehre nachhaltig. Gemäß dieser Auffassung besteht der Wohlstand einer Gesellschaft aus der Summe der Nutzen ihrer Mitglieder. Die Verteilung sollte demnach so gestaltet sein, daß die Nutzensumme maximiert wird. Dieses Gerechtigkeitskriterium impliziert, daß eine Gesellschaft bereit sein sollte, etwas von dem Nutzen der Armen zu opfern, wenn sich dadurch der Nutzen eines reichen Individuums um mindestens denselben Betrag erhöht. Neben der Schwierigkeit der Nutzenmessung findet diese extreme Sichtweise kaum Anhänger, da sie zu Ergebnissen führen kann, die nach den Vorstellungen der christlichen Ethik oder der Menschenrechte nicht akzeptabel erscheinen. Daher vertreten viele Ökonomen eine abgeschwächte Form des Utilitarismus, die vor allem von *John Stuart Mill* (1806-1873) propagiert wurde. Nach ihr sollte der Staat die gewichtete Summe der Nutzen zu maximieren suchen. Die Gewichte der Einzelnutzen sind dann Ausdruck der gesellschaftlichen Wertschätzung gegenüber einem Individuum oder einer Gruppe. Eine andere Extremposition nimmt dagegen *John Rawls* ein. In seinem einflußreichsten Werk, **A Theory of Justice** (1971), legt er dar, daß die Wohlfahrt der Gesellschaft nur von dem ärmsten Mitglied abhänge. Wie stark sich der Nutzen der reicheren Individuen auch erhöhen mag, eine weitere Verarmung des ärmsten Mitglieds kann durch diese Erhöhung niemals aufgewogen werden. Diese Theorie impliziert nicht, daß alle Individuen gleich gestellt sein sollen. So würde nach dem Standpunkt von Rawls eine Maßnahme als wohlfahrtserhöhend angesehen werden, wenn diese den Nutzen des Ärmsten um wenig erhöht, auch wenn im Zuge dieser Maßnahme die Ungleichheit steigt. Ein Individuum, welches die vollständige Gleichheit aller fordert, würde diese Politik dagegen ablehnen.

Literaturempfehlungen zu Kapitel 2

Empfohlene Lehrbuchliteratur:

Arnold, Volker, 1992, *Theorie der Kollektivgüter*, Vahlen, München, Kapitel 1.

Boadway, Robin W. und Neil Bruce, 1984, *Welfare Economics*, Basil

Blackwell, Oxford, Kapitel 2, 3 und 4.

Boadway, Robin W. und David E. Wildasin, 1984, *Public Sector Economics*, 2. Aufl., Little Brown, Boston, Kapitel 2 und 3.

Breyer, Friedrich, 1990, *Ökonomische Theorie der Alterssicherung*, Vahlen, München, Kapitel 3.2.2.

Rosen, Harvey S., 1995, *Public Finance*, 4. Aufl., Homewood, Illinois, Kapitel 4 und 11.

Sohmen, Egon, 1976, *Allokationstheorie und Wirtschaftspolitik*, J.C.B. Mohr, Tübingen, Kapitel 3, 4 und 5.

Stiglitz, Joseph E. und Bruno Schönfelder, 1994, *Finanzwissenschaft*, 2. Aufl., Oldenbourg, München, Kapitel 3, 4, 11 und 13.

Zitierte und vertiefende Literatur:

Bator, F.M., 1957, „The simple Analytics of Welfare Maximization", *American Economic Review 47*, S. 22–59.

Bator, F.M., 1958, „The Anatomy of Market Failure", *Quarterly Journal of Economics 72*, S. 315–379.

Debreu, Gerard, 1959, *Theory of Value*, Wiley, New York.

Feldman, Allan, 1980, *Welfare Economics and Social Choice Theory*, Kluwer, Martinus Nijhoff Publ., Boston.

Hirshleifer, Jack, 1980, *Price Theory and Applications*, 2. Aufl., Prentice Hall, London u.a.

Marshall, Alfred, 1920, *Principles of Economics*, Macmillan, London.

Musgrave, Richard A., 1959, *The Theory of Public Finance*, McGraw-Hill, New York, (deutsche Übersetzung als: Finanztheorie, J.C.B. Mohr, Tübingen, 1969).

Musgrave, Richard A., 1987, „A brief History of Fiscal Doctrine", in: A.J. Auerbach und M. Feldstein (Hrsg.), *Handbook of Public Economics I*, Elsevier North-Holland, Amsterdam, S. 1–59.

Pareto, Vilfredo, 1917, *Traité de sociologie générale*, Neudruck der Ausgabe Paris 1917, 1965, Zeller-Verlag, Osnabrück.

Rawls, John, 1971, *A Theory of Justice*, Cambridge University Press, Cambridge Mass. (deutsche Übersetzung als: Eine Theorie der Gerechtigkeit, Verlag Suhrkamp, Frankfurt a.M., 1975).

Samuelson, Paul A., 1950, „Evaluation of Real National Income", The Oxford Economic Papers 2, S. 1–29; wiederabgedruckt in: K.J. Arrow und T. Scitovsky (Hrsg.), 1969, *Readings in Welfare Economics*, Homewood, Illinois, S. 402–433.

Scitovsky, Tibor, 1942, „A Reconsideration of the Theory of Tariffs", *Review of Economic Studies 9*, S. 89–110.

Tiebout, Charles M., 1956, „A Pure Theory of Local Expenditures", *Journal of Political Economy 64*, S. 416–424.

Tresch, Richard W., 1981, *Public Finance: A normative Theory*, Plano, Georgetown.

Kapitel 3

Theorie öffentlicher Güter

Eine Theorie öffentlicher Güter besitzt sowohl eine normative wie auch eine positive Ausrichtung. In diesem Kapitel wenden wir uns der normativen Frage zu. Wir fragen uns, welche Bedingungen eine effiziente Ressourcenallokation beschreiben, wenn neben privaten Gütern auch öffentliche Güter in einer Ökonomie produziert werden können. Hierdurch erhalten wir Regeln, nach denen öffentliche Güter effizient bereitgestellt werden sollen. In Kapitel 5 werden wir dagegen einer positiven Untersuchung nachgehen und uns fragen, wie öffentliche Güter tatsächlich angeboten werden. Hieraus ergibt sich die Analyse tatsächlicher oder möglicher Mechanismen, um Ressourcen für die Bereitstellung öffentlicher Güter zu gewinnen.

Wie wir bereits in Abschnitt 2.4.1 erläutert haben, sind öffentliche Güter durch die Eigenschaft der Nichtausschließbarkeit gekennzeichnet. Das klassische Beispiel ist die Landesverteidigung. Wird in einem Land eine Armee aufgestellt, um äußere Feinde abzuschrecken, so kann kein Bewohner des Landes von diesem Schutzschirm ausgeschlossen werden. Ähnlich verhält es sich bei einer Turmuhr, auf der jeder Betrachter die Uhrzeit ablesen kann, oder bei einem Leuchtturm, dessen Lichtsignale für alle Schiffe in diesem Gewässer sichtbar sind[1]. In diesen drei Fällen ist ein Ausschluß technisch nicht möglich. Ebenso kann es sein, daß ein Ausschluß mit zu hohen Kosten verbunden ist. So könnte man zwar einen Stadtpark mit einem Zaun umgeben und Parkwächter anheuern, die Eintrittskarten verkaufen und kontrollieren. Jedoch kann diese Maßnahme für die Stadt so kostspielig sein, daß es besser wäre, keinen Ausschluß vorzunehmen. Wenn aber ein Ausschluß gar nicht oder nur unter prohibitiv hohen Kosten möglich ist, so muß dieses Gut vom Staat bereitgestellt

---

[1] Allerdings gibt es Nachweise einer erfolgreichen privaten Bereitstellung des klassischen öffentlichen Gutes „Leuchtturm“, vgl. *Coase* (1974).

werden, denn ein privates Unternehmen würde ein Gut wie die Landesverteidigung oder Leuchttürme nicht bereitstellen, da es die Konsumenten dieser Güter nicht zwingen kann, einen Preis für deren Nutzung zu entrichten. Freiwillig wird keiner für diese Güter zahlen, da jeder glaubt, daß er von der Bereitstellung dieser Güter profitiert, auch ohne etwas beigetragen zu haben.

Schließlich kann es abseits der allokativen Sicht auch gesellschaftlich erwünscht sein, keinen Nutzer auszuschließen, obwohl dies technisch und zu vertretbaren Kosten möglich wäre. Öffentliche Schulen und Universitäten, das Straßennetz in Deutschland oder die Dienste der Feuerwehr sind hierfür Beispiele. Es bereitet wohl kaum Probleme, von Studierenden oder SchülerInnen eine Gebühr für die Nutzung der Bildungseinrichtungen zu verlangen. Jedoch ist es der politische Wille, daß nicht nur jeder zur Schule gehen kann, sondern es herrscht sogar eine Schulpflicht, die damit begründet wird, daß jedem Kind oder Jugendlichen eine Grundbildung gewährt werden muß. Personen, die überdies die allgemeine Hochschulreife erworben haben und die nötigen Zulassungsvoraussetzungen erfüllen, ist es freigestellt, ob und welches Studium sie aufnehmen wollen.

Doch selbst wenn ein Ausschluß möglich ist, kann es aus allokativer Sicht wünschenswert sein, wenn keine Person ausgeschlossen wird. Betrachten wir z.B. eine Brücke, die sehr wenig befahren wird. Wird diese Brücke von einem weiteren Fahrzeug genutzt, so entstehen keine zusätzlichen gesellschaftlichen Kosten: Weder werden die anderen Fahrer bei der Nutzung der Brücke beeinträchtigt noch verschlechtert sich die Qualität der Brücke. Natürlich könnte man für das Überqueren dieser Brücke eine Maut verlangen. Jedoch würden dann die Fahrer, deren Nutzen aus dem Befahren der Brücke geringer ist als die Mautgebühr, die Brücke nicht mehr nutzen. Die Summe der Nutzeneinbußen dieser Fahrer stellen die gesellschaftlichen Kosten der Einführung einer Maut dar. Der gesellschaftliche Vorteil der Maut ist gleich Null, da aufgrund der geringeren Nutzung der Brücke weder die verbleibenden Nutzer einen Vorteil haben noch die Qualität der Brücke sich verbessert. Die Mauteinnahmen selbst sind bei dieser Betrachtung nicht von Interesse, da diesem Vorteil der Betreiber einer Mautstation ein gleich großer Nachteil der verbleibenden Fahrer entgegensteht. Wir sagen auch, daß bei der Nutzung der Brücke keine Rivalität im Konsum vorliegt.

Güter, bei denen kein Ausschluß stattfinden kann und keine Rivalität in der Nutzung vorliegt, nennen wir reine öffentliche Güter. Die Landesverteidigung oder die Polizei, die Garantie von Vertragsrechten oder

der Umweltschutz sind hierfür Beispiele. Diese Güter sollen auf jeden Fall vom Staat bereitgestellt werden und wenn wir uns einen Staatshaushalt anschauen, entdecken wir viele Posten, wie Ausgaben für kulturelle Einrichtungen, die Landespolizei oder Gerichte, die wir als öffentlichen Güter bezeichnen können. In Kapitel 3.1 werden wir uns eingehend mit reinen öffentlichen Gütern beschäftigen. In der Realität finden wir aber sehr wenige Güter dieser Form. Viele Güter besitzen entweder die eine oder andere Eigenschaft oder beide nur bis zu einem gewissen Grad. Eine Brücke in Dresden über die Elbe mag nachts keine Rivalität in der Nutzung aufweisen. Zur **rush hour** dagegen behindern sich die Fahrer gegenseitig und stauen sich auf der Brücke. Die Fahrer rivalisieren in der Nutzung der Brücke. Der Grad der Rivalität steigt mit steigender Nutzerzahl und die Brücke verwandelt sich von einem reinen öffentlichen Gut in der Nacht zu einem unreinen öffentlichen Gut am Tag. Herrscht Rivalität in dem Sinne, daß ein weiterer Nutzer den anderen Nutzern zusätzliche Kosten aufbürdet oder sich die Qualität des Gutes verschlechtert, so sollte der Staat in Höhe dieser zusätzlichen Kosten eine Benutzungsgebühr verlangen. Diese Gebühr wird also nicht erhoben, um die Bereitstellung des unreinen öffentlichen Gutes zu finanzieren, sondern damit der Nutzer die gesellschaftlichen Grenzkosten trägt, die er verursacht. Unreine öffentliche Güter sind Gegenstand des Kapitels 3.2. Dort werden wir anhand von Beispielen untersuchen, wie die effiziente Benutzungsgebühr ausgestaltet sein soll und uns fragen, unter welchen Bedingungen diese vielleicht ausreicht, um das unreine öffentliche Gut zu finanzieren.

Da eine Benutzungsgebühr immer nur dann erhoben werden kann, wenn ein Ausschluß möglich ist, drängt sich uns die Frage auf, ob unreine öffentliche Güter nicht sogar in ausreichendem Maß von privaten Unternehmen angeboten werden. Werden diese Güter von Privaten bereitgestellt, so nennen wir sie auch Clubgüter, da gerade das Angebot von Vereinen, wie z.B. Tennisplätze, Fußballfelder, Schwimmbäder oder Golfanlagen diese Eigenschaften aufweisen. Aber auch private Schulen und Universitäten können wir als Clubgüter ansehen. Der Staat muß derartige Güter nicht bereitstellen, da z.B. ein Golfclub von allen, die auf der Anlage spielen wollen, einen Mitgliedsbeitrag verlangen und so die Zahlungsunwilligen von der Nutzung ausschließen kann. Ebenso kann eine Privatschule ein Schulgeld verlangen und Nichtzahlenden den Besuch des Unterrichts verbieten. Ob dies gerecht ist oder nicht, wollen wir in diesem Kapitel nicht diskutieren. Vielmehr werden wir in Abschnitt 3.2.2 in der sogenannten Clubtheorie das Verhalten privater Anbieter unreiner öffentlicher Güter untersuchen und diese Ergebnisse mit einer effizienten Allokation vergleichen. Wir fragen uns also, ob unreine öffentliche Güter aus allokativer Sicht auch dezentral durch private Unternehmen in ausreichendem Maße bereitgestellt werden.

3.1 Effizientes Angebot reiner öffentlicher Güter

Um eine anschauliche geometrische Darstellung der Effizienzbedingungen zu ermöglichen, greifen wir wieder auf eine Zwei-Personen-Zwei-Güter-Ökonomie zurück. Es gebe zwei Individuen, A und B, ein privates Gut oder Güterbündel, x, und ein reines öffentliches Konsumgut, G. x könnte z.B. Brot und G die Landesverteidigung sein. Die Nutzenfunktion eines Individuums i, $i = A, B$, sei durch $U^i(x_i, G_i)$ beschrieben. Diese weise die bisherigen Eigenschaften auf, also einen positiven aber stetig abnehmenden Grenznutzen bezüglich der Güter x und G.

Die Produktion des öffentlichen und des privaten Gutes erfolgt gemäß gewöhnlicher Produktionsfunktionen wie bisher. Es besteht also kein Unterschied auf der Produktionsseite, ob die Güter x und G oder, wie in Kapitel 2, nur private Güter erzeugt werden. Eine effiziente Produktion erfordert wieder, daß die Grenzraten der technischen Substitution in beiden Sektoren x und G übereinstimmen. Wie wir bereits in Abschnitt 2.2.3 gesehen haben, sichert vollkommener Wettbewerb auf allen Märkten diese Bedingungen. Dies bedeutet, daß die Produktion des öffentlichen Gutes durchaus in den Händen privater Unternehmen liegen kann, wenn wir vollkommenen Wettbewerb unterstellen. Lediglich das Angebot oder die Bereitstellung sollte durch die öffentliche Hand erfolgen. Wir unterstellen im folgenden, daß die Bedingungen für eine effiziente Produktion erfüllt seien.

Alle Kombinationen der Güter x und G, die bei gegebenen Faktorbeständen an Arbeit, $\bar{N}$, und Kapital, $\bar{K}$, und gegebener Technologie effizient produziert werden können, bilden wir graphisch durch eine **Transformationskurve** ab. Diese Transformationskurve ist in dem Güterdiagramm 3.1 als Kurve PP eingezeichnet.

Die Produktionsmöglichkeiten auf dieser Kurve können wir auch durch eine **Transformationsfunktion**, $H(x, G) = 0$, abbilden. Der Vorteil dieser impliziten Schreibweise liegt in der Verkürzung der Nebenbedingungen bei der algebraischen Ableitung der Effizienzbedingungen. Durch totale Differentiation dieser Funktion erhalten wir die Steigung der Produktionsmöglichkeitenkurve und damit die Grenzrate der Transformation,

$$-MRT_{Gx} = \frac{dx_{PP}}{dG} = -\frac{H_G}{H_x}. \tag{3.1}$$

Sie gibt uns an, wieviele Einheiten des privaten Gutes x bei gegebener Faktorausstattung in dieser Ökonomie insgesamt mehr produziert werden können, wenn auf eine produzierte Einheit des Gutes G verzichtet wird. Nehmen wir das Beispiel des Brotes und der Landesverteidigung, so sagt uns die Grenzrate der Transformation, wieviele Laibe Brot mehr produziert werden können, wenn die Landesverteidigung marginal reduziert wird und zugleich der Faktorbestand effizient eingesetzt wird. Die Funktion $H(x, G)$ stellt damit zugleich die Produktionsmenge des Gutes x, Brot, als Funktion der produzierten Menge von G, Landesverteidigung, dar, wenn effizient produziert wird: $x(G)_{PP}$. Sie trägt den Index PP, um zu verdeutlichen, daß diese Beziehung nur auf der Transformationskurve PP gilt. Auch für diese Funktion gilt $-MRT_{Gx} = \frac{dx_{PP}}{dG}$.

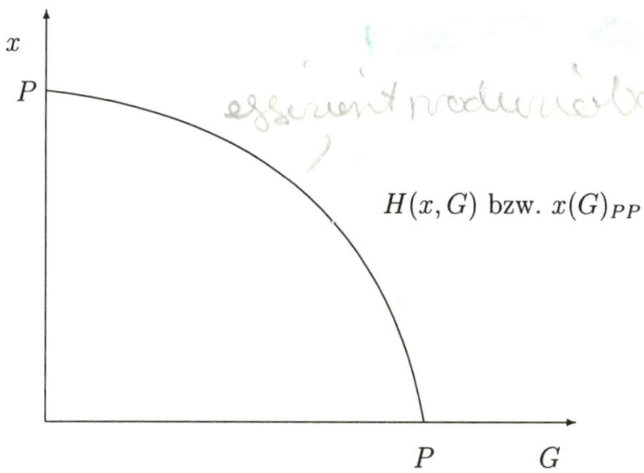

Abb. 3.1: Gesamtwirtschaftliche Transformationskurve

3.1.1 Bedingungen für eine effiziente Bereitstellung eines reinen öffentlichen Gutes

Wie wir in Kapitel 2.2.3 gesehen haben, ergibt sich bei gegebenem Bestand an Faktoren prinzipiell eine unendliche Anzahl an produzierbaren Güterkombinationen von x und G, die die Bedingungen der Produktionseffizienz erfüllen, nämlich die gesamte Kurve PP. Doch welcher

Punkt auf dieser Produktionsmöglichkeitenkurve beschreibt eine Allokation, bei der keine Person mehr besser gestellt werden kann, ohne zugleich die andere schlechter zu stellen? Welche Bedingungen kennzeichnen eine effiziente Bereitstellung des öffentlichen Gutes?

Um diese Bedingungen zu erhalten, versetzen wir uns in die Rolle eines wohlwollenden Zentralplaners. Dieser wählt willkürlich das Individuum A aus, dessen Nutzen maximiert werden soll. Die Optimierung erfolgt unter vier Nebenbedingungen, die wir wie bisher als Gleichungen angeben. Zunächst muß der Nutzen des B ein beliebig festgelegtes, positives Nutzenniveau, $\bar{U}^B$, betragen: $U^B(x_B, G_B) = \bar{U}^B$. Dann sollen die Bedingungen für eine effiziente Produktion erfüllt sein: $H(x, G) = 0$. Schließlich können nicht mehr Güter von den Individuen konsumiert werden, als in der Ökonomie bei gegebenem Faktorbestand und Technologie produziert werden. Für das private Gut, x, resultiert daher die Restriktion

$$x_A + x_B = x. \tag{3.2}$$

Ein Laib Brot wird entweder von A oder von B konsumiert. Für das reine öffentliche Gut, G, ergibt sich jedoch aufgrund der Nichtrivalität im Konsum die Restriktion

$$G_A = G_B = G. \tag{3.3}$$

Das Gut Landesverteidigung kann von beiden Individuen gleichzeitig und gemeinsam konsumiert werden. Beiden nutzt die Landesverteidigung in voller Höhe. Dies heißt aber **nicht**, daß beide Individuen den gleichen Nutzen aus der gleichen Menge des Gutes G ziehen. Schätzt A die nationale Sicherheit weniger als B, so konsumiert er zwar die gleiche Menge an Landesverteidigung wie B, zieht aber daraus nicht den gleichen Nutzen. Aufgrund der Bedingung (3.3) können wir G_A und G_B in den Nutzenfunktionen durch G ersetzen. Schließlich stellen wir das Optimierungsproblem durch die Lagrangefunktion

$$\begin{aligned} \mathcal{L} = U^A(x_A, G) \quad &+ \quad \lambda_1[\bar{U}^B - U^B(x_B, G)] \\ &+ \quad \lambda_2 H(x, G) \\ &+ \quad \lambda_3(x - x_A - x_B) \end{aligned} \tag{3.4}$$

formal dar. Leiten wir diese Funktion nach den vier zu bestimmenden Variablen (x_A, x_B, x, G) und den drei Lagrangemultiplikatoren ab und setzen diese Ableitungen gleich null, so erhalten wir die sieben Bedingungen erster Ordnung:

$$U_x^A - \lambda_3 = 0; \qquad \lambda_2 H_x + \lambda_3 = 0;$$
$$-\lambda_1 U_x^B - \lambda_3 = 0; \qquad U_G^A - \lambda_1 U_G^B + \lambda_2 H_G = 0;$$

$$x = x_A + x_B; \quad H(x, G) = 0; \quad \bar{U}^B = U^B(x_B, y_B).$$

Ersetzen wir λ_3 durch U_x^A, so erhalten wir für die Lagrangemultiplikatoren λ_1 und λ_2 die notwendigen Bedingungen

$$\lambda_1 = -\frac{U_x^A}{U_x^B}, \qquad \lambda_2 = -\frac{U_x^A}{H_x}.$$

Ersetzen wir nun die Lagrangemultiplikatoren λ_1 und λ_2 in der Bedingung für die Variable G und teilen schließlich den ganzen Ausdruck durch U_x^A, so erhalten wir die notwendige Bedingung für eine effiziente Allokation als

$$\frac{U_G^A}{U_x^A} + \frac{U_G^B}{U_x^B} - \frac{H_G}{H_x} = 0.$$

Da $\frac{U_G^i}{U_x^i} \equiv MRS_{Gx}^i, i = A, B$ und $\frac{H_G}{H_x} \equiv MRT_{Gx}$ ist, läßt sich diese Effizienzbedingung auch durch

$$MRS_{Gx}^A + MRS_{Gx}^B = MRT_{Gx} \qquad (3.5)$$

wiedergeben. Diese Bedingung wird in der Volkswirtschaftslehre oftmals als **Samuelson-Bedingung** bezeichnet, da sie in dieser Form auf den amerikanischen Ökonom *Paul A. Samuelson* (1954, 1955) zurückgeht. Sie besagt, daß eine effiziente Produktionsstruktur zwischen dem privaten und dem öffentlichen Gut dann erreicht ist, wenn die Grenzkosten der letzten bereitgestellten Einheit des öffentlichen Gutes G ausgedrückt in Einheiten des privaten Gutes x, MRT_{Gx}, der **Summe** der Grenzraten der Substitution der Individuen aufgrund dieser letzten Einheit von G bewertet in Nutzeneinheiten des privaten Gutes x, $MRS_{Gx}^A + MRS_{Gx}^B$, entsprechen. Da die Grenzrate der Substitution, MRS, als marginale Zahlungsbereitschaft eines Individuums für das öffentliche Gut in Einheiten des privaten Gutes interpretiert werden kann, erhalten wir das

Ergebnis 3.1.1 *Eine effiziente Bereitstellung reiner öffentlicher Güter ist erreicht, wenn die Summe der marginalen Zahlungsbereitschaften der Konsumenten des öffentlichen Gutes der marginalen Transformationsrate in der Produktion entspricht.*

Im Gegensatz zu der effizienten Bereitstellung privater Güter, bei der die marginale Zahlungsbereitschaft **jedes** Individuums mit der marginalen Transformationsrate übereinstimmen soll (vergleiche Bedingung (2.15)),

$$MRS_{xy}^A = MRS_{xy}^B = MRT_{xy},$$

soll nun die **Summe** der marginalen Zahlungsbereitschaften mit dieser übereinstimmen,

$$MRS_{Gx}^A + MRS_{Gx}^B = MRT_{Gx}.$$

Der Grund für diese Veränderung der Effizienzbedingung liegt darin, daß das öffentliche Gut gemeinsam genutzt werden kann. Während bei privaten Gütern der zusätzliche Nutzen aus einer weiteren produzierten Einheit entweder dem A oder dem B zufällt, bedeutet eine weitere produzierte Einheit des öffentlichen Gutes einen zusätzlichen Nutzen sowohl für A als auch für B. Der gesellschaftliche Nutzenzuwachs aus einer weiteren Einheit des öffentlichen Gutes in Einheiten des Gutes x besteht aufgrund der Nichtrivalität im Konsum aus der Summe der marginalen Zahlungsbereitschaften.

Geometrisch erhalten wir diese formal gewonnene Bedingung (3.5) mit Hilfe der Abbildung 3.2. Das obere der beiden Diagramme beinhaltet die Produktionsmöglichkeitenkurve, $x(G)_{PP}$, und die Indifferenzkurve des Individuums B, die das willkürlich festgelegte Nutzenniveau $\bar{U}^B$ angibt. Da die Indifferenzkurve, $\bar{U}^B$, für jedes bereitgestellte Niveau von G diejenige Menge des privaten Gutes x aufzeigt, die erforderlich ist, um dem Individuum B das Nutzenniveau $\bar{U}^B$ zu sichern, können wir diese Indifferenzkurve ebenso durch die Funktion $x(G)_{\bar{U}^B}$ abbilden. Subtrahiert man $x(G)_{\bar{U}^B}$ von $x(G)_{PP}$, so verbleibt eine Funktion $x(G)_{TT}$,

$$x(G)_{TT} = x(G)_{PP} - x(G)_{\bar{U}^B}. \tag{3.6}$$

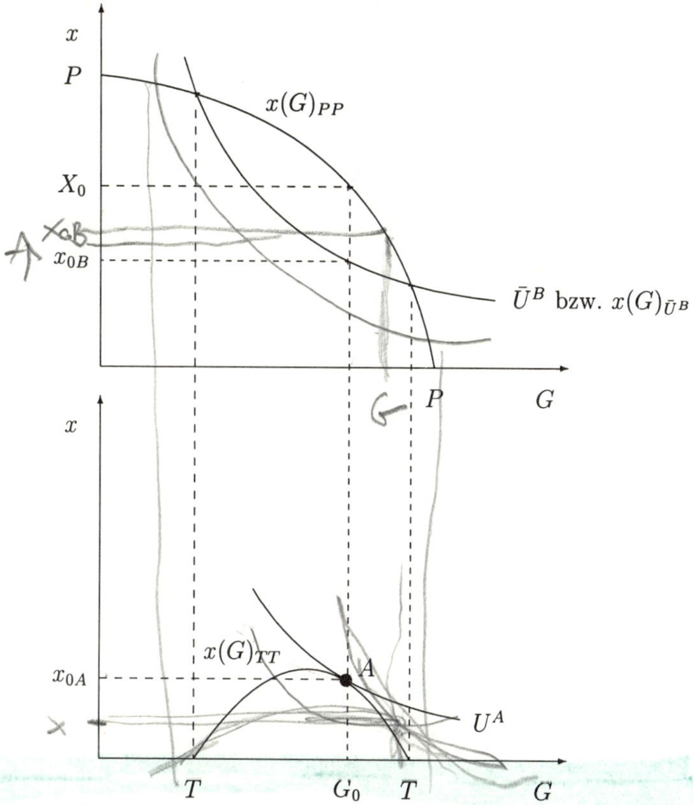

Abb. 3.2: Effizientes Angebot öffentlicher Güter

Diese Funktion ist als Residualkurve TT im unteren der beiden Diagramme eingezeichnet. Graphisch entspricht der vertikale Abstand zwischen der Abszisse und der Residualkurve $x(G)_{TT}$ dem vertikalen Abstand zwischen den beiden Kurven $x(G)_{\bar{U}^B}$ und $x(G)_{PP}$. Die Residualkurve gibt bei alternativen Niveaus von G diejenige Menge des privaten Gutes x an, die für das Individuum A maximal verbleibt, wenn B das Nutzenniveau $\bar{U}^B$ realisiert. Diejenige Güterkombination, die dem Individuum A bei gegebenem Nutzenniveau des B den maximalen Nutzen gewährt, wird durch den Punkt A angezeigt. Bei gegebenem Nutzenniveau des B, $\bar{U}^B$, ist die effiziente Produktionsstruktur durch eine Produktion des öffentlichen Gutes in Höhe von G_0 und des privaten Gutes in Höhe von X_0 charakterisiert. Die Produktionsmenge des privaten Gutes, X_0, soll dabei so aufgeteilt werden, daß das Individuum A die Menge x_{0A} und B die Menge x_{0B} konsumiert. Aufgrund der Eigenschaft des gemeinsamen Konsums von G konsumieren beide Individuen die gleiche Menge des reinen öffentlichen Gutes, G_0.

Nun leiten wir die Samuelson–Bedingung graphisch ab. Hierfür halten wir zunächst fest, daß in Punkt A die Indifferenzkurve des A gerade die Residualkurve tangiert, und somit beide Kurven die gleiche Steigung aufweisen. Es gilt daher

$$MRS^A_{Gx} = -\left.\frac{dx_{TT}}{dG}\right|_{G_0}. \tag{3.7}$$

Da wir gemäß (3.6) die Residualkurve aus der Differenz der Produktionsmöglichkeitenkurve mit der Indifferenzkurve des B erhielten, gilt ebenfalls, daß sich die Steigung der Residualkurve aus der Differenz der Steigungen dieser Kurven ergibt:

$$\left.\frac{dx_{TT}}{dG}\right|_{G_0} = \left.\frac{dx_{PP}}{dG}\right|_{G_0} - \left.\frac{dx_{\bar{U}^B}}{dG}\right|_{G_0} = -MRT_{Gx} + MRS^B_{Gx}.$$

Setzen wir diese Beziehung in (3.7) ein, so erhalten wir wieder die Samuelson-Bedingung, nur diesmal graphisch abgeleitet,

$$MRS^A_{Gx} + MRS^B_{Gx} = MRT_{Gx}.$$

Entscheidend für die Ableitung des effizienten Angebotes des öffentlichen Gutes, G_0, ist die Wahl des Nutzenniveaus $\bar{U}^B$. Wählt der Zentralplaner ein anderes Nutzenniveau, so verändert sich die Residualkurve TT und damit auch das effiziente Angebot von G. Es existieren daher im Prinzip unendlich viele effiziente Angebote öffentlicher Güter, die sich alle durch die Festlegung eines bestimmten Nutzenniveaus für B unterscheiden. Eine Auswahl eines bestimmten effizienten Angebotes des öffentlichen Gutes ist mit Hilfe des Konzepts der Pareto-Optimalität nicht mehr möglich. Vielmehr hängt diese Auswahl von verteilungspolitischen Vorstellungen ab, d.h. von der Wahl des Nutzenniveaus $\bar{U}^B$. Welches Nutzenniveau dem B mindestens zugestanden werden soll, ist aber eine Frage der Gerechtigkeit.

3.1.2 Effizientes Angebot öffentlicher Güter bei vollkommenem Wettbewerb

Auch für eine Ökonomie bei vollkommenem Wettbewerb können wir die Effizienzbedingungen bestimmen. Der Vorteil dieser Darstellungsform besteht darin, daß wir diese Bedingungen in Einheiten monetär meßbarer Größen interpretieren können.

Der Unternehmensbereich der Ökonomie besteht aus zwei Sektoren. In dem einen Sektor wird das private Güterbündel x unter Einsatz der Faktoren Arbeit, N_x, und Kapital, K_x erzeugt. Ein einzelnes Unternehmen in diesem Sektor verhält sich als Preisnehmer, d.h. es nimmt sowohl die Faktorpreise, den Lohnsatz w und den Zins r, als auch den Absatzpreis, p_x, als exogene Daten. Die Kostenfunktion eines repräsentativen Unternehmens im Sektor x lautet: $C(x) = wN_x + rK_x$. Im zweiten Sektor wird das öffentliche Gut, G, unter Einsatz der Faktoren N_G und K_G produziert. Auch in diesem Sektor verhalten sich die Unternehmen als Preisnehmer auf den Faktormärkten und besitzen die Kostenfunktion $C(G) = wN_G + rK_G$. Die Produktion von G erfolgt im Auftrag des Staates. Die Grenzkosten, $MC_i, i = x, G$, in den jeweiligen Sektoren ergeben sich bei Preisnehmerverhalten auf den Faktormärkten als

$$\begin{aligned} MC_G &\equiv \frac{dC(G)}{dG} = \frac{wdN_G + rdK_G}{dG} \\ MC_x &\equiv \frac{dC(x)}{dx} = \frac{wdN_x + rdK_x}{dx} = \frac{-(wdN_G + rdK_G)}{dx}. \end{aligned}$$

Die Grenzkosten im Sektor i, $i = x, G$, bestehen aus der Summe der Faktorkosten, die zusätzlich gezahlt werden müssen, wenn die Ausbringungsmenge um eine Einheit erhöht wird. Da wir Preisnehmerverhalten der Unternehmen unterstellen, variieren die Faktorpreise nicht. Es ändern sich nur die eingesetzten Faktormengen. Wie wir in Kapitel 2.2.3 gesehen haben, werden die Bedingungen für einen effizienten Faktoreinsatz in einer Ökonomie bei vollkommener Konkurrenz erfüllt. Effiziente Produktion beinhaltet auch Vollbeschäftigung aller Faktoren bei gegebener Faktorausstattung. Somit kann der Einsatz der Faktoren in dem x-Sektor nur erhöht werden, wenn in dem G-Sektor der Einsatz der Faktoren im gleichen Umfang sinkt: $dN_x = -dN_G$ und $dK_x = -dK_G$. Setzen wir obige Grenzkostenfunktionen zueinander ins Verhältnis, so erhalten wir die Grenzrate der Transformation als Verhältnis der Grenzkosten bei der Produktion des öffentlichen Gutes zu den Grenzkosten der Produktion des privaten Güterbündels:

$$-\frac{dx}{dG} = MRT_{Gx} = \frac{MC_G}{MC_x} = \frac{MC_G}{p_x}. \tag{3.8}$$

Hierbei wurde berücksichtigt, daß bei gegebenem Absatzpreis für das private Güterbündel, p_x, gewinnmaximierendes Verhalten der Unternehmen im Sektor x ein Angleichen der Grenzkosten an diesen Preis impliziert: $MC_x = p_x$.

Im Haushaltsbereich maximiert jedes Individuum i, $i = A, B$, seinen Nutzen, $U^i(x_i, G)$, durch die Wahl des Konsums des Bündels privater

Güter x_i, wobei es das Niveau des öffentlichen Gutes und den Preisvektor des privaten Güterbündels, p_x, als gegeben annimmt. Die dabei zu beachtende Budgetrestriktion lautet: $I_i = p_x x_i$. I_i stellt dabei sein Nettoeinkommen dar, welches sich aus seinem Markteinkommen, d.h. Lohn- und Kapitaleinkommen, abzüglich der Differenz möglicher Steuern und Transfers seitens des Staates ergibt. Der Staat erhebt Steuern, um einerseits das von ihm angebotene öffentliche Gut von den Unternehmen im G-Sektor kaufen zu können, und zahlt andererseits Transfers, um eine bestimmte Nutzenverteilung zu gewährleisten. Formal lösen wir das Optimierungsproblem des Individuums durch Maximierung der Lagrangefunktion, $\mathcal{L} = U^i(x_i, G) + \lambda(I_i - p_x x_i)$. Die notwendige Bedingung bei angenommener innerer Lösung lautet:

$$U_x^i = \lambda p_x.$$

Das Individuum fragt soviel von dem privaten Güterbündel nach, bis der Nutzen aus der letzten konsumierten Einheit, U_x^i, dem mit dem Lagrangemultiplikator λ multiplizierten Preis des Güterbündels entspricht[2]. Wir können den Lagrangemultiplikator λ als **Grenznutzen des Einkommens** interpretieren. Diese Interpretation gewinnen wir, indem wir folgendes Gedankenexperiment anstellen: Unterstellen wir, daß das Nettoeinkommen des Individuums i marginal um dI_i durch einen Transfer steigt. Hierdurch erhöht das Individuum seinen Konsum des Bündels x um $dx_i = \frac{dI_i}{p_x}$. Bei Konstanz des Angebots des öffentlichen Gutes steigt der Nutzen des Individuums aufgrund des zusätzlichen Transfers um $dU^i = U_x^i dx_i = U_x^i \frac{dI_i}{p_x}$. Wie wir wissen, gilt im Haushaltsoptimum $\frac{U_x^i}{p_x} = \lambda$. Setzen wir diese Bedingung erster Ordnung ein, so erhalten wir für die Nutzenänderung aufgrund einer Erhöhung des Transfers $dU^i = \lambda dI_i$. Der Grenznutzen des Einkommens, $U_I^i \equiv \frac{dU^i}{dI_i}$, entspricht also im Optimum dem Lagrangemultiplikator λ. Nutzen wir diese Interpretation des Lagrangemultiplikators λ, so können wir obige Bedingung für den optimalen Konsumplan auch durch den **monetären Grenznutzen** (**marginal benefit**),

$$MB_x^i \equiv \frac{U_x^i}{\lambda} = p_x,$$

wiedergeben. Der monetäre Grenznutzen, $MB_x^i \equiv \frac{U_x^i}{\lambda}$, ist der Grenznutzen aus dem Konsum des privaten Güterbündels x gemessen in Einheiten des verfügbaren Einkommens I_i des Individuums i. Analog definieren

[2] Genauer gesagt, muß im Haushaltsoptimum der Grenznutzen aus dem Konsum eines jeden Gutes des Güterbündels dem mit dem Lagrangemultiplikator gewogenen Preis des Gutes entsprechen.

wir den monetären Grenznutzen des öffentlichen Gutes als $MB_G^i \equiv \frac{U_G^i}{\lambda}$. Ebenso können wir die Grenzrate der Substitution, MRS_{Gx}^i, durch das Verhältnis der monetären Grenznutzen angeben:

$$MRS_{Gx}^i = \frac{U_G^i}{U_x^i} = \frac{MB_G^i}{MB_x^i} = \frac{MB_G^i}{p_x}. \tag{3.9}$$

Die Grenzrate der Substitution gibt nun an, auf wieviel Geldeinheiten für den Konsum des privaten Güterbündels das Individuum i verzichten würde, wenn dafür das Angebot des öffentlichen Gutes marginal erhöht wird. Wir interpretieren daher die Grenzrate der Substitution als monetäres Maß, welches uns angibt, wieviel das Individuum i für eine Erhöhung des Angebotes von G um eine Einheit zu zahlen bereit ist. Sie ist die **monetäre Zahlungsbereitschaft** des Individuums i für eine weitere Einheit des öffentlichen Gutes.

Da eine Erhöhung des Niveaus des öffentlichen Gutes aufgrund des gemeinsamen Konsums beiden Individuen, A und B, zugute kommt, entspricht der Gesamtgrenznutzen aus einer Erhöhung des Angebotes von G gerade der Summe der individuellen monetären Grenznutzen: $\frac{MB_G^A}{p_x} + \frac{MB_G^B}{p_x}$. Die Grenzkosten für eine Erhöhung des Angebots des öffentlichen Gutes betragen gemäß Gleichung (3.8) $\frac{MC_G}{p_x}$. Ein effizientes Angebot des öffentlichen Gutes ist somit bei vollkommener Konkurrenz dann realisiert, wenn die letzte Einheit gerade insgesamt soviel monetär meßbaren Nutzen stiftet wie sie kostet:

$$MB_G^A + MB_G^B = MC_G. \tag{3.10}$$

Abschließend erhalten wir das

Ergebnis 3.1.2 *Entspricht die Summe aus den marginalen Nutzen aller Konsumenten des öffentlichen Gutes seinen marginalen Herstellungskosten, ist ein effizientes Angebot erreicht.*

In dieser Form können wir jetzt die Grenznutzen und Grenzkosten in der monetären Einheit DM ausdrücken. Die Samuelson-Bedingung erhält mit Hilfe von Nachfrage- und Angebotskurven eine einfache geometrische Interpretation. In Abbildung 3.3 zeigt die Angebotskurve S die Grenzkosten bei der Produktion des öffentlichen Gutes an. Die Kurven D^A und D^B geben die marginale Zahlungsbereitschaft von A, MB_G^A, bzw. von B, MB_G^B, wieder. Sie geben an, wieviel das Individuum bei gegebenem Einkommen bereit wäre, für eine weitere Einheit des Gutes G zu zahlen.

Insofern können wir diese Kurven auch als individuelle Nachfragekurven nach dem Gut G interpretieren. Jeder Punkt auf der Kurve D^A (D^B) gibt zugleich auch den Preis an, den das Individuum A (B) für eine weitere Einheit des Gutes G zu zahlen bereit wäre, wenn es für G einen Preis entrichten müßte. Da eine weitere Einheit des öffentlichen Gutes beiden Individuen zugute kommt, erhalten wir die Gesamtnachfragekurve nach dem öffentlichen Gut, indem wir die individuellen Kurven, D^A und D^B, vertikal aggregieren[3]. Diese Kurve $D^A + D^B$ gibt die Summe der marginalen Zahlungsbereitschaften der Individuen an. Das effiziente Niveau, G_0, ist durch den Punkt A bestimmt, in dem die Gesamtnachfrage ($D^A + D^B$) die Angebotskurve schneidet.

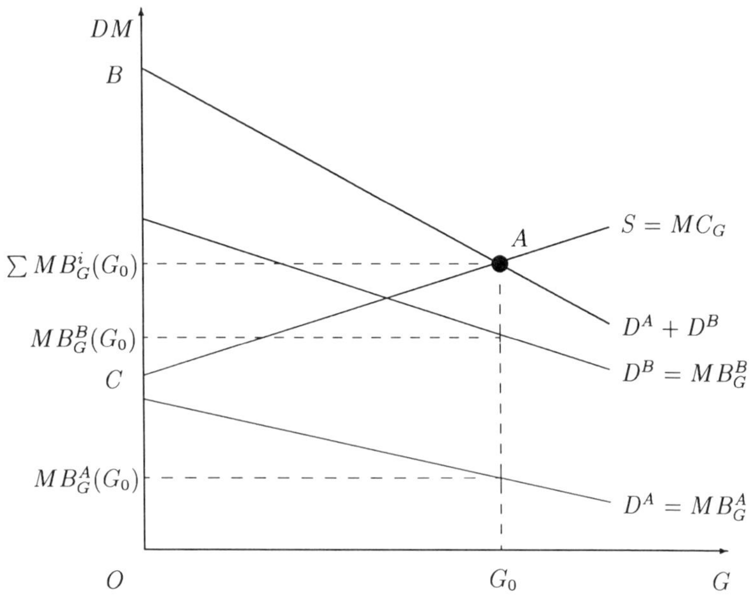

Abb. 3.3: Effizientes Angebot öffentlicher Güter

Mit Hilfe dieser Graphik können wir auch den Gesamtnettonutzen aus dem effizienten Angebot des öffentlichen Gutes für die Gesellschaft ersehen. Der individuelle Nutzen der Individuen A und B aus dem Konsum des Angebots G_0 stimmt mit der Fläche unterhalb der individuellen Nachfragekurven im Bereich O bis G_0 überein. Der Gesamtnutzen beider Individuen wird folglich durch die Fläche $OBAG_0$ repräsentiert. Die

[3] Im Gegensatz dazu erfolgt die Bestimmung der Gesamtnachfrage bei privaten Gütern durch horizontale Aggregation der individuellen Nachfragekurven.

volkswirtschaftlich relevanten Gesamtkosten, die die Produktion des Angebotes G_0 hervorruft, stellt die Fläche unter der Grenzkostenkurve dar, $OCAG_0$. Folglich ist der Gesamtnettonutzen aller Mitglieder der Ökonomie durch die Fläche $CBA = OBAG_0 - OCAG_0$ charakterisiert. Wie dieser Nettonutzen auf die Individuen verteilt wird, ist von der Methode abhängig, die zur Finanzierung des Angebots G_0 angewandt wird.

Da die Lage der Nachfragekurven, D_A und D_B, von dem Einkommen der Individuen A und B abhängt, gibt die obige Graphik das effiziente Niveau des öffentlichen Gutes für genau eine bestimmte Einkommensverteilung an. Wenn wir aber die Einkommen variieren, so verschieben sich die Kurven und mithin die aggregierte Nachfragekurve $D_A + D_B$. Eine Veränderung der Einkommensverteilung führt also zu einer Veränderung der Pareto–effizienten Menge des öffentlichen Gutes und es gibt eine Vielzahl von Angebotsmengen von G, die je nach Einkommensverteilung die Samuelson–Bedingung erfüllen. Dieser Umstand, daß das effiziente Niveau des öffentlichen Gutes in der Regel von der Einkommensverteilung abhängt, zeigt uns wieder, daß die Auswahl eines effizienten Niveaus von Verteilungsüberlegungen mitbestimmt wird. Gemäß den Vorstellungen über eine gerechte Einkommens- und damit Nutzenverteilung in der Gesellschaft wird die individuelle Nachfrage nach öffentlichen Gütern beeinflußt und damit indirekt das effiziente Niveau von G bestimmt. Jegliche Veränderung der Einkommensverteilung, z.B. durch eine Veränderung des Einkommensteuertarifs, wird im allgemeinen eine Änderung der effizient bereitzustellenden Mengen öffentlicher Güter nach sich ziehen.

3.1.3 Benefit-Pricing, Lindahl-Lösung und zusätzliche Nutzer

In diesem Abschnitt wollen wir zwei Fragen beantworten: Gibt es einen denkbaren Preismechanismus, der zu einem Ausgleich von Angebot und Nachfrage für ein öffentliches Gut führt, wenn die Individuen für dessen Konsum einen Preis entrichten müssen? Und: Welche Wirkungen besitzt eine Erhöhung der Zahl der Nutzer eines öffentlichen Gutes auf dessen effizientes Angebot?

Benefit-Pricing und Lindahl-Lösung

Die obige Ableitung der Samuelson–Bedingung aus den individuellen Nachfragekurven legt eine denkbare Pseudomarktlösung nahe. Formal stellen wir die Nachfragekurven D^i, $i = A, B$, bei einem gegebenen individuellen Einkommen als Funktion in Abhängigkeit von der bereitgestellten Menge des öffentlichen Gutes dar, $D^i(G) = MB^i_G(G)$. Interpretieren wir diese als marginale Zahlungsbereitschaften für das Gut G, so geben uns die Funktionen auch an, wieviel Einheiten des öffentlichen Gutes das Individuum i bei einem bestimmten Preis nachfragen würde, wenn es diesen Preis entrichten müßte und sich als Preisnehmer verhält. Jedes Individuum würde bei einem gegebenen Preis genau so viele Einheiten von G nachfragen, bis der monetäre Grenznutzen MB^i_G diesem Preis entspricht. Der Preis drückt also den monetären Vorteil (**benefit**) für die letzte gewünschte Einheit des öffentlichen Gutes aus.

Der schwedische Ökonom *Erik Lindahl* (1919) schlug aufgrund dieser Überlegungen eine Finanzierungsform für die Bereitstellung des öffentlichen Gutes G vor, die wir uns mit Hilfe der Abbildung 3.4 verdeutlichen wollen.

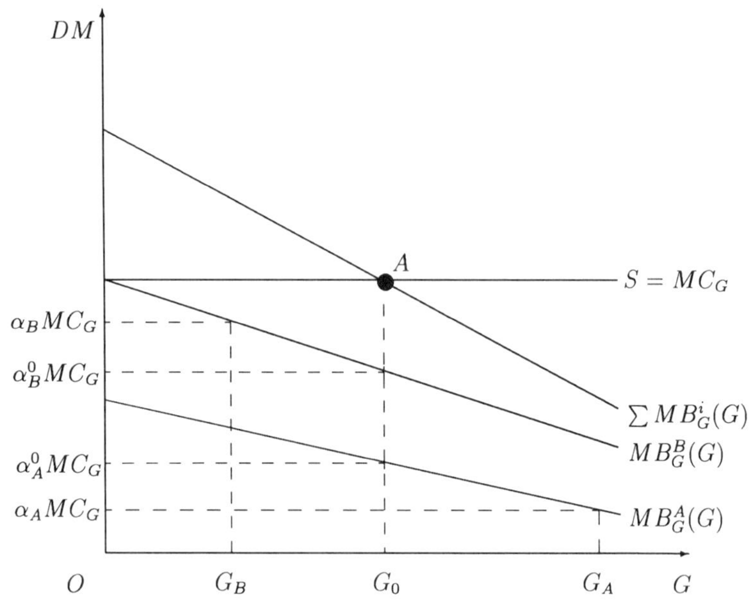

Abb. 3.4: Benefit-pricing und Lindahl-Lösung

Wir nehmen an, daß die Grenzkosten für die Produktion des öffentlichen Gutes konstant seien: $MC_G = const.$ Die Angebotsfunktion für das Gut G, S, ist daher eine horizontale Gerade.

Nun weise der Staat willkürlich dem Individuum A den Kostenanteil $\alpha_A MC_G$ und dem B den Kostenanteil $\alpha_B MC_G$ zu, wobei sich diese auf eins summieren: $\alpha_A + \alpha_B = 1$ mit $\alpha_i > 0$, $i = A, B$. Der Kostenanteil $\alpha_i MC_G$, $i = A, B$, ist der Preis, den das Individuum i für eine weitere Einheit des öffentlichen Gutes zahlt. Bei gegebenem Preis $\alpha_A MC_G$ würde das Individuum A eine Menge G_A des öffentlichen Gutes wünschen, da dann sein Grenznutzen mit seinem Kostenanteil übereinstimmt: $MB_G^A = \alpha_A MC_G$. Das Individuum B möchte bei gegebenem Kostenanteil das niedrigere Niveau G_B realisieren. Da die gewünschten Mengen bei diesen Preisen nicht übereinstimmen ($G_B < G_A$), schlägt der Staat eine andere Kostenverteilung vor, bis eine Kombination $(\alpha_A^0 MC_G, \alpha_B^0 MC_G)$ gefunden ist, bei welcher beide Individuen das gleiche Niveau, G_0, wünschen.

Aus der Graphik ersehen wir sofort, daß bei der Kostenverteilung $(\alpha_A^0 MC_G, \alpha_B^0 MC_G)$, bei der die individuell gewünschte Menge des öffentlichen Gutes für A und B übereinstimmt, zugleich die Bedingung der effizienten Bereitstellung des öffentlichen Gutes erfüllt wird:

$$\alpha_A^0 MC_G + \alpha_B^0 MC_G = MC_G = MB_G^A(G_0) + MB_G^B(G_0).$$

Ebenso werden aufgrund der Annahme konstanter Grenzkosten die Gesamtkosten für das bereitgestellte Niveau, G_0, gerade gedeckt. Das Individuum A zahlt nämlich insgesamt $\alpha_A^0 MC_G G_0$ und B zahlt $\alpha_B^0 MC_G G_0$. Die gesamten Einnahmen des Staates betragen daher

$$\sum_{i=A,B} \alpha_i^0 MC_G G_0 = MC_G G_0,$$

was den Ausgaben $MC_G G_0$ entspricht. Wenn der Staat die Finanzierungsanteile in dieser Form setzen könnte, würde somit eine effiziente Allokation resultieren und zugleich die Finanzierung gesichert sein. Im Gegensatz zu privaten Gütern bei vollkommenem Wettbewerb muß nun jeder Konsument des öffentlichen Gutes einen unterschiedlichen Preis bezahlen, der der individuellen Zahlungsbereitschaft für die letzte Einheit des öffentlichen Gutes entspricht. Diese Preise heißen **Lindahl-Preise** und eine derartige Finanzierungsverteilung **benefit-pricing**.

Wie wir oben bereits erwähnten, ist die Lage der individuellen Nachfragekurven von dem individuellen Einkommen abhängig. Verändert sich die Einkommensverteilung, so verändern sich zum einen die Lindahl–Preise und zum anderen das effiziente Niveau des öffentlichen Gutes. Es gibt folglich eine Vielzahl von effizienten Allokationen. Anders gesagt, bewirkt eine bestimmte Einkommensverteilung und damit die Auswahl von bestimmten Lindahl–Preisen genau eine effiziente Allokation des öffentlichen Gutes. Diejenigen, die sich in dieser Situation nicht besonders gut gestellt glauben, werden auf eine Einkommensumverteilung drängen, so daß die Finanzierungsanteile neu bestimmt werden müssen, in der Hoffnung, daß sie sich auf Kosten der anderen besser stellen. Die Lindahl–Preise hängen also von der Einkommensverteilung und somit von verteilungspolitischen Vorstellungen ab und sind anfällig gegenüber Verteilungskämpfen.

Damit der Staat überhaupt effizienzsichernde Lindahl–Preise setzen kann, muß er die individuellen Grenznutzen, d.h. die Nachfragekurven, kennen. Denn nur wenn die Individuen ihre wahre Nachfrage bei einem gegebenen Preis angeben, kann der Staat durch Setzung der Lindahl-Preise ein effizientes Angebot finden. Jedoch werden die Individuen ihre wahre marginale Zahlungsbereitschaft nicht freiwillig preisgeben, da sie wissen, daß gemäß ihrer geäußerten Nachfrage ihr Preis, $\alpha_i MC_G$, $i = A, B$, festgelegt wird. Jedes Individuum besitzt vielmehr einen Anreiz, seine Zahlungswilligkeit zu untertreiben und sich als „free-rider“ zu verhalten, um seinen Finanzierungsanteil zu reduzieren. Befragt der Staat die Individuen nach ihren Wünschen und bietet dann das öffentliche Gut nach den offenbarten Präferenzen an, so resultiert ein zu niedriges Niveau des öffentlichen Gutes. Ein effizienzsichernde Setzung der Lindahl-Preise ist im allgemeinen nicht möglich.

Eine weiteres Ergebnis dieser Untersuchung ist, daß die Lindahl-Preise im Gegensatz zu Preisen von privaten Gütern keine allokative Funktion erfüllen. Bei privaten Gütern besitzen die Marktpreise die Aufgabe, die Nachfragewünsche zu koordinieren, d.h. die angebotene Menge auf die Konsumenten aufzuteilen und somit festzulegen, wer wieviel konsumiert. Jeder Konsument, der den Marktpreis nicht bezahlt, kommt auch nicht zum Zuge. Aufgrund der unterschiedlichen Präferenzen und Einkommen der Individuen unterscheiden sich auch die individuell konsumierten Mengen. Da bei einem öffentlichen Konsumgut die konsumierte Menge für alle Konsumenten gleich ist, geben die Lindahl-Preise dagegen an, welchen Kostenanteil ein Individuum tragen soll. Sie besitzen keine **allokative** sondern eine **distributive Funktion**. Die Lindahl-Preise verteilen die Finanzierungslast derartig, daß jedes Individuum gemäß seinem Grenznutzen belastet wird, und stellen somit eine ganz bestimmte Finanzierungsform dar. Zur Erreichung einer effizienten Allokation ist aber die Wahl der Finanzierungsmethode nicht entscheidend. Welchen Anteil seines Einkommens der einzelne zur Finanzierung beitragen soll, ist vielmehr eine Frage der Gerechtigkeit.

Kapitel 4

Theorie externer Effekte

4.1 Einführung und Klassifikation

Das wirtschaftliche Handeln eines Individuums erzeugt immer Vor- und/oder Nachteile für andere Individuen, mit denen es in Beziehung steht. Oft trägt der Handelnde auch direkt die Folgen seines Tuns: Will er z.B. ein privates Gut konsumieren, so muß er einen Preis entrichten, der zumindest ausreicht, die Produktionskosten des Gutes, und damit die Nachteile des Produzenten, zu decken. Die marginale Zahlungsbereitschaft des Konsumenten muß also zumindest ausreichen, die Grenzkosten der Produktion auszugleichen, $MB = MC$. Bei Zahlung des Kaufpreises werden die Folgen durch den Käufer internalisiert, $MB = p = MC$.

Jedoch trägt ein Akteur nicht immer alle Folgen seiner Aktivität. Ein Imker, der durch seine Bienenzucht die Befruchtung der nachbarschaftlichen Obstbäume während der Blütezeit erhöht, zieht diese positiven Folgen für den Obstgärtner nicht in sein Kalkül mit ein. Gleichzeitig erzeugen seine Bienen mehr Honig, da sie mehr Blütenstaub sammeln. Sowohl die Tätigkeit des Imkers als auch die des Gärtners rufen einen indirekten Vorteil für die jeweils andere Partei hervor, für den aber keine der beiden Seiten eine unmittelbare Belohnung erhält. Ebenso führt das Autofahren oder die Produktion in einigen Industriezweigen zu einer erheblichen Verschlechterung der Umweltqualität. Deshalb hat der Staat gerade in diesem Bereich in den letzten drei Jahrzehnten verschiedene Maßnahmen ergriffen, um eine zu starke Verschmutzung zu verhindern. So führte er Emmissionsgrenzwerte in der Industrie ein, verschärfte die Auflagen bei der Neuerrichtung von Betrieben bezüglich ihrer Umweltverträglichkeit oder subventionierte den Neukauf von Autos mit Drei–Wege–Katalysatoren, indem er die KFZ–Steuer für derartige Automobile in den ersten Jahren aussetzte. All diese Maßnahmen erhöhten ohne Zweifel die Lebensqualität in vielen Industriezentren wie dem Ruhrgebiet oder im Chemiedreieck Leipzig–Halle–Bitterfeld. Ihnen ist es auch zu verdanken, daß die oberbayerischen Seen wieder Trinkwasserqualität erlangt haben. Jedoch sind viele Probleme im Umweltbereich noch nicht gelöst. Das Waldsterben, die Verschmutzung der Nord– und Ostsee sowie die Zerstörung der Natur im Erzgebirge oder dem Alpenraum durch den zunehmenden Tourismus sind nur einige Beispiele dafür.

Sowohl die Umweltverschmutzung als auch der Fall der Imkerei sind Beispiele für ein Phänomen, welches wir **externe Effekte** oder **Externalitäten** nennen. Ein externer Effekt liegt immer dann vor, wenn **ein** Akteur durch sein Handeln anderen einen spürbaren Vor- oder Nachteil aufbürdet, ohne diesen Teil der Folgen selbst zu tragen. Dieser kann entweder über den Preismechanismus des Marktes oder über eine direkte Beziehung zwischen den Wirtschaftsakteuren übertragen werden.

Werden die Folgen über den Preismechanismus übertragen, so spricht man von einem **pekuniären externen** Effekt. Betrachten wir z.B. eine große Volkswirtschaft wie die USA, von der wir annehmen, daß sie Nettokapitalimporteur ist, d.h. sie überweist Zins- und Tilgungszahlungen an den Rest der Welt. Besteuert die Regierung der Vereinigten Staaten nun im Interesse ihrer Bürger, die im Ausland verschuldet sind, das in den USA eingesetzte Kapital, so sinkt durch diese Maßnahme die Weltkapitalnachfrage und bei gegebenem Kapitalangebot der Weltmarktzins, da die USA aufgrund ihrer Größe einen wesentlichen Teil der Weltkapitalnachfrage ausmachen. Die Zinsleistungen an das Ausland sinken und der Nutzen der im Ausland verschuldeten Amerikaner steigt zu Lasten ihrer ausländischen Gläubiger. Durch diese Maßnahme kommt es zu einer Einkommensumverteilung zugunsten der USA. Unterscheiden sich zugleich infolge dieser Politikmaßnahme die Bruttozinssätze in den USA und dem Rest der Welt, so kommt es zu einer ineffizienten Kapitalallokation und damit zu einer Verfehlung des Pareto–Optimums. Der Umverteilungseffekt des Welteinkommens kann aber nur auftreten, wenn die Politik der USA den Weltmarktzins beeinflussen kann. Würde dagegen ein kleines Land wie z.B. Island die gleiche Strategie verfolgen, so hätte dies eine zu vernachlässigende Auswirkung auf den Weltzinssatz. Island verhält sich wie ein Haushalt oder Unternehmen bei vollkommenem Wettbewerb gegenüber dem Weltzinssatz als Preisnehmer und kann durch seine Politikentscheidung genausowenig diesen Preis spürbar beeinflussen wie die

Nachfrage- und Angebotsentscheidungen eines Haushalts oder Unternehmens die Güter- und Faktorpreise verändert. Es kommt zu keinem pekuniären externen Effekt, da durch die isländische Steuerpolitik das Realeinkommen anderer Länder nicht berührt wird. Aus Sicht von Island ist es daher nicht optimal, den Kapitaleinsatz im eigenen Land zu besteuern.

Wohlgemerkt ist eine Veränderung der Preise nicht mit einem wirksamen pekuniären externen Effekt gleichzusetzen. Steigt z.B. der Weltzinssatz aufgrund eines exogenen Schocks, so müssen die im Ausland verschuldeten Bürger eines jeden Landes höhere Zinszahlungen an ihre auswärtigen Gläubiger überweisen und es kommt zu einer Einkommensumverteilung zu Lasten der Schuldner. Entscheidend für das Vorliegen eines wirksamen pekuniären externen Effekts ist, daß **ein** Akteur durch **seine** Entscheidungen die Preise spürbar verändern kann, wie z.B. die Politik der USA den Weltzinssatz beeinflussen kann. Erst dann kommt es sowohl zu einer Einkommensumverteilung als auch zu einer Verfehlung einer effizienten Allokation. Sie sind insbesondere Gegenstand der modernen Außenhandelstheorie wie sie z.B. von *Elhanan Helpman* und *Paul R. Krugman* (1989) vertreten wird.

Während ein pekuniärer externer Effekt über die Preise und damit über die Budgetrestriktion nur indirekt den Nutzen oder die Produktionsmöglichkeiten eines Akteurs beeinflußt, können Externalitäten auch über eine direkte Beziehung zwischen den Wirtschaftsakteuren übertragen werden. Formal ist die Tätigkeit eines Wirtschaftssubjektes ein Argument in der Nutzen- oder Produktionsfunktion eines anderen Haushalts oder Unternehmens. Derartige Effekte werden auch **technologische externe** Effekte genannt. Der obige Fall des Imkers und des Obstgärtners ist ein Beispiel für eine derartige Externalität. Wir beschränken uns in unseren weiteren Ausführungen auf technologische externe Effekte und sprechen kurz von externen Effekten oder gleichbedeutend von **Externalitäten**.

Beachtet ein Akteur nur diejenigen Folgen seiner Aktivität, die ihn selbst treffen, und nicht die Auswirkungen auf andere Wirtschaftssubjekte, mit denen er in einer direkten Beziehung steht, so bleibt ein Teil der Folgen ohne Preis. Wenn aber kein Preis für diese externen Effekte existiert, besitzt weder der Handelnde selbst noch ein anderer Akteur einen Anreiz, diese Externalität in sein Kalkül zu ziehen, d.h. zu internalisieren. Offensichtlich führt dieser Umstand zu einer Verfehlung der Effizienzbedingungen, so daß ein Staatseingriff aus allokativer Sicht begründet werden kann. Als Ursache für eine ineffiziente Allokation bei externen Effekten kann man folglich neben der Interdependenz der Wirtschaftssubjekte das Fehlen eines Preises oder Marktes für die Externalität ansehen.

Zusammenfassend sagen wir: Ein **(technologischer) externer Effekt** liegt vor, wenn die Aktivität eines handelnden Haushalts oder Unternehmens den Nutzen eines anderen Haushalts oder die Produktionsmöglichkeiten eines anderen Unternehmens **unmittelbar** beeinflußt, so daß kein Preis für diese Beeinträchtigung existiert.

Das Fehlen eines Marktes für externe Effekte kann allgemein auf die Nichtdurchsetzbarkeit von Eigentumsrechten zurückgeführt werden. Verdeutlichen wir uns dies an folgendem Beispiel: Betrachten wir zwei Individuen A und B, die beide freien Zugang zur Nutzung von frischer Luft haben. A verschmutze die Luft und schade damit unmittelbar dem B. Diese Schädigung des B zieht A aber nicht in Betracht. A zahlt keinen Preis für die Schädigung des B. Wenn man jedoch Eigentumsrechte für die Nutzung der Luft einrichten könnte, so könnte der externe Effekt vermieden werden. Würde man z.B. dem B die Nutzungsrechte überlassen, so müßte A das Recht auf Verschmutzung von B kaufen. Besitzen weder A noch B auf einem Markt für Luftnutzungsrechte eine marktbeherrschende Stellung, so müßte der A die Schädigung des B vollständig bezahlen. A würde die Folgen seiner Aktivität internalisieren. Besitzt dagegen A die Nutzungsrechte, so müßte B diese von A abkaufen, wenn er frische Luft will. In beiden Fällen wird die Schädigung des B über die Schaffung von Eigentumsrechten internalisiert. Jedoch ist offensichtlich, daß eine Durchsetzung derartiger Eigentumsrechte oftmals illusorisch ist. Wie sollte der Eigentümer der Nutzungsrechte den anderen von der Nutzung ausschließen? In kleinen Gruppen können wir uns noch vorstellen, daß eine Verhandlungslösung existiert. Jedoch wird die Durchsetzung einer Vereinbarung bei steigender Anzahl der Akteure immer schwieriger. Bei vielen Betroffenen tritt dann wieder das **free-rider**-Problem bei fehlender Ausschließbarkeit auf.

Wir können externe Effekte aufgrund verschiedener Kriterien klassifizieren. Zunächst können wir **einseitige** und **wechselseitige** externe Effekte unterscheiden. Eine einseitige Externalität liegt vor, wenn die Wirkungskette eindeutig von einem Verursacher A zu einem Betroffenen B verläuft und niemals umgekehrt. Derartige externe Effekte sind Gegenstand der folgenden Ausführungen. Im Gegensatz zu diesen nennen wir eine Externalität wechselseitig, wenn A und B sowohl Verursacher als auch Betroffene sind. Ein Beispiel dafür ist die Überfüllung einer Straße, die wir in

Abschnitt 3.2.1 behandelt haben. Nutzt nämlich ein zusätzlicher Fahrer die Straße, so kommen alle Fahrer langsamer an ihr Ziel. Jeder Fahrer ruft einen externen Effekt für die anderen hervor. Einen wechselseitigen externen Effekt werden wir in Abschnitt 4.3 behandeln.

Dann können wir externe Effekte danach unterscheiden, welche Wirtschaftssubjekte von der Externalität betroffen sind. So gibt es Externalitäten zwischen Produzenten, zwischen Produzenten und Konsumenten oder allein zwischen Konsumenten. Ein externer Effekt zwischen Produzenten liegt vor, wenn die Produktionsaktivität eines Unternehmens die Produktionsmöglichkeiten eines anderen Unternehmens unmittelbar beeinflußt. Beispiele hierfür sind vielfältig. Eine Firma verschmutzt das Wasser eines Flusses und beeinträchtigt ein stromabwärtsliegendes Unternehmen, welches sauberes Wasser bei der Produktion benötigt. Eine Ölgesellschaft entdeckt ein Ölvorkommen; aufgrund dieser Entdeckung wissen die umliegenden Bohrunternehmen, wo sie suchen müssen. Ein Transportunternehmen schickt seine Lastwagen auf eine stark befahrene Straße und erhöht somit die Reisezeitkosten für alle Lastwagen, die sich bereits auf dieser Straße befinden. In all diesen Fällen zieht die verursachende Firma die unmittelbaren Folgen für die anderen Unternehmen nicht in Betracht. Die positive wie auch negative Beeinträchtigung erfolgt dabei entweder über den Einsatz eines Produktionsfaktors oder über die produzierte Menge des Verursachers. Die Aktivitäten eines Unternehmens können aber auch den Nutzen der Haushalte unmittelbar beeinflussen. So reduziert der Schadstoffausstoß einer Fabrik oder die Verseuchung des Bodens durch eine Mülldeponie die Lebensqualität der Anwohner, genauso wie der Baustellenlärm die Ruhe der Nachbarn stört. In diesen Beispielen liegen externe Effekte zwischen Produzenten und Haushalten vor. Schließlich kann eine Externalität allein zwischen Haushalten vorliegen. So stört den einen Haushalt das Rasenmähen des Nachbarn, das Rauchen in einer Gaststätte verschlechtert die Luft für den nichtrauchenden Gast und die Anlage eines schönen Gartens löst bei den Nachbarn Wohlgefallen oder Neid aus.

Des weiteren können wir positive und negative externe Effekte unterscheiden, je nachdem ob die Externalität dem betroffenen Personenkreis Vor- oder Nachteile bringt. Beide Arten wollen wir kurz anhand eines Beispiels darstellen.

Positive externe Effekte

Ein Individuum A möchte einen Park anlegen. Die Größe des Park sei x. Alle Anwohner erfreuen sich des Anblicks dieses Parks. Der Park stellt somit ein Konsumgut für alle Nutzer i, $i = 1, \ldots, N$, einschließlich des A dar. Offensichtlich treten bei Externalitäten aufgrund der Eigenschaft des gemeinsamen Konsums die gleichen Probleme wie bei einem öffentlichen Konsumgut auf. Aus diesem Grund ist eine effiziente Größe des Parks, x^*, genau dann erreicht, wenn die Grenzkosten der Erstellung, MC_x, der Summe der marginalen Zahlungsbereitschaften aller Konsumenten entsprechen:

$$MC_x(x^*) = \sum_{i=1}^{N} MB_x^i(x^*) = MB_x^A(x^*) + \sum_{j \neq A} MB_x^j(x^*). \tag{4.1}$$

Dies ist wieder die bekannte Samuelson-Bedingung.

Bei dezentralem Verhalten maximiert A aber nur seinen eigenen Nutzen. Greift der Staat nicht ein, so ist eine optimale Größe des Parks, x^e, aus Sicht des A dann erreicht, wenn die eigene Grenzzahlungsbereitschaft den Grenzkosten entspricht:

$$MC_x(x^e) = MB_x^A(x^e) \tag{4.2}$$

Im Gleichgewicht stimmt daher der **private** Grenznutzen mit den Grenzkosten überein. Dagegen verlangt eine effiziente Bereitstellung des Parks, daß der **soziale** Grenznutzen, $MB_A + \sum_{j \neq A} MB_x^j$, den Grenzkosten entspricht. Die Konsequenz aus der Nichtbeachtung des positiven externen Effektes ist, daß ein privat angelegter Park im Vergleich zu einem Allokationsoptimum zu klein ist: $x^e < x^*$. Der Unterschied zu den öffentlichen Konsumgütern liegt darin, daß der private Garten auch ohne einen staatlichen Eingriff angelegt wird, da der monetäre Grenznutzen des A ausreicht, einen, wenn auch aus gesellschaftlicher Sicht zu kleinen, Park anzulegen.

Negative externe Effekte

Betrachten wir folgendes, klassisches Beispiel: Es gebe ein Chemieunternehmen, welches das Gut x erstellt. Bei der Produktion verschmutze es den nahegelegenen Fluß. Hierdurch wird der Fischfang, y, eines Fischereiunternehmens negativ beeinflußt. Je mehr das Chemieunternehmen produziert, desto geringer ist bei konstantem Faktoreinsatz des Fischereiunternehmens die Menge der gefangenen Fische. Diese Beziehung bilden wir als Funktion,

$$y(x), \quad \text{mit} \quad \frac{dy}{dx} \equiv F_x^y < 0,$$

ab. F_x^y gibt dabei die Verringerung des Fischfanges an, wenn die Produktion im Chemieunternehmen marginal steigt. In Analogie zu der Grenzproduktivität eines Produktionsfaktors kennzeichnet F_x^y die negative Grenzproduktivität einer Erhöhung der Produktionsmenge x für die gefangene Fischmenge y. Wir nehmen an, daß sich beide Unternehmen sowohl auf den Faktor- als auch auf den Absatzmärkten als Mengenanpasser verhalten. Der Preis des Gutes x ist p_x und der des Gutes y p_y. Die Kostenfunktionen der beiden Unternehmen stellen wir durch die Funktionen $C(x)$ und $C(y)$ dar. Diese Kostenfunktionen bilden lediglich die privaten Kosten ab, z.B. Lohn- oder Kapitalkosten. Sie beinhalten nicht die direkte Beeinflussung des Fischertrags durch das Chemieunternehmen.

Durch welche Bedingungen wird das Allokationsoptimum charakterisiert? Um diese Frage zu beantworten, stellen wir uns vor, beide Unternehmen wären in einem Konzern zusammengefaßt, wobei die Konzernspitze den Gewinn des gesamten Konzerns maximiere. Da sowohl das verursachende als auch das betroffene Unternehmen Bestandteil des Konzerns sind, wird die Konzernspitze auch die Folgen aus der Produktion des Chemieunternehmens auf den Fischertrag berücksichtigen. Der Gewinn des Konzerns, $\Pi(x, y)$, besteht dabei aus der Summe der Gewinne der einzelnen Unternehmen. Das Optimierungsproblem der Konzernspitze lautet daher:

$$\max \quad \Pi(x, y) = p_x x + p_y y(x) - C(x) - C(y) \tag{4.3}$$

durch Wahl der Ausbringungsmengen x und y, wobei sie die Absatzpreise als gegeben annimmt. Als Bedingungen erster Ordnung erhalten wir

$$\begin{aligned} MC_y &= p_y, \\ MC_x &= p_x + p_y F_x^y. \end{aligned} \tag{4.4}$$

Die erste Bedingung verlangt, daß die Grenzkosten bei der Produktion des Gutes y, MC_y, dem Grenzerlös, p_y, entsprechen sollen. Diese Bedingung wird auch erfüllt, wenn das Fischereiunternehmen dezentral seinen

Gewinn maximiert. Die zweite Bedingung fordert ebenso eine Angleichung der Grenzkosten an die Grenzerlöse. Jedoch müssen wir hierbei berücksichtigen, daß bei der Produktion des Gutes x die Produktion des Gutes y negativ beeinflußt wird: $F_x^y < 0$. Während die linke Seite die Grenzkosten der Produktion des Gutes x angibt, stehen auf der rechten Seite die Erlöse des Konzerns, die durch die Produktion einer weiteren Einheit des Gutes x entstehen. Diese umfassen einerseits den positiven Grenzerlös aus dem Verkauf dieser Einheit, p_x, andererseits die Erlösminderung für die Fischfirma. Wird die Produktion des Gutes x um eine Einheit ausgedehnt, sinkt das Produktionsniveau, y, bei Konstanz der eingesetzten Faktoren in diesem Unternehmen um F_x^y. Die Erlösminderung der Fischerei beträgt daher den mit dem Absatzpreis bewerteten Produktionsrückgang, $p_y F_x^y$.

Wir können diese Bedingung auch anders interpretieren. Hierzu formen wir die Bedingung um in

$$MC_x - p_y F_x^y = p_x, \quad F_x^y < 0.$$

Jetzt stehen auf der linken Seite die konzerninternen Grenzkosten, die bei der Produktion von x entstehen. Diese umfassen die Grenzkosten, die bei der Produktion im Chemieunternehmen entstehen, und die externen Grenzkosten in Form der Erlösminderung des Fischereiunternehmens. Der Konzerngewinn ist nun maximiert, wenn die konzerninternen Grenzkosten bei der Produktion des Gutes x dem Preis für dieses Gut entsprechen.

Wenn das Chemieunternehmen jedoch dezentral handelt und nur seinen eigenen Gewinn maximiert, so berücksichtigt es ohne staatlichen Eingriff lediglich seine privaten Grenzkosten. Formal optimiert es seine Gewinnfunktion

$$\max \quad p_x x - C(x) \tag{4.5}$$

durch Wahl seines Produktionsvolumens x, wobei es p_x als gegeben nimmt. Der Gewinn ist aus Sicht des Chemieunternehmens maximal, wenn die privaten Kosten der letzten produzierten Einheit dem Grenzerlös dieser Einheit entsprechen:

$$MC_x = p_x. \tag{4.6}$$

Das Chemieunternehmen beachtet die negative Beeinträchtigung des Fischereiunternehmens nicht. Die Folge ist, daß unter der Annahme steigender Grenzkosten, $MC_{xx} > 0$, im Vergleich zum Allokationsoptimum die Produktion von x zu stark ausgedehnt wird.

In Abbildung 4.1 stellen wir obige Überlegungen graphisch dar. Wenn wir steigende Grenzkosten annehmen, besitzt die MC_x-Kurve eine positive Steigung. Ein Allokationsoptimum ist bei der Ausbringungsmenge x^* erreicht, da dann die privaten Grenzkosten den konzerninternene Erlösen entsprechen, $MC_x = p_x + p_y F_x^y$. Dezentrales Verhalten des Chemieunternehmens führt jedoch zu einer Angleichung der privaten Grenzkosten an den Preis: $MC_x = p_x$. Das Gewinnmaximum aus Sicht des Chemieunternehmens ist daher erst bei x^e erreicht.

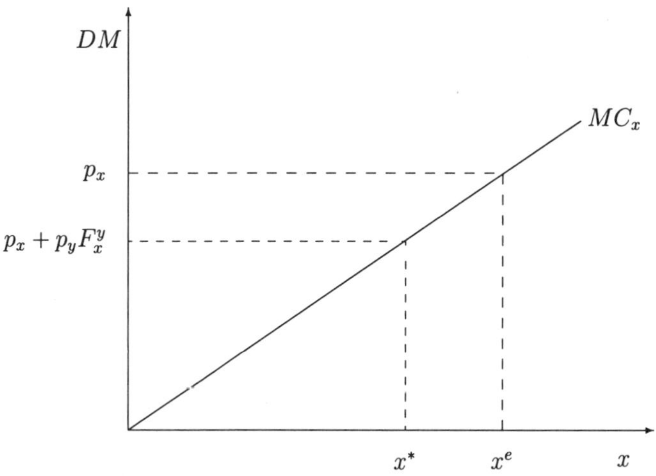

Abb. 4.1: Externe Effekte zwischen Produzenten

4.2 Strategien zur Internalisierung externer Effekte

Bei Vorliegen externer Effekte wird in einem dezentralen Gleichgewicht ohne staatlichen Eingriff ein Allokationsoptimum verfehlt, da der Verursacher die unmittelbaren externen Folgen seiner Aktivität nicht in sein Kalkül einbezieht.

Es gibt mehrere Möglichkeiten, die zu einer Internalisierung der Externalität führen. Zunächst könnte der Staat bei negativen externen Effekten ein Verbot aussprechen, welches die Durchführung der verursachenden Handlung ganz oder teilweise untersagt. Ein vollständiges Verbot ist aus gesellschaftlicher Sicht nur dann effizient, wenn die sozialen Kosten dieser Aktivität immer höher sind als der Nutzen bzw. der Gewinn des Verursachers. Ansonsten kann eine teilweise Erlaubnis zu einem Allokationsoptimum führen. Die Erlaubnis soll dann so gesetzt werden, daß die sozialen Grenzkosten der Aktivität dem marginalen Vorteil des Verursachers entsprechen. Derartige Verbote sind ein oft verwendetes Instrument zur Internalisierung negativer externer Effekte. Beispiele finden wir u.a. im staatlichen Umweltschutz. So werden z.B. maximal erlaubte Schadstoffausstoßmengen gesetzlich fixiert.

Formal stellen wir ein teilweises Verbot dadurch dar, daß dem Verursacher eine zusätzliche Nebenbedingung aufgezwungen wird. Z.B. lautet dann das Optimierungsproblem des oben betrachteten Chemieunternehmens: Maximiere den Gewinn, $p_x x - C(x)$, durch Wahl der Ausbringungsmenge x, wobei das Produktionsniveau ein staatlich vorgegebenes Niveau, $\bar{x}$, nicht überschreiten darf: $x \leq \bar{x}$. Dieses Instrument war lange Zeit insbesondere in der staatlichen Umweltschutzpolitik neben der Setzung von Standards sehr beliebt.

Neben der Einführung von Verboten, mit deren Hilfe über eine Festlegung der Mengen ein Allokationsoptimum erreicht werden soll, kann der Staat auch andere, marktkonforme Instrumente zur Internalisierung der externen Effekte einsetzen. So kann er Steuern erheben oder Subventionen gewähren. Ebenso kann der Staat auch Zertifikate z.B. für die Verschmutzung der Luft einführen. Hierfür schafft er zunächst gemäß eines gesellschaftlich erwünschten Niveaus Erlaubnisscheine für Luftverschmutzung. Diese werden dann an die Verursacher entweder verkauft oder verteilt. Jeder Verursacher, der seine Luftverschmutzung über seine eigenen Zertifikate hinaus erhöhen will, muß sich die Erlaubnis dazu von anderen Verursachern erkaufen. Es entsteht also ein Markt für Verschmutzungszertifikate und somit ein Preis für die Externalität.

Schließlich kann der Staat eine passive Position einnehmen und lediglich Eigentumsrechte schaffen und deren Wahrung überwachen. Nun können die Verursacher und Betroffenen direkt in private Verhandlungen treten. Ein Geschädigter kann z.B. direkt in Verhandlungen mit dem Verursacher treten oder aber vor Gericht einen Ausgleich für die Schädigung einklagen.

In diesem Abschnitt wollen wir die Einführung von Steuern, Subventionen, Eigentumsrechten und Zertifikaten genauer untersuchen. Hierfür werden wir nochmals das obige Beispiel einer negativen Externalität zwischen dem Chemieunternehmen und dem Fischereibetrieb aufgreifen. An diesem Beispiel werden wir dann die Politikmaßnahmen und deren Wirkungen analysieren.

Beschreibung des allgemeinen Problems

Nehmen wir an, ein Chemieunternehmen verursache bei der Produktion seines Gutes x eine negative Externalität bei einer nahegelegenen Fischerei. Deren Fischfang y sinke bei gegebenem Faktoreinsatz, $F_x^y < 0$. Beide Unternehmen verhalten sich als Mengenanpasser und sehen sich den Preisen p_x und p_y für ihre Produkte gegenüber. Zur Vereinfachung unterstellen wir, daß die Erlöseinbuße bei dem Fischereibetrieb pro produzierte Einheit von x konstant sei, $p_y F_x^y = konst.$ Wir bezeichnen diese Erlösminderung auch als **Grenzschaden (marginal damage)** für die Fischerei, MD_y. In Abbildung 4.2 ist diese Situation dargestellt. Die privaten Grenzkosten bei der Produktion des Gutes x werden durch die MC_x-Kurve dargestellt. Diese Grenzkosten steigen linear an. Die Gerade Gp_x ist die Grenzerlöskurve des Chemieunternehmens. Jede produzierte Einheit kann zu dem Preis p_x bzw. der Strecke OG verkauft werden. Die Gerade MD_y schließlich bildet den Grenzschaden ab, den die Produktion von x auf den Erlös des Fischereiunternehmens ausübt und der, wie oben gesagt, konstant sei. Das Chemieunternehmen allein bestimmt sein Produktionsniveau, während die Fischerei passiv den externen Effekt empfängt.

Das Allokationsoptimum ist in Punkt A erreicht, da dann die sozialen Grenzkosten, $MC_x + MD_y$, dem marginalen Vorteil des Chemieproduzenten, dem Erlös für die letzte Einheit p_x, entsprechen:

$$p_x = MC_x(x^*) + MD_y. \tag{4.7}$$

In obiger Graphik gewinnen wir den Punkt A, indem wir zunächst die private Grenzkostenkurve, MC_x, und die Grenzschadenskurve, MD_y, vertikal addieren. Wir erhalten den Punkt A als den Schnittpunkt der p_x-Kurve mit der so gewonnenen Kurve $MC_x + MD_y$.

Maximiert das Chemieunternehmen seinen Gewinn durch Wahl seiner Ausbringungsmenge x, und greift der Staat nicht ein, so ist sein Optimum dann erreicht, wenn sein marginaler Vorteil den privaten Grenzkosten entspricht. Verhält sich der Fischereibetrieb gegenüber dem erlittenen Schaden völlig passiv, so bedingt dezentrales Verhalten ein gewinnmaximales Produktionsniveau x^e. Dieses Gleichgewicht stellen wir durch den Punkt B dar. In diesem gilt

$$p_x = MC_x(x^e). \tag{4.8}$$

Ohne staatlichen Eingriff und bei Passivität der Fischerei ist das gewählte Aktivitätsniveau gegenüber dem Allokationsoptimum zu hoch, $x^e > x^*$.

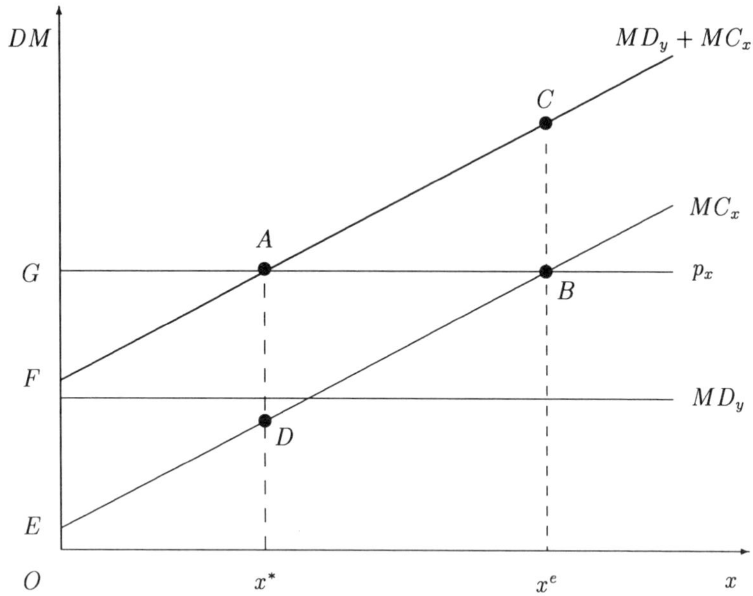

Abb. 4.2: Internalisierung externer Effekte

Welcher Wohlfahrtsgewinn ist bei einer Verringerung der Produktion von x^e auf x^* zu realisieren? Um diesen in der Graphik zu bestimmen, nutzen wir das Konzept der Konsumenten- bzw. Produzentenrente. Bei einem Übergang von x^e nach x^* erleidet das Chemieunternehmen zunächst eine Erlöseinbuße in Höhe der Fläche x^*x^eBA. Gleichzeitig spart es durch diese Verringerung der Ausbringungsmenge die privaten Kosten in Höhe der Fläche x^*x^eBD ein. Zieht man diese Ressourcenersparnisse von der Erlösminderung ab, so verbleibt netto für das Chemieunternehmen ein Verlust an Produzentenrente in Höhe der Fläche DBA. Der Fischereibetrieb dagegen gewinnt insgesamt einen Vorteil in Höhe der Fläche

$DBCA$, da sein Schaden in diesem Ausmaß sinkt. Der gesamte gesellschaftliche Wohlfahrtsgewinn resultiert nun aus der Summe der individuellen Wohlfahrtsänderungen,

$$-DBA + DBCA = ABC.$$

Ziel einer geeigneten Internalisierungsstrategie ist es, diesen Wohlfahrtsgewinn zu realisieren, indem das Chemieunternehmen veranlaßt wird, den Grenzschaden, den seine Aktivität auf die Fischerei ausübt, in sein eigenes Kalkül miteinzubeziehen. Wie dies gelingen kann, soll im folgenden anhand von vier möglichen Strategien aufgezeigt werden. Bei all diesen Strategien unterstellen wir, daß es keine Informationsprobleme gibt: Alle Wirtschaftssubjekte kennen die Verläufe der Kurven. Diese Annahme ist sehr problematisch, da die Wirksamkeit der Internalisierungsstrategien von diesem Wissen abhängen kann. Weiß z.B. der Geschädigte, daß er in Höhe seines angegebenen Schadens eine Zahlung erwarten darf, so wird er diesen übertreiben. Schließlich wollen wir untersuchen, wer durch welche Maßnahme gewinnt und wer verliert.

4.2.1 Besteuerung von x

Der klassische Vorschlag einer Internalisierung negativer externer Effekte ist die Besteuerung des Verursachers. Dieser Vorschlag wurde bereits 1932 von *Arthur C. Pigou* ausführlich behandelt und heißt aus diesem Grund auch **Pigousche** Steuerlösung. Durch die Besteuerung der schädigenden Aktivität erhöhen sich für den Verursacher die Stückkosten seiner Aktivität und er wird veranlaßt, sein Aktivitätsniveau zu reduzieren. In unserem Beispiel erhebt der Staat nun einen Steuersatz t pro produzierter Einheit von x. Durch diese Maßnahme werden die privaten Grenzkosten des Verursachers um eine zweite Komponente erweitert: Neben den bisherigen Grenzkosten MC_x tritt nun die Stücksteuer t hinzu. Maximiert nun das Chemieunternehmen seinen Gewinn durch Wahl seiner Ausbringungsmenge unter Beachtung der höheren Grenzkosten, so lautet die Bedingung erster Ordnung

$$p_x = MC_x(x) + t. \tag{4.9}$$

Da der Grenzvorteil des Chemieunternehmens aus der Produktion des Gutes x aufgrund der steigenden Grenzkosten mit steigender Produktionsmenge fällt, führt eine Erhöhung der privaten Grenzkosten durch die Besteuerung zu einer Reduktion der optimalen Ausbringungsmenge.

Ausgehend von x^e nähert sich folglich das gewinnmaximale Produktionsniveau mit steigender Steuer dem Niveau x^* an. Offensichtlich ist die Stücksteuer dann effizienzsichernd, wenn sie genau dem externen Grenzschaden im Allokationsoptimum entspricht. Die Bedingung für die effiziente Steuer, t^*, lautet daher:

$$t^* = MD_y. \tag{4.10}$$

In Abbildung 4.2 bildet die Strecke AD die effiziente Stücksteuer ab. In der Graphik erhöhen sich aus Sicht des Chemieunternehmns die Grenzkosten bei einer Steuer t^* auf die Gerade FAC. Aufgrund der Besteuerung der Produktion des Gutes x verliert das Chemieunternehmen zunächst die Produzentenrente des Dreiecks ABD durch die Reduktion der Ausbringungsmenge auf x^*. Zusätzlich steigen seine Kosten um das Rechteck $EDAF$, welches die Steuerzahlungen für die produzierten Einheiten x^* wiedergibt. Insgesamt erleidet das Chemieunternehmen also einen Verlust an Produzentenrente in Höhe der Fläche $EBAF$, da seine Produzentenrente nach Steuern nur noch die Fläche GAF beträgt. Das Fischereiunternehmen gewinnt gleichzeitig die Fläche $DBCA$, da sein Schaden abnimmt. Zuletzt verbleiben Steuereinnahmen in Höhe von $EDAF$ für den Staat, die positiv in die Wohlfahrtsrechnung eingehen, da sie z.B. zur Finanzierung öffentlicher Güter dienen oder als Transfers an die Bürger verwendet werden können.

Faßt man alle Vor– und Nachteile zusammen, so verbleibt das Dreieck ABC als Wohlfahrtsgewinn aufgrund einer effizienten Besteuerung der schädigenden Produktion x.

Für den symmetrischen Fall eines positiven externen Effektes sichert eine Subventionierung der Aktivität mit einer effizienten Stücksubvention, $z^* = MB_y$, ein Allokationsoptimum. MB_y ist dann der marginale Vorteil des Betroffenen aufgrund der Aktivität des Verursachers. Abschließend halten wir fest:

Ergebnis 4.2.1 *Negative externe Effekte können durch eine vom Verursacher erhobene Steuer in Höhe der Grenzschäden (bewertet im Allokationsoptimum) internalisiert werden.*

4.2.2 Subvention zur Verringerung von x

Eine weitere Möglichkeit, dem Verursacher einen Anreiz zur Internalisierung zu bieten, besteht darin, ihm eine Subvention für jede Einheit der Aktivität zu gewähren, die er unterläßt. Hierfür bestimmt der Staat zunächst einen Schwellenwert $\bar{x}^e$. Wir nehmen an, daß dieser Schwellenwert mit dem gewinnmaximalen Produktionsniveau ohne staatlichen Eingriff identisch ist, $\bar{x}^e = x^e$. Reduziert das Chemieunternehmen seine Ausbringungsmenge ausgehend von $\bar{x}^e$, so erhält es für jede unterlassene Produktionseinheit eine Stücksubvention in Höhe von z. Die Subventionszahlungen, die das Chemieunternehmen gewinnen kann, entsprechen der Differenz zwischen dem Schwellenwert, $\bar{x}^e$, und dem tatsächlich produzierten Niveau x multipliziert mit der Stücksubvention: $z(\bar{x}^e - x)$, $x \leq \bar{x}^e$. Jede Einheit des Gutes x, die das Chemieunternehmen jetzt noch produziert, bedeutet aus seiner Sicht ein Verlust an Subventionzahlungen. Seine Grenzkosten bestehen daher aus der Summe der bisherigen Grenzkosten MC_x und der Stücksubvention z. Sein gewinnmaximales Produktionsniveau ist nun dann erreicht, wenn die marginalen Kosten der Produktion, $MC_x(x) + z$, seinem marginalen Vorteil, p_x, entsprechen:

$$p_x = MC_x(x) + z. \tag{4.11}$$

Aufgrund der steigenden Grenzkosten sinkt die optimale Ausbringungsmenge mit steigender Subvention.

Nun kann der Staat ein Allokationsoptimum gewährleisten, indem er die Stücksubvention so festsetzt, daß die privaten Grenzkosten, $MC_x + z$ den sozialen Grenzkosten, $MC_x + MD_y$, im Allokationsoptimum entsprechen. Die effizienzsichernde Subvention, z^*, bestimmt sich daher gemäß der Bedingung

$$z^* = MD_y. \tag{4.12}$$

In der obigen Graphik entspricht die effiziente Stücksubvention, z^*, wieder der Strecke AD. Wir können nun die Gerade FAC als Grenzvorteilskurve für die Verringerung der Produktion von x^e ausgehend interpretieren. Umgekehrt repräsentiert dann die Grenzerlöskurve p_x die „Grenzkosten"-Kurve für eine Reduktion von x. Verzichtet das Chemieunternehmen auf die Produktion der bisher letzten Einheit x^e, so spart es die Produktionskosten für diese Einheit, die Strecke x^eB, und erhält die Subvention in Höhe der Strecke BC. Zugleich kann das Unternehmen diese Einheit nicht mehr verkaufen und erleidet eine Erlöseinbuße in Höhe des Absatzpreises p_x bzw. der Strecke x^eB. Durch ein Unterlassen der Produktion der letzten Einheit x^e gewinnt das Chemieunternehmen folglich genau die Subventionszahlung, die Strecke BC. Die gewinnmaximale Ausbringungsmenge ist nun in Punkt A erreicht, da dann der

Vorteil aus der letzten unterlassenen Einheit, $MC_x(x^*) + z^*$, dem marginalen Nachteil, p_x, entspricht.

Wie verteilt sich nun der zu realisierende Wohlfahrtsgewinn? Das Chemieunternehmen verliert einerseits, wie im Falle der Besteuerung, die Fläche $x^*x^eBA - x^*x^eBD = ABD$, erhält jedoch jetzt zugleich die Subventionszahlungen in Höhe des Vierecks $DBCA$. Im Gegensatz zur Steuerlösung fällt auf, daß der Verursacher nun einen zusätzlichen Gewinn erzielt in Höhe des Dreiecks ABC. Das Fischereiunternehmen gewinnt wiederum die Fläche $DBCA$, da sein Schaden sinkt. Schließlich stehen diesen Gewinnen der beiden Unternehmen die Staatsausgaben für die Subvention, das Viereck $DBCA$, entgegen. Diese können über Steuereinnahmen oder Staatsverschuldung auf dem Kapitalmarkt, die wiederum später durch Steuereinnahmen getilgt werden muß, ausgeglichen werden und stellen daher Kosten für die ganze Gesellschaft dar. Insgesamt verbleibt ein Wohlfahrtsgewinn für die gesamte Gesellschaft in Höhe des Dreiecks ABC.

Eine derartige Subventionierung führt in dieser Betrachtung genauso wie die Steuerlösung zu einem Allokationsoptimum. Der Unterschied liegt in der Verteilung der Gewinne und Verluste. Im Falle der Subventionierung verbessert sich das Chemieunternehmen gegenüber der Steuerlösung, während der Fischereibetrieb indifferent zwischen beiden Maßnahmen ist, solange er nicht einen Teil der Staatsausgaben tragen muß. Ein weiterer Unterschied gegenüber der Steuerlösung besteht darin, daß der Staat den Schwellenwert, $\bar{x}^e$, festlegen muß, da ausgehend von ihm die Subventionszahlungen gemessen werden. Setzt er diesen zu niedrig an, so kann es geschehen, daß der Anreiz zu einer Unterlassung zu gering ist. Ebenso ist es möglich, daß der Schwellenwert zu hoch angesetzt wird. Nun könnte es geschehen, daß der Verursacher Subventionszahlungen für eine Unterlassung einer Aktivität erhielte, die er ohne staatlichen Eingriff gar nicht durchführte. Da wir aber unterstellen, daß keine Informationsprobleme existieren, sind derartige Überlegungen für unsere Analyse ohne Belang.

Bisher nahmen wir an, daß sich die Anzahl der Verursacher nicht ändert. Diese Annahme können wir aber nur bei einer kurzfristigen Betrachtung rechtfertigen. In der langen Frist müssen wir berücksichtigen, daß die Anzahl der Unternehmen variabel ist, da ein freier Marktzutritt besteht. Deshalb wollen wir nun untersuchen, was passiert, wenn ein freier Marktzutritt bzw. -austritt möglich ist. Welche langfristigen Effekte entfalten eine Steuer- und eine Subventionslösung? Um dies zu beantworten, gehen wir von folgender Situation aus: Das bisher betrachtete Chemieunternehmen sei nur ein Betrieb von vielen auf einem Markt für Chemieprodukte, auf dem vollkommener Wettbewerb herrsche. Alle Unternehmen verhalten sich daher als Mengenanpasser. Außerdem ist ein kostenloser Markteintritt und -austritt eines Unternehmens jederzeit möglich. Auf dem Markt seien alle Unternehmen identisch. Das Produktionsniveau der einzelnen Firma wird durch x charakterisiert. Die produzierte Menge aller Unternehmen zusammen ist X. Die Kostenfunktion eines einzelnen Unternehmens ist $C(x)$.

Ein Markteintritt eines Unternehmens wird immer dann zu beobachten sein, wenn ein positiver Gewinn auf dem Markt zu erwirtschaften ist. Mit Hilfe der Abbildung 4.3 wollen wir die langfristigen Effekte einer effizienten Steuer, t^*, und einer effizienten Subvention, z^*, vergleichen. Im linken Diagramm von Abbildung 4.3 sind die Durchschnittskostenkurven, AC, und Grenzkostenkurven, MC, eines einzelnen Unternehmens abgebildet, während das rechte Diagramm den aggregierten Markt für das Gut X darstellt. Wenden wir uns zunächst dem Angebotsverhalten eines einzelnen Unternehmens zu. Die kurzfristige Angebotsfunktion eines einzelnen Unternehmens verläuft bei vollkommener Konkurrenz auf allen Märkten sprunghaft. Solange der für das einzelne Unternehmen exogen gegebene Marktpreis des Gutes X, den wir nun mit p bezeichnen, unterhalb der Durchschnittskosten liegt, erfordert gewinnmaximierendes Verhalten einer Firma ein Angebot von Null. Ansonsten würde das Unternehmen nämlich einen Verlust erleiden.

Ist der Preis jedoch größer oder gleich den Durchschnittskosten, so wird die Angebotsfunktion bei vollkommenem Wettbewerb durch die Grenzkostenkurve, MC, wiedergegeben. Liegt der Preis über den Durchschnittskosten, so würde das Unternehmen einen Gewinn realisieren. Diese Situation kann jedoch bei kostenlosem Marktzutritt kein langfristiges Gleichgewicht darstellen, denn sobald positive Gewinne auftreten, werden weitere Unternehmen, angelockt durch diese Profite, in den Markt treten. Durch diese wird das gesamte Güterangebot erhöht, was wiederum bei einer fallenden Nachfragekurve, D, auf dem Markt für das Gut X ein Sinken des Preises impliziert. Ein Eintritt weiterer Unternehmen setzt sich solange fort, bis der einzelwirtschaftliche Gewinn gleich Null ist. Die langfristige Angebotskurve entspricht daher bei gegebenen Absatzpreisen den minimalen Durchschnittskosten. Graphisch wird dies durch den Punkt dargestellt, in dem die Grenzkostenkurve von unten die Durchschnittskostenkurve schneidet. Im langfristigen Gleichgewicht gilt daher für das einzelne Unternehmen

$$MC(x) = AC(x) = p. \tag{4.13}$$

Betrachten wir nun den aggregierten Markt für das Gut X. Die aggregierte, langfristige Angebotskurve ist bei vollkommener Konkurrenz und kostenlosem Markteintritt eine horizontale Gerade: Bei unveränderter Kostenfunktion eines jeden Unternehmens bewirkt nämlich eine marginale Erhöhung des Preises einen sofortigen Eintritt weiterer Unternehmen, so daß das Angebot vollkommen elastisch auf diese Preisänderung reagiert. Aus diesen Überlegungen schließen wir, daß ein langfristiges Marktgleichgewicht ohne staatlichen Eingriff bei einem Preis p_e eintritt, bei dem die gesamtwirtschaftliche Produktion X_e und die Ausbringungsmenge eines einzelnen Unternehmens x_e beträgt.

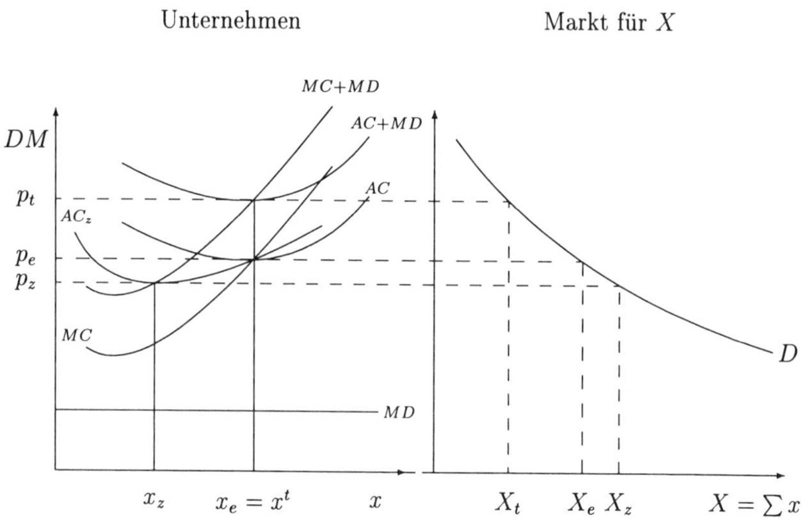

Abb. 4.3: Langfristiges Gleichgewicht bei Steuer-/Subventionslösung

Nun verursache die Produktion einer Einheit des Gutes X einen Schaden für andere Unternehmen. Zur Vereinfachung nehmen wir an, daß dieser Grenzschaden weiterhin konstant sei und zwar sowohl bezüglich aller Chemieunternehmen als auch bezüglich aller produzierten Einheiten. Aufgrund der Annahme der Konstanz des Grenzschadens bezüglich jeder produzierten Einheit kann man die Grenzschadenskurve, MD, im linken Diagramm durch eine horizontale Gerade abbilden. Aufgrund der Annahme der Konstanz des Grenzschadens bezüglich aller Chemieunternehmen stellt das linke Diagramm die Situation für ein repräsentatives Unternehmen dar.

Dem Staat stehen nun zwei Instrumente für eine Internalisierung der negativen Externalität zur Verfügung, Steuern und Subventionen. Betrachten wir zuerst den Fall, in dem der Staat eine effizienzsichernde Stücksteuer pro produzierter Einheit in Höhe von $t^* = MD$ erhebe. Durch diese Maßnahme steigen sowohl die Grenzkosten als auch die Durchschnittskosten um den Grenzschaden MD an. Im linken Diagramm verschieben sich die Kurven AC und MC um den Betrag MD vertikal nach oben. Die für das einzelne Chemieunternehmen relevanten Kostenfunktionen werden nun durch die Kurven $MC+MD$ und $AC+MD$ abgebildet. Ein neues langfristiges Gleichgewicht wird bei einem höheren Preis, p_t, realisiert. Die gesamte Ausbringungsmenge in der Ökonomie sinkt von X_e auf das Niveau X_t. Die Produktionsmenge des einzelnen Unternehmens bleibt dagegen in der langen Frist konstant, $x_t = x_e$. Die Reduktion der aggregierten Produktionsmenge und der damit verbundenen negativen externen Effekte wird in der langen Frist ausschließlich durch Austritt von einzelnen Unternehmen erreicht.

Angenommen, der Staat subventioniere in Höhe von $z^* = MD$ jede Einheit, die ein einzelnes Chemieunternehmen ausgehend vom Schwellenwert x_e nicht produziert. Wie bereits gezeigt wurde, steigen durch diese Maßnahme die marginalen Kosten der Produktion um den entgangenen Subventionssatz an. Die relevante Grenzkostenkurve wird folglich wie bei der Steuerlösung durch die $MC+MD$–Kurve dargestellt. Die Durchschnittskosten allerdings ergeben sich nun in Abhängigkeit von dem Produktionsniveau des einzelnen Unternehmens, x, als

$$AC_z(x) = \frac{C(x) - MD(x_e - x)}{x} = AC(x) - MD\left(\frac{x_e}{x} - 1\right).$$

Gemäß dieser Funktion resultiert die Durchschnittskostenkurve, AC_z, im linken Diagramm. Sie verläuft für ein Ausbringungsniveau $x \leq x_e$ unterhalb der AC-Kurve ohne staatlichen Eingriff, besitzt ein Minimum in ihrem Schnittpunkt mit der $MC + MD$-Kurve und schneidet die AC-Kurve an der Stelle x_e von unten[1].

[1] Für den Verlauf der AC_z-Kurve für ein Produktionsniveau $x > x_e$ wurde unterstellt, daß das Unternehmen dann eine Steuer in Höhe von MD pro produzierte Einheit zahlen muß. Da dieser Zweig der AC_z-Kurve für die Entscheidung des einzelnen

Wie sieht nun das langfristige Gleichgewicht aus? Wir können bei der Anpassung an das neue langfristige Gleichgewicht zwei Phasen unterscheiden. In der ersten Phase reagieren lediglich die Chemieunternehmen, die bereits auf dem Markt existieren, auf die Subventionierung. Angenommen, sie erwarten, daß der Preis vor dem Staatseingriff, p_e, auch weiterhin der markträumende Preis sein wird. Ein repräsentatives Unternehmen wird aufgrund der Stücksubvention sein Produktionsniveau verringern, bis der Preis den relevanten Grenzkosten gleich ist: $MC + MD = p_e$. Kurzfristig sinkt die Ausbringungsmenge des einzelnen Unternehmens. Der Produktionspunkt einer Firma ist dabei durch den Schnittpunkt der Preislinie, p_e, und der Grenzkostenkurve, $MC + MD$, charakterisiert. Bei gegebener Anzahl an Chemieunternehmen realisiert jede Firma einen positiven Gewinn. Dieser Gewinn veranlaßt in einer zweiten Phase neue Unternehmen, in den Markt einzutreten. Ein Markteintritt findet solange statt, bis keine Gewinne mehr erzielt werden können. Das langfristige Gleichgewicht auf dem Markt für das Gut X erfordert daher eine Preissenkung auf das Minimum der Durchschnittskostenkurve, AC_z. Die Ausbringungsmenge jeder einzelnen Firma fällt auf das Niveau x_z. Jedoch steigt die gesamte Ausbringungsmenge auf das Niveau X_z. Insgesamt ergibt sich, daß bei einer fallenden Nachfragekurve die Gesamtproduktion über das Niveau ohne staatlichen Eingriff hinausgeht, $X_z > X_e$, und somit die Summe der Schäden in der Ökonomie durch die Subventionszahlungen noch zunimmt. Für eine Subventionsstrategie erhalten wir abschließend das

Ergebnis 4.2.2 *Negative externe Effekte können kurzfristig auch durch eine Subventionslösung internalisiert werden. Langfristig ist diese Methode nicht effizient, wenn die Möglichkeit des Marktzutritts besteht. In diesem Fall erfolgt langfristig eine übermäßige Ausdehnung der schädigenden Aktivität.*

4.2.3 Eigentumsrechte und das Coase-Theorem

Die bisher betrachteten Internalisierungsstrategien erforderten einen aktiven Eingriff des Staates in das Preissystem. Wir konnten zeigen, daß in der langen Frist alleine die Steuerlösung ein Allokationsoptimum sichert. Eine weitere Möglichkeit, eine Internalisierung zu erreichen, besteht darin, einen Markt für die Externalität zu schaffen. Dieser Vor-

---

Unternehmens im langfristigen Gleichgewicht nicht relevant ist, bleibt diese Annahme ohne Auswirkung auf das Ergebnis.

schlag stammt von *Ronald H. Coase*[2]. *Coase* fragte sich, warum externe Effekte nicht durch einen Markt internalisiert werden? Warum tritt der Geschädigte nicht mit dem Verursacher in Verhandlungen, um die ihn schädigende Aktivität zu vermeiden?

Seine Antwort war: Das Fehlen von Eigentumsrechten bedingt das Fehlen eines Preises für die Externalität. Denn ohne Eigentumsrechte gibt es auch keine legalen Ansprüche auf Durchführung bzw. Vermeidung der Aktivität x. Könnte der geschädigte Fischereibetrieb jedoch vom Chemieunternehmen einen Ersatz für den erlittenen Schaden gerichtlich einfordern, so würde der Verursacher diese Schadensersatzzahlungen als zusätzliche Kosten in sein Kalkül aufnehmen. Ebenso könnte die Fischerei dem Chemieunternehmen Ausgleichszahlungen zukommen lassen, wenn dieses seine Ausbringungsmenge einschränkt. Dem Staat käme in beiden Fällen lediglich die passive Rolle eines Wächters über die Einhaltung dieser Rechte zu.

In diesem Abschnitt werden wir untersuchen, wie aufgrund definierter Eigentumsrechte ein Allokationsoptimum realisiert werden kann. Dabei werden wir zwei Fälle unterscheiden. Im ersten Fall besitze der geschädigte Fischereibetrieb die Eigentumsrechte, d.h. er kann den Verursacher für die erlittenen Schäden haftbar machen. Im zweiten Fall sei der Verursacher der alleinige Eigentümer an den Rechten. Um die Produktion des Chemieunternehmens einzudämmen, muß nun der Fischereibetrieb dem Verursacher das Recht auf Durchführung der Produktion von x abkaufen. Wir werden sehen, daß in beiden Fällen ein Allokationsoptimum erreicht werden kann. Jedoch unterscheidet sich in beiden Fällen die Verteilung der individuellen Gewinne und Verluste.

Haftungspflicht für das Chemieunternehmen

Nehmen wir an, die Fischerei besitze alle Rechte. Will das Chemieunternehmen dennoch produzieren, ohne dafür die Rechte von dem Fischereibetrieb abgekauft zu haben, so kann die geschädigte Firma den Verursacher vor Gericht anklagen und einen Schadensersatz einfordern. Somit haftet das Chemieunternehmen vollständig für die durch seine Produktion entstehenden Schäden. Da wir vollständige Information unterstellen, weiß das Gericht, welcher Schaden bei der Fischerei durch die Produk-

[2] *Ronald H. Coase* ist Professor an der Universität von Chicago und erhielt 1991 den Nobelpreis für Wirtschaftswissenschaften.

tion des Gutes x entsteht, und gewährt diesem auch lediglich eine Ersatzleistung in Höhe des tatsächlich erlittenen Schadens. Für die weitere Analyse unterstellen wir zusätzlich, daß bei den Verhandlungen keine Transaktionskosten entstehen.

Für die erste produzierte Einheit des Gutes x muß nun das Chemieunternehmen dem Fischereibetrieb eine Haftungszahlung in Höhe des marginalen Schadens also der Strecke EF geben. Diese kompensiert die Fischerei gerade für den Schaden dieser Einheit. Das Chemieunternehmen ist zu dieser Zahlung auch bereit, da sein Erlös aus der Produktion dieser ersten Einheit, der Absatzpreis p_x, seinen Nachteil, nämlich die Summe aus den Grenzkosten und der Schadensersatzleistung für diese Einheit in Höhe der Strecke OF, übersteigt. Aufgrund der steigenden Grenzkosten, steigt dieser Nachteil der Produktion für jede weitere Einheit an, während die marginale Kompensationszahlung an den Fischereibetrieb konstant bleibt. Bei einer Ausbringungsmenge von x^* beträgt die Summe aus der Haftungszahlung für die letzte Einheit und den marginalen Produktionskosten gerade die Strecke x^*A und entspricht somit dem Absatzpreis p_x. Das gewinnmaximierende Chemieunternehmen wird bei vollständiger Haftung seine Produktion solange ausdehnen, bis sich die marginalen Vor– und Nachteile aus der Produktion gerade ausgleichen, und somit die effiziente Menge x^* anbieten.

Die minimale Kompensation, die das Chemieunternehmen der Fischerei gewähren muß, entspricht der Fläche unter der Grenzschadenskurve MD_y in Abbildung 4.2. Die minimalen privaten Grenzkosten des Verursachers bei Produktion des Gutes x werden daher durch die Kurve $MD_y + MC_x$ abgebildet.

Verglichen mit einer Situation ohne Haftungspflicht des Verursachers zahlt nun das Chemieunternehmen mindestens eine Kompensation in Höhe der Fläche $EFAD$ an die Fischerei. Zusätzlich reduziert sich der Vorteil des Verursachers netto um das Dreieck ABD aufgrund der Verringerung der Produktion von x^e auf x^*. Insgesamt verbleibt für das Chemieunternehmen ein Verlust in Höhe der Fläche $EFAB$ durch die Zuweisung der Eigentumsrechte an den Fischereibetrieb. Auf der anderen Seite gewinnt dieser zum einen die Kompensationszahlungen $EFAD$ und zum anderen das Viereck $ACBD$ aus der Reduktion des Schadens bei der Verringerung der Ausbringungsmenge von x^e auf x^*. Der gesamte Gewinn für die Fischerei ist somit der Fläche $EFCB$ gleich. Zieht man die Verluste des Verursachers von den Gewinnen des Geschädigten ab, so verbleibt ein Wohlfahrtsgewinn in Höhe der Fläche ABC. Somit halten wir abschließend fest: Eine Zuteilung aller Rechte an den Geschädigten sichert ein Allokationsoptimum. Jedoch wird durch diese einseitige Zuweisung aller Eigentumsrechte an den Geschädigten dieser besser gestellt als bei einer Steuer- oder Subventionslösung. Gleichzeitig wird der Verursacher verglichen mit der Steuerlösung genauso schlecht, verglichen mit der Subventionslösung sogar schlechter gestellt. Insgesamt erzielt der Geschädigte mindestens einen Nutzengewinn in Höhe seines gesamten Schadens ohne staatlichen Eingriff.

Eigentumsrechte für den Verursacher

Nehmen wir nun an, daß das Chemieunternehmen alle Eigentumsrechte zur Produktion des Gutes x besitze. Wiederum gebe es keine Transaktionskosten und Informationsprobleme. In diesem Fall erfolgt eine mögliche Internalisierung des negativen Effektes durch Kompensationszahlungen seitens des Geschädigten an den Verursacher. Ohne Verhandlungen und staatlichen Eingriff produziert das Chemieunternehmen die Menge x^e. Ausgehend von diesem Niveau bietet nun die Fischerei dem Chemieunternehmen an, ihm eine Ausgleichszahlung zu gewähren, wenn er diese letzte Einheit nicht produziert. Die maximale Kompensation, die der Fischereibetrieb zu zahlen bereit ist, entspricht der Strecke BC, also seinem Grenzschaden. Gerade in dieser Höhe sinkt nämlich sein Schaden. Da wir annehmen, daß der Grenzschaden konstant sei, bleibt seine marginale Zahlungsbereitschaft für jede weitere Einheit gleich hoch. So beträgt seine maximale Kompensationszahlung für die Einheit x^* die Strecke $DA = BC$. Die gesamte maximale Kompensationszahlung, die die Fischerei zu leisten bereit ist, können wir an der Fläche unter seiner Grenzschadenskurve MD_y bzw. an der Fläche $EFCB$ ablesen. Die minimale Zahlung, die das Chemieunternehmen für eine Unterlassung seiner Produktion verlangt, können wir durch die Fläche zwischen der p_x-Kurve und der MC_x-Kurve angeben. Wie wir sehen, steigt diese marginale Kompensationsforderung ausgehend von der Ausbringungsmenge x^e von Null auf die Strecke EH bei völliger Einstellung der Produktion ständig an. Nehmen wir an, daß das Chemieunternehmen aufgrund seines Verhandlungsgeschicks die maximale marginale Zahlungsbereitschaft von der Fischerei als Kompensation bekommt. Für jede nicht produzierte Einheit erhält der Verursacher also eine Zahlung in Höhe der Strecke BC. Das gewinnmaximierende Chemieunternehmen wird nun seine Produktion so weit reduzieren, bis der marginale Vorteil aus der Verringerung, nämlich die Summe aus der Zahlung und die Kostenersparnis der Produktion, dem marginalen Nachteil, d.h. dem Grenzerlös p_x, entspricht.

Der Verursacher wird folglich unter diesen Bedingungen einer Reduktion seiner Ausbringungsmenge auf das Niveau x^* zustimmen.

Bekommt das Chemieunternehmen die maximale Kompensationszahlung, so realisiert es einen zusätzlichen Gewinn in Höhe der Fläche

$$-x^*x^eBA + x^*x^eBD + DBCA = ABC.$$

Die Fischerei verliert dagegen durch die Zahlungen, die sie maximal bereit ist zu gewähren, genauso viel, wie sie durch den Rückgang des zuvor erlittenen Schadens gewinnt. Für die Gesellschaft insgesamt verbleibt ein Wohlfahrtsgewinn in Höhe des Dreiecks ABC, welcher in diesem Beispiel allein dem Verursacher zusteht.

Unterstellen wir hingegen, daß der Verursacher lediglich in Höhe seiner minimalen Kompensationsforderung für eine Verringerung des Produktionsniveaus entschädigt wird, so fällt der Wohlfahrtsgewinn in Höhe des gleichen Dreiecks ABC ausschließlich dem Geschädigten zu. Hier erkennen wir, daß die tatsächliche Verteilung des Wohlfahrtsgewinns unbestimmt ist und diese vom Verhandlungsgeschick der Beteiligten abhängt. Zusammenfassend können wir festhalten:

Ergebnis 4.2.3 *Bilaterale Verhandlungen führen zu einer effizienten Internalisierung externer Effekte, unabhängig von der Verteilung der Eigentumsrechte. Nur die Verteilung des Wohlfahrtsgewinns ist von der Eigentumsverteilung abhängig.*

Dieses Ergebnis ist in der Literatur auch als **Coase-Theorem** bekannt. Es beinhaltet zwei Thesen. Zum einen sichern Verhandlungen unter bestimmten Annahmen ein Allokationsoptimum. Dies ist die sogenannte **Effizienzthese** des Theorems. Zum anderen bleibt dieses Ergebnis von der Verteilung der Rechte unberührt. Deshalb nennt man dieses zweite Teilergebnis auch **Invarianzthese**, da die Effizienzthese invariant von der Verteilung der Eigentumsrechte ist. Lediglich die Einkommensverteilung, nicht aber die Effizienz der Verhandlungslösung wird durch die Verteilung der Eigentumsrechte beeinflußt.

Folgt man dieser Argumentation, so könnte der Staat eine Internalisierung der negativen Externalitäten erreichen, indem er lediglich Eigentumsrechte festsetzt und deren Einhaltung überwacht. Die Betroffenen selbst werden durch Verhandlungen eine effiziente Allokation herbeiführen.

Ehe man nun ausschließlich dafür plädiert, daß der Staat lediglich in Form eines Nachtwächterstaats die Einhaltung von Eigentumsrechten überwachen soll, sollte man bedenken, daß das Coase-Theorem auf sehr restriktiven Annahmen beruht.

Die Anzahl der Betroffenen muß so klein sein, daß jeder Geschädigte noch einen Anreiz besitzt, seine wahre Zahlungsbereitschaft für eine Kompensationszahlung anzugeben. Ist jedoch die Anzahl der Betroffenen hinreichend groß, so werden die Geschädigten ihre wahre Zahlungsbereitschaft untertreiben, wenn sie fürchten müssen, entsprechend ihren offenbarten Zahlungsbereitschaften eine Kompensation zu leisten. Auch bei externen Effekten tritt somit wie bei öffentlichen Gütern aufgrund der Eigenschaft des gemeinsamen Konsums das **free-rider**-Problem auf. In diesem Falle kann nur durch staatlichen Zwang ein Allokationsoptimum realisiert werden.

Andererseits darf auch kein Verhandlungspartner eine marktbeherrschende Stellung in den Verhandlungen besitzen. Sind z.B. alle Eigentumsrechte an der Aktivität in der Hand der geschädigten Fischerei und gebe es viele „Nachfrager", wobei wir das **free-rider**-Problem vernachlässigen, so würde sich das Fischereiunternehmen wie ein Monopolist verhalten. Bei fallender Nachfrage würde der Fischereibetrieb den Chemieunternehmen aus gesellschaftlicher Sicht zu wenige Rechte verkaufen.

Des weiteren haben wir bisher **Einkommenseffekte** vernachlässigt. Wenn wir jedoch Haushalte statt Unternehmen betrachten, die entweder Geber oder Empfänger von Kompensationszahlungen sind, so müssen realistischerweise diese berücksichtigt werden. Da die Zahlungsbereitschaft eines Haushalts und damit seine Nachfrage– und Grenzschadenskurve von seinem Einkommen abhängig ist, bestimmt die Verteilung der Einkommen die Lage der Nachfragekurven. Je nach Verhandlungslösung verändert sich das als effizient zu bezeichnende Ergebnis. Das gleiche Problem ergibt sich bei der Steuerlösung, wenn die Steuereinnahmen an die Haushalte verteilt werden.

Wesentliche Annahme für das Erreichen einer Pareto–effizienten Verhandlungslösung ist des weiteren, daß alle Vertragsparteien vollständige Information über die Gewinn– und Schadensverteilung aller Verhandlungsteilnehmer besitzen. Bei unvollständiger Information allerdings ist eine ineffiziente Allokation der Eigentumsrechte zu erwarten, da dann der Einzelne nicht mehr weiß, mit welchem konkreten Typ er konfrontiert ist. Vielmehr sieht sich jeder einer Vielzahl von möglichen Typen von Verhandlungspartnern gegenüber. Wandeln wir zur Illustration unser obiges Beispiel ein wenig um. Das Chemieunternehmen erwirtschafte einen Gewinn in Abhängigkeit von seiner produzierten Menge in Höhe von $\Pi(x)$. Die genaue gewinnmaximierende Menge kennt aber nur das Chemieunternehmen. Aus Sicht der Fischerei ist die optimale Menge des Chemiebetriebs eine Zufallsvariable. Unterstellen wir, die Fischerei glaube, daß die gewinnmaximierende Produktionsmenge des Chemieunternehmens nach geeigneter Normierung zwischen Null und Eins liege, $0 \leq x \leq 1$, und gleichverteilt sei. Die von der Fischerei erwartete Ausbringungsmenge des Chemieunternehmens beträgt folglich ohne besseres Wissen $E(x) = 0,5$.

Den Schaden für die Fischerei in Abhängigkeit der Produktionsmenge des Chemieunternehmens bilden wir durch die Schadensfunktion $\Theta(x)$ ab. Wir nehmen an, daß der Grenzschaden für den Fischereibetrieb für jede produzierte Einheit von x um 50 Prozent Punkte über dem Grenzgewinn des Chemieunternehmens liegt, $\frac{\partial\Theta}{\partial x} \equiv \Theta_x = 1,5 \cdot \Pi_x$, mit $\Pi_x \equiv \frac{\partial\Pi}{\partial x}$.

In Abbildung 4.4 ist diese Situation dargestellt. An der Abszisse ist die aus Sicht der Fischerei mögliche gewinnmaximale Produktionsmenge des Chemieunternehmens abgetragen, die zwischen Null und Eins liegt. Die Schadenskurve $\Theta(x)$ verläuft um 50 Prozent steiler als die Gewinnfunktion $\Pi(x)$.

Da der Schaden für jede produzierte Menge den Gewinn des Chemieunternehmens übersteigt, wäre ohne Berücksichtigung der Konsumentenrente für das Chemieprodukt eine vollständige Einstellung der Produktion von x effizient. Bei vollständiger Information wäre dies auch das Verhandlungsergebnis. Wenn das Chemieunternehmen nämlich die Eigentumsrechte für die Produktion von x besitzt, dann verlangt es für die Einstellung der Produktion zumindest eine Entschädigung in Höhe seines Gewinns $\Pi(x)$. Die Fischerei wäre aber bereit, maximal das eineinhalbfache für die Einstellung der Produktion von x zu zahlen. Für die Fischerei ist der Wert der Eigentumsrechte an der Produktion von x immer größer als für das Chemieunternehmen, $\Theta(x) > \Pi(x)$, wenn sie die optimale Ausbringungsmenge des Chemiebetriebes kennt.

Bei unvollständiger Information über die Ausbringungsmenge kann die Fischerei aber nur Erwartungen über den Wert des Eigentumsrechts für das Chemieunternehmen bilden. Dieses kennt natürlich seine optimale

Menge und wird nur dann auf die Produktion verzichten, wenn der gebotene Preis für eine Unterlassung der gesamten Produktion, p, zumindest den entgangenen Gewinn $\Pi(x)$ deckt, $p \geq \Pi(x)$.

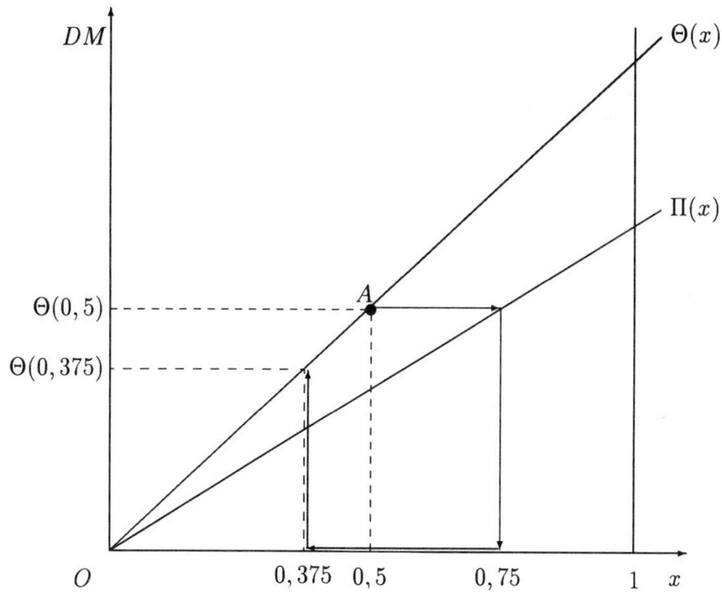

Abb. 4.4: Eigentumsrechte und unvollständige Information

Aus Sicht des Fischereibetriebes aber ist die Annahme seines Angebots durch das Chemieunternehmen ein Signal, daß die gekauften Eigentumsrechte für eine vollständige Einstellung der Produktion von x den angebotenen Preis p nicht wert sind. Denn, wenn das Chemieunternehmen das Angebot der Fischerei annimmt, so weiß der Fischereibetrieb, daß der Preis p mindestens den Gewinn des Chemieunternehmens deckt. Zugleich beträgt aus Sicht der Fischerei der Erwartungswert der gewinnmaximalen Ausbringungsmenge des Chemieunternehmens lediglich $E(x)$. Somit erwartet das Fischereiunternehmen, daß dem Chemieunternehmen bei Annahme des Preises p die Einstellung der eigenen Produktion zumindest $E(x) \cdot p \geq \Pi(x)$ wert ist. Dann ergibt sich jedoch ein zu erwartender Vorteil für die geschädigte Fischerei in Höhe von $1,5 \cdot E(x) \cdot p < p$ DM, der immer kleiner ist als die Kompensationszahlung an das Chemieunternehmen.

In Abbildung 4.4 können wir diesen Sachverhalt auch folgendermaßen verdeutlichen. Ohne besseres Wissen erwartet die Fischerei, daß das Chemieunternehmen eine Ausbringungsmenge von $E(x) = 0,5$ wählt. In diesem Fall wäre der Fischereibetrieb maximal bereit, einen Preis von $p = \Theta(0,5)$ zu zahlen, da dies seinem erwarteten Schaden entspricht. Nimmt das Chemieunternehmen dieses Angebot an, so signalisiert es, daß sein Gewinn nicht größer ist als $\Theta(0,5)$. Aus Sicht der Fischerei beträgt dann aber die maximal mögliche optimale Menge des Chemieunternehmens nicht mehr Eins, sondern nur $0,75$. Graphisch folgt das Fischereiunternehmen ausgehend von seinem Angebot in Punkt A den Vektoren nach links bzw. nach unten.

Durch dieses Signal seitens des Chemieunternehmen kann aus Sicht der Fischerei die gewinnmaximale Menge nur zwischen Null und $0,75$ gleichverteilt liegen. Die vom Fischereibetrieb erwartete Ausbringungsmenge des Chemieunternehmens beträgt folglich nach Akzeptanz des Angebots nicht mehr $0,5$ sondern lediglich $0,375$. Der Preis, den die Fischerei nach Korrektur ihrer Erwartungen für die Einstellung der Produktion von x maximal zu zahlen bereit ist, sinkt von $\Theta(0,5)$ auf $\Theta(0,375)$. Nimmt das Chemieunternehmen dieses Angebot wieder an und signalisiert somit, daß sein Gewinn nicht größer als $\Theta(0,375)$ ist, so revidiert die Fischerei die erwartete Menge von x weiter nach unten. Schlägt das Chemieunternehmen allerdings das Angebot $p = \Theta(0,375)$ aus, kommt es auch zu keiner Einigung.

Kann das Chemieunternehmen nicht glaubhaft versichern, daß seine gewinnmaximierende Produktionsmenge einen ganz bestimmten Wert annimmt, so besteht im obigen Beispiel die optimale Strategie für den Geschädigten darin, gar nichts zu bieten, $p = 0$. Denn für jedes positive Gebot ist die Differenz zwischen dem gebotenen Preis p und dem erwarteten Vorteil $1,5 \cdot E(x) \cdot p$ immer negativ. Besitzt dagegen der Geschädigte die gesamten Eigentumsrechte, so würde das Chemieunternehmen gar nichts produzieren, da die Fischerei nicht bereit wäre, ihre Eigentumsrechte zu veräußern. Dies mag im obigen Fall auch effizient sein. Aber wenn wir annehmen, daß die Schadensfunktion unterhalb der Gewinnfunktion verläuft, und somit eine gewisse Produktion des Chemieunternehmens aus allokativen Gründen erwünscht ist, so wäre dieses Ergebnis auch nicht effizient. Unvollständige Information kann also zu einem Zusammenbruch der Verhandlungslösung führen.

Die Zertifikatslösung

Wie wir oben gezeigt haben, führt eine Besteuerung des Verursachers mit der effizienten Stücksteuer t^* zu einem Allokationsoptimum. Dieses Ergebnis begründet aus allokativer Sicht die Erhebung von Emissionssteuern bei umweltschädigenden Unternehmen und spielt eine gewichtige Rolle in der Diskussion über eine „ökologische Steuerreform“ .

J. H. Dales (1968) schlug als Alternative zu einer Pigou-Steuer die Einführung von Zertifikaten vor. Folgen wir seiner Idee für den Fall der Emissionen: Eine staatliche Umweltbehörde setzt zunächst die wünschenswerte Höhe der Aktivität, die die Emissionen verursacht, bzw. die Emissionsgesamtmenge selbst fest. In Höhe dieser Menge schaffe sie nun Erlaubnisscheine, die den jeweiligen Besitzer dazu ermächtigen, die auf dem Zertifikat genannte Menge zu produzieren bzw. die ausgewiesene Schadstoffmenge zu emittieren. Diese Zertifikate verkauft oder verteilt die Behörde an die emittierenden Unternehmen. Diese dürfen nur in Höhe der ihnen zur Verfügung stehenden Erlaubnisscheine die schädigende Aktivität durchführen. Will ein Unternehmen jedoch seine Emissionen über sein erlaubtes Niveau hinaus ausdehnen, so muß es die nötigen Erlaubnisscheine von anderen Unternehmen erwerben. Es entsteht also ein Markt für Zertifikate unter den Verursachern, auf dem sich ein Preis für die schädigende Aktivität bildet.

Zur besseren Illustration dieses Vorschlags betrachten wir folgende Graphik. In den beiden Diagrammen sind jeweils in Analogie zu Abbildung 4.2 die Grenzkostenkurven, MC_1 und MC_2, und die Grenzerlöskurven, p_1 und p_2, für zwei Unternehmen(stypen) 1 und 2 eingezeichnet. Man beachte, daß die Unternehmen unterschiedliche Grenzkosten aufweisen. Für dieses einfache Beispiel nehmen wir an, daß bei der Produktion eines Gutes genau eine Einheit Emission entsteht, so daß wir die Ausbringungsmengen zugleich als die Emissionsmengen betrachten können. Beide Unternehmen verursachen bei der Produktion ihrer Güter x_1 und x_2 einen negativen externen Effekt. Wir nehmen an, daß der entstehende Schaden pro produzierter Einheit bei beiden Unternehmen gleich hoch und konstant für die Betroffenen sei.

Ohne staatlichen Eingriff ist die gewinnmaximierende Ausbringungsmenge der beiden Unternehmen bei x_1^e bzw. x_2^e erreicht. Die effiziente Produktionsmenge des Unternehmens i, x_i^*, $i = 1, 2$, wäre hingegen dann realisiert, wenn die sozialen Grenzkosten dem Absatzpreis entsprechen, wenn also $MC_i + MD = p_i$, $i = 1,2$, gilt. Dieses Ergebnis könnte der Staat durch die Erhebung einer Pigou–Steuer in Höhe von $t^* = MD$ erreichen.

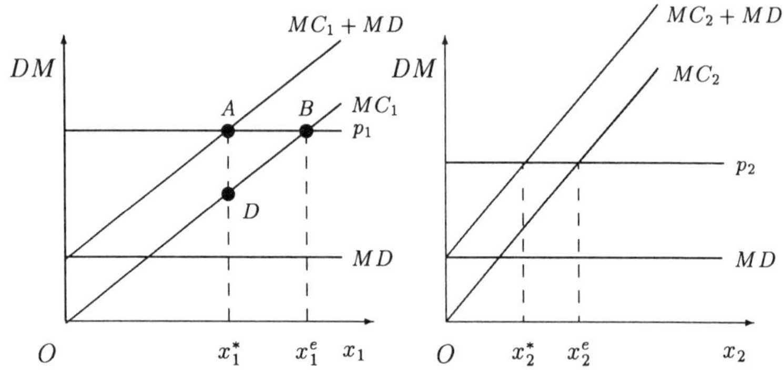

Abb. 4.5: Grenzvermeidungskosten

Auffallend ist, daß es aus allokativer Sicht aufgrund der unterschiedlichen Grenzkostenverläufe wünschenswert ist, daß die Unternehmen unterschiedliche Mengen an Schäden verursachen. Die Begründung hierfür ist einfach. Da die Produzentenrente pro produzierter Einheit für das Unternehmen 1 bei gleicher Ausbringungsmenge immer größer ist als für das Unternehmen 2, ist es auch gesellschaftlich erwünscht, daß Unternehmen 1 mehr produziert als das andere. Daraus folgt aber dann auch, daß eine Auflagenpolitik, die jedem Unternehmen die gleiche Ausbringungsmenge zubilligt, aus allokativer Sicht abzulehnen ist, wenn sich die Vorteile für die Unternehmen aus der Emission einer weiteren Einheit unterscheiden.

Wie kann nun eine staatliche Umweltbehörde eine bestmögliche Verteilung der Erlaubnisscheine realisieren? Für unser Beispiel definiert sie zunächst die gewünschte Gesamtmenge an Zertifikaten. Um diese Analyse direkt mit der Pigousschen Steuerlösung zu vergleichen, wähle sie die Menge $X^* = x_1^* + x_2^*$. Die so geschaffenen Erlaubnisscheine verteilt sie nun an die Unternehmen. Um zu bestimmen, welchen Wert die Unternehmen den Zertifikaten beimessen, müssen wir ihre „Nachfragekurve“ für die Erlaubnisscheine bestimmen. Hierfür betrachten wir das Unternehmen 1 im obigen linken Diagramm. Nehmen wir an, diesem wird zufällig die Menge x_1^e an Erlaubnisscheinen zugewiesen. Da dies bereits seine gewinnmaximierende Ausbringungsmenge ist, wird es keinen positiven Preis für ein weiteres Zertifikat zahlen. Wird ihm dagegen die Menge x_1^* zugewiesen, so wäre es maximal bereit, einen Preis in Höhe der Strecke AD für einen zusätzlichen Erlaubnisschein zu zahlen, da dies genau seiner Produzentenrente aus der Produktion dieser Einheit, also der Differenz der privaten Grenzkosten und des Absatzpreises, entspricht. Wird ihm abschließend gar kein Zertifikat zugeteilt, so würde Unternehmen 1 sogar einen Preis in Höhe von p_1 zahlen, um diesen ersten Erlaubnisschein zu erhalten. Seine Nachfragekurve nach Zertifikaten entspricht ausgehend von O genau der Differenz zwischen seinen Grenzkosten MC_1 und seinem Grenzerlös p_1. Wir nennen diese Nachfragekurve auch Grenzvermeidungskostenkurve, da sie anzeigt, auf wieviel Produzentenrente das Unternehmen verzichten muß, wenn es eine Einheit schädigende Aktivität bzw. Emission vermeidet. Analog können wir die Nachfragekurve nach Erlaubnisscheinen für das Unternehmen 2 gewinnen.

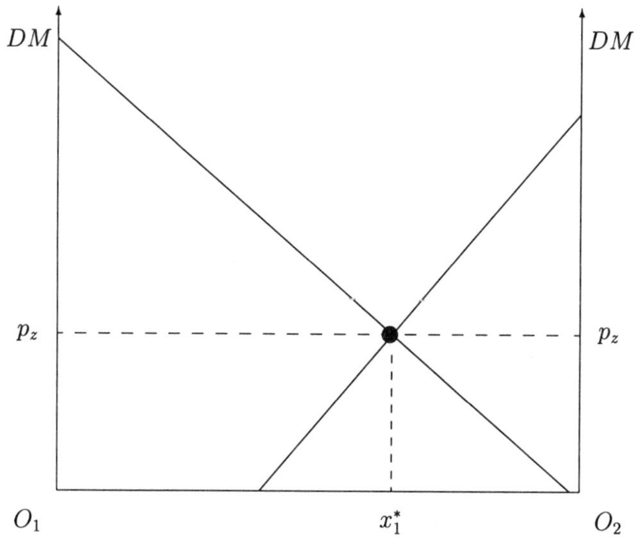

Abb. 4.6: Zertifikatslösung

In der Abbildung 4.6 sind die Grenzvermeidungskostenkurven für beide Unternehmen stark vergrößert dargestellt. Die Abszissenlänge entspricht dabei der festgesetzten Gesamtmenge X^*. Ausgehend von dem Ursprung O_1 wird die Nachfragemenge nach Zertifikaten des Unternehmens 1 gemessen, während von O_2 aus diejenige des Unternehmens 2 abgelesen wird. Jedes Unternehmen wird nun so viele Erlaubnisscheine nachfragen, bis der Vorteil aus der Durchführung der letzten Aktivitätseinheit dem Preis für das notwendige Zertifikat entspricht. Verhalten sich beide Unternehmen auf diesem Markt als Preisnehmer, so wird sich ein Gleichgewichtspreis p_z für die Zertifikate herausbilden. Das Unternehmen 1 besäße dann die Erlaubnis zur Produktion der Menge x_1^*, während Unternehmen 2 die Zertifikatsmenge $x_2^* = X^* - x_1^*$ in den Händen hält, und beide Unternehmen hätten den gleichen Grenzvorteil aus dem Besitz des letzten Zertifikats. Der sich bildende Gleichgewichtspreis entspricht dabei genau der effizienzsichernden Stücksteuer, $p_z = t^* = MD$. Durch die Schaffung eines Marktes werden folglich die gesamten Erlaubnisscheine, X^*, denjenigen Verwendungen zugeführt, in denen sie für die Unternehmen den höchsten Ertrag bringen. Der Markt sichert ein effizientes Ergebnis genauso wie die Steuerlösung.

Dies fassen wir zusammen in

Ergebnis 4.2.4 *Eine effiziente Internalisierung von negativen externen Effekten durch Schadstoffemissionen gelingt auch durch handelbare Emissionsscheine, wenn sich die Emittenten im vollkommenen Wettbewerb um die Erlaubnisscheine befinden.*

Natürlich ist eine effiziente Lösung sowohl bei der Pigouschen Steuerlösung wie bei Zertifikaten nur dann erreichbar, wenn dem Staat alle relevanten Informationen zur Verfügung stehen. Dies ist in der Regel nicht der Fall, da weder die effiziente Gesamtmenge X^* noch die effizienzsichernde Stücksteuer t^* ohne vollständige Information bestimmt werden kann. Es ist also bestenfalls eine „second-best" Lösung denkbar. Wie geeignet sind nun die beiden Instrumente hinsichtlich der Erreichung eines bestmöglichen Ergebnisses?

Ein Vorteil der Zertikatslösung gegenüber der Steuerlösung liegt in ihrer größeren umweltpolitischen Zielsicherheit bei unvollständiger Information über die Kostenverläufe der Unternehmen. Durch eine Politik mit Hilfe von Erlaubnisscheinen kann nämlich direkt die Gesamtmenge an Emissionen kontrolliert werden, während bei der Steuerlösung diese nur indirekt gesteuert werden kann. Durch die Festlegung der Stücksteuer wird quasi ein Preis für die Produktion eines Gutes bzw. der Emission gesetzt. Da der Staat aber in der Regel nicht den Zusammenhang zwischen diesem Preis und der Emissionsmenge kennt, ist dieses Instrument weniger geeignet als die direkte Festsetzung einer Gesamtschadensmenge. Ist es nun aus Gründen des Umweltschutzes erwünscht, daß eine bestimmte Emissionsmenge nicht überschritten wird, so führt

die Einführung von Zertifikaten einerseits zu einer bestmöglichen Verteilung dieser Erlaubnisscheine auf die Emittenten, gleichgültig, ob die zentrale Umweltbehörde die Kostenverläufe der Unternehmen kennt oder nicht. Andererseits kann sie durch die Bestimmung der Zertifikatsmenge die Einhaltung der gewünschten Gesamtemissionsmenge sichern.

Ebenso ist die Zertifikatslösung einer direkten Zuweisung von unveräußerlichen Emissionskontingenten an einzelne Unternehmen überlegen. Auf dem Markt für Erlaubnisscheine werden durch gewinnmaximierendes Verhalten eines jeden einzelnen Unternehmens die Emissionsrechte in die optimalen Verwendungen geführt. Dies kann zwar auch durch eine direkte Zuweisung von Emissionskontingenten geschehen. Jedoch benötigt die Umweltbehörde hierbei wieder Informationen über die Kostenverläufe der Unternehmen, damit die Emissionsrechte auch bestmöglich verteilt werden.

Wesentliche Voraussetzung für eine Sicherung der bestmöglichen Verteilung der Zertifikate ist, daß sich die einzelnen Verursacher auf dem Markt für Erlaubnisscheine als Preisnehmer verhalten. Die Anzahl der Unternehmen muß somit hinreichend groß sein, so daß das einzelne Unternehmen keinen Einfluß auf den Preis für die Zertifikate besitzt.

Für eine weitergehende Beschäftigung mit dem Thema Umweltökonomik und der staatlichen Interventionsinstrumente seien die Beiträge von *Cropper* und *Oates* (1992) und *Weimann* (1995) empfohlen.

Wie bereits am Ende des Abschnitts 4.2.1 angesprochen, können wir unsere Analyse der Internalisierungsstrategien bei Vorliegen negativer externer Effekte analog auf positive externe Effekte übertragen. In der Realität besitzt die Subventionsmethode bei positiven Externalitäten eine herausragende Rolle. Z.B. unterstützt der Staat Forschungs- und Entwicklungsinvestitionen oder Aus- und Fortbildungsmaßnahmen. Aber auch die Subventionierung der Gesundheitsvorsorge können wir aufgrund des Vorliegens positiver externer Effekte begründen.

4.3 Kollektiv nutzbare Ressourcen

Bisher untersuchten wir nur einseitige Externalitäten. Jeder Akteur war entweder Verursacher oder Betroffener einer Externalität. In der Realität können wir jedoch beobachten, daß wechselseitige externe Effekte auftreten. Ein typisches Beispiel wechselseitiger Externalitäten liegt bei kollektiv nutzbaren Ressourcen vor. Betrachten wir z.B. einen kleinen See, der von jedem als Angelplatz genutzt werden kann. Sitze zunächst erst ein Fischer am Ufer, so kann er ungestört fischen. Der gesamte Fischbestand steht ihm allein zur Verfügung. Tritt nun ein weiterer Angler hinzu, so müssen sich beide das Fischreservoir teilen. Der zweite Fischer fängt dem ersten einige Fische weg, und somit sinken seine Nutzungsmöglichkeiten. Aber auch der zweite Angler wird durch die Anwesenheit des ersten in gleicher Weise negativ beeinträchtigt. Es liegt also ein wechselseitiger externer Effekt vor. Weitere Beispiele für derartige Ressourcen sind die gemeinsame Nutzung von Meeren oder von grenzüberschreitenden Ölseen und Wasserreservoirs. Auch bei der bereits analysierten Straßenverstopfung treten wechselseitige Externalitäten auf. Ein weiteres Beispiel ist die Allmende. Dies war in früheren Zeiten die Dorfwiese, auf der alle Bauern des Dorfes ihren Viehbestand weiden lassen durften. Aus diesem Grund heißen kollektiv nutzbare Ressourcen im deutschsprachigen Raum auch **Allmenderessourcen**.

Eine kollektiv nutzbare Ressource oder Allmenderessource ist ein Produktionsfaktor, dessen Nutzungsmöglichkeiten zwar knapp sind, auf dessen Nutzung jedoch jeder (potentielle) Nutzer einen freien Zugriff besitzt. Da die Nutzungsmöglichkeiten beschränkt sind, ist dieser Produktionsfaktor durch Rivalität in der Nutzung gekennzeichnet. Gleichzeitig bedingt der freie Zugriff, daß ein Individuum keinen Preis für die Nutzung der Ressource zahlen muß. Der Nutzer sieht die Ressource daher als **freies Gut** an.

In diesem Abschnitt wollen wir anhand des Beispiels der gemeinsamen Nutzung eines Gewässers durch die Fischerei die Problematik der kollektiv nutzbaren Ressourcen analysieren. Wir betrachten eine Fischereiindustrie, die aus vielen kleinen, identischen Fischereiunternehmen bestehe. Jedes einzelne Unternehmen setzt beim Fischfang die Faktoren Arbeit, N, und die natürliche Ressource „Seenutzung", L, ein. Diese Ressource ist in ihren Nutzungsmöglichkeiten knapp, $L = \bar{L}$. $\bar{L}$ kann auch als der Umfang des Gewässers interpretiert werden, der der Fischereiindustrie insgesamt zur Verfügung steht. Wenn ein einzelnes Fischereiunternehmen das Gewässer nutzt, berücksichtigt es bei dezentralem Verhalten nicht, daß es aufgrund der Knappheit der Ressource die anderen Fischereibetriebe in ihrer Nutzung des Gewässers behindert. Es liegt ein wechselseitiger, negativer externer Effekt zwischen den Fischereiunternehmen vor, da sich die Fischereiunternehmen gegenseitig die Fische wegfangen. Auf dem Faktormarkt für Arbeit verhalte sich die Fischereiindustrie und mithin jedes einzelne Fischereiunternehmen als Preisnehmer. Der Lohnsatz betrage w und der Absatzpreis pro Fisch sei p. Die Produktionsmöglichkeiten in der Fischereiindustrie bilden wir durch die Produktionsfunktion

$$x = F(N, \bar{L}), \tag{4.14}$$

ab, wobei x die aggregierte Menge des gefangenen Fisches angibt. Zur Vereinfachung unterstellen wir, daß diese Funktion linear-homogen sei. Die Produktionsfunktion weist in einem Diagramm, welches die Beziehung zwischen der eingesetzten Arbeitsmenge, N, und dem Fischfangertrag, x, bei konstantem Einsatz der Ressource $\bar{L}$ abbildet, einen klassischen, ertragsgesetzlichen Verlauf auf.

Fischereiindustrie sei Preisnehmer auf dem Absatzmarkt

Betrachten wir zunächst die Situation, in der die Fischereiindustrie und damit auch jedes einzelne Fischereiunternehmen klein gegenüber dem Absatzmarkt ist, wie dies z.B. bei der deutschen Krabbenfischerflotte in der Nordsee der Fall ist. Die Fischereiindustrie verhält sich folglich auf dem Absatzmarkt als Preisnehmer. Zusätzlich paßt sie ihre Arbeitsnachfrage an den für sie exogen gegebenen Lohnsatz w an.

Um das Allokationsoptimum zu bestimmen, betrachten wir wie im Fall der negativen externen Effekte zwischen Produzenten in Abschnitt 4.1.1 die gesamte Fischereiindustrie als ein Fischereikonsortium. Da dieses die wechselseitigen Beeinträchtigungen zwischen den einzelnen Fischern bei seiner Gewinnmaximierung berücksichtigt, entspricht die optimale Fangpolitik des Konsortiums unter den getroffenen Annahmen dem Ergebnis für eine effiziente Nutzung der Ressource $\bar{L}$. Notwendige Annahme für diese Interpretation ist, daß sich das Fischereikonsortium sowohl auf dem Faktor- als auch auf dem Absatzmarkt als Preisnehmer verhält. Das Optimierungsproblem des Konsortiums lautet nun:

$$\max \quad pF(N, \bar{L}) - wN, \tag{4.15}$$

durch die Wahl des Arbeitseinsatzes, N. Bei gegebenem p und w ist der optimale Faktoreinsatz dann realisiert, wenn gemäß der Bedingung

$$pF_N = w, \tag{4.16}$$

das Wertgrenzprodukt der Arbeit, pF_N, dem Lohnsatz entspricht. Die letzte eingesetzte Einheit Arbeit soll genau so viel an zusätzlichem Erlös erbringen wie sie am Arbeitsmarkt kostet.

Wir können diese Gewinnmaximierungsbedingung auch mit Hilfe der Grenzkosten, MC, ausdrücken. Da das Konsortium lediglich den Faktor Arbeit entlohnen muß, entsprechen die Gesamtkosten der Lohnsumme wN. Die Grenzkosten der Produktion geben an, um wieviel sich die Lohnsumme erhöht, wenn ein zusätzlicher Fisch gefangen wird. Da der Lohnsatz für das Konsortium exogen gegeben ist, ergeben sich die Grenzkosten als $MC = w\frac{dN}{dx}$. Der Bruch $\frac{dN}{dx}$ gibt wiederum den Kehrwert der Grenzproduktivität des Faktors Arbeit an, $\frac{dN}{dx} = \frac{1}{F_N}$. Somit erhalten wir:

$$MC = w\frac{dN}{dx} = \frac{w}{F_N}.$$

Setzen wir dies in obige Bedingung (4.16) ein, so erkennen wir, daß der optimale Faktoreinsatz dann erreicht ist, wenn die Grenzkosten dem Grenzerlös entsprechen:

$$MC = p. \tag{4.17}$$

Dies halten wir fest als

Ergebnis 4.3.1 *Eine kollektiv nutzbare Ressource wird effizient genutzt, wenn die marginalen Kosten bei Ausdehnung des variablen Faktors, N, dem Produktpreis entsprechen.*

Das formal gewonnene Ergebnis läßt sich auch graphisch darstellen. Betrachten wir hierzu Abbildung 4.7. Im oberen Diagramm ist die Kostenfunktion der Fischereiindustrie, $C(x)$, für unsere Produktionsfunktion abgebildet. Bei Vorliegen einer derartigen Kostenfunktion fallen die Grenzkosten, MC, zunächst; die Steigung der Kostenkurve wird flacher. Im Wendepunkt G der Kostenfunktion erreichen die Grenzkosten ihr Minimum und steigen dann wieder an.

Die Durchschnittskosten, AC, fallen zunächst ebenso, jedoch langsamer als die Grenzkosten, da sich die Durchschnittskosten aus dem gewogenen Mittel aller bisherigen Grenzkosten bilden. Sie erreichen ihr Minimum bei derjenigen Menge x, bei der der eingezeichnete Ursprungspfad die Kostenfunktion gerade tangiert. In diesem Punkt H entsprechen die Grenzkosten gerade den Durchschnittskosten. Nimmt die Fangmenge weiter zu, so steigen die Durchschnittskosten jetzt an, jedoch langsamer als die Grenzkosten. Im Diagramm sind die so gewonnenen Kurven AC und MC abgetragen. Formal sind die Durchschnittskosten durch die Beziehung

$$AC = \frac{wN}{x} = \frac{w}{AP_N}$$

charakterisiert, wobei AP_N die **Durchschnittsproduktivität der Arbeit** bezeichnet (**average product**).

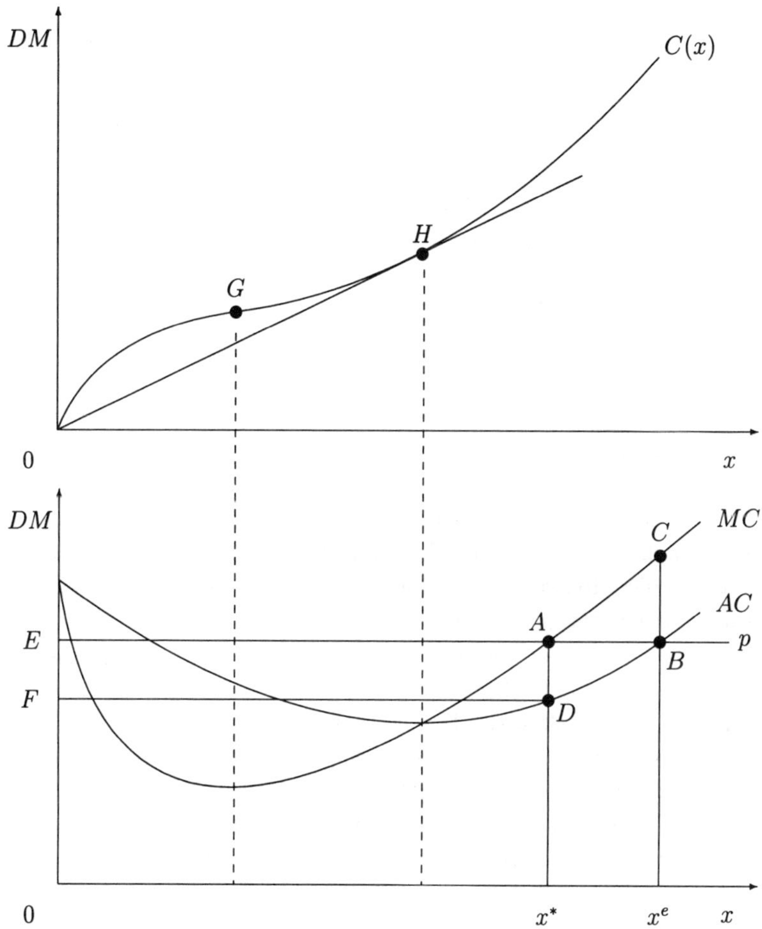

Abb. 4.7: Kollektiv nutzbare Ressource

Das Gewinnmaximum des Konsortiums ist in Punkt A erreicht, da in diesem die Grenzkosten der Produktion dem Absatzpreis des Fisches entsprechen[3]. Die effiziente Fischfangmenge ist x^*. Den Gewinn, der bei dieser Fangmenge realisiert wird, können wir durch das Viereck $FDAE$ wiedergeben. Dieser Gewinn entspricht im Falle der linear-homogenen Produktionsfunktion genau der maximal möglichen Rente, die das Konsortium aufgrund des freien Zugangs zu den Fanggründen abschöpfen kann. Das Konsortium berücksichtigt bei gewinnmaximierendem Verhalten die Knappheit der Ressource $\bar{L}$.

Auffallend ist, daß dieser Gewinn auch langfristig realisiert werden kann, wenn allein das Konsortium das Gewässer nutzen kann, obwohl auf dem Weltmarkt für Fisch vollkommener Wettbewerb herrscht. Der Grund hierfür ist, daß sich das Konsortium die Rente, d.h. die Erträge aus der Nutzung der Fischfanggründe $\bar{L}$ sichern kann, wenn ihm allein dessen Nutzung offensteht. Diese Annahme ist auch plausibel, wenn wir bedenken, daß die Abgrenzung von Hoheitsgewässern eine staatliche Aufgabe ist, und somit eine Regierung der heimischen Fischflotte die alleinigen Nutzungsrechte an den heimischen Gewässern zuweisen kann. Ein „Markteintritt" ausländischer Fischereiflotten in die eigenen Hoheitsgewässer wird so vermieden.

Das Problem einer kollektiv nutzbaren Ressource wird offensichtlich, wenn wir bedenken, daß die Fischereiindustrie aus vielen kleinen Fischereiunternehmen besteht, die miteinander in vollkommenem Wettbewerb stehen. Jedes einzelne Unternehmen setzt die knappe Ressource, L, in der Produktion ein, ohne für deren Nutzung einen Faktorpreis entrichten zu müssen. Der einzelne Fischereibetrieb behandelt die Ressource, L, als ob diese frei verfügbar wäre. Wenn er daher seinen Arbeitseinsatz wählt, berücksichtigt er nicht, daß mit jeder zusätzlich eingesetzten Einheit Arbeit in seinem Betrieb die eingesetzte Arbeit im Fischereisektor insgesamt steigt und daher die Produktivität der Arbeit in der Industrie insgesamt beeinflußt wird. Technisch gesprochen glaubt jedes einzelne Unternehmen, daß seine Produktionsfunktion linear-homogen allein im Faktor Arbeit sei. Es unterliegt daher der Illusion, daß eine Verdopplung seines Arbeitseinsatzes auch seinen Fangertrag verdoppelt. In Wahrheit sinkt aber die Produktivität des Faktors Arbeit, wenn ausgehend von x^* mehr Fisch gefangen wird. Der Fangertrag verdoppelt sich eben nicht bei einer Verdopplung des Arbeitseinsatzes und somit verursacht jeder einzelne Betrieb einen negativen externen Effekt auf alle anderen Fi-

[3] Der aufmerksamen Leserin, dem aufmerksamen Leser wird nicht entgangen sein, daß die Grenzkosten bereits bei einer sehr viel kleineren Menge als x^* dem Absatzpreis entsprechen. Dieser Schnittpunkt stellt allerdings ein Verlustmaximum dar.

schereiunternehmen, wenn er seinen Arbeitseinsatz erhöht. Bei der Wahl seines Arbeitseinsatzes berücksichtigt kein Fischer die Kosten, die er den anderen Fischereibetrieben in Form einer Verringerung der Produktivität der bereits eingesetzten Arbeit durch eine Erhöhung seines eigenen Arbeitseinsatzes aufbürdet.

Wie hoch ist die gleichgewichtige Fangmenge bei vollkommenem Wettbewerb zwischen den Fischereiunternehmen innerhalb einer Fischereiindustrie? Betrachten wir hierfür nochmals Abbildung 4.7 und gehen von einer Fangmenge x^* aus. Bei dieser entstand insgesamt ein positiver Gewinn. Diese Situation kann bei freiem Markzutritt innerhalb der Fischereiindustrie und vollkommenem Wettbewerb keine langfristige Gleichgewichtslösung sein. Sind nämlich positive Gewinne zu erzielen, so werden die Fischereibetriebe ihre Fangaktivitäten ausdehnen, neue Betriebe werden das Gewässer nutzen. Ein Markteintritt bzw. Erhöhung des Arbeitseinsatzes wird solange anhalten, bis kein Gewinn mehr realisiert werden kann. Ein langfristiges Gleichgewicht ist daher erst erreicht, wenn die Durchschnittskosten, AC, dem exogen gegebenen Preis für Fisch, p, entsprechen. Dies ist in Punkt B der Fall. In dieser Situation entspricht die Lohnsumme des gesamten Sektors den Gesamterlösen der Industrie,

$$px = wN \quad bzw. \quad p = \frac{wN}{x} = AC. \tag{4.18}$$

Die langfristig gleichgewichtige Fangmenge wird bei x^e realisiert. Gegenüber einer effizienten Nutzung des Gewässers ist diese Fischmenge mit einer Überbeanspruchung der Ressource verbunden, da der einzelne Fischereibetrieb nicht die gesamten Kosten seiner Aktivität berücksichtigt. Bei einer Ausdehnung der Fangmenge von x^* zu x^e übersteigen die sozialen Kosten, die durch die Fläche unter der MC-Kurve dargestellt sind, x^*x^eCA, die privaten Kosten, x^*x^eBA, um das Dreieck ABC. Im langfristigen Gleichgewicht bei vollkommenem Wettbewerb zwischen den einzelnen Fischereiunternehmen entsteht ein Wohlfahrtsverlust in Höhe der Fläche ABC. Abschließend folgt das

Ergebnis 4.3.2 *Der freie Zugang zu einer kollektiv nutzbaren Ressource führt zu einer ineffizienten Überbeanspruchung, da der einzelne Nutzer nicht die gesamten Kosten seiner Aktivität trägt.*

In diesem langfristigen Gleichgewicht übersteigen die Grenzkosten an der Stelle x^e, $MC(x^e)$, den Grenzerlös. Folglich übersteigen bei diesem Fangergebnis auch die Kosten einer zusätzlich eingesetzten Einheit Arbeit das

Wertgrenzprodukt dieser Einheit: $w > pF_N(x^e)$. Aus diesem Zusammenhang ergeben sich folgende äquivalente Aussagen:

$$MC(x^e) > p \quad \Leftrightarrow \quad \frac{w}{F_N(x^e)} > p \quad \Leftrightarrow \quad \frac{w}{p} > F_N(x^e).$$

Im langfristigen Gleichgewicht übersteigt der Reallohn auf Basis des Fischpreises, $\frac{w}{p}$, das Grenzprodukt der Arbeit.

Welche Strategien sind denkbar, die zu einer Internalisierung des externen Effektes führen? Ein Vorschlag stammt von *F. H. Knight* (1924). Er plädierte dafür, die kollektiv nutzbare Ressource in Privatbesitz zu überführen. Der Eigentümer kann dann die Fischereibetriebe von der Nutzung der Ressource ausschließen, d.h. er kann einen Preis für die Nutzung verlangen. Zwei Möglichkeiten stehen nun dem Eigentümer des Gewässers zur Verfügung. Zum einen kann er selbst eine Fischerei betreiben und sich dann wie ein gewinnmaximierendes Fischereikonsortium verhalten. Ist er Preisnehmer auf dem Faktormarkt und dem Fischmarkt, so wird die Ressource effizient genutzt. Zum anderen kann er die Nutzungsrechte an die Fischereiunternehmen veräußern, indem er dem höchsten Angebot den Zuschlag erteilt. Das höchste Gebot, das der Eigentümer der Ressource für seine Nutzungsrechte erhalten kann, entspricht genau der maximalen Rente aus der Nutzung der Ressource $\bar{L}$, und somit ist eine effiziente Nutzung des Gewässers auch bei dieser Alternative gewährleistet.

Eine weitere Möglichkeit der Internalisierung bei vollkommenem Wettbewerb zwischen den einzelnen Fischereibetrieben ist die Erhebung einer Steuer. Führt der Staat eine effiziente Stücksteuer pro Fisch in Höhe der Strecke DA ein, so erhöhen sich die Durchschnittskosten auf das Niveau der Grenzkosten in Punkt A: $AC(x^*) + t^* = MC(x^*)$. Gleichbedeutend sinkt durch diese Maßnahme der Erlös aus einem gefangenen Fisch nach Steuern auf $p - t^*$ und wir erhalten das

Ergebnis 4.3.3 *Die Einführung einer effizienzsichernden Stücksteuer in Höhe von $t^* = MC(x^*) - AC(x^*)$ gewährleistet ein Allokationsoptimum bei vollkommenem Wettbewerb zwischen den Fischereibetrieben.*

Fischereiindustrie sei Monopolist auf dem Absatzmarkt

Bisher war die betrachtete Fischereiindustrie klein bezüglich des Absatzmarktes und nahm den Absatzpreis, p, als exogen gegeben. Nun besitze die Fischereiindustrie eine Monopolstellung auf dem Absatzmarkt. Ein Beispiel ist eine Forellenzucht in einem idyllischen Tal in Oberbayern. Die Fischereiindustrie sehe sich einer fallenden Preis-Absatz-Funktion, $p(x)$, gegenüber. Der Preis sinkt folglich mit steigender Angebotsmenge an Fisch. In Abbildung 4.8 ist diese Situation für eine lineare Preis-Absatz-Funktion, $D = p(x)$, dargestellt.

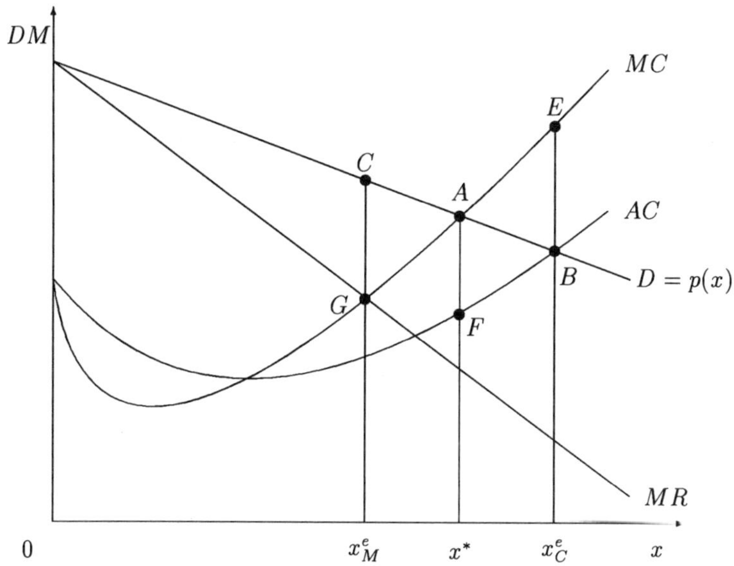

Abb. 4.8: Kollektiv nutzbare Ressource bei Marktmacht

Das Allokationsoptimum ist weiterhin dann erreicht, wenn die sozialen Kosten für einen zusätzlich gefangenen Fisch, $MC(x)$, dem Preis entsprechen, den die Nachfrager für diesen letzten Fisch zu zahlen bereit sind:

$$p(x^*) = MC(x^*). \tag{4.19}$$

Diese Bedingung ist in Punkt A erreicht und die effiziente Fangmenge ist x^*.

Besteht die Fischereiindustrie wieder aus einem Konsortium oder betrachten wir eine nationalisierte Fischerei, so verhalten sich diese wie ein

Monopolist. Der Monopolist kann durch Variation der Absatzmenge den Preis für Fisch beeinflussen. Erhöht er seine Angebotsmenge, so sinkt der Preis, d.h. der Grenzerlös sinkt mit zunehmender Menge. Ein Gewinnmaximum der nationalisierten Fischerei ist erreicht, wenn der **Grenzerlös** (**marginal revenue**), $MR(x)$, den Grenzkosten entspricht:

$$MR(x_M^e) = MC(x_M^e). \tag{4.20}$$

Diese Bedingung ist in Punkt G erfüllt, wobei die optimale Angebotsmenge aus Sicht eines Monopolisten x_M^e ist. Die optimale Menge ist mit dem Index M versehen, um zu verdeutlichen, daß es sich um die gewinnmaximale Fangmenge eines Monopolisten handelt. Den Absatzpreis dieser Menge lesen wir im **Cournotpunkt** C ab. Gegenüber dem Allokationsoptimum entsteht aufgrund der Marktmacht des Monopolisten ein Wohlfahrtsverlust in Höhe der Fläche GAC. Um diese Fläche übersteigt die Zahlungsbereitschaft der Konsumenten für eine Erhöhung der Fangmenge von x_M^e auf x^*, die Fläche $x_M^e x^* AC$, die Kosten für die Ausdehnung des Fischangebots, die Fläche unter der Grenzkostenkurve $x_M^e x^* AG$.

Das gleiche Ergebnis erhalten wir, wenn wir dem Vorschlag von *Knight* (1924) folgen und die Ressource einem einzigen Eigentümer übertragen. Betreibt dieser den Fischfang für sich, so verhält er sich wie ein Monopolist. Veräußert er dagegen die Nutzungsrechte an der Ressource, so entspricht die maximale Rente dem maximalen Gewinn eines monopolistischen Fischunternehmens, der diese Rechte erwirbt.

Betrachten wir nun die Situation, in der wettbewerbliches Verhalten und freier Marktzutritt einzelner Fischereibetriebe herrscht. Da das einzelne Unternehmen nur seine Lohnkosten berücksichtigt und die kollektiv nutzbare Ressource als frei betrachtet, ist ein langfristiges Gleichgewicht erst dann erreicht, wenn der Preis den durchschnittlichen Lohnkosten entspricht:

$$AC(x_C^e) = p(x_C^e). \tag{4.21}$$

Die langfristig gleichgewichtige Angebotsmenge bei wettbewerblichem Verhalten der einzelnen Fischereibetriebe ist bei x_C^e erreicht. Diese Menge trägt den Index C, um die Situation bei wettbewerblichem Verhalten der Fischereiunternehmen (**competition**) zu kennzeichnen. Im Wettbewerbsfall übersteigt die Fangmenge x_C^e die effiziente Menge x^*. Die Ressource wird übernutzt und es entsteht ein Wohlfahrtsverlust in Höhe der Fläche ABE.

Diskutieren wir abschließend die Internalisierungsstrategien. Wie wir oben sahen, sichert die Übereignung der Nutzungsrechte in Privatbesitz kein Allokationsoptimum mehr, da der Eigentümer Marktmacht besitzt. Jedoch kann die Übereignung in Privatbesitz gegenüber einer Wettbewerbslösung eine Wohlfahrtsverbesserung bedeuten, wenn der Wohlfahrtsverlust GAC kleiner ist als die Fläche ABE.

Im Vergleich hierzu sichert die Steuerlösung weiterhin das Erreichen des Allokationsoptimums im Wettbewerbsfall, wenn der Staat die effiziente Steuer $t^* = p(x^*) - AC(x^*)$ pro Fisch einfordert. In der Abbildung 4.8 ist diese effiziente Stücksteuer durch die Strecke AF wiedergegeben. Durch diese Steuer werden wieder die Durchschnittskosten angehoben, so daß sie dem Wertgrenzprodukt der Arbeit bei der Fangmenge x^* entsprechen.

Literaturempfehlungen zu Kapitel 4

Empfohlene Lehrbuchliteratur:

Boadway, Robin W. und David E. Wildasin, 1984, *Public Sector Economics*, 2. Aufl., Little Brown, Boston, Kapitel 5.

Cornes, Richard und Todd Sandler, 1986, *The Theory of Externalities, Public Goods, and Club Goods*, Cambridge University Press, Cambridge, Mass.

Sohmen, Egon, 1976, *Allokationstheorie und Wirtschaftspolitik*, J.C.B. Mohr, Tübingen, Kapitel 7.

Stiglitz, Joseph E. und Bruno Schönfelder, 1994, *Finanzwissenschaft*, 2. Aufl., Oldenbourg, München, Kapitel 8.

Zitierte und vertiefende Literatur:

Buchanan, James M. und W.C. Stubblebine, 1962, „Externality", *Economica 29*, S. 371–384.

Coase, Ronald H., 1960, „The Problem of Social Cost", *Journal of Law and Economics 3*, S. 1–44.

Cropper, Maureen L. und Wallace E. Oates, 1992, „Environmental Economics: A Survey", *Journal of Economic Literature 30*, S. 675–740.

Dales, John H., 1968, *Pollution, Property Rights and Prices*, University of Toronto Press, Toronto.

Dasgupta, Partha S., P. Hammond und E. Maskin, 1980, „On Imperfect Information and Optimal Pollution Control", *Review of Economic Studies 47*, S. 857–860.

Davis, O.A. und A. Whinston, 1962, „Externalities, Welfare, and the Theory of Games", *Journal of Political Economy 70*, S. 241–262.

Gordon, H. Scott, 1954, „The Economic Theory of a Common Property Resource: The Fishery", *Journal of Political Economy 62*, S. 124–142.

Greenwald, Bruce C. und Joseph E. Stiglitz, 1986, „Externalities in Economies with Imperfect Information and Incomplete Markets", *Quarterly Journal of Economics 101*, S. 229–264.

Helpman, Elhanan und Paul R. Krugman, 1989, *Trade Policy and Market Structure*, MIT Press, Cambridge, Mass. und London.

Knight, Frank H., 1924, „Some Fallacies in the Interpretation of Social Cost", *Quarterly Journal of Economics 38*, S. 582–606.

Meade, J.E., 1952, „External Economies and Diseconomies in a Competitive Situation", *The Economic Journal 62*, S. 54–67.

Pigou, Arthur C., 1932, *The Economics of Welfare*, 4. Auflage, Macmillan, London.

Weimann, Joachim, 1995, *Umweltökonomik*, 3. Auflage, Springer, Berlin.

Kapitel 5

Mechanismen zur Bereitstellung öffentlicher Güter

In Kapitel 3 analysierten wir, welche Bedingungen eine effiziente Bereitstellung öffentlicher Konsumgüter kennzeichnen. Aus normativer Sicht wird ein öffentliches Gut dann effizient bereitgestellt, wenn die Summe der marginalen Zahlungsbereitschaften aller Konsumenten den Grenzkosten der Produktion des öffentlichen Gutes entspricht. Diese Effizienzbedingung erhielten wir, indem wir die Sichtweise eines wohlwollenden Zentralplaners einnahmen, der die Präferenzen aller Individuen kennt. Wir sahen auch, daß ein potentieller Nutzer eines öffentlichen Gutes keinen Anreiz besitzt, seine wahre Zahlungsbereitschaft zu enthüllen, wenn er von dem Konsum des Gutes nicht ausgeschlossen wird. In diesem Fall kann eine Bereitstellung des öffentlichen Gutes über den Markt und dessen Preismechanismus nicht erfolgen. Somit zogen wir die Schlußfolgerung, daß der Staat öffentliche Güter bereitstellen soll.

Doch wie kann der Staat die Präferenzen seiner Bürger für ein öffentliches Gut ermitteln? Dies ist die zentrale Frage, die wir uns in diesem Kapitel stellen. Wir werden zwei Präferenzoffenbarungsmechanismen analysieren: Wahlen, d.h. die Abstimmung mit der Hand, und Wanderungen, d.h. die Abstimmung mit den Füßen. Neben der Beschreibung werden wir untersuchen, unter welchen Bedingungen diese Mechanismen zu einer effizienten Bereitstellung des öffentlichen Gutes führen. Da sowohl Wahlen als auch Wanderungen nur unter sehr restriktiven Annahmen eine effiziente Bereitstellung öffentlicher Güter sichern, wenden wir uns im letzten Abschnitt einem steuerlichen Anreizmechanismus zu, der die Bürger veranlaßt, ihre wahre Zahlungsbereitschaft offenzulegen.

5.1 Wahlmodelle: Abstimmung mit der Hand

Aufgrund des Problems des Trittbrettfahrens sind die Individuen nicht bereit, freiwillig Beiträge für die Bereitstellung öffentlicher Güter zu leisten. Sollen dennoch öffentliche Güter bereitgestellt werden, so benötigen wir einen Mechanismus, der alle Individuen an eine bestimmte Finanzierungsform bindet. Eine Möglichkeit besteht darin, daß die Individuen eine Regierung wählen, die die Gewalt besitzt, staatliche Zwangsabgaben zur Finanzierung öffentlicher Güter zu erheben. So überwindet die Regierung das **free rider**-Problem bei Nichtausschließbarkeit. Gleichzeitig wird eine Regierung, die wiedergewählt werden möchte, sich an den Präferenzen ihrer Wähler ausrichten. Denn wenn sie dies nicht tut, so wird sie bestraft und abgewählt.

Wahlen sind zumindest in den demokratischen Ländern Westeuropas und Nordamerikas der bedeutenste Mechanismus für die Bereitstellung öffentlicher Güter. Hierbei kennen wir zum einen die Form der **repräsentativen Demokratie**, bei der die Wähler eine Partei bzw. Abgeordnete in ein Parlament wählen, in dem dann über das Niveau öffentlicher Güter, z.B. über den Verteidigungshaushalt oder Infrastrukturausgaben, entschieden wird. Der Wähler bzw. die Wählerin entscheidet folglich nur indirekt über die Politik. Nahezu alle demokratischen Staatsformen sind repräsentativer Art. Aber wir finden auch Abstimmungen, bei denen jeder Wähler/jede Wählerin **direkt** über die Politik entscheidet. Das bekannteste Beispiel sind die Volksentscheide in der Schweiz, bei denen über die Politik, die die einzelnen Kantone direkt betreffen, abgestimmt wird. Aber auch in einigen Ländern der Bundesrepublik gibt es die Möglichkeit, ein Volksbegehren anzuregen, welches bei genügender Unterstützung der Bevölkerung zu einem Volksentscheid führt, bei dem wiederum jeder wahlberechtigte Bürger direkt über verschiedene Politikalternativen abstimmen kann. So gab es in Bayern bereits ein Volksentscheid über die Abfallentsorgungspolitik oder die Abschaffung des Senats. Ein weiteres Beispiel für eine direkte Wahl ist die Volksabstimmung 1996 in Berlin und Brandenburg über eine Zusammenführung beider Länder zu einem Bundesland. Zuletzt sind die Volksreferenden in Dänemark und Frankreich über die Annahme des Vertrages von Maastricht oder die Volksabstimmungen in Norwegen und der Schweiz über den Beitritt zur Europäischen Union Beispiele für eine direkte Wahl.

Wir betrachten in diesem Abschnitt nur direkte Demokratien, d.h. die Bürger wählen direkt, ohne durch eine Partei repräsentiert zu werden, das Wahlprogramm, welches sie am meisten präferieren. Die Ergebnisse, die wir aus der folgenden Analyse gewinnen werden, lassen sich aber ohne weiteres auf eine Situation mit einer repräsentativen Demokratie übertragen, solange wir davon ausgehen, daß die Abgeordneten im Parlament bzw. die Parteien ihre Stimmen zu maximieren suchen. Da sich nämlich nur diejenige Fraktion im Parlament durchsetzen kann, die auch von der Mehrheit der Bevölkerung gewählt wurde, und da diese, um wiedergewählt zu werden, die Interessen ihrer Wähler vertritt, entscheidet sich die regierende Fraktion genauso, wie die Mehrheit der Wählerschaft bei einer direkten Demokratie.

Ein zur Wahl stehendes Programm umfaßt zwei Komponenten: zum einen das Niveau des öffentlichen Gutes und zum anderen die Finanzierungsform. Der Wähler kennt damit für jedes Wahlprogramm seine Steuerlast und kann aus dem Angebot ersehen, wie groß sein Nutzen sein wird.

Wieviele individuelle Präferenzen die Regierung berücksichtigen muß, ist abhängig von der Abstimmungsregel. Ist z.B. Einstimmigkeit erforderlich, so muß das Wahlprogramm so gestaltet sein, daß alle Bürger zustimmen können. Wir betrachten die **Abstimmungsregel**, bei der die einfache Mehrheit über das Regierungsprogramm entscheidet. Erreicht ein Wahlprogramm mehr als 50 Prozent der abgegebenen Stimmen, so ist dieses auch das Regierungsprogramm.

5.1.1 Das Mehrheitswahlmodell von Bowen und Black

Um zu beschreiben, wie in einer direkten Demokratie über das bereitzustellende Niveau eines öffentlichen Gutes entschieden wird, betrachten wir das Mehrheitswahlmodell von *H. R. Bowen* (1943) und *D. Black* (1948).

Wir treffen folgende Annahmen: Es gebe N unterschiedliche Individuen, die wahlberechtigt sind. Jeder geht zur Wahl und besitzt eine Stimme. Das öffentliche Gut G läßt sich zu konstanten Grenzkosten, MC, herstellen. Die Kosten, die durch die Bereitstellung einer bestimmten Menge des öffentlichen Konsumgutes entstehen, $G \cdot MC$, werden gleichmäßig auf alle Wähler verteilt. Durch diese Annahme ist bei der Wahl über das bereitzustellende Niveau zugleich die Finanzierung des öffentlichen Gutes gewährleistet. Die marginale Steuerlast oder der Preis für eine

Einheit des öffentlichen Gutes beträgt daher $\frac{MC}{N}$ für jeden Wähler bzw. Wählerin. Jedes Wahlprogramm besteht nun aus einer Entscheidungsvariablen, nämlich der bereitzustellenden Menge des öffentlichen Gutes. Steht z.B. das Niveau $\bar{G}$ zur Wahl, so beträgt die Steuerlast bei dieser Menge für den einzelnen Wähler $\frac{\bar{G} \cdot MC}{N}$. Der monetäre Grenznutzen des Gesellschaftsmitgliedes i, $i = 1, \ldots, N$, aus dem Angebot des öffentlichen Gutes ist MB_i. Dieser sei positiv und falle linear mit zunehmender Menge des öffentlichen Gutes.

Gemäß der Samuelson–Bedingung ist ein effizientes Angebot des öffentlichen Gutes dann erreicht, wenn die Summe der marginalen Zahlungsbereitschaften den Grenzkosten entspricht: $\sum MB_i = MC$. Teilen wir diese Bedingung auf beiden Seiten durch die Zahl der Nutzer N, so erhalten wir

$$\frac{\sum_{i=1}^{N} MB_i}{N} = \frac{MC}{N}. \tag{5.1}$$

Folglich wird ein effizientes Angebot von G realisiert, wenn die durchschnittliche marginale Zahlungsbereitschaft aller N Wähler der marginalen Steuerlast entspricht. Diese Bedingung gibt uns die Norm an, an der wir das Wahlergebnis messen wollen.

Welches Angebot wird nun bei einer einfachen Mehrheitswahl gewählt? Unter welchen Bedingungen sichert eine Wahl ein effizientes Angebot des öffentlichen Gutes? Um diese Fragen zu beantworten, betrachten wir zuerst das Wahlverhalten eines Wählers i. Für diesen ist der Steuerpreis für eine Einheit des öffentlichen Gutes $\frac{MC}{N}$ exogen gegeben. Aus Sicht des i ist die individuell optimale Höhe von G dann erreicht, wenn der Nutzen aus der letzten gewählten Einheit des öffentlichen Gutes genau den Grenzkosten für diese Wahl entspricht:

$$MB_i = \frac{MC}{N}.$$

In Abbildung 5.1 ist diese Bedingung in Punkt A erreicht. Die Menge G_i stellt die optimale Wahl für den Wähler i dar.

Bei diesem Niveau G_i realisiert der Wähler i den Nutzen OG_iAC. Sein gewünschter Kostenanteil beträgt OG_iAB. Insgesamt erhält der Wähler i bei Wahl von G_i eine Konsumentenrente in Höhe des Dreiecks ABC. Setzt sich in der Mehrheitswahl ein kleineres Niveau durch, so reduziert sich sein Nettonutzen. Ebenso ist ein höheres Niveau für ihn nicht wünschenswert, da jede weitere angebotene Einheit des öffentlichen Gutes ihm mehr Kosten aufbürdet, als sie ihm an zusätzlichem Nutzen bringt.

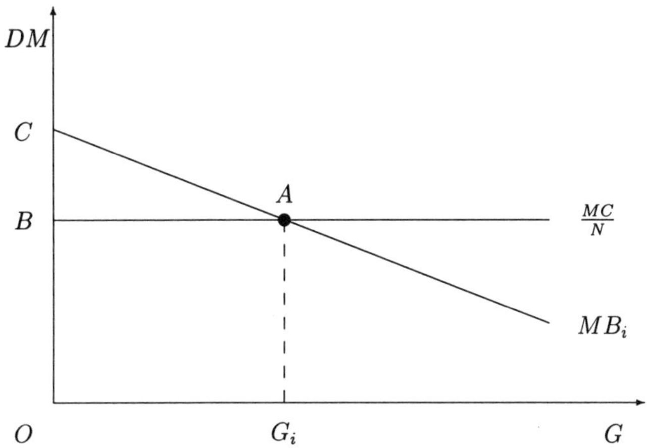

Abb. 5.1: Individuell optimale Wahl

Aus Gründen der Übersichtlichkeit, unterstellen wir nun, daß dic Gesellschaft nur aus drei Mitgliedern, $N = 3$, bestehe. In der Abbildung 5.2 stellen wir die individuell optimalen Mengen der drei Wähler A, B und C, dar. Im folgenden nehmen wir an, daß A die geringe Menge G_A, B G_B und das Individuum C ein hohes Niveau G_C präferiert. Es stehen nun insgesamt drei mögliche individuell optimale Programme zur Wahl, G_A, G_B und G_C. Über alle werde nun paarweise abgestimmt. Zuerst stellt die Regierung die zwei Alternativen G_A und G_B zur Wahl. Der Wähler A stimmt natürlich für G_A, da dies seine optimale Wahl ist. Aus dem gleichen Grund entscheidet sich B für das Niveau G_B. Der Wähler C entscheidet sich ebenfalls für die Alternative G_B, da diese seinem individuellen Optimum näher ist und ihm somit einen höheren Nettonutzen gewährt als G_A. In dieser Abstimmung wird also die Alternative G_B gewählt.

Nun stellt die Regierung die beiden Niveaus G_B und G_C zur Wahl. Auch in diesem Fall setzt sich die Alternative G_B durch, da sie von A und von B gewählt wird, während die Alternative G_C lediglich von C eine

Stimme erhält. Diese beiden Abstimmungen genügen bereits, um zu erkennen, daß sich die Alternative G_B eindeutig unter den getroffenen Annahmen durchsetzt. Lediglich der Vollständigkeit halber stellen wir noch abschließend die Alternativen G_A und G_C gegenüber. G_A wird natürlich von A selbst gewählt, während C seine Stimme seiner optimalen Menge G_C gibt. Entscheidend für den Ausgang der Wahl ist die Stimme von B. Dieser wird sich ebenfalls für die Alternative C entscheiden, da diese Alternative seinen Präferenzen mehr entspricht als die Menge G_A.

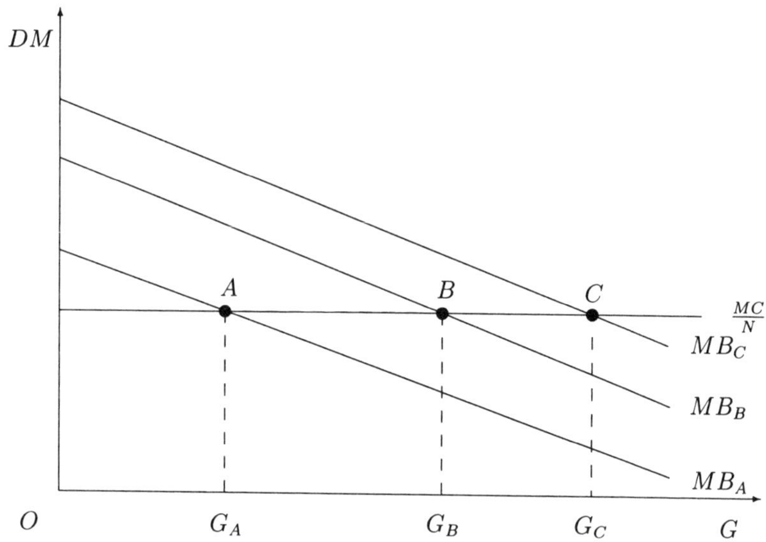

Abb. 5.2: Mehrheitswahl

Wir erkennen, daß sich in einer paarweisen Abstimmung die Alternative G_B gegenüber G_C und diese sich wiederum gegenüber der Alternative G_A durchsetzt: $G_B \succ G_C \succ G_A$. Wir erhalten ein eindeutiges Abstimmungsergebnis, G_B. Der Wähler B kann seine Präferenzen durchsetzen, da er bei einer einfachen Mehrheitsregel das Zünglein an der Waage ist. Seine Stimme muß gewonnen werden, um ein Programm mehrheitsfähig zu machen. Wir nennen diesen Wähler auch den **Medianwähler**, da seine Präferenzen den Median der Verteilung der Präferenzen aller Wähler repräsentieren[1]. Wir halten fest, daß sich unter den getroffenen Annahmen

[1] Der Median teilt bekanntlich die Häufigkeitsverteilung einer Variablen derart, daß links und rechts von ihm jeweils die Hälfte der Merkmalsausprägungen liegt.

die Präferenzen des Medianwählers bei einer Mehrheitswahl durchsetzen. Die Regierung stellt aufgrund dieses Wahlergebnisses das für B optimale Niveau G_B bereit:

$$MB_B = \frac{MC}{3}. \tag{5.2}$$

Dieses Wahlergebnis sichert zugleich ein effizientes Angebot des öffentlichen Gutes, wenn die Präferenzen des Medianwählers der durchschnittlichen marginalen Zahlungsbereitschaft entsprechen:

$$MB_B = \frac{\sum_{i=A,B,C} MB_i}{3} = \frac{MB_A + MB_B + MB_C}{3} = \frac{MC}{3}. \tag{5.3}$$

Formal wird ein effizientes Angebot durch die einfache Mehrheitswahl gesichert, wenn der Median der Verteilung der Präferenzen bezüglich des öffentlichen Gutes mit dem arithmetischen Mittel der Verteilung übereinstimmt,

$$MB_B = \frac{\sum_{i=1}^{N} MB_i}{N} = \frac{MC}{N}, \qquad i = 1, \ldots, N. \tag{5.4}$$

Eine derartige Übereinstimmung ist bei allen symmetrischen Verteilungen der Präferenzen um den Mittelwert $\frac{\sum MB_i}{N}$ der Fall. Abschließend erhalten wir das

Ergebnis 5.1.1 *Sind die Präferenzen für öffentliche Güter symmetrisch verteilt, die Grenzkosten konstant und die marginalen Steuersätze identisch, so sichert die Mehrheitswahl ein effizientes Angebot des öffentlichen Gutes bei ausgeglichenem staatlichen Budget.*

Sind die Präferenzen dagegen nicht symmetrisch verteilt, so entsprechen die Präferenzen des Medianwählers in der Regel nicht mehr der durchschnittlichen Grenzzahlungsbereitschaft. Ist die Verteilung z.B. linkssteil, so ist die marginale Zahlungsbereitschaft des Medianwählers für ein gegebenes G geringer als die durchschnittliche Grenzzahlungsbereitschaft. Wahlen generieren folglich eine Unterversorgung im Vergleich zum Allokationsoptimum, da bei einer linkssteilen Verteilung der Median in der Regel kleiner ist als das arithmetische Mittel. Das umgekehrte gilt für rechtssteile Verteilungen. Dieser Fall ist in Abbildung 5.2 dargestellt. Wenn wir annehmen, daß die Präferenzen für öffentliche Güter positiv mit dem Einkommen des Wählers korreliert sind, und die Einkommensverteilung (wie in Deutschland) linkssteil ist, so resultiert bei einer Bestimmung des Angebot an öffentlichen Gütern durch eine einfache Mehrheitswahl ein zu geringes Niveau.

Natürlich setzen sich die Präferenzen des Medianwählers nur dann durch, wenn die einfache Mehrheit entscheidet. Verlangt die Entscheidung aber z.B. eine Drei-Viertel-Mehrheit, so entscheiden die Präferenzen des rechten bzw. linken Quartilwählers der Präferenzverteilung. Nun ist im allgemeinen nicht mehr eindeutig, welches Ergebnis bei einer paarweisen Abstimmung gewählt wird, da sowohl die optimale Wahl des rechten als auch die des linken Quartilwählers als Wahlergebnis möglich sind.

5.1.2 Eine Kritik an dem Medianwähleransatz

Die obige Analyse zeigte, daß der Medianwähler bei einer einfachen Mehrheitsregel unter bestimmten Umständen die Wahl entscheidet. *D. Black* (1948) verallgemeinerte die Bedingungen, die notwendig sind, damit der Medianwähler eindeutig seine Präferenzen durchsetzen kann. Er legte dar, daß dies nur dann der Fall ist, wenn die Präferenzen jedes einzelnen Wählers **eingipflig** sind, d.h. jeder Wähler besitzt genau ein Niveau, welches für ihn eindeutig das beste ist, und von diesem ausgehend jede Alternative von dem Wähler als zunehmend schlechter beurteilt wird, je weiter sie von seinem optimalen Niveau entfernt ist. In Abschnitt 5.1.1 unterstellten wir implizit eine derartige Eingipfligkeit der Präferenzen, indem wir annahmen, daß der monetäre Grenznutzen des Individuums i, MB_i, streng monoton fallend verlaufe.

Betrachten wir nochmals Abbildung 5.1. Ausgehend von einem Niveau von $G = 0$ steigt die Konsumentenrente des Wählers i zunächst an. Wird das individuell optimale Niveau G_i erreicht, so ist die Konsumentenrente maximal. Wird das Niveau des öffentlichen Gutes noch weiter gesteigert, so fällt die Konsumentenrente wieder ab, da ab der Menge G_i die Grenzkosten, $\frac{MC}{N}$, über der marginalen Zahlungsbereitschaft, MB_i, liegen. Formal sagen wir: Bei Eingipfligkeit weist die Nutzenfunktion eines Individuums i in Abhängigkeit der Variablen G **ceteris paribus** ein globales Maximum bei dem Niveau G_i und keine weiteren lokalen Maxima auf. Aufgrund der unterstellten Eingipfligkeit können wir die individuelle Präferenzordnung der Wähler A, B und C in Abbildung 5.3 abtragen.

Alle Wähler können alle Alternativen, die zur Wahl gestellt werden, ordnen. Wir sagen, die individuellen Präferenzordnungen sind vollständig. Zusätzlich kann jeder Wähler alle Alternativen in eine eindeutige, widerspruchsfreie Reihung stellen. Wir sagen, die individuellen Präferenzordnungen sind transitiv. So präferiert der Wähler A die Alternative G_A gegenüber G_B, $G_A \succ G_B$. Ebenfalls präferiert er G_B gegenüber G_C, $G_B \succ G_C$. Zuletzt gilt für ihn $G_A \succ G_C$. Seine Präferenzordnung ist vollständig, da er alle Alternativen ordnen kann. Seine Präferenzordnung ist auch transitiv, da er die Alternative G_A gegenüber G_B und diese gegenüber G_C präferiert, so daß eindeutig folgt, daß er auch G_A gegenüber G_C präferiert:

$$G_A \succ G_B \quad \text{und} \quad G_B \succ G_C \quad \Rightarrow \quad G_A \succ G_C.$$

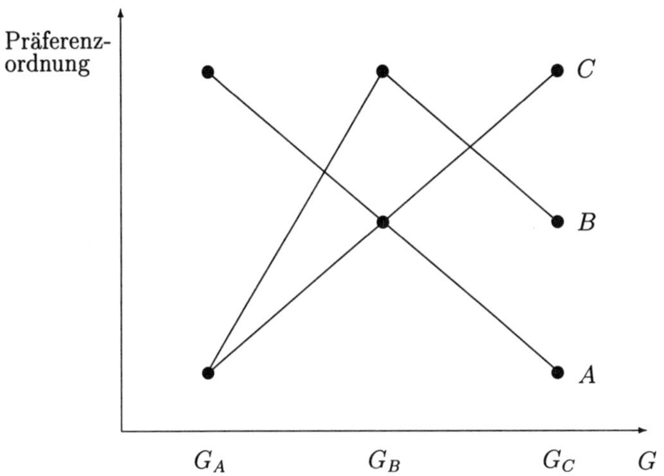

Abb. 5.3: Eingipflige Präferenzen und Abstimmungsverhalten

Seine Präferenzordnung ergibt die Reihenfolge $G_A \succ G_B \succ G_C$. Die Präferenzordnung von B ist durch die Relation $G_B \succ G_C \succ G_A$ und diejenige von C durch $G_C \succ G_B \succ G_A$ dargestellt. Stellt man nun die Alternativen paarweise zur Wahl, so ergibt sich das bereits bekannte Ergebnis:

Abstimmung	Stimmenvergabe	Auszählungsergebnis
G_A vs. G_B	A vs. B, C	G_B wird gewählt
G_B vs. G_C	A, B vs. C	G_B wird gewählt
G_C vs. G_A	B, C vs. A	G_C wird gewählt

Die Alternative G_C setzt sich gegen G_A durch, während G_B sowohl gegenüber G_C als auch gegenüber G_A präferiert wird. Unabhängig von dem Abstimmungsprocedere wird sich daher die Alternative G_B durchsetzen.

Wir sagen, die gesellschaftliche Präferenzordnung über die Alternativen, die sich aus den individuellen Präferenzen ergibt, ist ebenfalls vollständig und transitiv,

$$G_B \succ G_C \succ G_A.$$

In diesem Fall setzt sich der Medianwähler, B, durch.

Wie ändert sich das Ergebnis, wenn die Präferenzordnung eines Wählers mehrgipflig ist? Nehmen wir z.B. an, das Individuum C besitze eine andere Präferenzordnung als bisher. Zwar schätze es weiterhin die Alternative G_C am höchsten. Jedoch präferiere es die Alternative G_A gegenüber G_B. Seine Präferenzordnung lautet nun: $G_C \succ G_A \succ G_B$. Diese ist weiterhin vollständig und transitiv. Diese Situation ist nun in Abbildung 5.4 dargestellt. Wir sehen, daß die Präferenzordnung des C sowohl bei der Alternative G_A als auch bei G_C ein Maximum bzw. einen Gipfel aufweist.

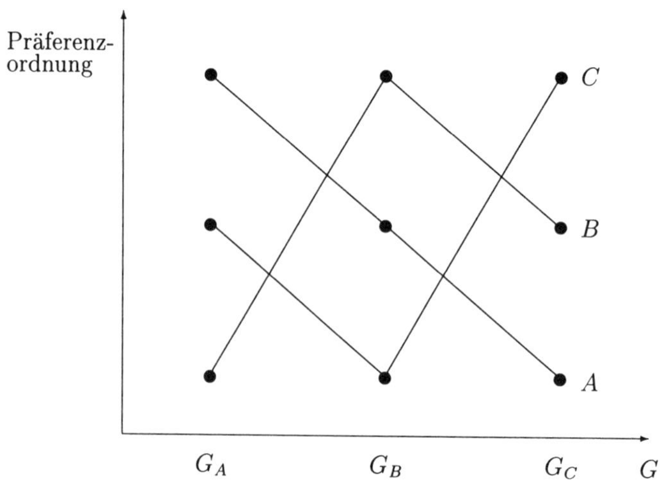

Abb. 5.4: Mehrgipflige Präferenzen und Abstimmungsverhalten

Führen wir nun eine paarweise Abstimmung der Alternativen durch, so erhalten wir folgendes Ergebnis:

Abstimmung	Stimmenvergabe	Auszählungsergebnis
G_A vs. G_B	A, C vs. B	G_A wird gewählt
G_B vs. G_C	A, B vs. C	G_B wird gewählt
G_C vs. G_A	B, C vs. A	G_C wird gewählt

In diesem Fall ist das Abstimmungsergebnis nicht eindeutig. Die Alternative G_A wird nun der Alternative G_B vorgezogen, $G_A \succ G_B$. G_B wird weiterhin gegenüber G_C präferiert, $G_B \succ G_C$. Jedoch wird bei einer Abstimmung zwischen G_A und G_C die letztere Alternative gewählt, $G_C \succ G_A$. Keine Alternative kann als eindeutig mehrheitsfähig angesehen werden. Wir erhalten eine gesellschaftliche Präferenzordnung, die nicht mehr transitiv ist, sondern in Zyklen verläuft:

$$G_A \succ G_B \succ G_C \succ G_A \quad \text{usw.}$$

Diese Möglichkeit der Zirkularität wurde bereits im 18. Jahrhundert von dem französischen Philosophen und Politiker *Marquis de Condorcet* formuliert. Welche Alternative abschließend gewählt wird, hängt von dem Abstimmungsprocedere ab. Nehmen wir z.B. an, daß eine Wahlkommission vor der Wahl entschieden hat, daß es maximal zwei Wahlgänge geben wird. Unterstellen wir, daß im ersten Wahlgang die Alternativen G_A und G_B und im zweiten der Sieger des ersten Wahlganges, G_A, gegen die verbleibende Alternative G_C zur Abstimmung stehen, so würde sich die Alternative G_C durchsetzen, da sie im entscheidenden zweiten Wahlgang die einfache Mehrheit erhielte. Wäre jedoch zuerst die Abstimmung G_A vs. G_C und dann die zwischen G_C und G_B erfolgt, so hätte sich die Alternative G_B durchgesetzt. Die Reihenfolge der Wahlgänge entscheidet also über den abschließenden Wahlausgang.

Wir halten fest, daß eine individuell transitive Präferenzordnung bei mehrgipfligen Präferenzen nicht zu kollektiv transitiven Präferenzen führen muß. Diese Aussage wurde von *K. Arrow* (1951) auch formal bewiesen.

Da sich der Medianwähler bei einer Mehrheitswahl nur durchsetzt, wenn die kollektive Präferenzordnung transitiv ist,

$$G_A \succeq G_B \quad \text{und} \quad G_B \succeq G_C \quad \Rightarrow \quad G_A \succeq G_C, \tag{5.5}$$

erhalten wir abschließend das

Ergebnis 5.1.2 *Der Medianwähler setzt sich bei einer Mehrheitswahl durch, wenn die individuellen Präferenzen eingipflig sind, da diese Annahme eine transitive kollektive Präferenzordnung sichert.*

In unserer Betrachtung entschieden die Wähler nur über die Menge eines öffentlichen Gutes. Das Problem eines Wählers war folglich eindimensional. In diesem Fall ist die Annahme eingipfliger Präferenzordnungen durchaus sinnvoll. Wenn wir nämlich, wie in der mikroökonomischen Haushaltstheorie üblich, streng konvexe Präferenzen unterstellen, so erhalten wir in der Regel die erforderliche Eingipfligkeit der Präferenzen bei einer konstanten marginalen Steuerlast. Der Grenznutzen verläuft dann fallend mit zunehmendem Angebot des öffentlichen Gutes.

Doch selbst wenn die Präferenzen der Wähler den geforderten Eigenschaften genügen, ist eine Mehrgipfligkeit nicht gänzlich auszuschließen, wenn die Abstimmungsberechtigten neben dem zur Wahl stehenden (unreinen) öffentlichen Gut die Möglichkeit haben, ein privates Angebot des gleichen Gutes zu nutzen. Um dies aufzuzeigen, folgen wir einem Beispiel von *Stiglitz* (1974). In einer Gemeinde gebe es bisher nur die Möglichkeit, seine Kinder auf eine private Schule zu schicken. Das Gut Ausbildung G kann aber natürlich auch öffentlich bereitgestellt werden. Wenn eine öffentliche Schule gebaut wird, trägt jeder Haushalt zur Finanzierung dieser Schule bei, gleichgültig ob seine Kinder diese Schule besuchen oder nicht. Sein Grenzsteuersatz sei $t(G)$. Gleichzeitig sei der Preis für eine Einheit Ausbildung an der Privatschule konstant p. Da wir streng konvexe Präferenzen unterstellen, verlaufe die marginale Zahlungsbereitschaft eines Haushalts für die Schulausbildung seiner Kinder, $MB(G)$, fallend mit steigendem Ausbildungsniveau. Wie sehen nun die Präferenzen eines Haushalts bezüglich der Bereitstellung einer öffentlichen Schule aus? Zur Beantwortung dieser Frage betrachten wir die folgende Abbildung 5.5. In dem oberen Diagramm sind die bereits diskutierten Kurven $MB(G)$, p und $t(G)$ in Abhängigkeit von der Größe (Qualität) des Gutes Ausbildung abgebildet. Man beachte, daß die $t(G)$–Kurve unterhalb der p–Kurve verläuft, da die Kosten der letzten Einheit der öffentlichen Schulausbildung von allen Bürgern getragen wird, während die Grenzkosten der Privatschule, p, allein von dem Haushalt gezahlt wird, der seine Kinder auf diese Schule schickt. Gleichzeitig steigt der Grenzsteuersatz aber an, da mit zunehmender Qualität der öffentlichen Schule, diese von immer mehr Schulkindern besucht wird, und es deshalb für die Gemeinde immer kostspieliger wird, eine bestimmte Qualität der Ausbildung zu sichern, $\frac{\partial t(G)}{\partial G} > 0$. Gehen wir von einer Situation aus, in der es keine öffentliche Schule in der Gemeinde gibt.

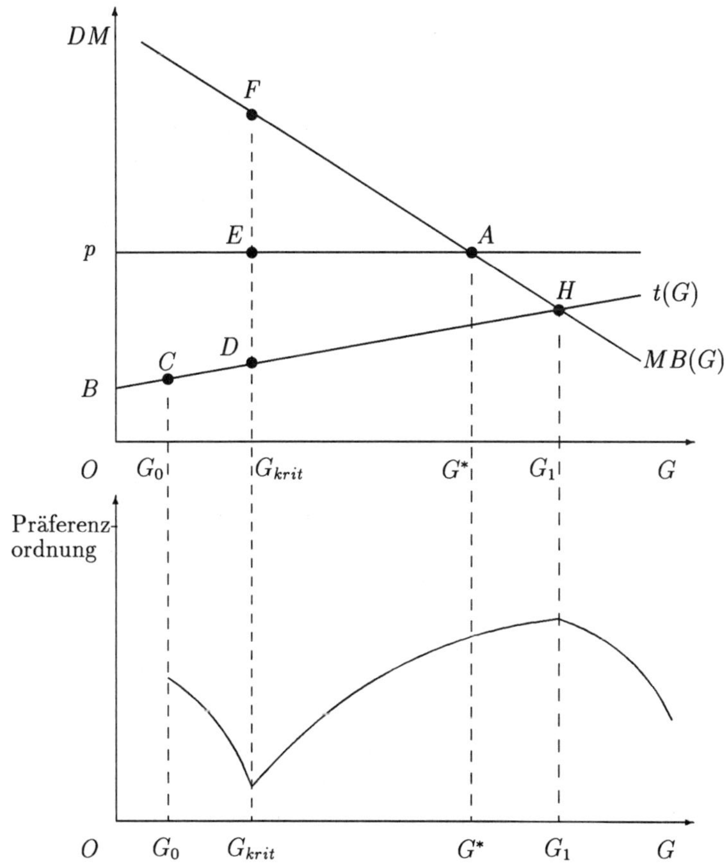

Abb. 5.5: Mehrgipflige Präferenzen bei privater Alternative

Ohne die Alternative einer öffentlichen Ausbildung würde der Haushalt seine Kinder auf die Privatschule schicken und das Ausbildungsniveau G^* wählen, da in Punkt A seine marginale Zahlungsbereitschaft mit dem Preis p übereinstimmt. Nun soll über die Errichtung einer öffentlichen Schule abgestimmt werden und unser Haushalt muß sich überlegen, wie seine Präferenzen bezüglich einer öffentlichen Bereitstellung der Ausbildung verlaufen. Bei einem sehr geringen Niveau an öffentlicher Ausbildung, G_0, wird der Haushalt weiterhin seine Kinder auf die private Schule schicken und dort das Ausbildungsniveau G^* wählen, obwohl er eine Steuer in Höhe des Vierecks OG_0CB zahlen müßte, da die öffentliche Schule zu schlecht ist. Ausgehend von G_0 würde eine marginale Erhöhung des Ausbildungsniveaus an der öffentlichen Schule seine Entscheidung zugunsten der Privatschule nicht ändern. Aber seine Präferenz für diese Erhöhung ist geringer als bei G_0, da er nun mehr Steuern zahlen müßte. Aus diesem Grund verläuft die Kurve im unteren der beiden Diagramme, die die Präferenzen des Haushalts bezüglich unterschiedlicher öffentlich bereitgestellter Ausbildungsniveaus abbildet, zunächst fallend mit steigendem G.

Bei einem kritischen Niveau an öffentlicher Ausbildung, G_{krit}, jedoch ist der Haushalt gerade indifferent zwischen dem Bau einer öffentlichen Schule und einer Situation, in der nur Privatschulen existieren. Dieses kritische Niveau ist genau dann erreicht, wenn die Kostenersparnis aus der Überweisung seiner Kinder auf die öffentliche Schule, nämlich die Differenz aus dem dann eingesparten Schulgeld für das Ausbildungsniveau G_{krit}, das Rechteck $OG_{krit}Ep$, und den zu zahlenden Steuern in Höhe der Fläche $OG_{krit}DB$, also die Fläche $BDEp$, genau dem Verlust an Konsumentenrente, dem Dreieck AEF, entspricht. Hat sich der Haushalt nun für eine Einschreibung seiner Kinder an der öffentlichen Schule entschieden, so erhöht sich seine Präferenz für die öffentliche Schule ausgehend von G_{krit} bis zu dem Niveau G_1. Eine weitere Erhöhung des Ausbildungsnivaus ist für unseren Haushalt nicht mehr wünschenswert. Die Präferenzkurve im unteren Diagramm sinkt wieder. Wie wir sehen, ergibt sich eine mehrgipflige Präferenzordnung aufgrund der Tatsache, daß der Haushalt neben dem zur Wahl stehenden öffentlichen Gut auch ein privat bereitgestelltes Substitut wählen kann, und dies kann zu Wahlzyklen führen.

Ein weiterer Grund für mehrgipflige Präferenzen liegt darin, daß man in einem Wahlgang meist nicht nur über **eine** Variable abstimmt, d.h. eine eindimensionale Entscheidung treffen muß, sondern über mehrer Variablen, die in einem Programm zusammengefaßt sind. Die Alternativen müssen nun über mehrere Dimensionen geordnet werden. Um auch in diesem Fall eingipflige Präferenzen zu sichern, genügen die bisherigen Annahmen nicht. *Plott* (1967) zeigte, daß eine eindeutige Entscheidung im Mehrheitswahlmodell in diesem Fall gesichert werden kann, wenn neben einer endlichen Menge an Abstimmungsberechtigten, die alle streng konvexe Präferenzen besitzen, eine weitere hinreichende Bedingungen erfüllt ist: Es muß einen Wähler/eine Wählerin geben, dessen optimale Wahl in der Mitte der Alternativen liegt. Um diesen können alle anderen WählerInnen in zwei gleichstarke Gruppen geteilt werden, so daß eine Alternative, die von dem Optimum des mittleren Wählers abweicht, zwar von der einen Gruppe höher von der anderen Gruppe jedoch weniger geschätzt wird als die optimale Wahl des mittleren Wählers. Wir erkennen sofort, daß auch in diesem Fall der mittlere Wähler das Zünglein an der Waage ist und die Wahl entscheidet, wenn die einfache Mehrheitsregel gilt und alle zur Wahl gehen.

5.2 Wanderungsmodelle: Abstimmung mit den Füßen

Ein weiterer Lösungsansatz zur Offenbarung der Präferenzen der Bürger bezüglich öffentlicher Güter stammt von *Charles M. Tiebout* (1956). Er betrachtete nur lokal öffentliche Güter wie z.B. einen Stadtpark, lokale Feuerwehr oder Kindergärten. Die Gemeinden oder Regionen bieten unterschiedliche Mengen dieser Güter an und erheben zu deren Finanzierung unterschiedlich hohe Steuern. Ein mobiles Individuum wird sich nun in der Region niederlassen, in der dasjenige Bündel an öffentlichen Gütern und Steuern angeboten wird, welches seinen Präferenzen am meisten entspricht. Es enthüllt durch die Wahl seines Wohnsitzes seine Präferenzen für das lokal öffentliche Gut und die Steuerbelastung.

Diese Form der Präferenzenthüllung gelingt aber nur bei lokal öffentlichen Gütern, deren Nutzung auf die Grenzen der Gemeinden beschränkt ist. Könnten auch Haushalte in anderen Gemeinden das Angebot einer Gemeinde nutzen, so müßten sie nicht durch eine Wanderungsentscheidung ihre Präferenzen enthüllen. Außerdem würde die anbietende Gemeinde ein ineffizient geringes Niveau an öffentlichen Gütern bereitstellen, da sie einen positiven externen Effekt hervorruft, den sie nicht internalisiert, wenn sie nur die Wohlfahrt ihrer eigenen Einwohner beachtet und keine Transfers zwischen den Gemeinden existieren. Aus diesem Grund unterstellen wir in diesem Abschnitt, daß eine Gemeinde nur lokale öffentliche Güter anbietet, deren Nutzung auf das Gebiet der Gemeinde begrenzt ist.

Des weiteren betrachten wir nur kleine Gemeinden, die sich in einer Situation vollkommenen Wettbewerbs um mobile Haushalte befinden. In diesem Fall handelt jede Gemeinde ähnlich einem Unternehmen, welches sich als Preisnehmer verhält. Sie bietet ein lokal öffentliches Gut an und konkurriert um die Konsumenten, nämlich die mobilen Individuen, mit den anderen Gemeinden. Bei vollkommenem Wettbewerb zwischen den Gemeinden werden nun einerseits die Steuern so gesetzt, daß gerade die marginalen Ballungskosten, die bei der Nutzung des öffentlichen Gutes durch die Haushalte auftreten, gedeckt sind und somit Kosteneffizienz erreicht wird, und andererseits diejenige Menge des öffentlichen Gutes bereitgestellt wird, bei der die marginale Zahlungsbereitschaft der Gemeindemitglieder den Grenzkosten entspricht. Wie dies genau funktioniert, ist Gegenstand dieses Abschnitts.

Auch wenn wir uns im folgenden auf eine theoretische Analyse beschränken, so sind diese Überlegungen durchaus von politischer Relevanz. Dürfen Haushalte und Unternehmen ihren Wohn- bzw. Produktionssitz frei wählen, so werden sie sich in denjenigen Gemeinden, Regionen oder Staaten niederlassen, die ihnen die besten Bedingungen bescheren. Die Abwanderung von Betrieben und Steuerzahlern sind somit nur das Ergebnis einer Politik, die den Wünschen der Wegziehenden nicht mehr entspricht. Dieser Wirkungsmechanismus schränkt nicht nur die Möglichkeiten der kommunalen und regionalen Finanzpolitik ein, sondern betrifft ebenso ganze Staaten wie die Bundesrepublik Deutschland, insbesondere nachdem mit der Einführung des Europäischen Binnenmarktes zum 1. Januar 1993 die vier ökonomischen Grundfreiheiten, d.h. der unbehinderte Verkehr von Gütern, Dienstleistungen, des Kapitals und der Arbeit innerhalb der EU, gesetzlich garantiert sind. Diese Form der Europäischen Integration bürdet auch den Volkswirtschaften neue Restriktionen auf. Denn mit zunehmender Mobilität der Unternehmen und der Arbeitnehmer innerhalb der Staaten der EU müssen auch die nationalen Regierungen ihre Einnahmen- und Ausgabenpolitik neu überdenken und der Abstimmung mit den Füßen Folge leisten, auch wenn ihnen aufgrund ihrer Größe und oftmals kulturell bedingter Mobilitätshemmnisse, ähnlich Unternehmen auf einem Oligopolmarkt, strategische Handlungsspielräume verbleiben.

5.2.1 Präferenzenthüllung bei Mobilität

Für eine Darstellung des Präferenzenthüllungsmechanismus durch Wanderungen treffen wir folgende Annahmen: Es gebe sehr viele Gemeinden. Die mobilen Individuen seien alle gleichartig. Bei einem Umzug fallen keine Wanderungskosten an, d.h. die Individuen sind vollkommen mobil. Aus diesen Annahmen ergeben sich zwei Folgen: Zum einen müssen gleichartige Individuen in einem Wanderungsgleichgewicht in allen Gemeinden das gleiche Nutzenniveau realisieren. Andernfalls hätten sie einen Anreiz, in eine andere Gemeinde zu wandern. Dieses Wanderungsgleichgewicht stellt sich sofort ein. Zum anderen ist dieses Nutzenniveau aufgrund der großen Anzahl der Gemeinden für die einzelne, kleine Gemeinde eine unveränderliche Größe. Sie kann das Nutzenniveau des Migrationsgleichgewichts nicht beeinflussen und verhält sich daher wie ein Unternehmen bei vollkommenem Wettbewerb, für das die Preise exogen gegeben sind. Jede Gemeinde i biete ein reines lokal öffentliches Gut, G_i, an. Die Gemeindebewohner rivalisieren also nicht im Konsum dieses Gutes und können von dessen Nutzung nicht ausgeschlossen werden. Aufgrund der Nichtrivalität treten auch keine marginalen Ballungskosten auf, und die Erhebung einer Gebühr für die Nutzung des öffentlichen Gutes ist aus allokativer Sicht nicht erwünscht.

Wir bilden den Nutzen eines repräsentativen mobilen Individuums, das in der Gemeinde i lebt, durch die Nutzenfunktion $U^i \equiv U(x_i, G_i)$ ab. Der Nutzen hängt von dem Angebot des öffentlichen Gutes der Gemeinde i, G_i, und von seinem Konsum des privaten Gutes, x_i, ab. Der Grenznutzen sei in beiden Argumenten positiv aber abnehmend. Das Einkommen eines mobilen Haushalts besteht nur aus seinem Lohn w_i. Dieser Marktlohn ist für ihn eine exogene Größe. Wir unterstellen, daß der mobile Haushalt keinen Beitrag zur Finanzierung des lokal öffentlichen Gutes z.B. in Form einer Lohnsteuer leisten muß. Er kann also sein gesamtes Arbeitseinkommen zum Kauf privater Güter, x_i, verwenden, wobei der Preis des privaten Gutes auf Eins normiert sei. Seine Budgetrestriktion lautet nun

$$x_i = w_i. \tag{5.6}$$

Wir können nun die Nutzenfunktion eines mobilen Haushalts in der Gemeinde i auch in Abhängigkeit von dem Lohnsatz schreiben als $U(w_i, G_i)$.

Nehmen wir nun die Sicht der Gemeinde i ein, die ein bestimmtes Niveau des Gutes G_i anbietet. Wir befinden uns in einem Wanderungsgleichgewicht. In diesem Gleichgewicht realisieren die mobilen Haushalte in der Gemeinde i das Nutzenniveau $\bar{U}$:

$$U(w_i, G_i) = \bar{U}. \tag{5.7}$$

Aufgrund der Annahme der vollkommenen Mobilität erzielen die Haushalte in den anderen Gemeinden im Gleichgewicht ebenfalls dieses Nutzenniveau. Da die einzelne Gemeinde i im Verhältnis zu der großen Zahl aller Gemeinden einen vernachlässigbar geringen Einfluß auf den Nutzen der mobilen Haushalte besitzt, nimmt sie $\bar{U}$ als exogene Größe an. Nun können wir eine Beziehung zwischen dem Lohnsatz in einer Gemeinde i und dem Angebot des lokal öffentlichen Gutes herstellen. Erhöht die Gemeinde i nämlich das Angebot von G_i um eine Einheit, so ist ein mobiler Haushalt bereit, eine Lohneinbuße hinzunehmen, ohne daß sein Nutzen $\bar{U}$ sinkt. Formal gewinnen wir diese Beziehung, indem wir die Nutzenfunktion eines repräsentativen mobilen Haushalts im Wanderungsgleichgewicht total differenzieren:

$$d\bar{U} = U_x^i dw_i + U_G^i dG_i = 0 \quad \Longrightarrow \quad \frac{dw_i}{dG_i} = -\frac{U_G^i}{U_x^i} \equiv -MRS_i. \qquad (5.8)$$

Hierbei gibt z.B. U_x^i den Grenznutzen des Haushalts in der Gemeinde i bezüglich des privaten Gutes an: $U_x^i \equiv \frac{\partial U^i}{\partial x_i}$. Wird die Menge des öffentlichen Gutes um dG_i Einheiten erhöht, so erhöht sich der Nutzen eines mobilen Haushalts in dieser Gemeinde um $U_G^i dG_i$ Einheiten. Mobile Haushalte in den umliegenden Gemeinden erkennen, daß sie ihren Nutzen durch einen Umzug in die Gemeinde i erhöhen können. Die Erhöhung des Angebotes des öffentlichen Gutes führt folglich zu Zuwanderung. Das Arbeitsangebot in der Gemeinde erhöht sich. Bei Vollbeschäftigung und sinkender Grenzproduktivität der Arbeit sinkt der gleichgewichtige Marktlohn in der Gemeinde i, bis ein neues Migrationsgleichgewicht erreicht ist und alle mobilen Haushalte wieder den Nutzen $\bar{U}$ erhalten. Durch Zuwanderung ist der Lohnsatz in der Gemeinde i nun soweit gesunken, daß die Nutzeneinbuße aus dem reduzierten Konsum des privaten Gutes, $U_x^i dw_i$, genau dem Nutzenzuwachs aus dem erhöhten Angebot von G_i entspricht. Die Grenzrate der Substitution zwischen dem Angebot des öffentlichen Gutes und dem Konsum des privaten Gutes, MRS_i, und damit die marginale Zahlungsbereitschaft eines mobilen Haushalts in der Gemeinde i für das öffentliche Gut, können wir folglich an der Reaktion des Lohnsatzes auf eine Änderung von G_i ablesen.

Diese Beziehung ist graphisch in Abbildung 5.6 dargestellt. An der Abszisse ist die Menge des öffentlichen Gutes angegeben. Wenden wir uns zunächst dem unteren Teil des Diagramms zu, in dem die Beziehung zwischen G_i und dem Lohnsatz in der Gemeinde aufgezeigt wird. Wie wir oben bereits erklärt haben, gilt aus Sicht der Gemeinde i, daß bei einem geringen Angebot des öffentlichen Gutes der Lohnsatz in der Gemeinde im Migrationsgleichgewicht, $w_i|_{U^i=\bar{U}}$, sehr hoch sein muß. Dieser hohe Lohn ist notwendig, um die mobilen Haushalte im Migrationsgleichgewicht für das geringe Angebot von G_i zu entschädigen. Mit steigendem Angebot des öffentlichen Gutes fällt der Lohn, der notwendig ist, um einem mobilen Haushalt das Nutzenniveau $\bar{U}$ zu gewähren. Somit ist der

Marktlohn aus Sicht der Gemeinde eine Funktion des Angebots des lokal öffentlichen Gutes, $w_i(G_i)|_{U^i=\bar{U}}$.

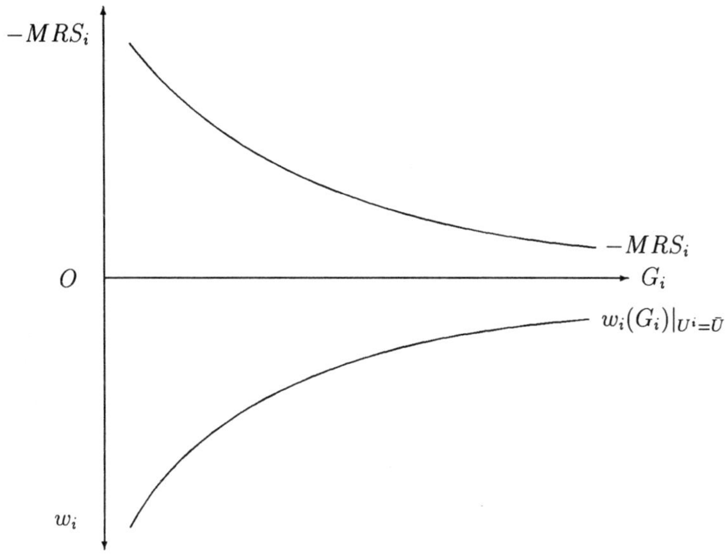

Abb. 5.6: Grenzzahlungsbereitschaft und Lohnsatz

Die Steigung dieser $w_i(G_i)|_{U^i=\bar{U}}$-Kurve gibt wiederum die marginale Zahlungsbereitschaft eines mobilen Haushalts für die Erhöhung des Angebotes von G_i an. Wird nämlich ein sehr geringes Niveau des öffentlichen Gutes angeboten, so wäre aus Sicht der Gemeinde ein Haushalt bereit, auf relativ viel Lohn zu verzichten, wenn dafür das Angebot an G_i marginal erhöht wird. Die Steigung der $w_i(G_i)|_{U^i=\bar{U}}$-Kurve, und damit die marginale Zahlungsbereitschaft, $-MRS_i$, ist relativ hoch, was auch an dem Ordinatenwert der $-MRS_i$-Kurve im oberen Teil des Diagramms, der dem Wert der Steigung der unteren Kurve entspricht, abgelesen werden kann. Unter den getroffenen Annahmen sinkt jedoch mit steigendem Angebot an G_i diese Grenzzahlungsbereitschaft, die $w_i(G_i)|_{U^i=\bar{U}}$-Kurve wird flacher und die $-MRS_i$-Kurve im oberen Teildiagramm verläuft fallend. Zwar kann die Gemeinde i die Zahlungsbereitschaft der mobilen Haushalte nicht direkt beobachten. Jedoch kann sie die Veränderung des Lohnsatzes in der Gemeinde bei einer Änderung des Angebotes des öffentlichen Gutes messen. Diese Änderung ist das Maß für die Zahlungsbereitschaft der mobilen Haushalte für die Bereitstellung des öffentlichen Gutes in der Gemeinde i. Indirekt offenbaren die mobilen Haushalte ihre Präferenzen, indem sie durch ihr Wanderungsverhalten anzeigen, welche Lohneinbuße sie bei einer Erhöhung des Angebots des öffentlichen Gutes hinzunehmen bereit sind.

Natürlich ist dieser Mechanismus nicht auf eine Beziehung zwischen Lohnsatz und Niveau des öffentlichen Gutes beschränkt. In gleicher Weise könnten wir aus Sicht der Gemeinde i statt der Lohnänderungen Mietänderungen für die Wohnungen der mobilen Haushalte als Maß der Zahlungsbereitschaft heranziehen. Steigt das Niveau des öffentlichen Gutes in einer Gemeinde, so kommt es zu Zuwanderung. Hierdurch steigt die Nachfrage nach Wohnraum, was bei einem gegebenem Angebot an Wohnraum zu steigenden Mieten führt. Indirekt zeigt also die Mieterhöhung an, wieviel es einem Einwohner der Gemeinde wert ist, wenn das Angebot des öffentlichen Gutes (marginal) erhöht wird. Dieser Zusammenhang wird auch empirisch getestet, und *Oates* (1969) fand heraus, daß die Immobilienpreise und Mieten in einer Gemeinde einerseits positiv mit dem Angebot öffentlicher Güter und Dienstleistungen andererseits negativ mit den lokalen Steuern korreliert sind. Mit Hilfe obiger Überlegungen können wir auch begründen, warum sich die Mieten in einer Großstadt wie z.B. Berlin oder New York je nach Stadtviertel unterscheiden. Neben der Güte des Wohnangebots spielt für die Wahl der Wohnung bestimmt auch die Sicherheit auf den Straßen eine Rolle. Ist aber in einem Stadtteil die Kriminalität relativ hoch, und damit das lokale Angebot des öffentlichen Gutes „Sicherheit“ gering, so wandern Einwohner aus diesem Viertel weg, was ein Sinken der Mietzinsen zur Folge hat. Ein anderes Beispiel bezieht sich auf die unterschiedliche Umweltqualität in verschiedenen Regionen. Ein Grund für die hohen Immobilien- und Mietpreise in der sächsischen Schweiz oder in der oberbayerischen Fünfseenlandschaft ist gewiß das hohe Maß an Umwelt- und Freizeitqualität, welches nicht zuletzt durch rigide Naturschutzbestimmungen der Gemeinden aufrechterhalten wird. Die Haushalte, die dort leben, offenbaren durch die Zahlung der hohen Wohnkosten ihre Präferenzen für die Vorzüge, dort zu leben. Alles in allem ergibt sich

Ergebnis 5.2.1 *Die marginale Zahlungsbereitschaft mobiler Individuen für lokal öffentliche Güter ist aus den Lohn- und Mietänderungen in den Gemeinden ablesbar.*

5.2.2 Optimale Bereitstellung durch Gemeinderegierungen

Nachdem wir im vorhergehenden Abschnitt untersucht haben, wie eine Gemeinde die Präferenzen der mobilen Haushalte für das lokal öffentliche Gut messen kann, wollen wir nun analysieren, welches Niveau eine Gemeinderegierung wählt. Wir fragen uns, welches das optimale Niveau der Gemeinderegierung ist, wenn sie eine bestimmte Politik verfolgt. Wir unterscheiden dabei zwei Szenarien. Zuerst wollen wir untersuchen, nach welcher Regel eine Gemeinderegierung die Menge des öffentlichen Gutes bestimmt, wenn sie die Wohlfahrt aller Gemeindeeinwohner maximieren will. Wir nennen diese Gemeinderegierung wohlwollend oder benevolent. Dann wollen wir analysieren, wie sich die Gemeinderegierung verhält, wenn sie im Interesse der Landbesitzer die Rente aus Grund und Boden maximieren möchte.

Wohlwollende Gemeinderegierungen

Welches Angebot ist aus Sicht einer Gemeinderegierung optimal, wenn sie die Wohlfahrt aller Gemeindeeinwohner maximieren möchte? Um dies zu analysieren, betrachten wir wieder die Gemeinde i. In dieser leben nur mobile Haushalte, die alle identisch sind. Den Bevölkerungsumfang in Gemeinde i bezeichnen wir mit N_i. Die Kosten der Produktion des öffentlichen Gutes bilden wir durch die Kostenfunktion $C^i(G_i)$ ab, die lediglich von dem bereitgestellten Niveau und nicht von der Zahl der Gemeindebewohner abhängt. Es herrscht also weiterhin Nichtrivalität im Konsum des lokal öffentlichen Gutes, und somit ist auch aus allokativer Sicht keine Besteuerung der mobilen Haushalte wünschenswert, mit deren Hilfe die marginalen Ballungskosten den Nutzern angelastet werden können. Die Grenzkosten betragen $MC^i(G_i) \equiv \frac{\partial C^i(G_i)}{\partial G_i}$.

Maximiert nun die Gemeinderegierung die Wohlfahrt aller Gemeindeeinwohner unter Berücksichtigung der Kosten durch Variation des Angebotes von G_i, so erhält sie als Optimalbedingung

$$N_i MRS_i(G_i^*) = MC^i(G_i^*). \tag{5.9}$$

Diese Bedingung entspricht der Samuelson-Bedingung für das Angebot reiner öffentlicher Konsumgüter. Eine wohlwollende Gemeinderegierung bestimmt das Angebot des lokal öffentlichen Gutes so, daß die Summe der marginalen Zahlungsbereitschaften aller Nutzer des öffentlichen Gutes in der Gemeinde den Grenzkosten der Produktion, MC^i, entspricht. Das optimale Angebot der Gemeinderegierung ist folglich effizient.

Die Gemeinderegierung kann auch nach dieser Regel handeln, da sie sowohl den Verlauf der Grenzkosten, $MC^i(G_i)$, als auch die Zahl der mobilen Haushalte in ihrer Gemeinde, N_i, beobachten kann. Ebenso erhält sie die marginale Zahlungsbereitschaft der mobilen Haushalte indirekt durch die beobachtbaren Lohnänderungen als Folge der Wanderungen bei Variation von G_i. Somit kennt die Gemeinderegierung alle relevanten Größen.

Doch warum sollte eine Gemeinderegierung wohlwollend handeln und den Nutzen aller Einwohner maximieren wollen, wenn sie aus ihrer Sicht das Nutzenniveau des einzelnen mobilen Haushalts nicht beeinflussen kann? Diese Frage führt uns zu einem zweiten Szenario.

Gemeinderegierung ist Rentenmaximierer

Wenn eine Gemeinde den Nutzen der mobilen Haushalte nicht beeinflussen kann, besitzen die mobilen Haushalte auch keinen Anreiz, sich am politischen Prozeß in der Gemeinde rege zu beteiligen. Was die Gemeinderegierung aber beeinflussen kann, sind die Grundrenten von Landbesitzern oder die Gewinne der ansässigen Unternehmen. Um dies zu verdeutlichen, führen wir nun einen Produktionssektor ein.

Jede Gemeinde i sei mit einem immobilen Faktor L_i ausgestattet. Dieser Faktor ist in seinem Bestand exogen gegeben und unveränderlich. Wir nennen diesen Faktor Land. L_i gibt dann die Landausstattung der Gemeinde i an. Die Anzahl der mobilen Haushalte in einer Gemeinde sei weiterhin N_i. Jeder mobile Haushalt biete in der Gemeinde, in der er lebt, unelastisch eine Einheit Arbeit an. Somit gibt zugleich N_i die Faktorausstattung an Arbeit in der Gemeinde i an. Das gesamte Land einer Gemeinde, L_i, gehöre einem auswärtigen Grundbesitzer. Dieser verpachtet das Land an die Unternehmen in der Gemeinde. Wir unterstellen, daß der gesamte Produktionssektor in der Gemeinde i durch eine linear-homogene Produktionsfunktion

$$F^i(L_i, N_i)$$

dargestellt werden kann. Der Preis des Outputs sei auf Eins normiert. Wir unterstellen, daß in dem Unternehmenssektor vollkommener Wettbewerb herrsche. Die optimale Faktornachfrage aus Sicht des gewinnmaximierenden Unternehmenssektors erfordert eine Angleichung der Wertgrenzproduktivitäten an die für ihn exogen gegebenen Faktorpreise,

$$F_L^i \equiv \frac{\partial F^i}{\partial L_i} = \rho_i, \tag{5.10}$$

$$F_N^i \equiv \frac{\partial F^i}{\partial N_i} = w_i. \tag{5.11}$$

Dabei gibt w_i weiterhin den Lohnsatz für eine Einheit Arbeit und ρ_i den Pachtzins bzw. die Landrente für eine Einheit Land an. Die Pachterträge $\rho_i L_i$ erhält der Grundbesitzer. Da wir eine linear-homogene Produktionsfunktion unterstellen, umfasst $\rho_i L_i$ die gesamten Erträge aus der Produktion abzüglich der Lohnkosten: $\rho_i L_i = F^i(L_i, N_i) - w_i N_i$[2].

Steigt die Anzahl der mobilen Haushalte in der Gemeinde i aufgrund einer Erhöhung des Angebots von G_i, so sinkt einerseits der Lohnsatz und gleichzeitig erhöhen sich die Erträge des Unternehmenssektors, da mehr produziert wird. Bei sinkender Grenzproduktivität der Arbeit erhöht sich durch Zuwanderung die Landrente. Aus diesem Grund hat ein Grundbesitzer ein substantielles Interesse, die Politik der Gemeinderegierung zu beeinflussen. Deshalb nehmen wir an, daß die Gemeinderegierung das Einkommen des Landeigentümers maximieren möchte.

Die Gemeinde finanziert das lokal öffentliche Gut ausschließlich durch Besteuerung von Pachterträgen, die in der Gemeinde entstehen. Dies ist auch im Interesse des Landeigentümers, da eine Besteuerung der Lohneinkommen die mobilen Arbeitskräfte wieder vertreibt. Wir nehmen an, daß die Gemeinderegierung die Landrente mit einer Pauschalsteuer τ_i belegt. Diese reicht aus, um die gesamten Kosten der Bereitstellung des öffentlichen Gutes zu decken,

$$\tau_i = C^i(G_i). \tag{5.12}$$

Das Nettoeinkommen des Landbesitzers beträgt unter Berücksichtigung dieser Budgetrestriktion der Gemeinde und der Eigenschaft einer linear-homogenen Produktionsfunktion

$$R_i \equiv \rho_i L_i - \tau_i = F^i(L_i, N_i) - w_i N_i - C^i(G_i). \tag{5.13}$$

---

[2] Gemäß *Eulers* Theorem gilt bei linear-homogenen Produktionsfunktionen das Faktorausschöpfungstheorem, d.h. die Summe aller Kosten, die in der Produktion entstehen, schöpft gerade die Erlöse aus: $F^i(L_i, N_i) = \rho_i L_i + w_i N_i$. Man vergleiche dies auch mit der Rente aus der effizienten Nutzung einer kollektiv nutzbaren Ressource, Kapitel 4.3.

Dies ist das Nettoeinkommen, welches die Gemeinderegierung durch Variation von G_i maximieren möchte. Dabei muß sie allerdings beachten, daß aus ihrer Sicht das Nutzenniveau der mobilen Haushalte nicht beeinflußbar ist, $U(w_i, G_i) = \bar{U}$. Schreiben wir daher den Lohn in Abhängigkeit von dem Niveau des öffentlichen Gutes, $w_i = w_i(G_i)|_{U^i=\bar{U}}$, und beachten, daß das Arbeitsangebot in der Gemeinde i selbst von dem Lohn abhängig ist, $N_i[w_i(G_i)]$, so erhalten wir als Optimierungsproblem der Gemeinderegierung:

$$\max \quad F^i(L_i, N_i[w_i(G_i)]) - N_i[w_i(G_i)]w_i(G_i) - C^i(G_i) \tag{5.14}$$

durch Wahl von G_i. Die notwendige Bedingung für eine Maximierung der Nettobodenrente bei Veränderung von G_i ist

$$\begin{aligned} -N_i \frac{dw_i}{dG_i} &= MC^i(G_i^*), \qquad \text{oder} \\ N_i MRS_i(G_i^*) &= MC^i(G_i^*), \end{aligned} \tag{5.15}$$

wobei wir die Beziehung (5.8) und die notwendige Bedingung (5.11) verwendet haben. Auch in diesem Fall ist das optimale Angebot des öffentlichen Gutes dann erreicht, wenn die Summe der marginalen Zahlungsbereitschaften der mobilen Haushalte den Grenzkosten entspricht. Dies halten wir fest als

Ergebnis 5.2.2 *Die Maximierung der Nettogrundrenten sichert eine effiziente Bereitstellung des lokal öffentlichen Gutes.*

Der Grund für dieses zunächst erstaunliche Ergebnis wird offensichtlich, wenn wir bedenken, daß der Landbesitzer alle Vor- und Nachteile einer marginalen Veränderung des Angebots von G_i selbst trägt. Erhöht die Gemeinderegierung die Menge des öffentlichen Gutes marginal, so steigt in erster Näherung die Bruttobodenrente um den Betrag, um den die Lohnsumme fällt, $-N_i dw_i$. Die mobilen Haushalte werden für dieses Absinken des Lohnes durch das erhöhte Angebot des öffentliche Gutes gerade entschädigt. Aus Sicht der Gemeinderegierung werden sie nicht schlechter gestellt als vor der marginalen Erhöhung von G_i. Jedoch erhöht sich die Steuer auf die Grundrente um $MC^i dG_i$. Aus Sicht des Landeigentümers ist das optimale Niveau des öffentlichen Gutes dann erreicht, wenn die Vorteile aus einer Erhöhung des Angebots des öffentlichen Gutes gerade den Nachteil der zusätzlichen Steuerlast ausgleicht: $-N_i dw_i = MC^i dG_i$.

Die wesentliche Annahme war, daß die Gemeinderegierungen das Nutzenniveau der mobilen Haushalte als gegeben betrachten. Aus diesem Grund verhalten sie sich wie Unternehmen bei vollkommenem Wettbewerb, die um mobile Arbeitskräfte konkurrieren. Statt des Faktorpreises bei den Unternehmen ist nun der Nutzen der mobilen Individuen für die Gemeinde exogen gegeben. Wir können aus diesen Überlegungen heraus die Aussagen über die Erfüllung der Effizienzbedingungen (vgl. Kapitel 2) in einer Ökonomie bei vollkommenem Wettbewerb und dezentralem Verhalten auf finanzpolitische dezentrale Entscheidungen bei vollkommenem interregionalen Wettbewerb zwischen Gemeinden übertragen.

Der Mechanismus funktioniert analog, wenn die Individuen ihren Wohnsitz nicht von den Löhnen, sondern von den Mietpreisen in einer Gemeinde abhängig machen. Wenn die Gemeinderegierung die Vermögenswerte der Immobilienbesitzer maximiert, indem sie das Angebot an lokal öffentlichen Gütern variiert, so erhalten wir das gleiche Ergebnis.

5.3 Steuerlicher Anreizmechanismus zur Präferenzoffenbarung

Bisher stellten wir fest, daß in einer Ökonomie bei vollkommenem Wettbewerb ohne Wanderungen eine private Bereitstellung öffentlicher Güter nicht möglich ist, da die Individuen nicht freiwillig ihre Zahlungsbereitschaft offenbaren, wenn sie fürchten müssen, in Höhe ihrer offenbarten Präferenzen einen Preis zu entrichten. Können die Individuen von dem Konsum des öffentlichen Gutes nicht ausgeschlossen werden, so können sie auch nicht zu einer Zahlung eines Preises gezwungen werden. Dieses **free-rider**-Problem wird abgeschwächt, wenn der Staat die Individuen zwingen kann, einen gewissen Finanzierungsanteil für die Bereitstellung öffentlicher Güter zu übernehmen. Ein Individuum wird dann das Angebot öffentlicher Güter präferieren, bei dem seine marginale Zahlungsbereitschaft seiner marginalen Steuerlast entspricht. Befragt der Staat seine Bürger nach den Präferenzen, nachdem der Finanzierungsanteil festgelegt wurde, so werden die Bürger ihre individuell optimale Wahl offenbaren. Aus diesen Angaben kann der Staat dann ein Niveau des öffentlichen Gutes bestimmen. Wie wir in dem Abschnitt über Wahlmodelle gesehen haben, sichert dieses Verfahren nur unter sehr restriktiven Annahmen ein effizientes Angebot des öffentlichen Gutes.

Können wir uns neben Wahlen und Wanderungen einen anderen Mechanismus denken, der die Individuen veranlaßt, ihre wahren Präferenzen für öffentliche Güter zu enthüllen?

Eine Antwort auf diese Frage gaben *E. Clarke* (1971) und *T. Groves* und *M. Loeb* (1975). Sie entwickelten einen steuerlichen Anreizmechanismus, der nicht, wie bei Wahlen, zur Finanzierung des öffentlichen Gutes dient, sondern die Bürger veranlassen soll, ihre wahren Präferenzen zu offenbaren. Um ihre Idee darzustellen, treffen wir folgende Annahmen: Wir betrachten eine Regierung, die „uneigennützig" das Wohl ihrer Bürger maximieren möchte. Ihr Ziel ist daher eine Bereitstellung eines reinen öffentlichen Gutes G gemäß der Samuelson-Bedingung. Die Gesellschaft setze sich aus N unterschiedlichen Mitgliedern zusammen. Die Grenzkosten der Produktion des öffentlichen Gutes, MC, seien konstant.

Die Regierung verpflichtet sich auf folgende Regel zur Bereitstellung des öffentlichen Gutes:

Zunächst befragt die Regierung alle Individuen nach ihrer marginalen Zahlungsbereitschaft bezüglich des bereitzustellenden öffentlichen Gutes G. Jedes Individuum i, $i = 1, \ldots, N$, kann seine wahre Grenzzahlungsbereitschaft, $MB_i(G)$, angeben, oder diese über- bzw. untertreiben. Die Regierung weiß jedenfalls nicht, ob die individuell geäußerte Nachfrage, $D_i(G)$, den wahren Präferenzen des Gesellschaftsmitglieds i entspricht. Da die Regierung uneigennützig ist, kündigt sie an, mit Hilfe der angegebenen Nachfrage aller Befragten das öffentliche Gut gemäß der „Samuelson"-Regel

$$\sum_{i=1}^{N} D_i(G_0) \equiv AD(G_0) = MC$$

anzubieten. $AD(G)$ ist die aggregierte geäußerte Nachfrage (**aggregate demand**) aller Bürger. Gemäß dieser Regel wählt die Regierung das Niveau G_0. Dieses ist bei gegebenen geäußerten Präferenzen aus Sicht der Regierung das bestmögliche Niveau. Wir erkennen sofort, daß dieses Niveau zugleich effizient ist, wenn alle Individuen ihre wahre marginale Zahlungsbereitschaft offenbaren, $D_i(G) = MB_i(G)$, $i = 1, \ldots, N$: $\sum_{i=1}^{N} MB_i(G) = MC$.

Neben dieser Bereitstellungsregel kündigt der Staat folgende Besteuerungsregel an: Die Regierung bestimmt für jeden einzelnen Bürger i eine individuelle Steuer T_i. Diese besteht aus zwei Teilen. Für die erste Komponente berechnet sie zunächst das bereitzustellende Niveau des öffentlichen Gutes gemäß obiger Regel, wenn die geäußerte Nachfrage des i nicht berücksichtigt wird:

$$\sum_{j \neq i}^{N} D_j(\bar{G}_i) = AD(\bar{G}_i) - D_i(\bar{G}_i) = MC.$$

Hieraus ergibt sich ein Niveau, $\bar{G}_i$. Die Gesamtkosten, die bei einer Bereitstellung des öffentlichen Gutes in dieser Höhe entstehen, betragen $\bar{G}_i MC$. An diesen Kosten muß sich das Individuum i beteiligen. Ihm wird willkürlich, z.B. durch ein Losverfahren, ein Anteil zugewiesen. Dieser Kostenanteil stellt für i eine Pauschalsteuer, $\bar{\tau}_i$, dar, die ihm unabhängig von seiner geäußerten Nachfrage auferlegt wird. Sie dient lediglich zur Schaffung von Steuereinnahmen. Sie könnte auch anders ausgestaltet sein. Wesentlich ist nur, daß sie unabhängig von der Entscheidung des Individuums i bestimmt wird.

Neben der Pauschalsteuer erhebt der Staat noch eine individuell variable Steuer. Für jede Einheit des öffentlichen Gutes, um die das bereitzustellende Niveau aufgrund der von i geäußerten Nachfrage über $\bar{G}_i$ hinausgehen soll, zahlt das Individuum i eine marginale Steuer t_i. Dieser wird gemäß folgender Formel

$$t_i(G) = MC - \sum_{j \neq i}^{N} D_j(G)$$

bestimmt. Wie wir sehen, berechnet sich diese Grenzsteuer für i aus der Differenz der Grenzkosten, MC, mit der Summe der marginalen Zahlungsbereitschaften, die von den anderen Befragten angegeben wurden, $\sum_{j \neq i}^{N} D_j(G)$. Die marginale Steuer $t_i(G)$ ist daher aus Sicht des i von seiner geäußerten Nachfrage $D_i(G)$ unabhängig. Die marginale Steuer $t_i(G)$ deckt gerade die Differenz zwischen den Kosten einer weiteren Einheit des öffentlichen Gutes, MC, und der gesellschaftlichen Wertschätzung dieser Einheit aller Gesellschaftsmitglieder außer i aufgrund ihrer geäußerten Nachfrage, $\sum_{j \neq i}^{N} D_j(G)$, wenn ausgehend von $\bar{G}_i$ das Niveau des öffentlichen Gutes erhöht wird. Diese Steuer übernimmt die Anreizfunktion zur Präferenzoffenbarung. Bei fallendem Verlauf der geäußerten Nachfragen und konstanten Grenzkosten steigt diese Steuer ausgehend von $\bar{G}_i$ immer weiter an. Diese Besteuerungsregel wird zu Ehren des maßgeblichen Autors *E. Clarke* auch **Clarke-Steuer** genannt.

Sowohl die Bereitstellungsregel als auch die Besteuerungsregel ist jedem Individuum in allen Details bekannt. Jedes Individuum versucht ohne

Wissen um die geäußerten Nachfragen der anderen Gesellschaftsmitglieder, seine individuell optimale Nachfrage anzugeben.

Die Funktionsweise der Regeln können wir uns mit Hilfe von Abbildung 5.7 veranschaulichen. Zuerst befragt die Regierung alle Individuen und erhält dadurch die aggregierte Nachfrage nach dem öffentlichen Gut AD. Bei gegebenen geäußerten Nachfragen aller Gesellschaftsmitglieder kennzeichnet Punkt A die „Samuelson"-Bedingung. Dort schneidet die Kurve AD die Grenzkostenkurve MC. G_0 ist aus Sicht der Regierung das bestmögliche Bereitstellungsniveau bei gegebenen Angaben der Bürger. Nun stellen wir graphisch die individuelle Steuer für das Individuum i, T_i, dar. Hierzu müssen wir zunächst das Niveau $\bar{G}_i$ bestimmen. Dieses ergibt sich aus Schnittpunkt B der Kurven MC und $\sum_{j \neq i}^{N} D_j(G)$. Die Gesamtkosten der Bereitstellung des Niveaus $\bar{G}_i$ sind durch das Viereck $O\bar{G}_iBD$ gegeben. Die Regierung weise dem Individuum i davon willkürlich den Anteil $O\bar{G}_iCH$ zu. Diese Fläche entspricht der Pauschalkomponente der individuellen Steuer, $\bar{\tau}_i$. Die variable Steuerkomponente können wir durch die Fläche unter der $MC - \sum_{j \neq i}^{N} D_j(G)$-Kurve darstellen. Das Dreieck $\bar{G}_iG_0E$ stellt die variable Steuer dar. Die marginale Steuer t_i steigt ausgehend von $\bar{G}_i$ von 0 auf die Strecke G_0E. Hierbei sei nochmals betont, daß sich die Höhe der marginalen Steuer unabhängig von der geäußerten Nachfrage des i ergibt. Das gesamte Steueraufkommen aus der variablen Steuerkomponente $\bar{G}_iG_0E$ deckt dabei genau die Differenz zwischen den Kosten einer Erhöhung von $\bar{G}_i$ auf G_0, die Fläche $\bar{G}_iG_0AB$, und der aggregierten Nachfrage aller Individuen außer i für diese Erhöhung, die Fläche $\bar{G}_iG_0FB$. Die Flächen $\bar{G}_iG_0E$ und FAB sind gleich groß.

Hat das Individuum i die Nachfrage D_i angegeben, so beträgt seine Gesamtsteuerbelastung[3]

$$T_i = O\bar{G}_iCH + \bar{G}_iG_0E.$$

Nachdem wir nun wissen, wie der Mechanismus aufgebaut ist und wie er funktioniert, wollen wir nun untersuchen, wie das Individuum i handeln wird: Wird es bei Wissen um diese Regeln seine wahre marginale Zahlungsbereitschaft, $MB_i(G)$, angeben oder diese unter- bzw. übertreiben? Um die Anreizstruktur aufzuzeigen, nehmen wir an, daß alle Individuen außer i ihre Nachfragen angegeben haben. Der Regierung liegen folglich

[3] Natürlich können wir die individuelle Gesamtsteuerlast auch formal mit Hilfe eines Integrals zur Berechnung der variablen Steuerkomponente angeben. Sie lautet dann: $T_i = \bar{\tau}_i + \int_{\bar{G}_i}^{G_0} t_i(G)dG$.

alle notwendigen Angaben für die Bestimmung des Niveaus $\bar{G}_i$ vor. Mit diesen Angaben kann der Staat zum einen die Pauschalsteuer $\bar{\tau}_i$ zuweisen und zum anderen die marginale Steuer für das Individuum i berechnen, $t_i(G) = MC - \sum_{j \neq i}^{N} D_j$, der aus Sicht von i unabhängig von seinen eigenen Angaben ist. Den Verlauf seiner Grenzsteuer kennt natürlich das Individuum i. Soll das Individuum nun lügen oder lieber seine wahre Zahlungsbereitschaft kundgeben?

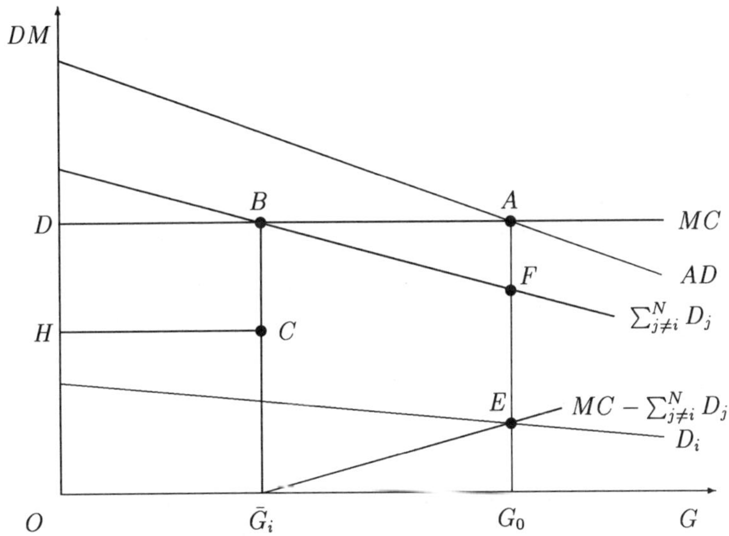

Abb. 5.7: Präferenzenthüllungsmechanismus

Mit Hilfe der Abbildung 5.8 stellen wir das Entscheidungsproblem des Individuums dar. Wir unterscheiden lediglich zwei Wahlmöglichkeiten: Entweder i verschweigt seine wahren Präferenzen und behauptet, seine marginale Zahlungsbereitschaft sei null, $D_i(G) = 0$, oder es offenbart seine wahre Grenzzahlungsbereitschaft, $D_i(G) = MB_i(G)$. Verheimlicht das Individuum seine Präferenzen, so stellt die Regierung das öffentliche Gut in Höhe $\bar{G}_i$ bereit, da dieses Angebot bei den geäußerten Nachfragen aller Gesellschaftsmitglieder die „Samuelson"-Bedingung, $MC = \sum_{j \neq i}^{N} D_j$, erfüllt. Das Indivdiuum muß in diesem Fall unabhängig von seiner geäußerten Nachfrage eine Pauschalsteuer in Höhe der Fläche $O\bar{G}_iCH$ abführen. Die variable Komponente der Clarke-Steuer entfällt für i. Gibt das Individuum i dagegen seine wahre marginale Zahlungsbereitschaft an, so erhöht sich das bereitgestellte Niveau von $\bar{G}_i$ auf G_0. Hierdurch erhöht sich der Nutzen des Individuums, gemessen durch die Fläche unter der MB_i-Kurve, um das Viereck $\bar{G}_i G_0 E I$. Gleichzeitig steigt seine Steuerbelastung um das Dreieck $\bar{G}_i G_0 E$. Gibt das Individuum seine wahren Präferenzen an, so erhöht sich sein Nutzen netto um die Fläche $\bar{G}_i E I$ gegenüber der Strategie zu lügen, $D_i(G) = 0$.

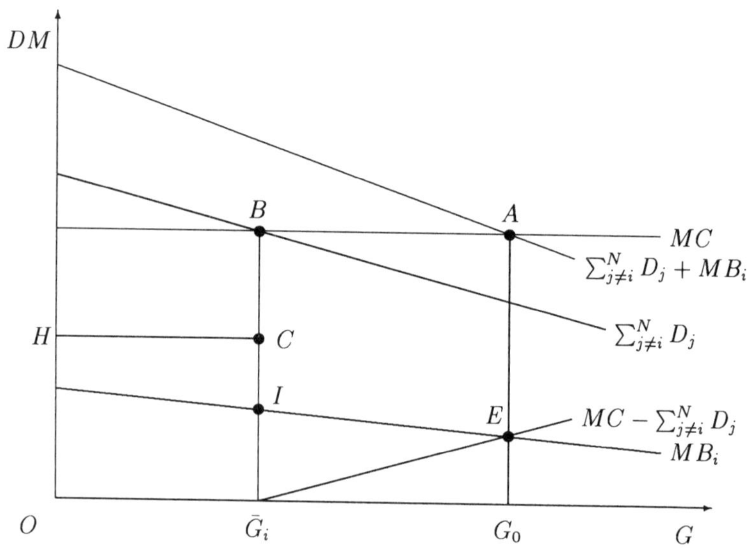

Abb. 5.8: Anreizkompatibilität

Analog zu diesen Überlegungen können wir leicht zeigen, daß sowohl eine Unter- als auch Übertreibung der eigenen Wertschätzung das Individuum schlechter stellt als eine Offenbarung der wahren marginalen Zahlungsbereitschaft. Bei gegebenem Verhalten aller übrigen Individuen ist eine Offenbarung der wahren Präferenzen die **dominante Strategie** für das Individuum i, da diese Strategie seinen Nettonutzen maximiert. Dies trifft auch dann zu, wenn alle übrigen Individuen ihre wahren Präferenzen verheimlichen.

Aus Sicht des Individuums i ist bei gegebenen geäußerten Nachfragen aller übrigen Gesellschaftsmitglieder ein Nutzenmaximum dann erreicht, wenn seine marginale Steuer genau seinem monetären Grenznutzen entspricht:

$$MB_i(G_0) = t_i(G_0) = MC - \sum_{j \neq i}^{N} D_j(G_0). \tag{5.16}$$

Dabei ist entscheidend, daß die marginale Steuer aus Sicht des i eine exogene Größe darstellt. Diese Analyse des Präferenzoffenbarungsmechanismus erfolgte repräsentativ für das Individuum i. Wesentlich ist, daß das Individuum i allein darüber entscheidet, ob das Niveau des öffentlichen Gutes von $\bar{G}_i$ auf G_0 erhöht wird. Wir erhalten analog die gleichen Ergebnisse für alle anderen Gesellschaftsmitglieder. Unter den getroffenen Annahmen besitzt kein Individuum einen Anreiz, seine wahren Präferenzen zu verheimlichen. Die Regierung erhält somit bei einer Befragung von allen Individuen die wahre Zahlungsbereitschaft und kann die effiziente Menge von G bereitstellen.

Trotz der intellektuellen Faszination dieser Idee gibt es einige wohlbegründete Einwände gegen diesen Mechanismus. Der Informationsbedarf für das einzelne Individuum ist sehr hoch. In der Realität müßte es bei Implementierung dieser Steuer für jedes einzelne öffentliche Gut seinen Nettonutzen berechnen können. Bedenkt man, daß die Informationsverarbeitung Kosten verursacht, so kann es für das Individuum rational sein, nicht alle Informationen zu berücksichtigen. Es verhält sich dann **rational ignorant**[4]. Dies ist umso wahrscheinlicher, je größer die Anzahl der Gesellschaftsmitglieder ist. Dann nämlich ist der Einfluß des Individuums auf die Niveauentscheidung sehr gering und der zu erwartende Nutzenzuwachs aufgrund der Angabe der eigenen wahren Präferenzen ebenfalls vernachlässigbar klein. Zugleich sind die Informationsbeschaffungskosten für das Individuum unabhängig von der Nutzerzahl, so daß insgesamt die Nettovorteile aus einer Präferenzoffenbarung für jedes einzelne Gesellschaftsmitglied mit zunehmender Anzahl der zu Befragenden sinken. Ist die Anzahl der Nutzer dagegen klein, so kann man sich leicht vorstellen, daß ein Teil der Befragten Koalitionen bildet, um ihre anzugebenden Nachfragen aufeinander abzustimmen. Diese Koalitionsbildung zerstört den Anreizmechanismus.

Ein weiteres Problem besteht darin, daß der beschriebene Mechanismus keine Regel aufzeigt, wie sich die Pauschalkomponente des Individuums ergibt. Es kann daher nicht ausgeschlossen werden, daß der einzelne

[4] Dieser Einwand trifft aber ebenso auf die Wahlen zu.

einen Pauschalsteuerbetrag zahlen muß, der seine gesamte Zahlungsbereitschaft für das öffentliche Gut übersteigt. Nun ist fraglich, warum sich ein Individuum einer Regel unterwerfen sollte, die ihn u.U. netto schlechter stellt. Demnach muß für eine individuell akzeptable Ausgestaltung des Mechanismus gefordert werden, daß aus einer Befolgung der Regel für alle Beteiligten ein positiver Nutzenzuwachs resultiert.

Schließlich sei darauf hingewiesen, daß durch den Mechanismus nicht garantiert werden kann, daß die Steuereinnahmen ausreichen, um das öffentliche Gut zu finanzieren. Ist das Steueraufkommen zu gering, so müssen weitere Steuern erhoben werden, die die Entscheidung der Individuen in anderen Bereichen verzerren können. Zwar kann das Problem eines drohenden Defizits durch eine Variation des Mechanismus vermieden werden. Jedoch kann diese Veränderung dazu führen, daß das erzielte Steueraufkommen die Ausgaben für das öffentliche Gut übersteigt. Was soll mit diesem Überschuß geschehen? Wird er den Individuen zurückgegeben und wissen die Individuen dies, so verändern sich die wahren Nachfragefunktionen aufgrund des Einkommenseffektes der Steuerrückerstattungen. Um diesen Einkommenseffekt zu vermeiden, könnte die Regierung den Überschuß dem Ausland schenken oder vernichten. Jedoch hätten wir dann folgendes Paradoxon: Zwar sichert eine Vernichtung des Einnahmeüberschusses ein effizientes Angebot des öffentlichen Gutes. Gleichzeitig werden aber volkswirtschaftliche Ressourcen verschwendet. Dies kann aus Sicht der globalen Effizienz kein Allokationsoptimum sein.

Literaturempfehlungen zu Kapitel 5

Empfohlene Lehrbuchliteratur:

Arnold, Volker, 1992, *Theorie der Kollektivgüter*, Vahlen, München, Kapitel 2.

Boadway, Robin W. und David E. Wildasin, 1984, *Public Sector Economics*, 2. Aufl., Little Brown, Boston, Kapitel 6.

Blankart, Charles B., 1991, *Öffentliche Finanzen in der Demokratie*, Vahlen, München, diverse Kapitel.

Feldman, Allan, 1980, *Welfare Economics and Social Choice Theory*, Martinus Nijhoff Publ., Boston, Kapitel 6 und 9.

Zitierte und vertiefende Literatur:

Arrow, Kenneth J., 1951, *Social Choice and Individual Values*, Wiley, New York.

Bergstrom, T.C., 1979, „When does Majority Rule supply Public Goods efficiently?“, *Scandinavian Journal of Economics 81*, S. 216–226.

Black, Duncan, 1948, „On the Rationale of Group Decision Making“, *Journal of Political Economy 56*, S. 23–34.

Bowen, Howard R., 1943, „The Interpretation of Voting in the Allocation of Economic Ressources“, *Quarterly Journal of Economics 58*, S. 27–48.

Brueckner, J.K., 1983, „Property Value Maximization and Public Sector Efficiency“, *Journal of Urban Economics 14*, S. 1–16.

Clarke, Edward H., 1971, „Multi-Part Pricing of Public Goods“, *Public Choice 11*, S. 11–33.

Flatters, F., V. Henderson und P. Mieszkowski, 1974, „Public Goods, Efficiency, and Regional Fiscal Equalization, *Journal of Public Economics 3*, S. 99–112.

Groves, Theodore und Martin Loeb, 1975, „Incentives and Public Input“, *Journal of Public Economics 4*, S. 211–226.

Inman, Robert P., 1987, „Markets, Governments, and the „New“ Political Economy„, in: A.J. Auerbach und M. Feldstein (Hrsg.), *Handbook of Public Economics II*, Elsevier North–Holland, Amsterdam, S. 647–777.

Oates, Wallace E., 1969, „The effects of property taxes and local spending on property values: An empirical study of tax capitalization and the Tiebout hypothesis“, *Journal of Political Economy 77*, S. 957–971.

Plott, Charles R., 1967, „A Notion of Equilibrium an its Possibility under Majority Rule“, *American Economic Review 57*, S. 787–806.

Stiglitz, Joseph E., 1974, „The Demand for Education in Public and Private School Systems“, *Journal of Public Economics 3*, S. 349–385.

Tiebout, Charles M., 1956, „A Pure Theory of Local Expenditures“, *Journal of Political Economy 64*, S. 416–424.

Wellisch, Dietmar, 2000, *Theory of Public Finance in a Federal State*, Cambridge University Press, Cambridge, Mass.

Kapitel 6

Theorie öffentlicher Unternehmen

6.1 Einleitung

Der Staat tritt häufig als Unternehmer auf. So betreibt er in vielen Ländern öffentliche Verkehrsbetriebe wie Bus und Bahn, Versorgungsbetriebe wie Elektrizitäts- und Wasserwerke sowie Schulen, Universitäten, Luftfahrt- und Telekommunikationsunternehmen. Die von den öffentlichen Betrieben produzierten Güter und Dienstleistungen können oftmals als wesentliche Bestandteile der Versorgung der Bevölkerung angesehen werden, ohne deren ausreichende Bereitstellung eine spürbare Verschlechterung der wirtschaftlichen Lage einer Volkswirtschaft zu befürchten ist. So wäre unser heutiger Lebensstandard ohne gut ausgebaute Infrastruktur für den Transport von Personen, Waren und Informationen undenkbar. Da die als wesentlich angesehenen Güter und Dienstleistungen in den einzelnen Industrieländern nahezu übereinstimmen, verwundert es nicht, daß die öffentlichen Unternehmen in diesen Staaten häufig in den gleichen Wirtschaftszweigen tätig sind. Wir können daher den Ausführungen von *Bös* (1989) folgend eine Liste an Gütern und Dienstleistungen aufstellen, deren Produktion durch öffentliche Unternehmen wahrscheinlich ist:

1. **Energie, Kommunikation und Transport:** Die Elektrizitäts–, Gas– und Wasserversorgung, Telephon– und Postdienste, Radio– und Fernsehstationen, sowie Luftfahrtunternehmen, Eisenbahn und der öffentliche Nahverkehr sind häufig in staatlicher Hand.

2. **Wichtige Industriegüter:** Der Staat betreibt oft Unternehmen in Industriezweigen, die er als besonders wichtig oder gefährdet erachtet. Hierzu zählen z.B. Werften, Automobilkonzerne, Stahlunternehmen oder Molkereien.

3. **Versicherung und Finanzdienstleistungen:** Öffentliche Sparkassen und Landesbanken finden sich in fast allen Staaten. Neben den Sozialversicherungen, die im Zentrum des Kapitels 7 stehen, ist der Staat ebenso in allen anderen Versicherungszweigen als Unternehmer tätig.

4. **Ausbildung, Fortbildung und Gesundheit:** Die Bereitstellung von Schulen und Universitäten, Krankenhäusern und medizinischen Forschungsanstalten liegt ebenfalls vielfach bei öffentlichen Unternehmen.

Wieviele dieser Güter und Dienstleistungen in den einzelnen Ländern tatsächlich von öffentlichen Unternehmen produziert werden, hängt neben historischen Gegebenheiten insbesondere von dem Vertrauen einer Gesellschaft in die Fähigkeit des privaten Sektors ab, jene zuverlässig und in ausreichendem Maße bereitstellen zu können. Daher unterscheidet sich der Anteil der staatlichen Produktion an der Gesamtproduktion in den aufgeführten Sektoren in den einzelnen Ländern erheblich. Sehr grob gesprochen tendieren die Staaten Frankreich, Italien, Österreich und Spanien allgemein zu einem hohen Anteil, während die USA und Großbritannien einen eher geringen Prozentsatz aufweisen. Dazwischen kann in der Regel der Anteil in der Bundesrepublik Deutschland angesiedelt werden[1]. Auffallend ist, daß viele der oben genannten Güter private Güter darstellen, bei denen das Ausschlußprinzip funktioniert. Warum sollte der Staat aber das Angebot privater Güter übernehmen, wenn doch derartige Güter durch den Markt bereitgestellt werden können? Aus allokativer Sicht können wir insbesondere zwei Gründe herausheben.

Der erste betrifft die Existenz natürlicher Monopole: Aufgrund technologischer Bedingungen weisen manche Industrien bei der Produktion eines Gutes steigende Skalenerträge auf. Technisch gesprochen bedeuten steigende Skalenerträge in der Produktion, daß bei einer proportionalen Erhöhung des Einsatzes aller Faktoren die Produktion des Gutes überproportional steigt. Dies impliziert, daß die Durchschnittskosten mit steigender Ausbringungsmenge sinken, da jede weitere Einheit des Gutes mit weniger Faktoren und bei gegebenen Faktorpreisen folglich zu geringeren Kosten hergestellt werden kann als die vorhergehenden. Dies ist z.B. dann der Fall, wenn ein Gut nur unter sehr hohen Fixkosten produziert werden kann, dessen variable Kosten allerdings relativ gering sind. Ein promi-

[1] Eine gute Übersicht über die öffentlichen Unternehmen in den Staaten der Europäischen Union bietet das Jahrbuch *Die öffentlichen Unternehmen in der EU* (1993).

nentes Beispiel hierfür ist die Produktion des Gutes „Bahnfahren". Um dieses Gut anbieten zu können, muß zunächst ein Schienennetz aufgebaut und Züge gekauft werden. Bestehen diese Voraussetzungen erst einmal, so ist die Beförderung selbst zu sehr geringen variablen Kosten möglich, zumindest wenn die Züge nicht ausgelastet sind. Die Beförderung eines weiteren Fahrgastes in einem wenig besetzten Zug verursacht nahezu keinen zusätzlichen Einsatz an Produktionsfaktoren und damit Kosten, und somit sinken die Durchschnittskosten pro Fahrgast. Wir sagen, das Gut „Bahnfahren" kann in diesem Fall mit zunehmenden Skalenerträgen produziert werden. Das gleiche gilt für alle sogenannten **leitungsgebundenen** Angebote wie die Wasser– und Stromversorgung, Telephon (keine Handys), Kabelfernsehen oder einer Kanalisation, deren Dienste zwar zu geringen variablen Kosten erbracht werden können, die aber eine hohe Investition in ein Netz voraussetzen. Aber nicht nur diese Versorgungsbetriebe weisen die Eigenschaft zunehmender Skalenerträge auf, sondern z.B. auch Müllverbrennungsanlagen, Atomkraftwerke oder Kläranlagen. Diese Beispiele zeigen bereits, daß das Phänomen steigender Skalenerträge durchaus relevant ist und keinen akademischen Sonderfall darstellt.

Welches Problem ergibt sich bei Vorliegen steigender Skalenerträge bzw. sinkender Durchschnittskosten? Wie wir aus der mikroökonomischen Kostentheorie wissen, implizieren fallende Stückkosten, daß die Grenzkosten unterhalb den Durchschnittskosten liegen müssen. Wenn das aber so ist, dann ist keine effiziente Grenzkostenpreisbildung auf diesem Markt ohne staatlichen Eingriff möglich, da ein Unternehmen langfristig Verluste erwirtschaften würde. Stattdessen kommt es auf diesem Markt in einer Situation ohne Eingriff des Staates zu einem ruinösen Wettbewerb zwischen den Unternehmen. Jedes Unternehmen versucht die Größenvorteile, die sich aus den steigenden Skalenerträgen ergeben, zu nutzen, um seine Konkurrenten zu unterbieten, bis nur noch ein Unternehmen am Markt verbleibt. Es entwickelt sich ein **natürliches Monopol**. Aus gesellschaftlicher Sicht ist es auch erwünscht, daß nur ein Unternehmen dieses Gut herstellt, da nur dann die Größenvorteile der Kostendegression optimal genutzt werden können. Kann jedoch dieses natürliche Monopol potentielle Konkurrenten durch hohe **Markteintrittskosten**, sogenannte **sunk costs**, wirkungsvoll abschrecken, so maximiert es seinen Gewinn bei dezentralem Verhalten wie jedes andere unregulierte Monopol auch. Sieht es sich einer fallenden Preis-Absatz-Funktion nach dem Gut x, $p(x)$, gegenüber, so wählt es die gewinnmaximale Ausbringungsmenge in dem Punkt, in dem die Grenzkosten der Produktion dem Grenzerlös, MR, entsprechen:

$$MC = MR = p(x) + \frac{\partial p(x)}{\partial x}x, \quad \text{mit} \quad \frac{\partial p(x)}{\partial x} < 0.$$

Im Vergleich zu einem effizienten Angebot, bei dem der Preis den Grenzkosten entspricht, $MC = p(x)$, bietet das Monopol ohne staatlichen Eingriff eine zu geringe Menge an. Aus gesellschaftlicher Sicht ist es daher erwünscht, dem Monopol seine Macht zu nehmen, indem man z.B. die Produktion einem öffentlichen Unternehmen überträgt. Bei der Wahl der Beispiele muß man aber sehr vorsichtig sein und genau untersuchen, welche Produktionsbereiche bei welcher Betrachtung zunehmende Skalenerträge aufweisen und welche nicht. Die Produktion elektrischen Stroms mittels eines Kraftwerks mag in einer kleinen Stadt im relevanten Bereich mit steigenden Skalenerträgen verbunden sein. In diesem Fall wäre die Erzeugung des Stroms für sich genommen ein geeigneter Untersuchungsgegenstand. Ist dieses Kraftwerk jedoch nur eines von vielen in einer Großstadt, so sind die produktionstechnischen Kostenvorteile wahrscheinlich bereits durch die hohe Nachfrage ausgeschöpft, und eine Erhöhung der Stromerzeugung kann kurzfristig nur mit steigenden Durchschnittskosten realisiert werden, da die Grenzkosten bereits über den Durchschnittskosten liegen. Die Verteilung des Stroms allerdings über das notwendige Netz ist in beiden Fällen mit sinkenden Durchschnittskosten möglich. Die Produktion von Strom in einer Großstadt ist somit nicht unser Problem, sondern das Betreiben des Stromnetzes. In Abschnitt 6.2.1 wollen wir verschiedene Staatseingriffe untersuchen, die bei steigenden Skalenerträgen eine Verbesserung der Allokation bewirken können.

Die zweite mögliche Rechtfertigung einer staatlichen Bereitstellung von Gütern, die auch privat angeboten werden können, bezieht sich auf das Vorliegen positiver externer Effekte (vgl. auch Kapitel 4). Betrachten wir z.B. die Ausbildung von Schülern und Schülerinnen an staatlichen Grundschulen. Wie wir bereits ausführlich in Kapitel 3 diskutiert haben, können wir die Ausbildung selbst als ein unreines öffentliches Gut interpretieren, welches bei Ausschließbarkeit auch privat angeboten werden könnte. Jedoch werden bei der Ausbildung an den öffentlichen Schulen zugleich den jungen Gesellschaftsmitgliedern bestimmte Grundregeln vermittelt und eingeübt. Das Erlernen und die Anwendung bestimmter Verhaltensregeln, an denen sich alle Gesellschaftsmitglieder orientieren, können wir als einen positiven externen Effekt interpretieren. Enthält der Verhaltenskodex nämlich z.B. auch Regeln über die Höflichkeit, wie das Offenhalten von Türen für nachfolgenden Personen oder das Platzanbieten für ältere Menschen in öffentlichen Verkehrsmitteln, so freuen sich die Mitmenschen, wenn diese Verhaltensregeln auch angewandt werden, ohne daß sie dafür zahlen müssen. Ein weiteres Beispiel finden wir bei der Ausbildung von Archäologen oder Kunsthistorikern an staatlichen Universitäten. Oftmals stellen diese ihre Forschungsergebnisse allen Gesellschaftsmitgliedern zur Verfügung und erhöhen damit deren Nutzen, ohne daß sie dafür entsprechend bezahlt werden. Die Investition in Humankapital der Archäologen und Kunsthistoriker ruft in diesem Fall zugleich einen positiven externen Effekt hervor. Sowohl beim Erlernen bestimmter Verhaltensregeln als auch im Falle der Vermittlung von Wissen ohne ausreichende Bezahlung investiert der Einzelne, wenn er dezentral über seine Bildungsausgaben entscheidet, ohne vom Staat unterstützt zu werden, aus gesellschaftlicher Sicht zu wenig in seine Ausbildung. Um diesen externen Effekt zu internalisieren, kann der Staat die Bildungseinrichtungen selbst übernehmen und als Unternehmen betreiben. Er greift somit auf der Angebotsseite des Marktes für Investitionen in Humankapital ein. Der Staat könnte aber auch auf der Nachfrageseite aktiv werden und lediglich die private Nachfrage nach Bildungsleistungen durch **Subventionen** fördern. Das Angebot an Bildungseinrichtungen würde dann durch private Schulen und Universitäten erfolgen. Wie könnte eine derartige Subventionierung aussehen? Der Staat könnte z.B. die einzelnen SchülerInnen oder Studierenden direkt subventionieren, indem er von jedem Nachfrager einen bestimmten Prozentsatz der Schul- oder Studiengebühren übernimmt. Eine derartige Subventionierung verringert den Preis der Bildung für alle Nachfrager. Ist die individuelle Bildungsnachfrage positiv mit dem Einkommen der Eltern korreliert, so besitzen die Söhne und Töchter reicher Eltern eine höhere Nachfrage nach Ausbildung als diejenigen von ärmeren. Durch die Subventionierung profitieren folglich die Kinder reicher Eltern mehr als die von armen. Eine derartige Subventionierung erscheint vielen als ungerecht. Gerechter wäre in dieser Hinsicht die Einführung von Bildungsgutscheinen. Jeder Nachfrager erhält vom Staat einen bestimmten Betrag in Höhe von, sagen wir, 5000 DM im Jahr ohne Rücksicht auf das Einkommen seiner Eltern. Dieser Gutschein reicht natürlich nicht aus, um ein Jahr Ausbildung zu erhalten. Den Rest trägt der Einzelne selbst. Der Nachfrager wählt nun den Ausbildungsplatz aus, an dem er diejenige Ausbildung erhält, die er am meisten präferiert. Die Ausbildungsanbieter konkurrieren um die Nachfrager durch ein gutes Lehrangebot. Wir werden uns in diesem Kapitel nicht weiter mit positiven externen Effekten beschäftigen, da wir bereits in Kapitel 4 mögliche Internalisierungsstrategien ausführlich behandelt haben.

Schließlich können auch Gerechtigkeitsüberlegungen für eine Errichtung öffentlicher Unternehmen sprechen. Da nämlich im allgemeinen staatliche Betriebe nicht bestrebt sind, ihren Gewinn zu maximieren, können sie durch ihre Preispolitik versuchen, die Wohlfahrt zu erhöhen. Dies schließt neben dem Erreichen einer effizienten Allokation ausdrücklich die Berücksichtigung einer als erwünscht angesehenen Einkommensverteilung mit ein. Jedoch besteht in der Regel zwischen diesen beiden Zielen ein Konflikt. Will das öffentliche Unternehmen durch seine Preissetzung die Einkommensverteilung verbessern, so muß es oftmals Effizienzeinbußen hinnehmen. Daher stellen wir uns in Abschnitt 6.2.2 die Frage, wie die gesellschaftlich optimale Preispolitik aussehen soll, die einen Ausgleich zwischen den Zielen der Effizienz und der Verteilungsgerechtigkeit gewährleistet.

Bei allen Vorteilen einer staatlichen Produktion privater Güter, dürfen aber nicht deren gewichtige Nachteile vergessen werden. Denn während die privatwirtschaftliche Produktion von Gütern bei vollkommenem Wettbewerb und gewinnmaximierendem Verhalten der Unternehmen kosteneffizient erfolgt, ist bei einem staatlichen Angebot eine ineffiziente Faktorallokation zu erwarten, da öffentliche Unternehmen andere Ziele als die Kostenminimierung verfolgen. So können wir in den Berichten der Rechnungshöfe unzählige Beispiele der öffentlichen Mißwirtschaft finden. Hierzu zählen die Klagen über den hohen Verwaltungsaufwand der Behörden bei der Beschaffung von Material, der oftmals in keinem Verhältnis zum Materialwert steht. Ebenso werden trotz der umständlichen bürokratischen Prüfung die teureren Bezugsquellen gewählt, weil man z.B. bestimmten Unternehmen helfen möchte oder einfach zu wenig Angebote eingeholt hat. Auch weisen verschiedene Abteilungen im öffentlichen Dienst eine erschreckend geringe Produktivität auf. Des weiteren werden staatliche Projekte getätigt, die nicht selten als Investitionsruinen enden. So bauten sich viele Gemeinden in den 70er Jahren ihre eigenen Hallenbäder und große Sportanlagen, die aber kaum genutzt wurden. Heute werden diese mit hohen Subventionen erhalten oder mit weiteren Investitionen zu Erlebnisparks umgebaut, deren Wirtschaftlichkeit oftmals wieder nicht geprüft wurde.

Die Gründe für eine derartige öffentliche Mißwirtschaft sind vielfältig. Zum einen müssen öffentliche Unternehmen in der Regel keinen Konkurs fürchten, da dem Staat die Möglichkeit einer Subventionierung staatlicher Betriebe offensteht. Dagegen müssen sich private Unternehmen auf dem Markt behaupten und die Gefahr eines Konkurses gibt jedem – also auch dem ineffizienten – Management eine obere Grenze der tragbaren Verluste an. Wird ein privates Unternehmen schlecht geführt, so führt der Auslesemechanismus des Marktes zu einem Ausscheiden der unfähigen Manager.

Zum anderen sind öffentliche Unternehmen meistens nicht oder nicht in vollem Umfang einem Wettbewerb ausgesetzt. Die Folge ist, daß bestimmte Dienstleistungen oder Güter nicht im erwünschten Ausmaß oder der gewünschten Qualität bereitgestellt werden. Bei Konkurrenz können nämlich die Konsumenten gemäß ihren Präferenzen zwischen verschiedenen Anbietern wählen und zeigen durch ihre Wahlentscheidung an, welche Güter und Dienste sie in welchem Umfang wünschen. Diese Signale empfängt ein alleiniger Anbieter nicht. Erst der Wettbewerb schafft also die Voraussetzung für einen Vergleich unterschiedlicher Angebote und führt dazu, daß diejenigen Unternehmen Erfolg haben, die die von den Konsumenten gewünschten Güter zu minimalen Kosten anbieten, während diejenigen, die ineffizient wirtschaften, vom Markt verschwinden. Gibt es dagegen nur einen Anbieter, so ist es immer schwer zu beurteilen, ob dieser ineffizient wirtschaftet, da kein Vergleich möglich ist.

Ein weiterer Grund für die Ineffizienz in öffentlichen Unternehmen liegt in dem Anreizsystem, dem sich die Arbeitnehmer in diesen Unternehmen gegenübergestellt sehen. Hier ist zunächst das Problem der Lohnstruktur zu nennen. Während in privaten Unternehmen die Bezahlung der Führungskräfte in der Regel nach Leistung erfolgt, ist das Arbeitsentgelt eines Managers im öffentlichen Dienst nur selten von dem Erfolg seines Unternehmens oder seiner Abteilung abhängig. Ebenso ist das Gehalt in den Führungsetagen staatlicher Betriebe oftmals niedriger als in vergleichbaren privaten Unternehmen. Dies dürfte nicht nur die Qualität der Manager, die für die Führung der öffentlichen Betriebe gewonnen werden können, sondern auch ihre Einsatzbereitschaft negativ beeinflussen. Die gleiche negative Wirkung rufen die beschränkten Möglichkeiten der Beförderung im öffentlichen Dienst oder in der Beamtenhierarchie hervor. Schließlich bewahrt ein im Vergleich zu den Regelungen, die in vielen privaten Unternehmen gelten, außerordentlicher Kündigungsschutz die Angestellten im öffentlichen Dienst wie auch die Beamten davor, allzu harte Konsequenzen ihrer eigenen Unfähigkeit zu tragen. All diese gerade angeführten Probleme öffentlicher Mißwirtschaft sollten bei einer Beurteilung einer staatlichen gegenüber einer privaten Produktion von Gütern immer beachtet werden, auch wenn wir sie in den folgenden Abschnitten weitestgehend vernachlässigen.

6.2 Probleme der Grenzkosten-Preisregel

In Abschnitt 6.2.1 wenden wir uns zunächst dem Problem natürlicher Monopole aus allokativer Sicht zu und untersuchen, welche Effizienzeinbußen bei unreguliertem Verhalten auftreten. Des weiteren werden wir verschiedene Eingriffsmöglichkeiten des Staates beschreiben, die zu einer Verbesserung der Allokation führen können. In Abschnitt 6.2.2 nehmen wir Gerechtigkeitesüberlegungen in unsere Analyse auf und fragen uns, wie die optimale Preispolitik eines öffentlichen Unternehmens aussehen soll, die sowohl eine möglichst effiziente Allokation als auch eine gesellschaftlich erwünschte Verteilung gewährleistet.

6.2.1 Natürliche Monopole

Betrachten wir eine Industrie, wie z.B. die Betreiber eines Stromnetzes, in der das Gut x, also die Übertragung der Elektrizität, mit steigenden Skalenerträgen produziert wird. Nehmen wir an, daß auf den Faktormärkten vollkommener Wettbewerb herrsche und die Industrie sich auf diesen als Preisnehmer verhalte. In diesem Fall übersteigen die Durchschnittskosten, AC, die Grenzkosten, MC. Auf dem Markt für x sinke die Nachfrage mit steigendem Preis. Hieraus ergibt sich eine fallende Preis-Absatz-Funktion $p(x)$, mit $\frac{\partial p(x)}{\partial x} < 0$.

In Abbildung 6.1 ist diese Situation dargestellt. Wie wir wissen, wäre aus allokativer Sicht ein Optimum erreicht, wenn die Kosten der letzten produzierten Einheit des Gutes, MC, der Zahlungsbereitschaft der Nachfrager für diese Einheit entspricht. Da die Nachfragekurve die marginale Zahlungsbereitschaft angibt, ist die Bedingung für ein effizientes Angebot des Gutes x in Punkt A bei einer Menge x_O und einem Preis p_O erfüllt. Würde jedoch ein Unternehmen zu diesem Preis anbieten, so würde es einen Verlust erwirtschaften, da die gesamten Kosten, die Fläche HFx_OO, die Einnahmen, die Fläche p_OAx_OO, übersteigen.

Fallen die Durchschnittskosten mit steigender Ausbringungsmenge, so besitzen große Unternehmen Kostenvorteile. Aus allokativer Sicht ist es daher von Vorteil, wenn nur ein Unternehmen dieses Gut herstellt. Dies ist auch bei gewinnmaximierendem Verhalten der Unternehmen der Fall: Es bildet sich ein natürliches Monopol. Dieses bietet allerdings ohne staatlichen Eingriff nicht die Menge x_O an, sondern die Menge x_M. Diese Menge sichert aus Sicht des Monopols ein Gewinnmaximum, da bei dieser Ausbringungsmenge die Kosten der letzten Einheit, MC, dem Grenzerlös, MR, entsprechen (Punkt C). Der Monopolpreis ist p_M.

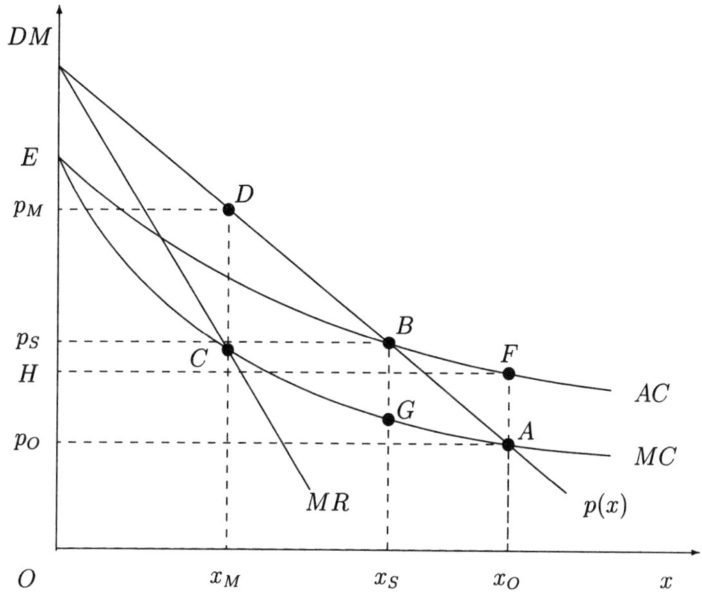

Abb. 6.1: Natürliches Monopol

Welcher Wohlfahrtsverlust entsteht durch eine Monopolstellung ohne staalichen Eingriff im Vergleich zu einer Situation, in der die Menge x_O zu einem Preis p_O angeboten wird? Hierfür müssen wir die Gewinne, die ein Anbieter bei einer Verringerung der Ausbringungsmenge von x_O auf x_M realisieren kann, mit der Änderung der Konsumentenrente vergleichen. Für diesen Vergleich sind natürlich nur die variablen Kosten relevant, da die Produktion des Gutes selbst außer Frage steht. Die Konsumenten verlieren aufgrund einer Preiserhöhung von p_O auf p_M die Rente $p_M DAp_O$. Den Gewinn des Monopolisten ohne Berücksichtigung der Fixkosten erhalten wir durch folgende Flächen. Die Fläche $p_M Dx_M O$ gibt die Erlöse des Monopolisten an, wenn er die Menge x_M anbietet. Von diesen müssen wir die für den Vergleich relevanten Kosten der Produktion der Menge x_M abziehen. Diese sind durch die Fläche unter der Grenzkostenkurve abzulesen, also $ECx_M O$. Bietet dagegen ein Unternehmen die Menge x_O zum Preis p_O an, so beträgt sein Verlust ohne Berücksichtigung der Fixkosten $EAx_OO - p_OAx_OO$. Reduziert das Unternehmen sein Angebot von x_O auf x_M, so realisiert es einen Nettogewinn in Höhe

$$p_MDx_MO - ECx_MO - (p_OAx_OO - EAx_OO) = p_MDCAp_O.$$

Vergleichen wir nun den Verlust an Konsumentenrente mit diesem Vorteil des Produzenten, so erhalten wir als Wohlfahrtsverlust die Fläche

$$p_MDAp_O - p_MDCAp_O = DAC.$$

Verzichtet der Staat auf eine Intervention, so entsteht ein Wohlfahrtsverlust in Höhe von DAC.

Der Staat könnte nun regulierend eingreifen, indem er lediglich einen Preis vorgibt, der gerade kostendeckend ist. Die Produktion selbst bleibt in der Hand privater Unternehmen. Dieses Verfahren wird oftmals in Kanada und den USA angewandt. So gibt es in den USA eine **Federal Power Commission**, die die Aufgabe hat, den nationalen Energiesektor zu beaufsichtigen und regulierend einzugreifen. Bei einer Preisregulierung müßte die Behörde in unserer Abbildung den Preis p_S vorgeben, den der Monopolist nicht überschreiten darf. Gewinnmaximierendes Verhalten des Monopolisten erfordert nun eine Ausbringungsmenge x_S. Somit gibt Punkt B das Gleichgewicht bei Preisvorgabe der Regulierungskommission an. Um den Wohlfahrtsverlust der staatlichen Regulierungsmaßnahme zu erhalten, vergleichen wir wieder die Verluste der Konsumenten und des Produzenten bei einem Übergang von x_O zu x_S. Die Konsumentenrente sinkt nun in Höhe der Fläche p_SBAp_O. Die Verlustminderung des Monopolisten, dessen Absatzpreis maximal p_S betragen darf, ist p_SBGAp_O. Insgesamt erhalten wir einen Wohlfahrtsverlust in Höhe der Fläche BAG. Reguliert der Staat das natürliche Monopol in dieser Weise, so entsteht ein Wohlfahrtsverlust, BAG, der aber kleiner ist als ohne Intervention, $DAC - BAG = DBGC > 0$. Ein schwerwiegendes Problem der Preisregulierung haben wir in dieser Betrachtung bisher vernachlässigt. Um die optimale Preisvorgabe zu bestimmen, benötigt die Regulierungsbehörde Informationen über die Kostenverläufe der Unternehmen. Doch wie soll sie wissen, wie die tatsächlichen Kostenstruktur der privaten Betriebe beschaffen ist? Um dieses Problem zu lösen, muß die Regulierungskommission ein Anreizsystem schaffen, welches die Unternehmen veranlaßt, ihre „wahren" Kosten zu offenbaren. Jedoch gewährt diese Informationsasymmetrie den privaten Firmen im allgemeinen einen Spielraum über überhöhte Gehälter, gute Arbeitsplatzbedingungen oder repräsentative Verwaltungssitze einen Teil der möglichen Monopolrente abzuschöpfen.

Eine weitere Alternative eines staatlichen Eingriffs besteht darin, das Unternehmen zu übernehmen und das Gut x selbst anzubieten. Diese Strategie wurde und wird oftmals in den europäischen Staaten praktiziert, auch wenn ein Umdenken in diesem Bereich zu beobachten ist. Aber immer noch sind in vielen Ländern Telephongesellschaften, Atomkraftwerke oder Wasser– und Gasversorgungsbetreibe in staatlicher Hand. Führt der Staat das Unternehmen in eigener Regie, so kann das öffentliche Unternehmen die Grenzkosten-Preisregel befolgen. Es realisiert dann allerdings einen Verlust in Höhe der Fläche $HFAp_O$.

Wie bereits in der Einleitung zu diesem Kapitel diskutiert, ergeben sich weitere Probleme, da sich ein öffentliches Unternehmen ohne (potentielle) Konkurrenten nicht gewinnmaximierend verhält und daher den Faktoreinsatz nicht kostenminimierend wählt. Gründe hierfür sind, daß die Entscheidungen in den öffentlichen Unternehmen oftmals nicht aufgrund ökonomischer Überlegungen sondern auf Basis verwaltungsjuristischer Grundsätze getroffen werden, oder daß der Einfluß von Gewerkschaften, Parteien oder Verbänden einem kostenminimierenden Verhalten entgegensteht. In Abbildung 6.1 könnten wir dies dadurch wiedergeben, daß die Kostenkurven für ein öffentliches Unternehmen oberhalb der eingezeichneten AC- bzw. MC-Kurven liegen. Eine ineffiziente Produktion des Gutes x wäre die Folge. Diese Diskussion der Vor- und Nachteile staatlicher Eingriffe halten wir fest als

Ergebnis 6.2.1 *Die Existenz natürlicher Monopole erfordert einen staatlichen Eingriff, da die unregulierte Aktivität die größten Effizienzeinbußen verursacht. Eine staatliche Regulierung privater Aktivität ist dann einer staatlichen Übernahme vorzuziehen, wenn die Effizienzeinbuße geringer ist. Ein Allokationsoptimum ist im allgemeinen ausgeschlossen.*

Ein weiteres Problem bei fallenden Durchschnittskosten liegt vor, wenn die Nachfragekurve bei allen möglichen Ausbringungsmengen unterhalb der Durchschnittskosten liegt, wie in Abbildung 6.2 dargestellt. Die Produktion dieses Gutes verursacht nun auf jeden Fall Verluste, wenn der Staat durch eine Preisfestsetzung $p = AC$ regulierend eingreifen möchte. Dennoch kann auch in diesem Fall eine Produktion des Gutes in Höhe von x_0 aus gesellschaftlicher Sicht wünschenswert sein, wenn der Nutzen aus dem Angebot des Gutes, die Fläche unter der Nachfragekurve $OCAx_O$, die Kosten der Produktion der Menge x_O, die Fläche $ODBx_O$, übersteigt, oder wenn äquivalent $DCE > EBA$ gilt. In diesem Fall kennzeichnet weiterhin der Punkt A das Allokationsoptimum, da dort die marginale Zahlungsbereitschaft der Konsumenten den Grenzkosten entspricht.

Führt nun der Staat die Produktion des Gutes x in eigener Regie durch und bietet die Menge x_O an, so entsteht ein Verlust in Höhe der Fläche $p_O DBA$. Wie bei der Diskussion natürlicher Monopole stellt sich die Frage, wie das öffentliche Unternehmen diesen Verlust decken kann. Natürlich kann der Staat Steuern erheben. Jedoch führt die Erhebung von Steuern zu Verzerrungen der privaten Entscheidungen, wenn die Individuen einer Steuer ausweichen können. Diese Verzerrungen verursachen dann in anderen Bereichen Wohlfahrtsverluste, die mit den hier gezeigten verglichen werden müssen.

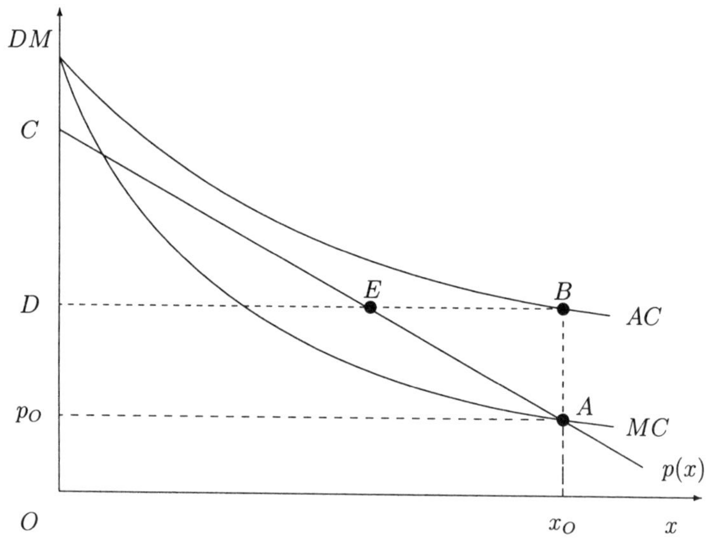

Abb. 6.2: Staatliche Übernahme des natürlichen Monopols

Eine weitere Möglichkeit, wie der Staat in einer derartigen Situation seine Kosten decken kann, besteht darin, daß das öffentliche Unternehmen neben dem effizienzsichernden Preis für das Gut x, p_O, eine mengenunabhängige Grundgebühr verlangt, mit der der Verlust gedeckt werden soll. Ein derartiger gespaltener Tarif liegt z.B. bei der Telekom vor. Der Besitzer eines Telephonanschlusses zahlt bereits für die Möglichkeit, den hauseigenen Telephonanschluß zu nutzen, eine monatliche Grundgebühr. Diese ist unabhängig von der Anzahl der geführten Telephonate. Zwar kann durch eine derartige Preisbestimmung eine Kostendeckung realisiert werden, jedoch werden einige Nachfrager aus dem Markt gedrängt, wenn allein die Grundgebühr den individuellen Vorteil aus dem Konsum des Gutes x übersteigt. Wieder ist ein Allokationsoptimum im allgemeinen nicht zu realisieren. Ob dieses Problem schwerwiegend ist, hängt entscheidend von der Art des Gutes ab. Ist die **Einkommenselastizität** der Nachfrage bezüglich dieser Güter relativ gering, wie z.B. bei der Wasser– oder Stromversorgung, so ist die Einführung einer mengenunabhängigen Grundgebühr kaum mit einer Reduktion der Nachfrage verbunden. Neben diesem allokativen Argument wird ein gespaltener Tarif aber auch aus Gerechtigkeitsüberlegungen kritisiert. Muß nämlich jeder Nutzer, ob arm oder reich, die gleiche Grundgebühr entrichten, so nimmt die Gebührenlast im Verhältnis zum Einkommen mit steigendem Einkommen ab. Die Grundgebühr ist daher als eine regressive Steuer anzusehen, die die armen Haushalte relativ zu ihrem Einkommen stärker belastet als reiche, und dies kann aus distributiven Gründen unerwünscht sein. Deshalb stellen wir uns im folgenden Abschnitt die Frage, wie die optimale Preispolitik gestaltet werden soll, die einen Ausgleich zwischen Effizienz und Verteilungsgerechtigkeit gewährleistet.

6.2.2 Die optimale Preispolitik

Für die Herleitung eines optimalen gespaltenen Tarifs betrachten wir in Anlehnung an *Feldstein* (1972a, 1972b) folgendes Modell. Es gebe zwei Gruppen von Haushalten, A und B, die das Gut x bei einem öffentlichen Unternehmen nachfragen. Zur Vereinfachung unterstellen wir, daß die beiden Gruppen aus gleich vielen Haushalten bestehen, die sich innerhalb einer Gruppe nicht unterscheiden. Die Gruppe A sei reich und besitze das Einkommen I_A, während B über ein geringeres Einkommen verfüge, $I_B < I_A$. Diese Einkommensverteilung wird von den politischen Entscheidungsträgern, die die Preispolitik des öffentlichen Unternehmens bestimmen, als unerwünscht angesehen. Sie messen einer marginalen Erhöhung des Einkommens der armen Gruppe B einen höheren gesellschaftlichen Wert bei. Bilden wir den sozialen Grenznutzen des Einkommens durch eine Funktion $v'(I_i)$, $i = A, B$, ab, so nehmen wir demnach an, daß $v'(I_A) < v'(I_B)$ gilt[2]. Könnte das öffentliche Unternehmen die beiden Haushaltsgruppen unterscheiden und ihnen entsprechend ihrer Einkommen unterschiedliche Grundgebühren zuweisen, so ließe sich die erwünschte Verteilung leicht erreichen. Wir wollen jedoch

[2] Unter dem sozialen Grenznutzen des Einkommens eines Haushalts verstehen wir die Wirkung, die eine marginale Erhöhung seines Einkommens über dessen Nutzenfunktion auf die soziale Wohlfahrtsfunktion besitzt. Soziale Wohlfahrtsfunktionen werden wir in Kapitel 8 eingehender betrachten.

davon ausgehen, daß dem öffentlichen Unternehmen diese Preisdiskriminierung nicht möglich ist. Vielmehr verlangt es von allen Nutzern sowohl dieselbe Grundgebühr als auch den gleichen Preis pro nachgefragter Einheit des Gutes x, p_x. Die Gesamtmenge, die von dem öffentlichen Unternehmen bei einem marginalen Preis p_x abgesetzt wird, sei

$$X = x_A + x_B, \tag{6.1}$$

wobei x_i die von der Gruppe $i = A, B$ nachgefragte Menge bezeichnet. Betragen die Gesamtkosten für die Bereitstellung der Menge X $C(X)$, so ergibt sich die kostendeckende Grundgebühr Z für eine Gruppe als

$$Z = \frac{1}{2}[C(X) - p_x X]. \tag{6.2}$$

Wir bilden nun die Konsumentenrente einer Gruppe mit Einkommen I_i, $i = A, B$, die die Menge x_i zum Preis p_x erwirbt, durch die Funktion $KR(p_x, I_i)$ ab und erhalten somit nach Abzug der Grundgebühr die Nettorente der Gruppe i als

$$KR(p_x, I_i) - Z = KR(p_x, I_i) - \frac{1}{2}[C(X) - p_x X]. \tag{6.3}$$

Für eine Wohlfahrtsanalyse betrachten wir die Nettorenten beider Gruppen zusammen. Da wir jedoch in diesem Abschnitt annehmen, daß die bestehende Einkommensverteilung als unerwünscht angesehen wird, müssen wir im Gegensatz zu den bisherigen Betrachtungen (vgl. Abschnitt 2.3.1) bei einer Aggregation über beide Gruppen Verteilungsgewichte berücksichtigen. Hierfür multiplizieren wir den Wert der Nettorente der Gruppe i jeweils noch mit ihrem sozialen Grenznutzen des Einkommens, $v'(I_i)$. Die aggregierte Nettokonsumentenrente ergibt sich demnach als

$$W = \sum_{i=A,B} v'(I_i)\{KR(p_x, I_i) - \frac{1}{2}[C(X) - p_x X]\}. \tag{6.4}$$

Wir unterstellen zur Vereinfachung, daß der soziale Grenznutzen des Einkommens einer Gruppe bei einer Variation des marginalen Preises wie auch der Grundgebühr unverändert bleibt. Somit bleiben Einkommenseffekte unberücksichtigt. Zur Bestimmung der optimalen Preispolitik müssen wir nun die Nettorente (6.4) durch Wahl des Preises p_x maximieren. Hierdurch wird zugleich die Grundgebühr bestimmt, da wir unterstellen, daß das öffentliche Unternehmen sein Budget durch seine

Preissetzung gerade ausgleicht. Wir erhalten die Bedingung erster Ordnung als

$$\frac{\partial W}{\partial p_x} = \sum_{i=A,B} v'(I_i) \left\{ \frac{\partial KR(p_x, I_i)}{\partial p_x} - \frac{1}{2} \left[(MC_x - p_x) \frac{\partial X}{\partial p_x} - X \right] \right\} = 0, \quad (6.5)$$

wobei MC_x die Grenzkosten der Produktion des Gutes X angeben. Bedenken wir, daß sich unter Vernachlässigung des Einkommenseffekts die Konsumentenrente bei einer marginalen Preiserhöhung in erster Näherung um das Produkt der nachgefragten Menge und dieser Preisvariation reduziert, $\frac{\partial KR(p_x, I_i)}{\partial p_x} = -x_i$, so können wir die obige Bedingung nach einigen Umformungen auch schreiben als

$$\sum_{i=A,B} v'(I_i) x_i = \frac{1}{2} X \sum_{i=A,B} v'(I_i) \left[\left(\frac{p_x - MC_x}{p_x} \right) \frac{\partial X}{\partial p_x} \frac{p_x}{X} + 1 \right]. \quad (6.6)$$

$\frac{1}{2}X$ gibt auch die durchschnittlich nachgefragte Menge pro Gruppe, $\bar{x}$, an. Ebenso können wir den durchschnittlichen sozialen Grenznutzen des Einkommens bestimmen als $\frac{1}{2} \sum v'(I_i) \equiv \bar{v}'$. Nutzen wir diese Beziehungen und verwenden die Definition der aggregierten Preiselastizität der Nachfrage, $\frac{\partial X}{\partial p_x} \frac{p_x}{X} \equiv \varepsilon_{xx} < 0$, so ergibt sich die Optimalbedingung abschließend als

$$\left(\frac{p_x - MC_x}{p_x} \right) \varepsilon_{xx} = \frac{\frac{1}{2} \sum v'(I_i) x_i - \bar{v}' \bar{x}}{\bar{v}' \bar{x}}. \quad (6.7)$$

Auf der linken Seite dieser Bedingung steht nun die Differenz des optimalen Preises und der Grenzkosten relativ zu diesem Preis, $\frac{p_x - MC_x}{p_x}$, d.h. die prozentuale Abweichung von p_x zu MC_x, multipliziert mit der aggregierten Preiselastizität der Nachfrage. Da ε_{xx} negativ ist, fordert diese Optimalbedingung einen marginalen Preis oberhalb der Grenzkosten, wenn der rechte Bruch, der uns als Maß für die Verteilungsgerechtigkeit dient, negativ ist. Dessen Nenner $\bar{v}'\bar{x}$ ist auf jeden Fall positiv. Im Zähler erkennen wir die Kovarianz als Maß des Zusammenhangs zwischen der konsumierten Menge, x_i, und dem sozialen Grenznutzen, $v'(I_i)$, beider Gruppen[3]. Diese Kovarianz kann positiv oder negativ sein. Ist x ein **normales Gut** und steigt daher die Nachfrage nach diesem Gut mit steigendem Einkommen, $x_A > x_B$, so ist der Zähler negativ, da aus Sicht des öffentlichen Unternehmens der marginale soziale Nutzen des Einkommens der Gruppe A zugleich kleiner ist, $v'(I_A) < v'(I_B)$. In diesem Fall

[3] Die Kovarianz zweier Zahlenpaare (x_i, y_i), $i = 1, \ldots, n$, ist definiert als $\frac{1}{n} \sum_i (x_i - \bar{x})(y_i - \bar{y}) = \frac{1}{n} \sum_i x_i y_i - \bar{x}\bar{y}$, wobei $\bar{x}$ und $\bar{y}$ die jeweiligen arithmetischen Mittel angeben.

ist es für das öffentliche Unternehmen optimal, den Preis p_x über die Grenzkosten zu heben. Denn durch diese Preispolitik kann die Grundgebühr Z gesenkt werden und den Haushalten mit höherem Einkommen und damit höherer Nachfrage ein größerer Anteil der Gesamtkosten aufgebürdet werden. Der Wohlfahrtsverlust aufgrund des ineffizient hohen Preises, $p_x > MC_x$, wird durch eine höhere Verteilungsgerechtigkeit wettgemacht. Ist x dagegen ein **inferiores Gut** und nimmt die Nachfrage nach ihm mit steigendem Einkommen ab, $x_A < x_B$, so ist die Kovarianz positiv und der optimale Preis sollte unterhalb der Grenzkosten liegen, $p_x < MC_x$. Eine Befolgung der Grenzkosten–Preisregel, $p_x = MC_x$, ist für das öffentliche Unternehmen nur dann optimal, wenn die Nachfrage der Haushaltsgruppen unabhängig von deren Einkommen gleich ist, $x_A = x_B$, da in diesem Fall durch die Preispolitik die Einkommensverteilung nicht verbessert werden kann[4]. Dies fassen wir zusammen in

Ergebnis 6.2.2 *Verfolgt das öffentliche Unternehmen mit seiner Preispolitik auch Verteilungsziele und bietet es ein normales (inferiores) Gut an, so ist es optimal, den marginalen Preis über (unter) die Grenzkosten zu setzen.*

Anzumerken bleibt, daß die prozentuale Abweichung des optimalen Preises von den Grenzkosten auch von dem Grad der aggregierten Preiselastizität, ε_{xx}, abhängt. Je geringer diese Elastizität (absolut) ist, desto größer sollte bei gegebenem Wert des Maßes für die Verteilungsgerechtigkeit die Differenz zwischen Preis und Grenzkosten relativ zu dem optimalen Preis sein. Ist nämlich die Nachfrage relativ unelastisch, so verändert sie sich bei einer Preisänderung kaum, und somit sind die Effizienzeinbußen bei einer Abweichung von der Grenzkosten–Preisregel auch relativ gering.

Bisher haben wir uns auf den Fall beschränkt, bei dem lediglich ein einziges Gut bei sinkenden Durchschnittskosten produziert wird. Jedoch finden wir in der Realität viele Unternehmen, die mehrere Güter zugleich anbieten. So bietet die Deutsche Post AG z.B. je nach Gewicht, Größe und Eile der Sendung viele verschiedene Zustelldienste an. Das gleiche gilt bei der Telekom mit ihren vielfältigen Dienstleistungen. Welche Preispolitik sollten die politischen Entscheidungsträger in einem öffentlichen

[4] Eine Anwendung der Grenzkosten–Preisregel ist ebenfalls optimal, wenn aus Sicht des öffentlichen Unternehmens bereits eine gesellschaftlich erwünschte Einkommensverteilung herrscht und sich die sozialen Grenznutzen entsprechen, $v'(I_A) = v'(I_B)$. Auch dann dient die Preispolitik allein der Erreichung einer effizienten Allokation unter Beachtung der Kostendeckung.

Unternehmen nun wählen, wenn sie neben dem Ziel einer möglichst effizienten Allokation auch eine erwünschte Verteilung verfolgen und zugleich ihr Budget ausgleichen müssen? Sollte das Verhältnis zwischen den Preisen und den Grenzkosten für alle Produkte des Unternehmens gleich sein oder sollten lieber einige Güter teurer sein, um die anderen zu subventionieren? Um diese Frage zu beantworten, erweitern wir unser obiges Modell um ein weiteres Gut y. Die Gesamtmengen, die bei den jeweiligen marginalen Preisen p_x und p_y abgesetzt werden, sind nun

$$\begin{aligned} X &= x_A + x_B \\ Y &= y_A + y_B. \end{aligned} \tag{6.8}$$

Die Gesamtkosten der Produktion beider Güter stellen wir durch die Funktion $C(X, Y)$ dar und erhalten die kostendeckende Grundgebühr, die für beide Haushaltsgruppen identisch ist und nun das Recht auf Nutzung beider Güter x und y einräumt, als

$$Z = \frac{1}{2}[C(X,Y) - p_x X - p_y Y]. \tag{6.9}$$

Die Konsumentenrente der Haushaltsgruppe i ist nun von ihrem Einkommen I_i, und den Preisen p_x und p_y abhängig, $KR(p_x, p_y, I_i)$. Ziehen wir wieder die Grundgebühr von dieser ab und aggregieren die so gewonnenen Nettorenten beider Gruppen durch Gewichtung mit dem jeweiligen sozialen Grenznutzen des Einkommens, so ergibt sich die Zielfunktion für eine optimale Preispolitik als

$$W = \sum_{i=A,B} v'(I_i)\{KR(p_x, p_y, I_i) - \frac{1}{2}[C(X,Y) - p_x X - p_y Y]\}. \tag{6.10}$$

Leiten wir nach den beiden Preisen p_x und p_y ab, so erhalten wir als Bedingungen erster Ordnung für eine optimale Preispolitik

$$\begin{aligned} \frac{\partial W}{\partial p_x} &= 0 = \sum_{i=A,B} v'(I_i) \left\{ \frac{\partial KR(p_x, p_y, I_i)}{\partial p_x} \right. \\ &- \left. \frac{1}{2}\left[(MC_x - p_x)\frac{\partial X}{\partial p_x} + (MC_y - p_y)\frac{\partial Y}{\partial p_x} - X\right]\right\}, \end{aligned} \tag{6.11}$$

$$\begin{aligned} \frac{\partial W}{\partial p_y} &= 0 = \sum_{i=A,B} v'(I_i) \left\{ \frac{\partial KR(p_x, p_y, I_i)}{\partial p_y} \right. \\ &- \left. \frac{1}{2}\left[(MC_y - p_y)\frac{\partial Y}{\partial p_y} + (MC_x - p_x)\frac{\partial X}{\partial p_y} - Y\right]\right\}. \end{aligned} \tag{6.12}$$

Wie wir sehen, müssen wir nun eigentlich bei der Bestimmung der optimalen Preise neben dem direkten Effekt einer Preisvariation auf die

Menge, $\frac{\partial X}{\partial p_x}$ und $\frac{\partial Y}{\partial p_y}$, auch die Kreuzpreiseffekte auf die Absatzmenge des jeweils anderen Gutes, $\frac{\partial Y}{\partial p_x}$ und $\frac{\partial X}{\partial p_y}$, berücksichtigen. Zur Vereinfachung vernachlässigen wir jedoch diese Kreuzpreiseffekte: $\frac{\partial Y}{\partial p_x} = \frac{\partial X}{\partial p_x} = 0$. Nutzen wir wieder die Beziehung $\frac{\partial KR(p_x,p_y,I_i)}{\partial p_x} = -x_i$ bzw. $\frac{\partial KR(p_x,p_y,I_i)}{\partial p_y} = -y_i$, $i = A, B$, und formen analog zu den obigen Ausführungen um, so können wir die Optimalbedingungen schreiben als

$$\left(\frac{p_x - MC_x}{p_x}\right)\varepsilon_{xx} = \frac{\frac{1}{2}\sum v'(I_i)x_i - \bar{v}'\bar{x}}{\bar{v}'\bar{x}}, \tag{6.13}$$

$$\left(\frac{p_y - MC_y}{p_y}\right)\varepsilon_{yy} = \frac{\frac{1}{2}\sum v'(I_i)y_i - \bar{v}'\bar{y}}{\bar{v}'\bar{y}}. \tag{6.14}$$

Diese können wir entsprechend den Ausführungen zu (6.7) interpretieren. Doch in welchem Verhältnis sollen die jeweiligen Preise prozentual von ihren Grenzkosten abweichen? Um diese Frage zu beantworten, müssen wir beide Bedingungen simultan betrachten. Hierfür definieren wir zunächst die Parameter

$$\frac{\frac{1}{2}\sum v'(I_i)x_i - \bar{v}'\bar{x}}{\bar{v}'\bar{x}} \equiv \Gamma_x \quad \text{und} \quad \frac{\frac{1}{2}\sum v'(I_i)y_i - \bar{v}'\bar{y}}{\bar{v}'\bar{y}} \equiv \Gamma_y,$$

setzen diese ein und formen um, so daß wir beide Bedingungen gleichsetzen können:

$$\frac{\left(\frac{p_x - MC_x}{p_x}\right)\varepsilon_{xx}}{\Gamma_x} = 1 = \frac{\left(\frac{p_y - MC_y}{p_y}\right)\varepsilon_{yy}}{\Gamma_y}.$$

Nun erhalten wir als explizite Lösung

$$\frac{(p_x - MC_x)/p_x}{(p_y - MC_y)/p_y} = \frac{\varepsilon_{yy}}{\varepsilon_{xx}}\frac{\Gamma_x}{\Gamma_y}. \tag{6.15}$$

Während Bedingung (6.7) aufzeigte, um wieviel der Preis eines Gutes von seinen Grenzkosten abweichen sollte, beschreibt Bedingung (6.15) nun, in welchem Verhältnis die prozentuale Abweichung der Preise der Güter x und y von ihren jeweiligen Grenzkosten aus allokativen und distributiven Gründen stehen soll. Für eine Interpretation dieser Bedingung wollen wir den Verteilungsaspekt von allokativen Überlegungen trennen. Hierfür nehmen wir zunächst an, daß $\Gamma_x = \Gamma_y \neq 0$ gilt, und vereinfachen (6.15) zu

$$\frac{(p_x - MC_x)/p_x}{(p_y - MC_y)/p_y} = \frac{\varepsilon_{yy}}{\varepsilon_{xx}}. \tag{6.16}$$

In diesem Fall ist es aus Gründen der Verteilungsgerechtigkeit gemäß den Bedingungen (6.13) und (6.14) zwar erwünscht, daß die Preise von den Grenzkosten abweichen, da $\Gamma_i \neq 0$, $i = x, y$. Jedoch kann eine unterschiedliche prozentuale Abweichung der Preise von den jeweiligen Grenzkosten mit derartigen Argumenten nicht begründet werden. Dennoch kann dies aus allokativer Sicht durchaus erwünscht sein. Um dies zu erklären, unterstellen wir zum einen, daß beide Güter normal sind, und somit die Preise beider Güter über ihren Grenzkosten liegen sollten, um eine erwünschte Verteilung zu erreichen. Zum anderen werde das Gut x im Vergleich zu y relativ unelastisch nachgefragt, $|\varepsilon_{xx}| < |\varepsilon_{yy}|$. Heben nun die politischen Entscheidungsträger beide Preise um den gleichen Prozentsatz über die Grenzkosten, so würde der Konsum des relativ unelastisch nachgefragten Gutes x um weniger zurückgehen als der Konsum von y. Intuitiv sind die Effizienzeinbußen aus einer gleichen prozentualen Abweichung von der Grenzkosten–Preisregel bei Gut x geringer als bei y, da weniger Nachfrager verdrängt werden. Deshalb ist es aus allokativen Gründen erwünscht, den Preis des Gutes x, p_x, stärker über die Grenzkosten anzuheben als p_y. Gemäß Bedingung (6.16) werden die Effizienzeinbußen genau dann minimiert, wenn das Verhältnis der prozentualen Abweichungen der Preise von ihren Grenzkosten genau dem umgekehrten Verhältnis der Preiselastizitäten der Nachfrage der beiden Güter entspricht. Aufgrund der geforderten umgekehrten Proportionalität zwischen beiden Verhältnissen nennt man diese Optimalbedingung auch allgemein **Inverse–Elastizitäten–Regel**. Sie spielt insbesondere in der Theorie der optimalen Besteuerung eine bedeutende Rolle und wird daher eingehend im Band „Finanzwissenschaft II: Theorie der Besteuerung“ behandelt. Wir erhalten abschließend das

Ergebnis 6.2.3 *Aus allokativer Sicht ist das Verhältnis der prozentualen Abweichungen der Preise von den jeweiligen Grenzkosten dann optimal, wenn es dem umgekehrten Verhältnis der Preiselastizitäten der Nachfrage für die betrachteten Güter entspricht.*

Aber selbst wenn die Preiselastizitäten der Nachfrage gleich sind, $|\varepsilon_{xx}| = |\varepsilon_{yy}|$, und somit aus allokativer Sicht beide Preise um den gleichen Prozentsatz von den Grenzkosten abweichen sollten, kann eine unterschiedliche Abweichung aus distributiven Gründen erwünscht sein. Um dies darzustellen, setzen wir $|\varepsilon_{xx}| = |\varepsilon_{yy}|$ in (6.15) ein und erhalten

$$\frac{(p_x - MC_x)/p_x}{(p_y - MC_y)/p_y} = \frac{\Gamma_x}{\Gamma_y}. \tag{6.17}$$

Unterstellen wir weiterhin, daß x und y normale Güter sind, $\Gamma_i < 0$, $i = x, y$. Wie wir bereits wissen, sollte in diesem Fall der Preis die Grenzkosten für beide Güter übersteigen, $p_i > MC_i$, $i = x, y$. Darüber hinaus nehmen wir an, daß das Gut x im Vergleich zu y stärker von der reichen Haushaltsgruppe A nachgefragt wird als von der Gruppe B. Formal bedeutet dies, daß $|\Gamma_x| > |\Gamma_y|$. Um das Verteilungsziel bestmöglich zu realisieren, ist es nun angebracht, den Preis für das Gut x um einen höheren Prozentsatz über die Grenzkosten zu heben als für das Gut y, da durch eine derartige Preispolitik der reichen Haushaltsgruppe, die von dem Gut x relativ mehr nachfragt, ein größerer Anteil an den Gesamtkosten zugewiesen werden kann, als wenn beide Preise um den gleichen Prozentsatz steigen. Aus dem gleichen Grund ist es optimal, den Preis für das Gut x um weniger Prozentpunkte unterhalb der Grenzkosten zu setzen als für Gut y, wenn x und y inferiore Güter sind, $\Gamma_i > 0$, $i = x, y$, aber weiterhin $|\Gamma_x| > |\Gamma_y|$ gilt. Allgemein folgt

Ergebnis 6.2.4 *Aus distributiven Gründen sollte die prozentuale Abweichung des Preises von den Grenzkosten derjenigen Güter höher sein, die von den reichen Haushalten relativ stark nachgefragt werden.*

Unschwer erkennen wir, daß sich die Empfehlungen aus allokativer und distributiver Sicht widersprechen können. Denn oftmals handelt es sich bei den unelastisch nachgefragten Gütern zugleich um lebensnotwendige Güter, die gerade nicht von den reichen Haushalten verhältnismäßig stark nachgefragt werden. Ist das lebensnotwendige Gut normal, so ist es zwar aus allokativer Sicht angebracht, den Preis dieses Gutes um relativ viele Prozentpunkte über die Grenzkosten zu heben. Aus Gründen der Verteilungsgerechtigkeit empfiehlt sich aber gerade die umgekehrte Vorgehensweise, um den reichen Haushalten einen möglichst großen Anteil an den Gesamtkosten aufzubürden. Wie so oft liegt auch hier ein Zielkonflikt zwischen der Erreichung einer effizienten Allokation und einer als gerecht angesehenen Verteilung vor. Deshalb verlangt die Optimalbedingung (6.15) gerade eine Verknüpfung des Effizienzfaktors $\frac{\varepsilon_{yy}}{\varepsilon_{xx}}$ mit dem Faktor der Verteilungsgerechtigkeit $\frac{\Gamma_x}{\Gamma_y}$ und zeigt somit auf, wie distributive Überlegungen bei einer Bestimmung der optimalen Preispolitik berücksichtigt werden können.

6.3 Kapazitätsbeschränkungen

Viele öffentliche Einrichtungen besitzen nur eine begrenzte Kapazität. So kann ein Wasserkraftwerk nur eine bestimmte Menge an Elektrizität erzeugen, je nachdem wieviele Turbinen es besitzt. Wie soll sich dieses Kraftwerk bei einer gegebenen Kapazität verhalten und wieviele Turbinen sollte es besitzen? Derartige Frage wollen wir im folgenden untersuchen. In Kapitel 3.2 haben wir bereits einige Fragen der optimalen Kapazität eines Clubgutes und einer Straße bei Existenz von Ballungskosten diskutiert. In diesem Abschnitt werden wir derartige Überfüllungsexternalitäten vernachlässigen. Stattdessen wenden wir uns zwei anderen Phänomenen zu. Zum einen beobachten wir in der Realität, daß eine Kapazität selten stetig variiert werden kann. Betrachten wir wieder ein Wasserkraftwerk, welches an seiner Kapazitätsgrenze arbeitet. Will es lediglich ein wenig mehr Elektrizität erzeugen, so muß es eine weitere Turbine einbauen. Mit dieser Turbine wird die Kapazitätsgrenze aber nicht nur ein wenig sondern sprunghaft ausgedehnt, d.h. die Kapzität ist nur diskret variierbar. Welche Probleme sich hierbei hinsichtlich der Preis- und Kapazitätspolitik ergeben, wollen wir in Abschnitts 6.3.1 untersuchen. Zum anderen sehen sich viele öffentliche Einrichtungen einer zeitlich schwankenden Nachfrage gegenüber. So ist die Besucherzahl von öffentlichen Freibädern je nach Wetterbedingungen sehr unterschiedlich. Ebenso ist die Nachfrage nach Elektrizität oder Telephondiensten in der Nacht geringer als am Tag. Welche Kapazitäts- und welche Preispolitik sollte ein Unternehmen bei einer temporär schwankenden Nutzung verfolgen? Dies wollen wir im letzten Abschnitt dieses Kapitels untersuchen. Doch zunächst wenden wir uns der Frage der optimalen Kapazität bei konstanter Nutzung zu.

6.3.1 Optimale Kapazität bei konstanter Nutzung

Wir betrachten ein öffentliches Unternehmen, welches die Dienste x unter Einsatz von variablen und kurzfristig fixen Produktionsfaktoren produziere. Bei einer gegebenen Kapazität kann durch Variation der variablen Faktoren jede beliebige Menge von x bis zur Kapazitätsgrenze erzeugt werden. Die variablen Produktionskosten pro Dienst seien konstant ψ. Die **kurzfristigen Grenzkosten**, $SRMC$ (**short run marginal cost**), sind dann ψ. Wir unterstellen, daß der Ausbau der Kapazität durch Variation der kurzfristig fixen Produktionsfaktoren zu konstanten Grenzkosten Ψ möglich sei.

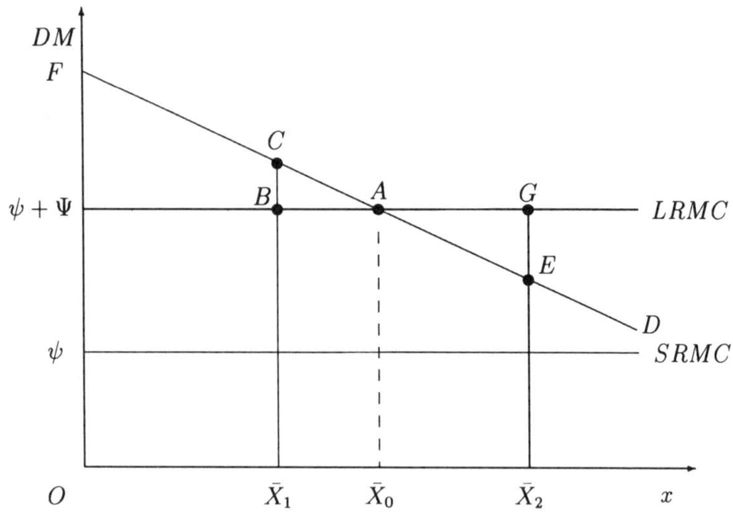

Abb. 6.3: Optimale Kapazität

Die Ausweitung der Kapazitätsgrenze von $\bar{X}_1$ auf $\bar{X}_0$ kostet dann $\beta(\bar{X}_0 - \bar{X}_1)$. Die **langfristigen Grenzkosten**, $LRMC$ (**long run marginal cost**), für das Angebot von x ergeben sich nun aus der Summe der beiden Produktionskosten pro Einheit von x, nämlich $\psi + \Psi$.

In Abbildung 6.3 sind drei mögliche Kapazitätsgrenzen, $\bar{X}_0, \bar{X}_1$ und $\bar{X}_2$, eingezeichnet. Ebenso sind die $SRMC$- und die $LRMC$-Kurve abgebildet. Diese verlaufen parallel zur Abszisse, da wir konstante Grenzkosten unterstellen. D ist die Nachfragekurve nach den Diensten x. Es ist offensichtlich, daß die optimale Kapazität bei $\bar{X}_0$ erreicht ist, wenn die Kapazität stetig variiert werden kann. Bei dieser Kapazität entspricht der Preis in Punkt A, die Strecke $\bar{X}_0A$, den langfristigen Grenzkosten, $LRMC$. Bei konstanten Grenzkosten decken die Einnahmen aus dem Angebot der Dienste $\bar{X}_0$ gerade die Kosten. Die Wohlfahrt aus dem Angebot $\bar{X}_0$ ergibt sich nun durch die Konsumentenrente $(\psi + \Psi)AF$. Eine weitere Erhöhung des Angebots von x ist nicht wünschenswert, da ausgehend von $\bar{X}_0$ die marginale Zahlungsbereitschaft geringer ist als die Kosten der Ausdehnung des Angebots um eine Einheit.

Kann die Kapazitätsgrenze jedoch nur in Sprüngen variiert werden, so wird im allgemeinen $\bar{X}_0$ nicht realisierbar sein. Nehmen wir an, daß das öffentliche Unternehmen entweder die Kapazität $\bar{X}_1$ oder $\bar{X}_2$ erreichen kann. Realisiert es die Kapazität $\bar{X}_1$, so wird das Unternehmen einen Preis in Höhe der Strecke $\bar{X}_1C$ fordern, um seinen Überschuß zu maximieren, der dann für andere Staatsausgaben zur Verfügung steht. Es entsteht langfristig ein Gewinn. Dieser Preis ist auch aus gesellschaftlicher Sicht optimal, da bei einem nierigeren Preis aufgrund der Kapazitätsbeschränkung $\bar{X}_1$ nicht mehr Nachfrager zum Zuge kämen, obwohl ihre marginale Zahlungsbereitschaft die Grenzkosten übersteigen. Wie groß ist die Wohlfahrt aus diesem Angebot? Der Gesamtnutzen, den die Konsumenten aus dem Angebot $\bar{X}_1$ brutto ziehen, ist durch die Fläche unterhalb der Nachfragekurve angegeben, $O\bar{X}_1CF$. Aus gesellschaftlicher Sicht gibt die Fläche unterhalb der $LRMC$-Kurve die Kosten des Angebots $\bar{X}_1$ wieder, $O\bar{X}_1B(\psi+\Psi)$. Ziehen wir die Kosten von dem Gesamtnutzen ab, so verbleibt ein Nettonutzen für die Gesellschaft in Höhe der Fläche $(\psi+\Psi)BCF$. Dieser ist um das Dreieck ABC kleiner als bei einer wohlfahrtsoptimalen Kapazität $\bar{X}_0$.

Bei einer gegebenen Kapazität $\bar{X}_2 > \bar{X}_0$ ist es für das Unternehmen optimal, den Preis für x soweit zu senken, bis die Nachfragekurve entweder die gegebene Kapazitätsgrenze erreicht oder die $SRMC$-Kurve schneidet. Nur so kann bei einer gegebenen Kapazität ein wirtschaftlicher Einsatz der knappen Faktoren erreicht werden, da dieser voraussetzt, daß der Preis für ein Gut zumindest die variablen Kosten decken muß. Wäre der Preis unterhalb der $SRMC$-Kurve, so würde der Marktpreis für den Dienst geringer sein als der Preis der variablen Faktoren. Der Deckungsbeitrag wäre negativ und dies kann sowohl aus betriebs- als auch aus volkswirtschaftlicher Sicht nicht sinnvoll sein. Die langfristigen, fixen Kosten sind irrelevant in der kurzen Frist, d.h. bei einer gegebenen Kapazität. Dies halten wir fest in

Ergebnis 6.3.1 *Die kurzfristige Preispolitik erfolgt in Abhängigkeit der Kapazitätsgrenze und der Nachfrage, wobei der betriebswirtschaftlich wie auch gesellschaftlich optimale Preis nie kleiner als die kurzfristigen Grenzkosten gesetzt werden sollte. Für unser Beispiel gilt:* $p \gtrless \psi + \Psi$ *und* $p \geq \psi$.

In unserer Abbildung kann das Unternehmen die Kapazität $\bar{X}_2$ wählen. In diesem Fall schneidet die Nachfrage vor Erreichen der $SRMC$-Kurve die Kapazitätsgrenze. Der optimale Preis ist daher die Strecke $\bar{X}_2E$. Bei gegebener Kapazität $\bar{X}_2$ werden zwar die kurzfristigen Grenzkosten gedeckt, nicht aber die gesamten langfristigen Grenzkosten. Langfristig entsteht für das Unternehmen ein Verlust. Wie groß ist der Gesamtnettonutzen für die Gesellschaft bei einem Angebot von $\bar{X}_2$? Der Gesamtnutzen der

Konsumenten ist die Fläche $O\bar{X}_2EF$. Gleichzeitig entstehen für die Gesellschaft Kosten in Höhe der Fläche $O\bar{X}_2G(\psi+\Psi)$. Insgesamt verbleibt ein Nettonutzen für die Gesellschaft aus dem Angebot von $\bar{X}_2$ in Höhe der Differenz der Dreiecke $(\psi+\Psi)AF - AGE$. Im Vergleich zu der optimalen Kapazität $\bar{X}_0$ entsteht ein Wohlfahrtsverlust AGE.

Welche Kapazitätsgrenze sollte der Staat zu erreichen suchen, wenn er die Wohlfahrt der Gesellschaft maximieren möchte und nur zwischen den Alternativen $\bar{X}_1$ und $\bar{X}_2$ wählen kann? Natürlich die Kapazität, die im Vergleich zum Allokationsoptimum den geringeren Wohlfahrtsverlust aufweist:

$$\bar{X}_1 \begin{Bmatrix} \succ \\ \prec \end{Bmatrix} \bar{X}_2, \qquad \text{wenn} \qquad ABC \begin{Bmatrix} < \\ > \end{Bmatrix} AGE.$$

6.3.2 Optimale Kapazität bei temporär schwankender Nachfrage: Peak-load-pricing

In diesem Abschnitt nehmen wir wieder an, daß die Kapazitätsgrenze stetig variierbar sei. Dafür wollen wir nun unterstellen, daß die Nachfrage nach den Diensten x zeitlich schwanke, wie dies typischerweise bei Elektrizitätsunternehmen oder bei Anbietern von Telephondiensten der Fall ist. Während des Tages herrsche eine hohe Nachfrage, während nachts die Nutzungsintensität gering ist. Am Tag herrscht also eine Spitzenbelastung. Deshalb nennen wir diese Periode auch **peak**-Periode. Welche Preispolitik sollte ein Unternehmen bei einer gegebenen Kapazität durchführen? Und welche Kapazität ist aus gesellschaftlicher Sicht optimal? Um diese Fragen zu beantworten, betrachten wir Abbildung 6.4. Für diese Graphik sind wieder die gleichen Annahmen bezüglich der kurz- und langfristigen Grenzkosten wie im vorigen Abschnitt relevant.

Die Kurve D_1 gibt die Tagesnachfrage an, während D_2 die Nachfrage in der Nacht darstellt. Der Anteil der **peak**-Periode am gesamten Tag (24 Stunden) sei α_1, während die Nachtnachfrage α_2-Prozent ausmache. In der Graphik sind die Nachfragekurven dennoch so gezeichnet, als ob sie für die gesamten 24 Stunden gelten würden. Jedoch sollten wir immer im Auge behalten, daß die Nachfragen immer nur für die jeweilige Periode gelten und deshalb mit α_1 bzw. α_2 gewichtet werden müssen. Es gilt $\alpha_1+\alpha_2 = 1$. Zusätzlich nehmen wir an, daß die Nachfrage in jeder Periode unabhängig von dem Preis in der anderen Periode ist. Diese unrealistische Annahme erleichtert uns die weitere Analyse, ohne jedoch qualitativ die Ergebnisse zu ändern, die wir bei wechselseitig vom Preis abhängigen Nachfragen erhalten würden.

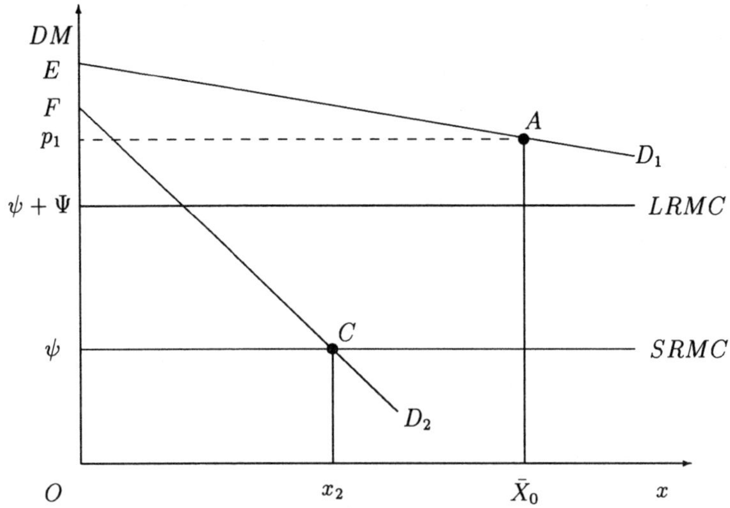

Abb. 6.4: Temporär schwankende Nutzung

Nehmen wir an, das Unternehmen besitze die gegebene Kapazität $\bar{X}_0$. Bei dieser Kapazität ist es aus betriebswirtschaftlicher wie auch gesellschaftlicher Sicht optimal, in der **peak**-Periode den Preis p_1 zu erheben, so daß gerade die Kapazität ausgelastet ist. Nachts dagegen sollte der Preis mindestens die kurzfristigen Grenzkosten decken. Da die Nachtnachfrage vor Erreichen der Kapazitätsgrenze die $SRMC$-Kurve schneidet, ist der optimale Nachtpreis $p_2 = \psi$. Die gesamte abgesetzte Menge über 24 Stunden ist $\alpha_1\bar{X}_0 + \alpha_2 x_2$. Die Gesamtkosten belaufen sich auf die Summe der Fixkosten, $\Psi\bar{X}_0$, und der kurzfristigen Kosten aus der abgesetzten Menge, $(\alpha_1\bar{X}_0 + \alpha_2 x_2)\psi$. Der Gesamtnutzen der Konsumenten aus dem Angebot der Dienste x bei einer Kapazität $\bar{X}_0$ bestimmt sich aus den gewichteten Flächen $\alpha_1 \cdot OEA\bar{X}_0 + \alpha_2 \cdot OFCx_2$.

Sollte das öffentliche Unternehmen ausgehend von $\bar{X}_0$ die Kapazität erhöhen, wenn es die Wohlfahrt maximieren möchte? Um diese Frage zu beantworten, halten wir zunächst fest, daß von einer Erhöhung der Kapazität lediglich die Konsumenten der Periode 1 profitieren, da die Nachtnachfrage vor Erreichen der Kapazitätsgrenze $\bar{X}_0$ die $SRMC$-Kurve schneidet. Die Zahlungsbereitschaft der Nachfrager für eine Erhöhung der Kapazität $\bar{X}_0$ um eine Einheit beträgt daher $MB = \alpha_1\bar{X}_0 A = \alpha_1 p_1$. Die Kosten für die Erweiterung der Kapazität um eine Einheit dagegen bestehen aus der Summe der Fixkosten für diese Einheit, Ψ, und den variablen Grenzkosten während der **peak**-Periode: $MC = \Psi + \alpha_1\psi$. Solange diese Grenzkosten kleiner sind als die marginale Zahlungsbereitschaft, sollte das Unternehmen seine Kapazität erweitern. Eine optimale Kapazität, X^*, ist erst dann erreicht, wenn der monetäre Grenznutzen der Nutznießer der Kapazitätserweiterung den Grenzkosten entspricht:

$$MB = MC \quad \Longleftrightarrow \quad p_1(X^*) = \psi + \frac{\Psi}{\alpha_1}, \tag{6.18}$$

wobei der Preis p_1 eine Funktion der Kapazität ist, da mit Ausweitung der Kapazität die marginale Zahlungsbereitschaft der Nachfrager sinkt. Da $\alpha_1 < 1$ gilt, übersteigt der Preis bei optimal gewählter Kapazität, $p_1(X^*)$, die langfristigen Grenzkosten, $LRMC = \psi + \Psi$. Multiplizieren wir die Bedingung mit α_1, so erhalten wir

$$\alpha_1 p_1(X^*) = \alpha_1\psi + \Psi.$$

Nun erkennen wir, daß bei einer optimalen Kapazität, X^*, die Einnahmen aus der letzten angebotenen Einheit von x, $\alpha_1 p_1(X^*)$, gerade ausreichen, um die variablen Kosten, $\alpha_1\psi$, und die Fixkosten, Ψ, dieser Einheit zu decken. Bei konstanten Stückkosten für die variablen und fixen Produktionsfaktoren decken im Optimum die Gesamteinnahmen der **peak**-Periode, $\alpha_1 p_1 X^*$, die gesamten Fixkosten, ΨX^*, und die variablen Kosten, die aufgrund der Nachfrage D_1 entstehen, $\alpha_1\psi X^*$. Die Nachtnachfrager dagegen decken gerade die variablen Kosten, die sie selbst verursachen, $\alpha_2\psi x_2$. Insgesamt decken die Gesamteinnahmen R (**revenue**),

$$R = \alpha_1 p_1 X^* + \alpha_2 p_2 x_2 = \Psi X^* + \alpha_1\psi X^* + \alpha_2\psi x_2,$$

gerade die Gesamtkosten, C,

$$C = \Psi X^* + \alpha_1\psi X^* + \alpha_2\psi x_2,$$

wenn die Kapazität optimal gewählt wird. Die Nachfrager des Tages subventionieren die Nachtnachfrager. Beispiele, bei denen diese Preisdiskriminierung zwischen unterschiedlichen Nachfragegruppen stattfindet, können wir bei der Stromversorgung oder den Telephondiensten beobachten. So subventionieren die Tagnachfrager diejenigen, die die billigen Nachtstromtarife oder Mondscheintarife der Telekom nutzen. Fassen wir dies zusammen in

Ergebnis 6.3.2 *Ist die Kapazität kontinuierlich variierbar und sind die langfristigen und kurzfristigen marginalen Kosten konstant, gelten bei optimal gewählter Kapazität folgende Eigenschaften:*

- *Der Preis bei geringer Nachfrage entspricht den kurzfristigen Grenzkosten:* $p_2 = \psi$.
- *Der Preis in der* **peak**-*Periode übersteigt die langfristigen Grenzkosten:* $p_1 > \psi + \Psi$.
- *Bei optimal gewählter Kapazität entsprechen die Gesamteinnahmen den Gesamtkosten, wobei die Nutzer in der* **peak**-*Periode die gesamten Kapazitätskosten tragen.*

Die letzte Eigenschaft können wir nicht aufrechterhalten, wenn die Kapazität nur in Sprüngen variiert werden kann oder wenn die langfristigen Grenzkosten nicht konstant sind. Ist die Kapazität nicht kontinuierlich variierbar, so erhalten wir die gleichen Probleme wie in Abschnitt 6.3.1. Im allgemeinen kann dann die Bedingung $MB = MC$ nicht erfüllt werden.

Sind jedoch entweder die Kapazitätserweiterungskosten Ψ oder die variablen Kosten ψ nicht konstant, so ist keine Übereinstimmung der Gesamteinnahmen mit den Gesamtkosten bei optimaler Kapazität zu erwarten. Steigen die langfristigen Grenzkosten mit steigendem Angebot an, so wird ein Unternehmen einen Gewinn erzielen, wenn es die optimale Kapazität wählt. Dagegen erleidet es bei fallenden langfristigen Grenzkosten unter der gleichen Bedingung einen Verlust.

Nehmen wir z.B. an, die Kapazitätserweiterungskosten fallen mit steigender Kapazität, $\Psi(X)$ mit $\frac{\partial \Psi}{\partial X} < 0$. Die Kapazität sei weiterhin stetig variierbar. Die kurzfristigen Produktionsstückkosten seien konstant ψ. In Abbildung 6.5 unterstellen wir, daß die Kapazitätskosten linear abnehmen. Die $LRMC$-Kurve ist eine fallende Gerade. Wieder ist die optimale Kapazität, X^*, dann erreicht, wenn die Grenzkosten, $MC = \alpha_1 \psi + \Psi(X^*)$, dem Grenznutzen, $MB = \alpha_1 p_1$, entsprechen, $MB = MC$. In Abbildung 6.5 ist die optimale Kapazität in Punkt A erreicht. Man beachte, daß die Einnahmen aus der letzten angebotenen Einheit von x dann gerade die Kosten aus dem Angebot **dieser letzten** Einheit decken:

$$p_1(X^*) = \psi + \frac{\Psi(X^*)}{\alpha_1} \iff \alpha_1 p_1 = \alpha_1 \psi + \Psi(X^*). \tag{6.19}$$

Da die Kapazitätseinheiten vor der letzten Einheit alle mehr kosten, $\Psi(x) > \Psi(X^*)$, für $x < X^*$, reichen die Gesamteinnahmen der **peak**-

Periode, $\alpha_1 \psi X^* + \Psi X^*$, nun nicht mehr aus, um die Kapazitätskosten zu decken. Da die Nachtnachfrager auch weiterhin lediglich in Höhe der von ihnen verursachten variablen Kosten belastet werden, $\alpha_2 p_2 x_2 = \alpha_2 \psi x_2$, ergibt sich ein Defizit:

$$R = \alpha_1 \psi X^* + \Psi X^* + \alpha_2 \psi x_2 < C.$$

Das Unternehmen erzielt einen Verlust, wenn es die optimale Kapazität wählt. In diesem Fall begegnen uns die gleichen Probleme wie in Kapitel 6.2 bei natürlichen Monopolen. Eine optimale Kapazität kann nur erreicht werden, wenn der Staat die Produktion dieser Dienste übernimmt. Dann allerdings erwirtschaftet er einen Verlust, den er mit Steuereinnahmen ausgleichen muß. Diese wiederum können in anderen Bereichen zu Wohlfahrtsverlusten führen. Die anderen Möglichkeiten der Preisregulierung oder der Freigabe können wir analog zu Abschnitt 6.2 diskutieren.

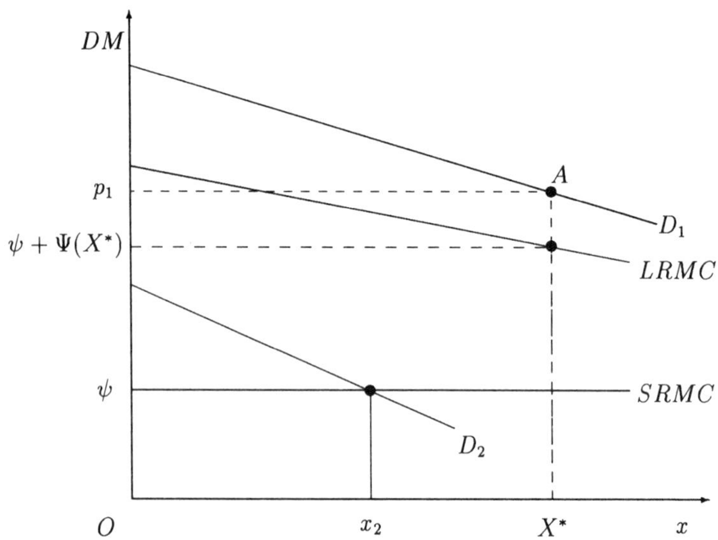

Abb. 6.5: Peak-load-pricing bei fallenden Grenzkosten

Literaturempfehlungen zu Kapitel 6

Empfohlene Lehrbuchliteratur:

Boadway, Robin W. und David E. Wildasin, 1984, *Public Sector Economics*, 2. Aufl., Little Brown, Boston, Kapitel 7.

Bös, Dieter, 1989, *Public Enterprise Economics: Theory and Application*, 2.Aufl., North Holland, Amsterdam, Kapitel 1.

Sohmen, Egon, 1976, *Allokationstheorie und Wirtschaftspolitik*, J.C.B. Mohr, Tübingen, Kapitel 11.

Stiglitz, Joseph E. und Bruno Schönfelder, 1994, *Finanzwissenschaft*, 2. Aufl., Oldenbourg, München, Kapitel 7.

Zitierte und vertiefende Literatur:

Atkinson, Anthony B. und Joseph E. Stiglitz, 1980, *Lectures on Public Economics*, McGraw–Hill, New York, Kapitel 15.

Averch, H. und L.L. Johnson, 1962, „Behavior of the Firm under Regulatory Constraint", *American Economic Review 52*, S. 1053–1069.

Baumol, William J. und David F. Bradford, 1970, „Optimal Departures from Marginal Cost Pricing", *American Economic Review 60*, S. 265–283.

Bös, Dieter, 1987, „Public Sector Pricing", in: A.J. Auerbach und M. Feldstein (Hrsg.), *Handbook of Public Economics I*, Elsevier North–Holland, Amsterdam, S. 129–211.

CEEP, 1993, *Die öffentliche Wirtschaft in der EU*, Brüssel.

Drèze, J.H., 1964, „Some Postwar Contributions of French Economists to Theory and Public Policy", *American Economic Review 54, suppl.*, S. 1–64.

Feldstein, Martin S., 1972a, „Equity and Efficiency in Public Sector Pricing: The Optimal Two–Part Tariff", *Quarterly Journal of Economics 84*, S. 175-187.

Feldstein, Martin S., 1972b, „Distributional Equity and the Optimal Structure of Public Prices", *American Economic Review 62*, S. 32-36. (Korregierte Fassung der Fußnote 7 auf S. 33: *American Economic Review 62*, S. 763.)

Hirshleifer, Jack, 1958, "Peak Loads and Efficient Pricing: Comment", *Quarterly Journal of Economics 72*, S. 451–462.

Leibenstein, H., 1966, „Allocative Efficiency vs. 'X–Efficiency'", *American Economic Review 56*, S. 392–415.

Posner, R., 1975, „The Social Costs of Monopoly and Regulation", *Journal of Political Economy 83*, S. 807–827.

Rees, Ray, 1976, *Public Enterprise Economics*, Weidenfeld and Nicolson, London.

Turvey, R., 1971, *Economic Analysis and Public Enterprises*, Allen & Unwin, London.

Williamson, O.E., 1966, „Peak Load Pricing and Optimal Capacity under Indivisibility Constraints", *American Economic Review 56*, S. 810–827.

Kapitel 7

Staatlicher Versicherungsschutz

Seit dem Ende des 19ten Jahrhunderts nimmt der Staat in den Industrieländern in zunehmendem Maße die Rolle eines Versicherers ein. So entwickelte sich in Deutschland beginnend mit der gesetzlichen Krankenversicherung im Jahre 1883 ein umfangreiches staatliches Zwangsversicherungssystem. Es umfaßt heute neben der oben genannten Krankenversicherung die Unfallversicherung (eingeführt 1884), die Rentenversicherung (eingeführt 1889), die Arbeitslosenversicherung (eingeführt 1927) und die Pflegeversicherung (eingeführt 1994) und schließt somit einen großen Teil der schweren Lebensrisiken ein. Die Einführung staatlicher Versicherungen in den 80er Jahren des 19ten Jahrhunderts durch den damaligen Reichskanzler *Bismarck* war Vorbild für die Sozialversicherungssysteme in vielen Industrieländern, die heute alle zumindest eine staatliche Kranken- und Rentenversicherung aufweisen.

Das Prinzip der Versicherung ist neben dem der Fürsorge, welches z.B. durch die Sozialhilfe realisiert wird, und dem Versorgungsprinzip, das wir bei der Kriegsopfer- oder Beamtenversorgung verwirklicht sehen, ein wesentlicher Pfeiler des Systems der **Sozialen Sicherung**. Die Ausgaben für dieses staatliche Sicherungssystem sind in allen Industrienationen beträchtlich. Tabelle 7.1 gibt einen Überblick über die Entwicklung des Anteils der Sozialausgaben am Bruttoinlandsprodukt in den Jahren 1960–1990 in der Bundesrepublik Deutschland, den USA und in Frankreich. Auffallend ist die kontinuierliche Zunahme des Ausgabenanteils, die insbesondere durch die Erweiterung der gesetzlich gewährten Leistungen erklärt werden kann. Eine weitere Ursache liegt in der demographischen Entwicklung in den ausgewählten Ländern. Die Zunahme des Anteils älterer Menschen an der Gesamtbevölkerung und deren höhere Lebenserwartung, die nicht zuletzt auf die erfolgreichen medizinischen Entwicklungen der letzten Jahrzehnte zurückzuführen ist, bedingt einen

Anstieg des Anteils desjenigen Personenkreises, der einen Anspruch auf eine staatliche Unterstützung besitzt. Auf dieses Problem wird genauer im Band „Finanzwissenschaft III: Staatsverschuldung" eingegangen. Hinzu kommt die sogenannte Kostenexplosion im Gesundheitssektor, die einerseits durch die immer kostenintensiveren Behandlungsmöglichkeiten verschiedener Krankheiten und andererseits durch die erhöhte Inanspruchnahme von Gesundheitsdiensten angeheizt wird.

Länder	1960	1970	1980	1990
Deutschland	18,10	19,53	25,40	23,47
USA	7,26	10,38	14,10	14,58
Frankreich	13,42	16,68	23,85	26,49

Quelle: OECD (1994a).

Tab. 7.1: Anteil der staatlichen Sozialausgaben am BIP

Des weiteren fällt der zwar ansteigende aber geringere Anteil der Ausgaben für die Soziale Sicherung in den USA auf. Dies liegt in erster Linie in der Tatsache begründet, daß in den USA das staatliche Sicherheitsnetz geringere Leistungen gewährt und einige Risiken nicht vom Staat zwangsversichert werden, sondern durch private Unternehmen angeboten werden.

Ausgaben für	Deutschland	USA	Frankreich
Gesundheit	25,4%	35,8%	24,9%
alte Menschen	42,2%	39,9%	44,2%

Quelle: OECD (1994a).

Tab. 7.2: Anteil der staatlichen Ausgaben für Gesundheit und alte Menschen an den gesamten Sozialausgaben 1990

Der weitaus größte Ausgabenanteil für die Soziale Sicherung entfällt auf öffentliche Gesundheitsleistungen und Zahlungen an alte Menschen (ohne Gesundheitsleistungen). Dies zeigt Tabelle 7.2, in der für das Jahr 1990 der Anteil der Ausgaben des Staates für Gesundheit und alte Menschen an den gesamten Sozialausgaben in den oben ausgewählten Ländern wiedergegeben sind. Wir erkennen, daß die Ausgabenstruktur in Frankreich und der Bundesrepublik sehr ähnlich ist. Dagegen ist der Anteil der öffentlichen Gesundheitsausgaben in den USA im Vergleich zu Frankreich und Deutschland sehr hoch. Eine Erklärung ist die ungenügende Koordination zwischen den verschiedenen öffentlichen Gesundheitsdiensten in den USA, die sich je nach Bundesstaat und Region stark unterscheiden, und somit zum einen hohe administrative Kosten verursachen und zum anderen den Mißbrauch erleichtern.

In diesem Kapitel wenden wir uns den **Sozialversicherungen** zu. Eine Versicherung kann man als einen Zusammenschluß von Personen, die von gleichartigen und zufälligen, schätzbaren Risiken betroffen sind, zur gegenseitigen Deckung begreifen. Zum Zeitpunkt der Einzahlung der Versicherungsprämien wissen die Versicherten noch nicht, ob sie einen Schadensfall erleiden und die Versicherung in Anspruch nehmen müssen. Sobald der Schadensfall eintritt, kommt es zu einer Ausschüttung der eingezahlten Beiträge an die Geschädigten, während diejenigen, die verschont blieben, jedoch in den Versicherungspool eingezahlt haben, leer ausgehen. Es kommt also durch eine Versicherung ex post, d.h. nach Eintritt des Versicherungsfalles, zu einer Umverteilung von Einkommen. In diesem Sinne sind Versicherung und Umverteilung nur zwei unterschiedliche Seiten derselben Medaille.

Wie in jeder Versicherung ergibt sich auch in den staatlichen Sozialversicherungen aufgrund der eingezahlten Beiträge ein bestimmter Leistungsanspruch im Versicherungsfall. Jedoch wird das **versicherungstechnische Äquivalenzprinzip**, welches besagt, daß gleiche Risikogruppen gleiche Beiträge und gleiche Leistungen erwarten dürfen (vgl. Kapitel 2.2.6), durch das **Solidarprinzip** durchbrochen. Zum einen werden den Versicherten trotz unterschiedlich hoher Beiträge oftmals die gleichen Leistungen gewährt, wie z.B. bei der Krankenversicherung, zum anderen kommt es trotz gleich hoher Beiträge zu unterschiedlichen Leistungsansprüchen. So führt die beitragsfreie Mitversicherung der Familienangehörigen in den Krankenkassen zu einer Umverteilung von den Kinderlosen und Unverheirateten zu den Verheirateten und Familien.

In diesem Kapitel wenden wir uns zwei besonderen Problemen des Versicherungsschutzes zu, die sich aus der unvollständigen Information des Versicherungsanbieters bezüglich der Eigenschaften und Möglichkeiten des Versicherungsnehmers ergeben, der **adversen Selektion** und dem **moral hazard**. Beide Phänomene wurden bereits in Kapitel 2.4.4 beschrieben und sollen nun in den Bereichen, wo sie primär auftreten, nämlich im Gesundheitswesen und bei der Rentenversicherung, die auch als eine öffentliche Lebensversicherung interpretiert werden kann, analysiert werden.

7.1 Versicherungsschutz im Gesundheitswesen

In diesem Abschnitt werden wir zunächst mögliche Marktversagensgründe beschreiben, die einen Eingriff des Staates in Form einer Pflichtversicherung gegen das Krankheitsrisiko rechtfertigen können. Dann werden wir das Phänomen des moral hazards im Gesundheitswesen genauer untersuchen, da es in diesem Bereich besonders auffällig ist. Schließlich wollen wir mögliche Reformvorschläge diskutieren, die zu einer Verbesserung der derzeitigen Misere im Gesundheitswesen aus ökonomischer Sicht führen könnten.

7.1.1 Marktversagen im Gesundheitswesen

Wie läßt sich die beherrschende Rolle des Staates bei der Bereitstellung von Gesundheitsgütern und dem Angebot von Krankenversicherungen erklären? Welche Arten von Marktversagen liegen vor?

Wie wir bereits aus Kapitel 2 und insbesondere dem Abschnitt 2.2.6 wissen, sichert der Markt auch bei Unsicherheit eine effiziente Allokation, wenn u.a. folgende Voraussetzungen erfüllt sind:

- Es gibt viele Anbieter, die ihren Gewinn maximieren, untereinander im Wettbewerb stehen und sich daher als Preisnehmer verhalten.
- Das gehandelte Gut, also die medizinische Versorgung, ist homogen.
- Die Nachfrager sind gut informiert.
- Die Anbieter besitzen vollständige Information.

Sind diese Voraussetzungen auf dem Markt für Gesundheitsgüter erfüllt? Zunächst beobachten wir lediglich eine begrenzte Anzahl an Anbietern sowohl von Krankenversicherungen als auch von ÄrztInnen. Insbesondere außerhalb von Großstädten sind oftmals nur eine Handvoll von Ärzten niedergelassen, die zusätzlich in der kassenärztlichen Vereinigung eine monopolistische Kooperation bilden, welche sich wie jeder Monopolist gebärdet. Sie fordert daher einen Preis für die ärztliche Versorgung, bei dem die Grenzkosten den Grenzerlösen entsprechen, und es resultiert eine ineffiziente, d.h. zu geringe Bereitstellung an Gesundheitsgütern. Die Krankenkassen dagegen besitzen gegenüber den Ärzten eine schwächere

Position, da es keinen Dachverband der Versicherungen gibt, der eine einheitliche Politik verfolgt.

Des weiteren verhalten sich die gesetzlichen Krankenkassen als gemeinnützige Vereine – sie sind alle Körperschaften des öffentlichen Rechts unter staatlicher Aufsicht – nicht als Gewinnmaximierer bzw. Kostenminimierer. Das gleiche gilt für die Krankenhäuser. Dies erklärt einerseits das geringe Interesse der Kassen, der einkommensmaximierenden kassenärztlichen Vereinigung entschlossen entgegen zu treten, und führt andererseits zu einer Aufblähung der Kosten sowohl in der Verwaltung der gesetzlichen Kassen als auch bei der Krankenhausbedarfsplanung.

Ein weiterer Grund für ein Marktversagen ist auf die Heterogenität der Gesundheitsgüter zurückzuführen, die einen Preis– und Qualitätsvergleich erschwert. Dieses Phänomen tritt je nach Krankheit unterschiedlich schwer auf. Die Heilmittel für eine Grippe sind allgemein bekannt und ehe man eine teuere Behandlung eines Arztes wählt, vertraut man doch auf die altbewährten Hausmittel. Jedoch im Falle einer Verengung der Herzkranzgefäße oder eines Tumors sind die Behandlungskosten von dem Patienten selbst nicht mehr den Leistungen und der Qualität der Leistung zurechenbar. Aus diesem Grund besitzen die ÄrztInnen und Krankenhäuser einen Anreiz, u.U. Behandlungen, die zur Genesung der PatientInnen nicht erforderlich wären, durchzuführen. Wieder verhalten sie sich ähnlich einem Monopolisten gegenüber den Konsumenten und schöpfen Konsumentenrente ab. Ebenso sind die Konsumenten auch über die Qualität der Krankenhäuser und Ärzte selbst schlecht informiert. Ein Patient, der sich über die geringen Behandlungskosten seines Arztes wundert, mag vermuten, daß dies auf eine geringe Güte der Behandlung oder einen schlechten Arzt zurückzuführen ist, dem ohne den Preisnachlaß die Patienten weglaufen, und nicht auf einen Preiswettbewerb zwischen den Anbietern von Gesundheitsgütern. Auch dies verhindert einen allzu harten Wettberwerb unter Ärzten um die Patienten. Wir sehen folglich, daß auch ohne die in Deutschland geltende Zulassungsbeschränkung von Ärzten und deren Verbot, für ihre Dienste öffentlich zu werben, ein vollkommener Wettbewerb seitens der Anbieter von Gesundheitsgütern nicht zu erwarten ist.

Eine weitere Ursache für das Vorliegen von Marktversagen liegt in der unvollständigen Information der Krankenkassen über die Risikogruppe des Versicherungsnachfragers und dessen Möglichkeit, eigene Maßnahmen zur Verringerung des Krankheitsrisikos zu vernachlässigen oder Gesundheitsgüter übermäßig zu nutzen, ohne daß dies der Versicherungsanbieter überwachen kann. Betrachten wir kurz einen Fall, in dem der Versicherer über die Risikogruppe der einzelnen Versicherten nur unvollständig informiert ist. Wenn z.B. eine Krankenversicherung eine bestimmte Versicherungspolice für Berufseinsteiger zwischen 20 und 30 Jahren anbietet, so wird dieser Versicherungskontrakt tendenziell von denjenigen Personen nachgefragt, die ein hohes Krankheitsrisiko besitzen. Glaubt eine überarbeitete Angestellte bei einer Unternehmensberatung ein hohes Risiko für einen Herzinfarkt zu besitzen, welchen ein angehender Beamte nicht fürchtet, so wird wohl die Unternehmensberaterin eher die Police kaufen, wenn sie beiden Personen zum gleichen Preis angeboten wird. Dieses Phänomen der adversen Selektion führt dazu, daß der durchschnittliche Nachfrager des Versicherungskontrakts ein höheres Risiko aufweist als die durchschnittliche Person in der Klasse aller Berufseinsteiger zwischen 20 und 30 Jahren. Da die Krankenversicherung erkennt, daß sie tendenziell die schlechteren Risiken versichert, muß sie die Prämien dementsprechend erhöhen, um die Genesungskosten ihrer Versicherten bezahlen zu können. Dies bedingt einen weiteren Ausstieg relativ niedriger Risiken, die bisher die Versicherung nachgefragt hatten. Somit setzt sich die Auslese der schlechten Risiken fort, und der Markt bietet u.U. zu wenig Versicherungsleistungen an. Dieses gerade beschriebene Problem der adversen Selektion wollen wir später im Zusammenhang mit der Rentenversicherung in Abschnitt 7.2 genauer analysieren. Wir wenden uns nun dem Phänomen des moral hazard zu.

7.1.2 Moral hazard im Gesundheitswesen

Jede Versicherung, ob sie nun von privaten oder öffentlichen Anbietern bereitgestellt wird, wirkt auf die Anreizstruktur der Versicherten. Zum einen vernachlässigen die Individuen eigene Maßnahmen, die das Risiko reduzieren. Da dieser Effekt vor Eintritt des eigentlichen Schadensfalls auftritt, spricht man auch von einem **ex ante** moral hazard. Eine Versicherung erhöht somit die individuelle Risikobereitschaft und damit die Wahrscheinlichkeit des Eintritts eines Schadensfalls. Übertragen auf die Krankenversicherung bedeutet dies, daß die Versicherten eher bereit sind, ein gesundheitsschädliches Leben zu führen, indem sie verstärkt rauchen, Alkohol trinken oder gefährliche Sportarten betreiben, da die negativen Konsequenzen durch die Versicherung zumindest monetär reduziert werden. Zum anderen entstehen für den Versicherten Anreize, die Leistungen der Versicherung extensiv zu nutzen. Im Falle der Krankenversicherung bedeutet dies, daß ein Patient die Gesundheitsgüter übermäßig konsumiert, da die Versicherung die Behandlungskosten ganz oder teilweise übernimmt. Da dieser Effekt erst nach Eintritt des Schadensfalls auftritt, spricht man dann auch von einem **ex post** moral hazard.

In diesem Abschnitt wollen wir nur das Problem des ex post moral hazard graphisch mit Hilfe der Abbildung 7.1 analysieren. Hierfür treffen wir folgende Annahmen. Die Gesundheitsgüter M werden zu konstanten Grenzkosten hergestellt, wobei vollkommener Wettbewerb unter den Produzenten herrsche. Der Preis der Gesundheitsgüter, p, ist somit konstant und entspricht den volkswirtschaftlich relevanten Grenzkosten. In Abbildung 7.1 gibt die Kurve S die konstanten Grenzkosten, die zugleich die Angebotskurve ist, wieder.

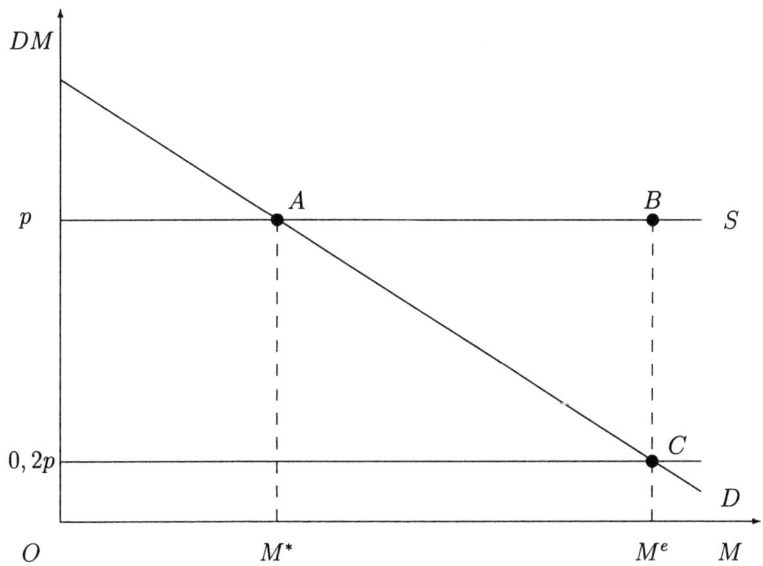

Abb. 7.1: Moral hazard auf dem Gesundheitsmarkt

Die Nachfrage eines Patienten nach Gesundheitsgütern steige mit fallendem Preis und die Nachfragekurve D besitzt einen fallenden Verlauf. Diese Annahme ist durchaus kritisch. Denn ist nicht eher zu erwarten, daß ein Kranker eine völlig preisunelastische Nachfrage aufweist, die Nachfragekurve also vertikal verlaufen müßte? Im Falle einer Blinddarmentzündung z.B. fragt der Patient bestimmt nicht lange nach den Kosten des Krankenhausaufenthalts und richtet seine Nachfrage nach dem Preis der Behandlung aus, sondern möchte unabhängig von dem

Preis operiert werden. Jedoch zeigen empirische Studien in den USA, daß die Nachfrage nach Gesundheitsgütern sehr wohl negativ von deren Preis abhängig ist. Hierzu ist der Überblicksartikel von *Mark V. Pauly* (1986), ein international herausragender Forscher auf dem Gebiet der Versicherungsproblematik, zu empfehlen.

Das gesellschaftliche Allokationsoptimum ist in Punkt A erreicht, da sich dort die marginale Zahlungsbereitschaft des Patienten und die Grenzkosten der Bereitstellung der Gesundheitsgüter entsprechen:

$$D(M^*) = S(M^*).$$

Trägt der Krankenversicherte jedoch, wie z.B. in der Graphik, lediglich einen Selbstkostenanteil von 20 Prozent, so kommt es zu einer übermäßigen Nutzung der Gesundheitsgüter. Der einzelne Patient dehnt nämlich seine Nachfrage nach Gesundheitsgütern soweit aus, bis die individuelle Grenzzahlungsbereitschaft den privaten Grenzkosten, in unserem Beispiel also 20 Prozent des Preises, entspricht. Das individuelle Optimum ist daher in Punkt C erreicht. Ist das Individuum erst einmal versichert und trägt daher nur einen Teil der Kosten, so wählt es die Menge M^e an Gesundheitsgütern. Hierdurch entsteht ein Wohlfahrtsverlust in Höhe des Dreiecks ABC. Dies halten wir fest in

Ergebnis 7.1.1 *Moral hazard im Gesundheitswesen führt zu einer ineffizienten Überbeanspruchung an Gesundheitsleistungen. Dies gilt sowohl für private als auch öffentliche Versicherungen, da dieses Problem im Versicherungsschutz selbst angelegt ist.*

Da auch eine öffentliche Versicherung dieses Problem nicht besser lösen kann als ein privates Unternehmen, müssen wir uns fragen, weshalb es dann eine staatliche Krankenversicherung gibt. Neben den oben genannten Argumenten liegt ein wichtiger distributiver Grund sicherlich darin, daß es als gesellschaftlich unerwünscht angesehen wird, wenn sich ein Teil der Bevölkerung bestimmte Gesundheitsgüter nicht leisten könnte. Jeder, so ist eine weitverbreitete Meinung, soll unabhängig von seinen Einkommensverhältnissen oder der Familienstruktur Zugang zu den Gesundheitsleistungen haben. Die staatliche Krankenversicherung kann somit als ein Instrument der Umverteilung angesehen werden.

Des weiteren kann das Phänomen der adversen Selektion eine Begründung für einen staatlichen Eingriff liefern. Diesen werden wir in Kapitel 7.2 genauer analysieren. Wir wenden uns dagegen im nächsten Abschnitt der Diskussion möglicher Reformen im Gesundheitswesen zu.

7.1.3 Reformen im Gesundheitswesen

Wie wir bereits in den vorhergehenden Abschnitten dieses Kapitels gesehen haben, sind die Gründe für ein Marktversagen im Gesundheitswesen sehr vielschichtig. Deshalb kommen auch entsprechend viele Ansatzpunkte für eine Reform in Betracht. Ohne Anspruch auf Vollständigkeit greifen wir uns einige Vorschläge heraus, um diese zu diskutieren. Für eine genauere Analyse sei insbesondere auf die Ausführungen von *Friedrich Breyer und Peter Zweifel* (1997) und *Johannes Frerich* (1996) verwiesen.

Bei der in Abschnitt 7.1.2 behandelten Problematik des ex post moral hazard bietet sich die Erhöhung der Selbstbeteiligung an. Exemplarisch ist in der folgenden Abbildung der Effekt einer Erhöhung des Selbstkostenanteils von 20 auf 50 Prozent dargestellt. Wie leicht zu erkennen ist, führt diese Maßnahme bei unterstellter, fallender Nachfragekurve zu einer Verringerung des übermäßigen Konsums der Gesundheitsgüter von M^e auf $M^{e'}$. Die gesellschaftliche Wohlfahrt erhöht sich durch diese Politik im Vergleich zu einer Situation mit einer zwanzigprozentigen Selbstbeteiligung um die Fläche $FBCG$.

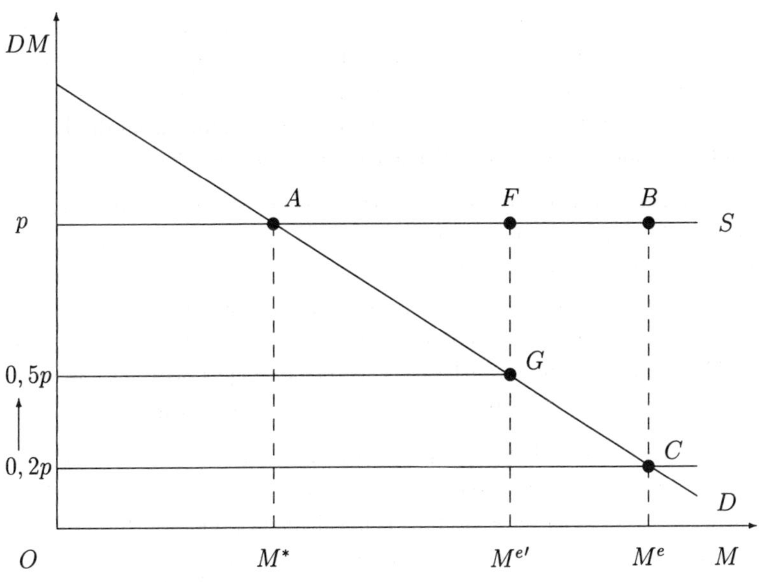

Abb. 7.2: Erhöhung der Selbstbeteiligung

Der Wohlfahrtsverlust aus dem ex post moral hazard würde natürlich ganz verschwinden, wenn der Patient die gesamten Kosten selbst tragen würde. Jedoch würde dann auch kein Versicherungsschutz mehr gewährt werden. Eine Versicherung zeichnet sich ja gerade dadurch aus, daß die Gesunden innerhalb der Versicherungsgemeinschaft einen Teil der Kosten der Kranken übernehmen. Es gibt also einen trade off zwischen dem Vorteil des Versicherungsschutzes und den negativen Anreizeffekten der Versicherung. Ein hundertprozentiger Versicherungsschutz ist sicherlich unzweckmäßig, da er alle Anreize zum wirtschaftlichen Umgang mit den Gesundheitsdienstleistungen erstickt. Eine Anhebung der Selbstbeteiligung, insbesondere bei Behandlungen und Arzneimitteln für Bagatellerkrankungen sind aus ökonomischer Sicht bis zu einem bestimmten, sicherlich schwer zu ermittelnden Grad zu begrüßen.

Eine weitere Verbesserung erhofft man sich durch eine Erhöhung des Wettbewerbs zwischen den Gesetzlichen Krankenversicherungen. Im Wettbewerb befindliche Versicherungsunternehmen reagieren nämlich auf das Problem des moral hazard, indem sie die Versicherungskontrakte so gestalten, daß der Versicherungsnehmer eine substantielle Selbstbeteiligung trägt, wie wir es z.B. bei der Autounfallversicherung beobachten können. Folge wäre ein Absinken der Kosten und damit der Beiträge für die Versicherten. Um dieses Ziel jedoch zu erreichen, müßte man neben der heute schon zugelassenen Kassenwahlfreiheit der Versicherungspflichtigen und einem beschränkten Leistungswettbewerb zwischen den Kassen auch eine stärkere Flexibilisierung der Beitragszahlungen an die Kassen erlauben. Ebenso müßte der Versicherungszwang gelockert werden.

Die Erhöhung des Wettbewerbs unterminiert allerdings das **Solidarprinzip** der Sozialversicherung und führt zu einer Reduktion der Einkommensumverteilung von den reichen zu den armen Versicherten. Um diesem distributiven Problem zu begegnen, könnte man eine stärkere Subjektförderung einführen, die in der Regel eine bessere Unterstützung der wirklich Bedürftigen gewährleistet als eine von dem Leistungsempfänger selbst losgelöste Form der staatlichen Krankenversicherung.

Weitere Reformvorschläge zur Eindämmung der Kostenexplosion im Gesundheitswesen betreffen die Krankenhausfinanzierung. Diese ist durch ein duales Finanzierungssystem gekennzeichnet, wobei die Investitionen durch die öffentliche Hand getragen werden, während die Versicherten über ihre Krankenkassen die Betriebskosten der Krankenhäuser gemäß bestimmter Pflegesätze decken. Die Investitionsentscheidung durch staatliche Ämter führt dabei einerseits zu einer unwirtschaftlichen Investitionstätigkeit, da die Behörden kaum einen Anreiz besitzen, die ökonomische Notwendigkeit der Investitionen zu prüfen. Andererseits werden erforderliche Investitionen verschoben, wenn der öffentlichen Hand die Mittel fehlen. Eine höhere Eigenverantwortung der Krankenhäuser bezüglich ihrer Investitionen ist daher zu empfehlen. Eine Reform in Richtung leistungsorientierter Pflegesätze durch die Kassen ist allerdings schwieriger. Eine Einführung von Pflegesatzobergrenzen z.B. würde für die Krankenhäuser den Anreiz schaffen, ihre Patienten länger als notwendig im Krankenbett zu behalten. Diesem Effekt könnte man vorbeugen, indem man die Pflegesätze je nach Verweildauer in Abhängigkeit der Krankheit differenziert. Bei längerem Krankenhausaufenthalt verringerte sich dann der Pflegesatz. Ebenso wäre ein fixierter Betrag für die Behandlung je nach Krankheit als Zahlung an das Krankenhaus zu erwägen. Eine Blinddarmoperation würde somit nicht mehr in Abhängigkeit der Verweildauer und der Art des Eingriffs vergütet, sondern es gäbe lediglich eine Pauschale für diesen Eingriff. Dieser Vorschlag ist keineswegs unproblematisch. Zum einen ist zu befürchten, daß die Krankenhäuser sich nur noch mangelhaft um diejenigen Krankheitsfälle bemühen, die eine geringe Pauschalzahlung bedeuten. Zum anderen kann der nun geschaffene Anreiz, die Patienten schnell zu entlassen, zu einer Zunahme von Rückfällen und damit Wiedereinweisungen in das Krankenhaus führen. Das Krankenhaus bekäme ein weiteres Mal die Behandlungspauschale zugesprochen. Bereits diese Ausführungen verdeutlichen die Schwierigkeiten, die bei einer Zuordnung einer bestimmten Vergütung an eine Gesundheitsleistung bestehen.

Ein ähnliches Problem der Vergütungszuordnung für die erbrachten Behandlungsleistungen finden wir auch bei den niedergelassenen Ärzten. Diese erhalten gemäß eines verbindlichen Punktesystems ihr Entgelt für ihre Dienste. Dabei bleibt die Zeit und Sorgfalt, die ein Arzt für die Behandlung eines Patienten aufbringt, unberücksichtigt. Wenn jedoch das Punktesystem für eine bestimmte Behandlung nur eine Vergütung unabhängig von der Behandlungsdauer gewährt, so ist zu erwarten, daß der Arzt nur noch das Minimum an Zeit in die Genesung seines Patienten investiert. Daher ist eine flexiblere Gebührenordnung zu empfehlen, wobei die Gebühren in Abhängigkeit der tatsächlich erbrachten Leistung festgesetzt werden sollten. Zu hoffen bleibt, daß die Zunahme der Ärztedichte zu einem höheren Wettbewerb unter den Ärzten führt, und somit die Patienten doch besser betreut werden. Aber nicht nur hinsichtlich der Leistungsorientierung ist die herrschende Gebührenordnung zu starr. Aufgrund der notwendigen bürokratischen Hürden, die eine Änderung dieser Ordnung nehmen muß, paßt sie sich auch nur langsam dem medizinischen Fortschritt in der Krankheitsbehandlung an.

Zuletzt sei auf mögliche Reformvorschläge zur Verbesserung der Anreizstruktur für die Ärzte hingewiesen. Wenn wir unterstellen, daß der Arzt sich nutzenmaximierend verhält, so ist es ratsam, jenem finanzielle Anreize zu gewähren, die ihn zu mehr Sparsamkeit veranlassen. Z.B. könnte man den Arzt an den durch seine Behandlung verursachten Kosten beteiligen. Eine weitere Idee wäre, daß die Krankenkassen selbst ambulante Dienst und Vertragsärzte beschäftigen. Durch diese Maßnahme stiegen zwar die Kontrollkosten für die Kassen an. Jedoch ist zu erwarten, daß eine Kasse, die mit anderen Krankenkassen im Wettbewerb steht, auf eine kosteneffiziente Bereitstellung von Gesundheitsdiensten dringt.

Diese kurze Diskussion veranschaulicht bereits die Vielschichtigkeit der Problematik im Gesundheitswesen. Für einen Überblick über die Reformbemühungen in einigen Industrieländern sei auf eine Studie der *OECD* (1994b) verwiesen. Wir wenden uns nun einer anderen Sozialversicherung, der Rentenversicherung, zu, und wollen dabei das Phänomen der adversen Selektion genauer beleuchten.

7.2 Rentenversicherung als staatliche Lebensversicherung

Da der Mensch während seines gesamten Lebens Konsumgüter zum Lebensunterhalt benötigt, seine Fähigkeit, durch seine eigene Arbeitsleistung zur Produktion dieser Güter beizutragen, aber insbesondere im Alter abnimmt, gab es zu allen Zeiten in nahezu allen Gesellschaften Vereinbarungen, um die Konsummöglichkeiten im Alter zu erhalten. So sorgten früher in Großfamilien die Arbeitsfähigen für ihre Eltern, und in heutiger Zeit existieren in allen Ländern staatliche Transfersysteme, die den Lebensunterhalt im Alter sichern sollen. In Deutschland, wie in vielen anderen Ländern, gibt es hierfür eine staatliche Rentenversicherung. Diese ist heute nach dem Umlageverfahren organisiert, d.h. die heutigen Erwerbstätigen zahlen einen Transfer an die heutigen Rentenberechtigten und erhalten dafür einen Anspruch auf einen Transfer durch die nächste Generation, wenn sie selbst in das Rentenalter eintreten. Dieses Verfahren heißt in der öffentlichen Diskussion auch **Generationenvertrag**, obwohl diese Bezeichnung etwas irreführend ist. Denn ein Vertrag beruht eigentlich auf einer freiwilligen Teilnahme der Vertragsparteien. Dagegen gilt für den Generationenvertrag, daß eine Vertragspartei, nämlich die nachfolgende Generation, gar nicht gefragt wird, ob sie den Vertrag annehmen möchte, da sie entweder noch gar nicht geboren ist oder das wahlfähige Alter noch nicht erreicht hat. Außerdem ist die Rentenversicherung eine Zwangsversicherung. Die ökonomischen Effekte dieser Form der Alterssicherung stehen im Zentrum des Bandes „Finanzwissenschaft III: Staatsverschuldung“ und werden hier nicht behandelt. Wir konzentrieren uns in diesem Abschnitt vielmehr auf einen möglichen allokativen Vorteil einer staatlichen Lebensversicherung, als welche die Gesetzliche Rentenversicherung auch interpretiert werden kann, gegenüber privaten Lebensversicherungen. Eine staatliche Renten- bzw. Lebensversicherung kann nämlich, im Gegensatz zu einer privaten Lebensversicherung, alle Individuen zwingen, einen bestimmten Versicherungskontrakt abzuschließen, und so besteht die Hoffnung, daß mit Hilfe dieser Zwangsversicherung das Problem der adversen Selektion, welches auf den privaten Informationen über die eigene Lebenserwartungen beruht (vgl. Abschnitt 2.4.4), unter Umständen besser lösen kann als eine private, freiwillige Versicherung. Das gleiche gilt bezüglich der privaten Informationen über die eigenen Gesundheitsrisiken, so daß wir die Erkenntnisse dieses Kapitels auch auf eine Gesetzliche Krankenversicherung übertragen können.

In Abschnitt 7.2.1 werden wir zunächst zeigen, daß auf privaten Lebensversicherungsmärkten aufgrund der Negativauslese kein Gleichgewicht möglich ist, in dem die Versicherungsunternehmen unterschiedliche Risikogruppen mit einer einheitlichen Risikoprämie versichern. In der Terminologie der Versicherungsökonomik sagt man auch, es existiert kein **pooling**–Gleichgewicht, in dem die schlechten Risiken durch die Beiträge der guten Risiken subventioniert werden. Gerade diese Quersubventionierung zwischen unterschiedlichen Risikoklassen ist aber durch eine staatliche Zwangsversicherung möglich. Deswegen werden wir in Abschnitt 7.2.2 untersuchen, unter welchen Umständen diese Möglichkeit zu einer Pareto–Verbesserung führen kann.

7.2.1 Marktversagen privater Versicherungen bei adverser Selektion

Die folgende Analyse greift weitgehend auf die Ausführungen in Kapitel 2.2.6 zurück. Wieder betrachten wir eine Ökonomie, in der zwei Gruppen von Haushalten, $i = A, B$, leben. Die Haushalte innerhalb einer Gruppe seien identisch, so daß wir für jede Gruppe lediglich einen repräsentativen

Haushalt betrachten müssen. Die Gruppen unterscheiden sich hinsichtlich ihrer Überlebenswahrscheinlichkeit P_i, ausgehend von der Gegenwart, der Periode 1, eine weitere Periode 2 in der Zukunft zu erleben. Beide Gruppen sind hinreichend groß, so daß gemäß des Gesetzes der großen Zahl die individuelle Überlebenswahrscheinlichkeit eines Haushalts der Gruppe i, P_i, zugleich die relative Häufigkeit dieser Gruppe in Periode 2 angibt. Zusätzlich normieren wir den Umfang der Gruppe A in Periode 1 auf Eins, während die relative Häufigkeit der Gruppe B, bezogen auf den Umfang der Gruppe A in Periode 1, γ beträgt. Wir unterstellen, daß die Gruppe B die schlechten Risiken für eine Lebensversicherung darstellt, da die Überlebenswahrscheinlichkeit ihrer Mitglieder höher ist als diejenige der Mitglieder der Gruppe A, $P_B > P_A$. Alle Haushalte besitzen wieder eine additiv–separable Erwartungsnutzenfunktion

$$U^i(c_1^i, c_2^i) = U(c_1^i) + P_i U(c_2^i)$$

und sind **risikoavers**. Wie bereits in Kapitel 2.2.6 gezeigt, wird sich ein privater Lebensversicherungsmarkt aufgrund der Gewinnmöglichkeiten bilden und die Individuen werden ihre gesamten Ersparnisse in der Periode 1 in Form von Versicherungskontrakten anlegen, wenn sie nicht altruistisch gegenüber möglichen Nachkommen eingestellt sind. Dann nämlich übersteigt die Rendite auf dem Lebensversicherungsmarkt bei vollkommenem Wettbewerb diejenige auf dem Kapitalmarkt, den Kapitalmarktzins r.

In diesem Kapitel nehmen wir im Gegensatz zu den Ausführungen in Abschnitt 2.2.6 an, daß die Versicherungsunternehmen nur die relative Sterbewahrscheinlichkeit der gesamten Bevölkerung, also ein gewichtetes Mittel der gruppenspezifischen Sterbewahrscheinlichkeiten, kennen und nicht die individuellen Risiken. Wenn nun ein Versicherungsnehmer an sie herantritt, wissen die Versicherungsanbieter nicht, ob er ein aus ihrer Sicht gutes Risiko mit geringer Überlebenswahrscheinlichkeit, P_A, oder ein schlechtes Risiko darstellt. Diese Information besitzt allein der Versicherungsnehmer selbst. Das gleiche Phänomen existiert auf dem Krankenversicherungsmarkt, auf dem der Versicherungsnehmer sehr viel besser um sein eigenes Krankheitsrisiko weiß als die Krankenversicherung. Um dieses Informationsdefizit teilweise zu beheben, wären umfangreiche ärztliche Untersuchungen der potentiellen Kunden notwendig, deren Aussagekraft aber beschränkt ist. Denn zum einen können auch diese nicht das Risiko vollständig erfassen und zum anderen bleibt dem dann Versicherten immer noch die Möglichkeit, durch einen gesundheitsgefährdenden Lebenswandel sein Krankheitsrisiko zu erhöhen. Dies ist wieder das Problem des moral hazard.

Ein Lebensversicherungskontrakt besteht nun aus zwei Teilen, der Versicherungshöhe s, also der eingezahlten Versicherungsprämie, und der Bruttorendite R. Ein Haushalt der Gruppe i, der diesen Kontrakt erwirbt, besitzt in Periode 1 einen Erwartungsnutzen in Höhe von

$$U^i(c_1^i, c_2^i) = U(w-s) + P_i U(sR), \tag{7.1}$$

wobei w den exogenen und für alle gleichen Lohn in Periode 1 angibt. Bestimmen wir zunächst die Steigung einer Indifferenzkurve eines Haushalts der Gruppe i. Hierfür müssen wir die Erwartungsnutzenfunktion total differenzieren, wobei der Nutzen U^i unverändert bleibt,

$$dU^i = U'(w-s)dc_1^i + P_i U'(sR)dc_2^i \stackrel{!}{=} 0.$$

$U'(.)$ gibt dabei den Grenznutzen, $\frac{\partial U(.)}{\partial c_j^i}$, $j = 1, 2$, an. Nun ergibt sich durch einfache Umstellung die Steigung der Indifferenzkurve als

$$\frac{dc_1^i}{dc_2^i} = -P_i \frac{U'(sR)}{U'(w-s)}. \tag{7.2}$$

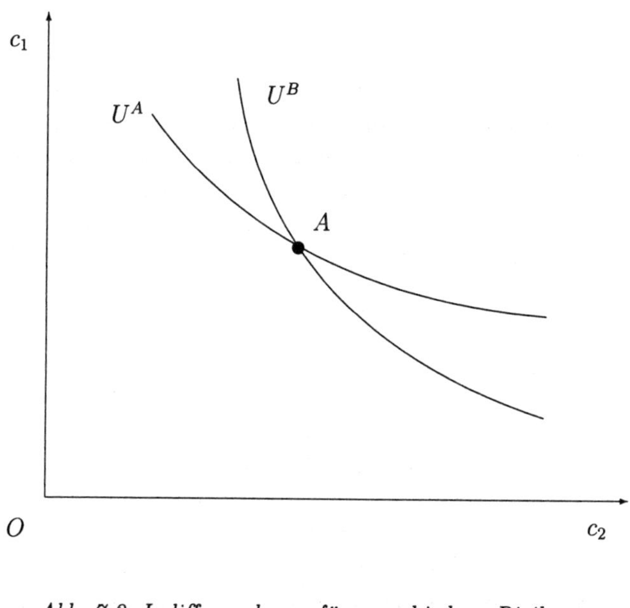

Abb. 7.3: Indifferenzkurve für verschiedene Risiken

Wie wir sofort sehen, besitzt in einem c_1-c_2–Raum die Indifferenzkurve der schlechten Risiken für eine gegebene Konsumkombination (c_1, c_2) eine größere Steigung als diejenige der guten, da die Überlebenswahrscheinlichkeit der schlechten Risiken höher ist, $P_B > P_A$. Dieser Sachverhalt ist in Abbildung 7.3 für den Konsumpunkt A dargestellt. Ausgehend von diesem Punkt ist die Indifferenzkurve eines Mitglieds der Gruppe B, U^B, immer steiler als diejenige eines Haushalts mit hoher Sterbewahrscheinlichkeit, U^A. Hieraus folgt, daß sich die Indifferenzkurven zweier Haushalte unterschiedlicher Risikogruppen genau einmal schneiden.

Als nächstes wollen wir untersuchen, durch welche Eigenschaften mögliche Gleichgewichte gekennzeichnet sind, und bestimmen, warum und in welcher Hinsicht diese im Vergleich zu einer Allokation bei vollständiger Information (vgl. Kapitel 2.2.6) als ineffizient anzusehen sind. Da auf dem privaten Versicherungsmarkt vollkommener Wettbewerb unter den Lebensversicherungsanbietern herrscht, müssen mögliche Gleichgewichte insbesondere folgende Bedingungen erfüllen:

- Kein Versicherungskontrakt darf **im** Gleichgewicht zu einem negativen Gewinn führen.
- Kein Versicherungskontrakt darf **außerhalb** des Gleichgewichts einen positiven Gewinn für die Versicherer versprechen, da ansonsten kein langfristiges Gleichgewicht herrscht.

Ferner darf in dem langfristigen Gleichgewicht bei freiem Marktzugang kein Versicherungsunternehmen einen positiven Gewinn erzielen. Sie durchbrechen also gerade den **break–even**-Punkt. Da wir unterstellen, daß die Versicherungsanbieter die Versicherungsnehmer im Gegensatz zur Analyse in Kapitel 2.2.6 nicht nach ihrem individuellen Risiko unterscheiden können, sind nun zwei unterschiedliche Gleichgewichte vorstellbar:

1. Ein Gleichgewicht mit Quersubventionierung, das sogenannte **pooling**- oder vereinende Gleichgewicht, in dem die guten Risiken die schlechten subventionieren und alle Versicherten den gleichen Kontrakt besitzen. Die Bruttorendite der Versicherung ergibt sich dann folgendermaßen. Wenn jeder Versicherte eine Geldeinheit einzahlt, so stehen dem Versicherungsunternehmen insgesamt $(1 + \gamma)$ Geldeinheiten zur Verfügung. Diese Prämien werden vom Versicherungsanbieter am Kapitalmarkt zum Zinssatz r angelegt. In Periode 2 zahlt es die gesamten verzinsten Einzahlungen an die Überlebenden, $P_A + \gamma P_B$,

aus, da die Nullgewinnbedingung im Gleichgewicht erfüllt sein muß. Die Budgetrestriktion des Versicherungsunternehmens lautet dann

$$(1+r)(1+\gamma) = P_A + \gamma P_B.$$

Die Bruttorendite für einen Versicherungskontrakt im pooling–Gleichgewicht, R^p, ergibt sich nun durch einfache Division der verzinsten Einzahlungen mit der Anzahl der Empfänger:

$$R^p = \frac{(1+r)(1+\gamma)}{P_A + \gamma P_B}. \tag{7.3}$$

2. Ein Gleichgewicht ohne Quersubventionierung, das sogenannte **separating**– oder trennende Gleichgewicht, in dem die Versicherten einer Risikoklasse eine gruppenspezifische Verzinsung erhalten. Ein derartiges Gleichgewicht liegt auch bei vollständiger Information vor und somit ergeben sich die Bruttorenditen analog zu Abschnitt 2.2.6 als:

$$R_A = \frac{(1+r)}{P_A}, \qquad R_B = \frac{(1+r)}{P_B} \quad \text{mit} \quad R^A > R^B. \tag{7.4}$$

Betrachten wir zunächst genauer die Möglichkeit eines pooling–Versicherungskontraktes, der von beiden Risikogruppen gekauft werden kann. Die Überlebenswahrscheinlichkeit aller Versicherten dieses Kontraktes ist ein gewichtetes Mittel der gruppenspezifischen Überlebenswahrscheinlichkeiten,

$$P_A + \gamma P_B,$$

wobei die Gewichtung von dem relativen Umfang der Risikogruppen zueinander abhängt. Dieser Umstand drückt sich auch in der Bruttorendite des pooling–Kontraktes aus. Ist der Umfang der schlechten Risiken relativ zu den guten sehr klein, der Wert von γ nähert sich also Null, so nähert sich R^p der Bruttorendite der guten Risiken in einem separating–Gleichgewicht, R_A, an. Umgekehrt gilt für einen großen Anteil der schlechten Risiken im Versicherungspool, d.h. der Wert von γ ist sehr groß, daß R^p sich R_B annähert. Die Bruttorendite eines pooling–Kontraktes liegt folglich in Abhängigkeit von γ zwischen den möglichen Bruttorenditen des trennenden Gleichgewichts:

$$R_B \leq R^p \leq R_A.$$

Mit Hilfe dieser Überlegungen können wir nun in dem c_1-c_2–Diagramm der Abbildung 7.4 die Linie aller möglichen pooling–Kontrakte einzeichnen. Den Ordinatenschnittpunkt dieser sogenannten **Versicherungsgerade** der pooling–Kontrakte gewinnen wir, indem wir uns vorstellen, daß kein Haushalt eine Versicherung nachfragt und seinen Lohn w in der Periode 1 vollständig konsumiert. Den Schnittpunkt auf der Abszisse erhalten wir analog, indem wir unterstellen, daß alle Haushalte ihren gesamten Lohn in Form einer Lebensversicherung anlegen, die die Bruttorendite R^p erbringt. Verhält sich ein Haushalt in dieser Weise, so hätte er unabhängig von seiner Risikogruppe ein Einkommen in der Periode 2 in Höhe von $R^P w$, das er vollständig für seinen Konsum c_2 verwenden könnte. Die Versicherungslinie besitzt folglich die (absolute) Steigung $\frac{1}{R^p}$. In gleicher Weise erhalten wir auch die Versicherungsgeraden für die Versicherungsverträge eines trennenden Gleichgewichts, die ebenfalls in der Abbildung eingezeichnet sind. Aufgrund der Bruttorenditeverhältnisse, $R_B \leq R^p \leq R_A$, muß die Versicherungsgerade der pooling–Kontrakte zwischen den beiden Geraden eines separierenden Gleichgewichts liegen.

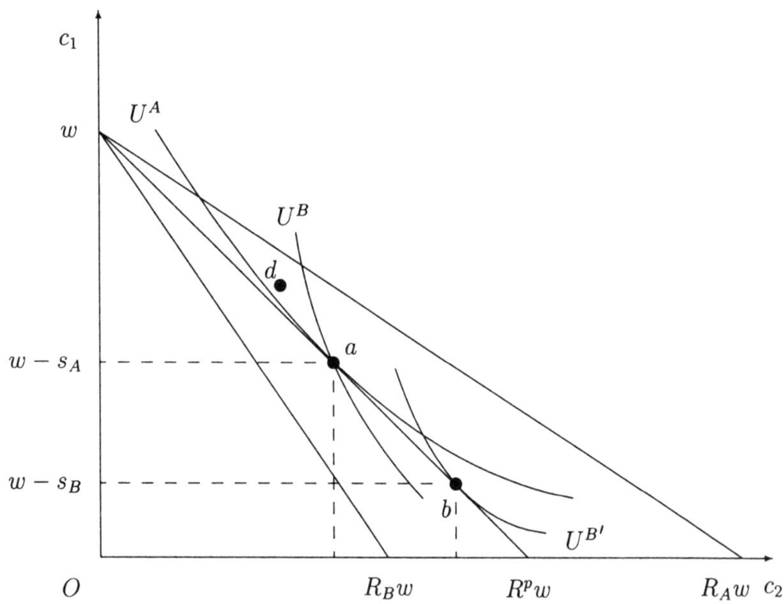

Abb. 7.4: Die Möglichkeit eines pooling–Gleichgewichts

In Abbildung 7.4 sind überdies drei verschiedene Versicherungskontrakte, a, b und d, eingezeichnet. Der Vertrag a ist aus Sicht eines Haushalts der „guten“ Risikogruppe A der beste, während der Kontrakt b aus der Menge aller möglichen pooling–Kontrakte den Nutzen eines Haushalts der Gruppe B maximiert, $U^{B'} > U^B$. Jedoch kann diese Kombination (a, b) an Versicherungsverträgen kein Gleichgewicht darstellen. Denn würden beide Versicherungskontrakte angeboten, so würden die schlechten Risiken ausschließlich den Vertrag b wählen. Dieser beinhaltet aber eine höhere Versicherungshöhe s als der Vertrag, der für die guten Risiken am attraktivsten ist, $s_b > s_a$. Daher liegt der Vertrag b unterhalb des Kontraktes a. Dies folgt zwingend, da die Indifferenzkurve eines Haushalts mit hoher Überlebenswahrscheinlichkeit P_B für eine gegebene Konsumkombination steiler verläuft als diejenige eines Mitglieds der Gruppe A.

Die Folge ist, daß bei gegebener Bruttorendite eines pooling–Kontrakts, R^p, eine Versicherung, die beide Verträge anbietet, einen Verlust erleidet. Die Summe der verzinsten Einzahlungen, $(1 + r)(s_a + \gamma s_b)$, reicht nämlich nicht aus, die Auszahlungen, $R^p(P_A s_a + \gamma P_B s_b)$, zu decken. Zugleich offenbart ein Haushalt der Gruppe B gerade durch die Wahl des Versicherungsvertrages b, daß er ein schlechtes Risiko darstellt. Dies gilt für alle pooling–Kontrakte mit einer höheren Versicherungsprämie als s_a. Ein gewinnmaximierendes Unternehmen, welches pooling–Versicherungen bereitstellt, wird daher nur Versicherungskontrakte mit einer maximalen Versicherungshöhe von s_a anbieten. Der Kontrakt a stellt zugleich den einzig möglichen Lebensversicherungsvertrag in einem pooling–Gleichgewicht dar, da einerseits eine kleinere Versicherungshöhe als s_a sowohl von den guten als auch den schlechten Risiken nicht erwünscht wird und andererseits mit diesem Vertrag das Versicherungsunternehmen gerade einen Gewinn von Null realisiert. Um es noch einmal zu betonen: **Wenn** ein pooling–Gleichgewicht existiert, dann ist der Kontrakt a der einzig mögliche Vertrag in diesem Gleichgewicht. Dieser wird zu gleichen Konditionen beiden Risikogruppen angeboten, wobei er aus Sicht der guten Risiken den bestmöglichen pooling–Kontrakt darstellt.

Doch ist dieses pooling–Gleichgewicht überhaupt möglich? Um diese Frage zu beantworten, betrachten wir eine Situation, in der ein Versicherungsunternehmen den Vertrag d anbietet. Da dieser Kontrakt unterhalb der Indifferenzkurve eines schlechten Risikos bei Kauf des pooling–Kontraktes a, U^B, liegt, wird er von einem Mitglied dieser Gruppe auch nicht nachgefragt. Die schlechte Risikogruppe kauft weiterhin lieber den Kontrakt a. Der Vertrag d liegt aber oberhalb der Indifferenzkurve eines Haushalts der Risikogruppe A bei Kauf des Kontraktes a, und wird daher von allen guten Risiken nachgefragt. Da der Vertrag d zugleich eine Bruttorendite unterhalb der maximal möglichen Bruttorendite für die guten Risiken, R_A, verspricht, der Punkt d liegt unterhalb der Versicherungsgerade $\overline{wR_Aw}$, erzielt dieses Versicherungsunternehmen mit der Lebensversicherung d einen positiven Gewinn. Diese Gewinnmöglichkeit wird von den Versicherungsunternehmen natürlich wahrgenommen und die guten Risiken verzichten auf die Zeichnung des pooling–Kontrakts a. Dann allerdings erwirtschaftet eine Versicherung, die weiterhin den Vertrag a anbietet, einen Verlust, da dieser nur noch von den schlechten Risiken nachgefragt wird. Somit existiert kein pooling–Gleichgewicht auf einem Markt für private (Lebens)–Versicherungen mit Quersubventionierung der schlechten Risiken durch die guten.

Bei vollkommenem Wettbewerb auf den Versicherungsmärkten ist folglich nur ein separierendes Gleichgewicht denkbar, das den einzelnen Gruppen eine an ihren individuellen Risiken ausgerichtete Bruttorendite R_A bzw. R_B verspricht. Allerdings ergibt sich nun folgendes Problem: Wenn ein Unternehmen den Haushalten mit hoher Sterbewahrscheinlichkeit Kontrakte anbietet, muß es sicherstellen, daß die schlechten Risiken diese nicht nachfragen. Der Versicherungsanbieter kann aber die schlechten Risiken nicht ohne weiteres von den guten unterscheiden und muß daher die Versicherungskontrakte so gestalten, daß ein Mitglied einer bestimmten Risikogruppe keinen Anreiz besitzt, den Vertrag für die andere Gruppe zu zeichnen. Erst dann teilen sich die Haushalte entsprechend ihrer Risikogruppe selbst auf. Es gibt also für jede Gruppe jeweils eine **Anreizkompatibilitätsbedingung**. Diese lauten formal:

$$U(w - s_A) + P_A U(R_A s_A) \geq U(w - s_B) + P_A U(R_B s_B)$$

für einen Haushalt der Gruppe A und

$$U(w - s_B) + P_B U(R_B s_B) \geq U(w - s_A) + P_B U(R_A s_A)$$

für einen Haushalt der Klasse B, wobei der Kontrakt für die Risikogruppe i durch die Versicherungshöhe s_i und die Bruttorendite R_i, $i = A, B$, beschrieben wird. Diese Bedingungen heißen auch die **self–selection–Restriktionen** für das Versicherungsunternehmen. Die erste Bedingung verlangt, daß ein Haushalt der Risikogruppe A zumindest den gleich hohen Erwartungsnutzen erhält, wenn er „seinen“ Vertrag wählt, wie wenn er den Kontrakt für die andere Gruppe zeichnet. Das gleiche drückt die zweite Bedingung für ein Mitglied der anderen Risikoklasse B aus. Im weiteren können wir aber die Anreizkompatibilitätsbedingung für die guten Risiken vernachlässigen, da das Problem des Versicherungsunternehmens darin besteht, die schlechten Risiken davon abzuhalten, sich als ein gutes Risiko auszugeben, und nicht umgekehrt. Formal bedeutet dies, daß nur die Bedingung

$$U(w - s_B) + P_B U(R_B s_B) \geq U(w - s_A) + P_B U(R_A s_A) \tag{7.5}$$

bindend ist. Falls diese Bedingung mit dem Gleichheitszeichen erfüllt ist, und somit ein Haushalt mit geringer Sterbewahrscheinlichkeit indifferent zwischen den beiden angebotenen Versicherungskontrakten ist, so nehmen wir an, daß er „seinen" Vertrag wählt.

Wie kann das Versicherungsunternehmen nun erreichen, daß diese Anreizkompatibilitätsbedingung erfüllt ist und damit die guten von den schlechten Risiken getrennt werden? Wie wir bereits bei der Diskussion der pooling–Kontrakte gesehen haben, wünscht ein Haushalt mit geringer Sterbewahrscheinlichkeit und damit schlechtem Risiko bei gegebener Bruttorendite eine größere Versicherungshöhe als ein Haushalt mit hoher Sterbewahrscheinlichkeit. Um die guten von den schlechten Risiken zu trennen, muß nun das Versicherungsunternehmen die Versicherungshöhe für das Angebot an die guten Risiken, s_A, so niedrig gestalten, daß trotz der höheren Bruttorendite, $R_A > R_B$, die schlechten Risiken es vorziehen, ihre Versicherungshöhe s_B mit geringerer Verzinsung zu wählen.

Welche zwei separierenden Versicherungsverträge werden bei vollkommenem Wettbewerb und unvollständiger Information angeboten? Betrachten wir hierfür die folgende Graphik. In dieser sind die Versicherungsgeraden für die guten und die schlechten Risiken sowie die Gerade der pooling–Kontrakte eingezeichnet. Zudem sind drei verschiedene Verträge, E_A, E_A^* und E_B^*, eingetragen. E_A^* und E_B^* geben die individuell optimalen Versicherungskontrakte der jeweiligen Risikogruppen an, wenn wie bei vollständiger Information die guten von den schlechten Risiken ohne weiteres unterschieden werden können.

Bei unvollständiger Information sind diese Verträge aber nicht gleichzeitig realisierbar. Um dies zu zeigen, halten wir zunächst fest, daß allein die Lebensversicherung E_B^* bei vollkommenem Wettbewerb für die schlechten Risiken denkbar ist. Da nämlich ein Haushalt der Gruppe A nie einen Vertrag wählen wird, der für die schlechte Risikogruppe gestaltet wurde, werden Versicherungsunternehmen denjenigen Kontrakt auf der Versicherungsgeraden $\overline{wR_Bw}$ anbieten, der den Erwartungsnutzen eines Haushalts der Risikogruppe B maximiert. Ein Haushalt mit geringer Sterbewahrscheinlichkeit erhält also immer denjenigen Vertrag, der für ihn auch bei vollständiger Information optimal wäre. Bietet nun aber ein Versicherungsunternehmen den guten Risiken den Kontrakt E_A^* und den schlechten zugleich den Vertrag E_B^* an, so wird zwar ein Haushalt der Gruppe A „seinen" Vertrag zeichnen. Ein Haushalt der schlechten Risikogruppe B wählt diesen aber ebenso, da dann sein Nutzen höher ist als bei Zeichnung „seines" Vertrages E_B^*, $U^B > U^{B*}$. Diese Kombination der Verträge führt also nicht zu einer Trennung der Risikogruppen und das Versicherungsunternehmen würde einen Verlust realisieren.

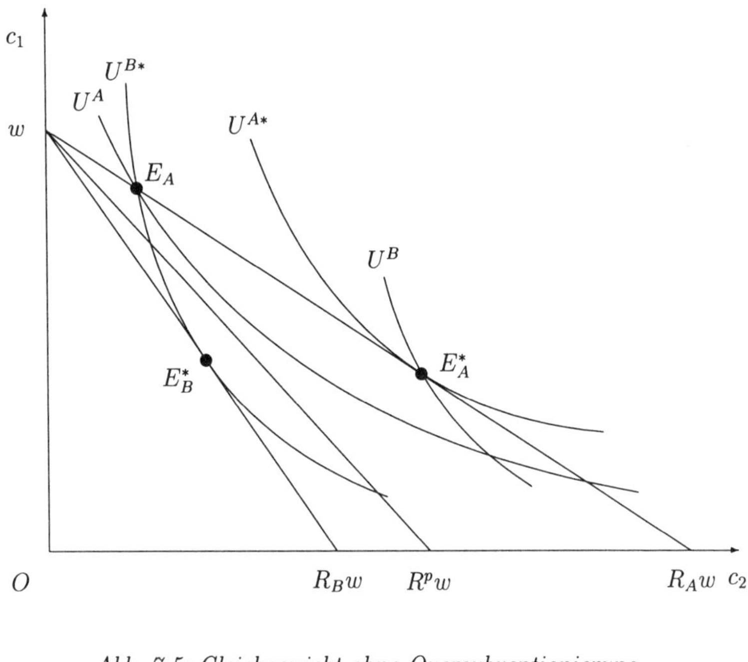

Abb. 7.5: Gleichgewicht ohne Quersubventionierung

Um einem Haushalt mit geringer Sterbewahrscheinlichkeit einen Anreiz zu bieten, den für ihn bestimmten Vertrag E_B^* zu wählen, muß nun das Versicherungsunternehmen die Versicherungshöhe des Kontraktes für die guten Risiken reduzieren. In der Abbildung bietet der Versicherer einen Vertrag auf der Versicherungsgeraden $\overline{wR_Aw}$ oberhalb von E_A^* für die Risikoklasse A an. Solange die Versicherung höher ist als durch den Vertrag E_A angezeigt, kommt es zu keiner Trennung der Risikoklassen, da jeder Kontrakt für die guten Risiken aus Sicht eines Mitglieds der Gruppe

B besser ist als E_B^*. Erst bei E_A ist ein Haushalt mit geringer Sterbewahrscheinlichkeit gerade indifferent zwischen den beiden Verträgen E_A und E_B^* und wählt gemäß unserer Annahme „seinen" Kontrakt E_B^*. Eine weitere Verringerung der Versicherungshöhe ist nicht mehr erforderlich, da die Trennung der Risikogruppen nun möglich ist, und bei vollkommenem Wettbewerb bieten die Versicherungsunternehmen die Verträge E_A und E_B^* an. Diese kennzeichnen das mögliche separierende Gleichgewicht auf dem Markt für Lebensversicherungen. Ein Haushalt der Gruppe B realisiert dann den Nutzen U^{B*}, den er auch bei vollständiger Information erreicht hätte. Ein Haushalt mit hoher Sterbewahrscheinlichkeit kann dagegen nur den Erwartungsnutzen U^A erreichen und stellt sich somit im Vergleich zu einer Situation bei vollständiger Information schlechter, $U^A < U^{A*}$. Dies ist der Preis, den ein Haushalt mit gutem Risiko zahlen muß, um die Gruppe mit geringer Sterbewahrscheinlichkeit von dem für ihn ausgestalteten Vertrag fernzuhalten. Wir können auch sagen, daß bei unvollständiger Information der Versicherungsunternehmen die Existenz der schlechten Risiken einen negativen externen Effekt auf die guten Risiken ausübt. Sie erhalten zwar weiterhin ihre Rendite von R_A, können sich aber nicht mehr in der von ihnen gewünschten Höhe versichern und es resultiert eine im Vergleich zu einer Situation bei vollständiger Information ineffiziente Allokation. Zusammenfassend erhalten wir

Ergebnis 7.2.1 *Das trennende Gleichgewicht auf privaten Versicherungsmärkten ist ineffizient, da die Versicherungsunternehmen die schlechten Risiken nicht ohne weiteres identifizieren können. Sie müssen die guten Risiken schlechter stellen, um zu verhindern, daß schlechte Risiken die Kontrakte der guten Risiken nachfragen.*

Nun haben wir gezeigt, daß ein separierendes Gleichgewicht durch die Verträge E_A und E_B^* beschrieben wird, **wenn** dieses existiert. Jedoch stellt sich noch die Frage, ob es nicht einen pooling–Kontrakt gibt, mit welchem ein Versicherungsunternehmen einen nicht–negativen Gewinn erzielen kann und der zugleich für mindestens eine Risikogruppe einen Vorteil gegenüber den trennenden Verträgen E_A und E_B^* verspricht. Denn ist ein solcher Vertrag denkbar, so existiert auch kein trennendes Gleichgewicht auf den Versicherungsmärkten. Die Beantwortung dieser Frage hängt entscheidend von dem relativen Umfang der beiden Gruppen zueinander ab. In der obigen Abbildung 7.5 ist eine pooling–Versicherungsgerade für einen großen Wert von γ und damit hohen Anteil der schlechten Risikogruppe eingezeichnet. Wie oben bereits erwähnt, liegen auf dieser Kurve alle Kontrakte, die bei einer Zeichnung aller Haushalte gerade einen Nullgewinn der Versicherungsunternehmen sichert. Wie wir sehen, verläuft die Indifferenzkurve eines Mitglieds der Gruppe A bei Zeichnung des Versicherungskontraktes E_A, U^A, oberhalb dieser pooling–Versicherungsgeraden. Somit kann es keinen pooling–Vertrag geben, der die guten Risiken besser stellt als der trennende Kontrakt E_A und zugleich einen nicht–negativen Gewinn für die Versicherungsunternehmen verspricht. In diesem Fall existiert das separierende Gleichgewicht. Ist dagegen der Wert von γ hinreichend klein, und verläuft die pooling–Versicherungsgerade so flach, daß sie die Indifferenzkurve U^A schneidet, so gibt es in dem Bereich, der durch die Indifferenzkurve U^A und die Versicherungsgerade begrenzt wird, pooling–Kontrakte, die aus Sicht eines Haushalts der Gruppe A besser sind als der trennende Vertrag E_A. Ein Mitglied dieser guten Risikogruppe wäre also bereit, eine geringe Bruttorendite als R_A hinzunehmen, wenn er dafür seine Versicherungshöhe vergrößern könnte. Gleichzeitig stellen diese pooling–Kontrakte für die schlechten Risiken eine Verbesserung gegenüber der Lebensversicherung E_B^* dar, und somit werden alle Haushalte diese nachfragen. Ebenso kann ein Versicherungsanbieter mit einem solchen Vertrag einen nicht–negativen Gewinn erzielen. Die separierenden Verträge werden folglich vom Markt verdrängt. Wie wir aber bereits festgestellt haben, ist ein pooling–Gleichgewicht nicht möglich. Wir kommen daher zu dem Schluß, daß überhaupt kein Gleichgewicht auf dem Versicherungsmärkten bei vollkommenem Wettbewerb existiert, wenn der Anteil der guten Risiken an der Gesamtbevölkerung hinreichend groß (aber kleiner als Eins) ist. Im folgenden vernachlässigen wir diesen Sonderfall und nehmen an, daß ein separierendes Gleichgewicht existiert. Wir wenden uns im nächsten Abschnitt der Frage zu, ob durch eine staatliche Renten– bzw. Lebensversicherung zumindest eine Risikogruppe besser gestellt werden kann, ohne daß sich die andere schlechter stellt, und somit eine Pareto–Verbesserung möglich ist.

7.2.2 Pareto–Verbesserung durch eine staatliche Rentenversicherung

Wie wir im vorherigen Abschnitt gezeigt haben, existiert kein pooling–Gleichgewicht bei vollkommenem Wettbewerb. Das mögliche separierende Gleichgewicht ohne Quersubventionierung erlaubt für die guten Risiken nur eine Versicherungshöhe, die aus ihrer Sicht im Vergleich zu einer Situation bei vollständiger Information zu gering ist. Ihre Wünsche werden daher nicht in effizienter Weise befriedigt und es besteht die Hoffnung, daß der Staat durch die Einrichtung des Gutes **staatliche Lebensversicherung** die Allokation verbessern kann. Natürlich kann der Staat genausowenig wie ein privates Versicherungsunternehmen das individuelle Risiko eines Versicherungsnehmers ohne weiteres identifizieren. Er unterliegt daher der gleichen Informationsrestriktion wie ein privater Anbieter einer Lebensversicherung. Jedoch kann der Staat bestimmte Beiträge festsetzen und alle Haushalte zu einer Teilnahme an einer Versicherung zwingen. Er kann also auch eine Lebensversicherung mit Quersubventionierung herbeiführen, dessen Bruttorendite R^p beträgt, um u.U. eine Pareto–Verbesserung im Vergleich zu einem trennenden Gleichgewicht zu erreichen.

Weshalb ist es möglich, daß die Einführung einer staatlichen Zwangsversicherung neben den privaten Lebensversicherern alle Gesellschaftsmitglieder besser stellt? Betrachten wir zunächst die Gruppe B. Die schlechten Risiken realisieren zwar ohne einen staatlichen Eingriff auf den Versicherungsmärkten ihre individuell optimale Nachfrage im separierenden Gleichgewicht. Jedoch können sie durch Teilnahme an der staatlichen Lebensversicherung eine höhere Bruttorendite, $R^p > R_B$, erzielen und sich zusätzlich privat zum Bruttozins R_B versichern. Die schlechten Risiken stellen sich daher durch eine staatliche Zwangsversicherung mit Quersubventionierung auf jeden Fall besser. Die guten Risiken, d.h. die Mitglieder der Gruppe A, erhalten zwar durch eine öffentliche Lebensversicherung eine geringere Verzinsung, $R^p < R_A$. Jedoch können sie ihre Versicherungshöhe ausdehnen, die bei vollkommenem Wettbewerb auf den Versicherungsmärkten ohne staatlichen Eingriff aus ihrer Sicht viel zu gering ist. Des weiteren können auch die Haushalte mit hoher Sterbewahrscheinlichkeit die Zwangsversicherung um eine private Zusatzversicherung mit Bruttorendite R_A ergänzen. Es kann also sein, daß der positive Effekt der Ausdehnung der Versicherungshöhe den negativen Effekt der geringeren Rendite in einer staatlichen Zwangsversicherung zumindest kompensiert.

Wir wollen nun mit Hilfe der Abbildung 7.6 demonstrieren, wie mit einer öffentlichen Lebensversicherung, zu deren Teilnahme alle Haushalte verpflichtet sind, eine Pareto–Verbesserung gegenüber einem trennenden Gleichgewicht ohne staatlichen Eingriff gelingen kann, obwohl auch der Staat unvollständige Information über die individuellen Risiken besitzt. Hierfür nehmen wir an, daß der Staat von allen Individuen einen Rentenbeitrag in Höhe von $\bar{s}$ erhebt. Alle Haushalte sind also gezwungen, diesen Betrag $\bar{s}$ zu sparen. In der Graphik verschiebt sich aufgrund dieser Maßnahme der Ursprung der Versicherungsgeraden der trennenden Verträge von w auf der Ordinate zu Punkt D innerhalb des c_1-c_2–Raums, da das frei zur Verfügung stehende Nettoeinkommen nur noch $w - \bar{s}$ beträgt. Für die staatliche Lebensversicherung erhalten alle Versicherten eine Bruttorendite R^p. Die Strecke $\overline{wD}$ besitzt daher die Steigung $\frac{1}{R^p}$. Die Haushalte können sich natürlich zusätzlich bei privaten Anbietern versichern. Die Kontrakte eines möglichen separierenden Gleichgewichts auf diesem Markt für private Lebensversicherungen liegen auf den Versicherungsgeraden, die von D ausgehend die Abszisse schneiden. Wie bisher besitzen sie die Steigung $\frac{1}{R_A}$ bzw. $\frac{1}{R_B}$.

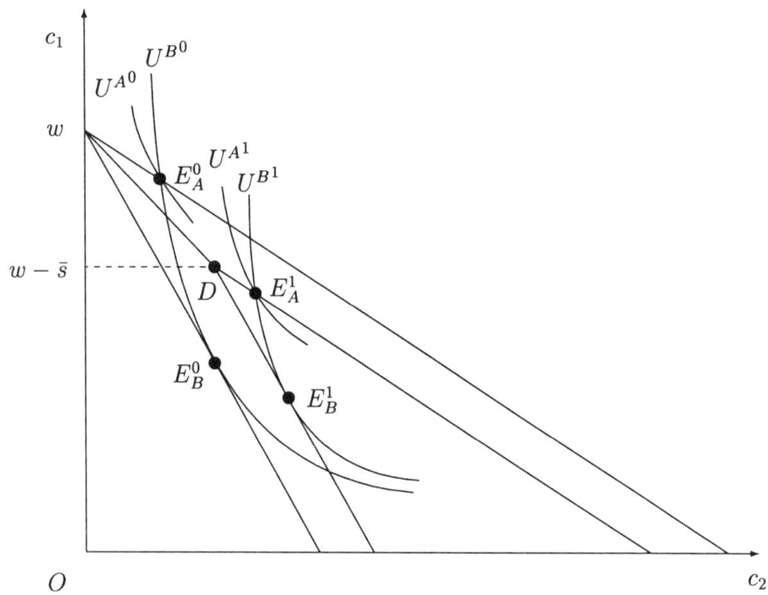

Abb. 7.6: Staatliche Rentenversicherung

Daneben sind in der Abbildung vier verschiedene Verträge, E_A^0, E_A^1, E_B^0 und E_B^1 eingezeichnet. Die Kombination (E_A^0, E_B^0) gibt dabei das Kontraktpaar an, welches das separierende Gleichgewicht ohne staatliche Zwangsversicherung beschreibt. Ein Haushalt mit hoher Sterbewahrscheinlichkeit realisiert dabei einen Erwartungsnutzen von U^{A^0}, während ein Mitglied der Gruppe B das Nutzenniveau U^{B^0} erreicht. Dagegen kennzeichnen die Verträge E_A^1 und E_B^1 das trennende Gleichgewicht nach einer Einführung der staatlichen Zwangsversicherung mit Versicherungshöhe $\bar{s}$. In diesem erreicht ein Individuum der Risikoklasse A das

Nutzenniveau U^{A^1} und ein Haushalt der Gruppe B den Erwartungsnutzen U^{B^1}.

Wird eine für alle verpflichtende staatliche Lebensversicherung mit einer Versicherungshöhe von $\bar{s}$ eingeführt, so gewinnen die schlechten Risiken durch diese Maßnahme auf jeden Fall. Denn zum einen erhält ein Haushalt mit geringer Sterbewahrscheinlichkeit für den staatlichen Zwangsbeitrag $\bar{s}$ eine höhere Rendite R^p. Zum anderen können sie, wie oben bereits diskutiert, auf dem privaten Versicherungsmarkt ihren individuell optimalen Kontrakt, E_B^1, kaufen. Aus diesem Grund realisieren sie nach Einführung der staatlichen Rentenversicherung ein höheres Nutzenniveau, $U^{B^1} > U^{B^0}$. Im unterstellten Fall gewinnen auch die guten Risiken, $U^{A^1} > U^{A^0}$, da die Verringerung der Bruttorendite für die Zwangsversicherung, $R^p < R_A$, durch den positiven Effekt der Ausdehnung der Versicherungshöhe mehr als kompensiert wird. Die Erhöhung der Versicherungsschutzes ersehen wir daran, daß der neue gleichgewichtige Vertrag E_A^1 unterhalb des Kontraktes E_A^0 liegt. Wir halten fest, daß in dem gezeigten Fall eine Pareto–Verbesserung durch eine öffentliche Lebensversicherung möglich ist, da beide Haushaltsgruppen sich besser stellen.

Die Wahrscheinlichkeit dafür, daß eine staatliche Zwangsversicherung auch für die guten Risiken eine Verbesserung bedeutet, ist umso höher, je näher die Steigung der Gerade $\overline{wD}$ und damit die pooling–Versicherungsgerade an die Steigung der Versicherungslinie der guten Risiken heranreicht. Dies ist umso eher der Fall, je größer der Bevölkerungsanteil der guten Risiken im Verhältnis zu den schlechten, d.h. je kleiner der Wert von γ ist. Dann nämlich steigt die Bruttorendite der Zwangsversicherung an, und der Nachteil aus der öffentlichen Pflichtversicherung wird für einen Haushalt der Gruppe A kleiner. Formal nähert sich die Bruttorendite R^p dem Wert R_A an, wenn γ gegen Null konvergiert:

$$\lim_{\gamma\to 0} R^p = \frac{(1+r)(1+\gamma)}{P_A+\gamma P_B} \quad \longrightarrow \quad \frac{1+r}{P_A} = R_A.$$

Umgekehrt gilt für einen sehr großen Wert von γ und damit für einen hohen Anteil der schlechten Risiken in Relation zu den guten, daß sich die Wahrscheinlichkeit für einen Haushalt der guten Risikogruppe A erhöht, durch Einführung einer staatlichen Lebensversicherung schlechter gestellt zu werden. Die pooling–Gerade dreht sich in der Graphik um den Punkt w in Richtung der Versicherungsgeraden für die schlechten Risiken.

Eine öffentliche Zwangsversicherung **kann** also zu einer Pareto–Verbesserung führen. Eine effiziente Allokation, wie wir sie in Kapitel 2.2.6 beschrieben haben, ist allerdings auch durch diese Maßnahme nicht zu erreichen. Der Staat kann zwar einen pooling–Kontrakt erzwingen, das Informationsproblem jedoch ist auch für ihn nicht lösbar. Wir erhalten das

Ergebnis 7.2.2 *Die staatliche Zwangsversicherung führt zu einer Pareto–Verbesserung, wenn der Bevölkerungsumfang der guten Risiken relativ groß ist. Eine effiziente Allokation ist durch Quersubventionierung der schlechten Risiken durch die guten über Zwangsbeiträge nicht zu erreichen.*

Natürlich läßt sich die obige Analyse auch auf die Krankenversicherungen übertragen. Auch hier gilt: Können die individuellen Gesundheitsrisiken vom Versicherer nicht beobachtet werden, so können die guten Risiken mit geringer Krankheitswahrscheinlichkeit aufgrund der adversen Selektion nicht den von ihnen gewünschten Versicherungsschutz erhalten. Auch hier kann eine staatliche Pflichtversicherung zu einer Pareto–Verbesserung führen. Analog gilt dies für jeden Versicherungsmarkt, auf dem der Versicherer die Risikoklasse der Versicherungsnehmer nicht identifizieren kann. Aber auch in anderen Bereichen finden wir das gleiche Phänomen der unvollständigen Information einer Vertragspartei. So weiß der Käufer eines Gebrauchtwagens nicht, ob das angebotene Auto von hoher Qualität ist, wie der Gebrauchtwagenhändler behauptet. In einem Aufsatz zeigte *George A. Akerlof* (1970), daß es dann möglich sein kann, daß der Markt für Gebrauchtwagen gänzlich zusammenbricht. Ein weiteres Beispiel ist die ungenügende Information eines Arbeitgebers über die Fähigkeiten eines Bewerbers. Da er natürlich keinen schlechten Mitarbeiter einstellen will, muß er den Arbeitsvertrag so gestalten, daß ein Bewerber mit geringen Fähigkeiten keinen Anreiz hat, sich als gut ausgebildeter Mitarbeiter auszugeben. Auf eine nähere Betrachtung dieses sogenannten **principal–agent**–problems verzichten wir hier und verweisen stattdessen auf das Lehrbuch von *Hugh Gravelle* und *Ray Rees* (1992).

Ein weiteres interessantes Ergebnis dieses Abschnitts ist, daß im dargestellten Fall staatliche und private Lebensversicherungen nebeneinander existieren. Dabei ersetzt die öffentliche Zwangsversicherung nicht einfach die freiwilligen Versicherungen, sondern ergänzt vielmehr den Markt an Versicherungen um denkbare Formen von Versicherungskontrakten. In der Realität beobachten wir daher auch eine Vielzahl an privaten Versicherungen, die den Konsum im Alter ermöglichen sollen, wie z.B. Leibrenten, private Lebensversicherungen, die eine bestimmte Laufzeit aufweisen, oder Pensionskassen. Eine ähnliche Vielfalt begegnet uns auf dem Markt für Krankenversicherungen. Neben den Gesetzlichen Krankenversicherungen gibt es sehr viele private Versicherungen, die gemäß der Fülle an möglichen Risikogruppen unterschiedliche Policen anbieten.

Literaturempfehlungen zu Kapitel 7

Empfohlene Lehrbuchliteratur:

Breyer, Friedrich, 1990, *Ökonomische Theorie der Alterssicherung*, Vahlen, München, Kapitel 3.2.3.

Breyer, Friedrich und *Peter Zweifel*, 1997, *Gesundheitsökonomie*, 2. Aufl., Springer, Berlin, Heidelberg, New York, Kapitel 5 und 11.

Gravelle, Hugh und *Ray Rees*, 1992, *Microeconomics*, 2. Aufl., Longman, London und New York, Kapitel 22.

Rosen, Harvey S., 1995, *Public Finance*, 4. Aufl., Homewood, Illinois, Kapitel 10 und 11.

Stiglitz, Joseph E. und *Bruno Schönfelder*, 1994, *Finanzwissenschaft*, 2. Aufl., Oldenbourg, München, Kapitel 11 und 13.

Zitierte und vertiefende Literatur:

Akerlof, George A., 1970, „The Market for ‚Lemons‘: Quality Uncertainty and the Market Mechanism“, *Quarterly Journal of Economics 84*, S. 488–500.

Diamond, Peter und *M. Rothschild*, 1989, *Uncertainty in Economics: Readings and Exercises*, 2. Aufl., Academic Press, San Diego.

Eckstein, Zvi, *M. Eichenbaum* und *D. Peled*, 1985, „Uncertain Lifetimes and the Welfare Enhancing Properities of Annuity Markets and Social Security“, *Journal of Public Economics 26*, S. 303–326.

Frerich, Johannes, 1996, *Sozialpolitik*, 3. Aufl., Oldenbourg, München.

Musgrave, Richard A., 1959, *The Theory of Public Finance*, McGraw-Hill, New York, (deutsche Übersetzung als: Finanztheorie, J.C.B. Mohr, Tübingen, 1969).

OECD, 1994a, „New Orientations for Social Policiy“, *Social Policy Studies 12*, Paris.

OECD, 1994b, „The Reform of Health Care Systems“, *Health Policy Studies 5*, Paris.

Pauly, Mark V., 1986, „Taxation, Health Insurance, and Market Failure in the Medical Economy“, *Journal of Economic Literature 24*, S. 626–675.

Rothschild M. und *Joseph E. Stiglitz*, 1976, „Equilibrium in Competitive Insurance Markets: An Essay on the Economics of Imperfect Information“, *Quarterly Journal of Economics 90*, S. 627–649.

Yaari, M.E., 1965, „Uncertain Lifetime, Life Insurance, and the Theory of Consumer“, *Review of Economic Studies 32*, S. 137–150.

Kapitel 8

Umverteilung von Einkommen

Nachdem wir uns in den vorangegangenen Kapiteln fast ausschließlich mit der Frage der Effizienz beschäftigt haben, steht in diesem Kapitel die Norm „Gerechtigkeit" als Rechtfertigungsgrund für einen Staatseingriff im Mittelpunkt unserer Betrachtung. Die Forderung nach Gerechtigkeit ist hier gleichbedeutend mit dem Postulat einer als gesellschaftlich erwünscht angesehenen Einkommens- und Vermögensverteilung. Diese kann der Staat zum einen durch eine Umverteilung der Primär- bzw. Markteinkommen erreichen. Er verändert also das Marktergebnis, um einen erwünschten Endzustand zu gewährleisten, der die gerechte Verteilung charakterisiert. Zum anderen kann er seinen Bürgerinnen und Bürgern unverletzliche Rechte und Chancen zur Erzielung ihrer Markteinkommen zusichern. In diesem Fall wird die gerechte Einkommensverteilung durch die Bestimmung der gesellschaftlich erwünschten Anfangsbedingungen und den Ordnungsrahmen definiert. Das Marktergebnis selbst wird nicht mehr verändert.

Sowohl die Definition von Rechten und Chancen als auch die Bestimmung eines gerechten Marktergebnisses basieren auf unterschiedlichen Werturteilen. Wollen wir also staatliche Redistribution aus normativer Sicht rechtfertigen, so müssen wir zunächst zumindest eines dieser Kriterien festlegen, mit dem wir eine Einkommensverteilung beurteilen. Erst im nächsten Schritt können wir auf Grundlage der gewählten Normen die erwünschte bzw. „gerechte" Einkommensverteilung charakterisieren und uns fragen, wie diese erreicht werden kann. Wohlgemerkt ergibt sich die als erwünscht angesehene Einkommensverteilung immer in Abhängigkeit der zugrundeliegenden Werturteile. Wir werden in diesem Kapitel also nicht die Frage beantworten, welche Einkommensverteilung die „beste" ist. Vielmehr wollen wir die Beziehung zwischen dem über bestimmte Normen definierten, erwünschten Zustand und denjenigen staatlichen

Umverteilungsmaßnahmen aufzeigen, die notwendig sind, diesen Zustand zu erreichen. Aus dieser Analyse können wir ebenfalls ersehen, wie sich die Anforderungen an die staatliche Umverteilungspolitik verändern, wenn sich die zugrundeliegenden Werturteile und Ziele wandeln.

Die in diesem Kapitel vorgestellten Werturteile wurden nicht willkürlich gewählt, sondern sind Ausdruck unterschiedlicher normativer Theorien der Staatstätigkeit, die in der Volkswirtschaftslehre einen bedeutende Rolle spielen. Diese Theorien beschäftigen sich u.a. mit der Frage, in welchem Umfang ein Staatseingriff erforderlich ist, um bestimmte gesellschaftliche Ziele zu verwirklichen, und basieren wiederum auf verschiedenen Schulen der politischen Philosophie. Wir werden daher im folgenden auch einige Grundsätze der heute wichtigsten staatstheoretischen Lehren kurz darstellen[1].

Wir beginnen in Abschnitt 8.2.1 mit der Darstellung des „Minimalstaates" von *Nozick* (1974), der dem Staat die kleinste Rolle zur Erreichung einer als erwünscht angesehenen Einkommensverteilung beimißt. Danach wenden wir uns in Abschnitt 8.2.2 in der Tradition von *Buchanan* und *Tullock* (1962) der Frage zu, ob der Staat auf Grundlage des Pareto–Kriteriums eine aktive Umverteilungspolitik betreiben soll. Wir werden sehen, daß gemäß dieses Ansatzes zwar eine staatliche Redistribution aus allokativer Sicht gerechtfertigt werden kann, wenn Gesellschaftsmitglieder altruistisch eingestellt sind und somit das Wohlergehen ihrer Mitbürger in ihrer Nutzenfunktion berücksichtigen; jedoch keinesfalls die heute zu beobachtenden gewaltigen Umverteilungsmaßnahmen. Ebenso reicht, wie wir aus Abschnitt 2.4.5 bereits wissen, das Pareto–Kriterium allein nicht aus, eine bestimmte erwünschte Verteilung der Einkommen aus der Vielzahl der möglichen Pareto–effizienten Allokationen auszuwählen, wenn die Bürger rein egoistisch handeln. Der Grund hierfür liegt darin, daß eine staatliche Einkommensumverteilung immer dazu führt, daß ein Teil der Bevölkerung die Kosten des Umverteilungsprogramms trägt, während ein anderer Teil der Bevölkerung davon profitiert. Um dennoch die Gewinne der einen Gruppe mit den Verlusten der anderen Gruppe vergleichen zu können, müssen wir weitere Werturteile heranziehen, die über das relativ unschuldige Pareto–Kriterium hinausgehen. Diese zusätzlichen Normen können oftmals durch „Soziale Wohlfahrtsfunktionen" dargestellt werden. Mit diesen bilden wir eine gesellschaftliche Rangordnung von Zustände ab, die sich wiederum aus

[1] Natürlich ist diese Darstellung unvollkommen und vernachlässigt viele philosophische Probleme. Für genauere Ausführungen verweisen wir auf die Literaturangaben am Ende des Kapitels.

der Aggregation der individuellen Präferenzen der Gesellschaftsmitglieder bezüglich dieser Allokationen ergibt. Wir werden in Abschnitt 8.3.1 sehen, daß es gar nicht so leicht ist, eine derartige logisch konsistente Ordnung aus Sicht der Gesellschaft aufzustellen. Diese Probleme können aber überwunden werden, sofern man an das Aggregationsverfahren weniger strenge Anforderungen stellt. In den Abschnitten 8.3.2 und 8.3.3 wenden wir uns abschließend zwei bedeutenden normativen Theorien der Gerechtigkeit zu, die sich mit Hilfe einer Sozialen Wohlfahrtsfunktion abbilden lassen, dem Utilitarismus und dem Maximin–Prinzip von *John Rawls* (1971). Doch bevor wir staatliche Umverteilung aus normativer Sicht rechtfertigen, wollen wir zunächst in Abschnitt 8.1 einen vergleichenden Überblick über die tatsächliche Einkommensverteilung in ausgewählten Industrieländern geben.

8.1 Einkommensverteilung ausgewählter Industrieländer

Werden Einkommensverteilungen verschiedener Länder miteinander verglichen, so hängen die Ergebnisse entscheidend von Qualität und Vergleichbarkeit der zugrundeliegenden Einkommensdaten ab. Unterschiedliche methodische Konzepte sowohl der **Einkommenserhebung** als auch der **Einkommensdefinition** schränken die Vergleichbarkeit der Daten zum Teil erheblich ein. Stehen z.B. in einem Land A Jahreseinkommens-Daten zur Verfügung und in Land B hingegen Daten zum Monatseinkommen, dann ist ein direkter Vergleich nicht möglich. Demzufolge müssen die Daten aufbereitet werden: Das Monatseinkommen wird auf ein Jahreseinkommen hochgerechnet. Die in Land A während einer einjährigen Erhebungsperiode kontinuierlich erfaßten Daten sind aber vermutlich vollständiger als die Daten aus Land B bei einer Hochrechnung von Monats- auf Jahreseinkommen. Erschwerend kommt hinzu, daß zwischen Land A und B Definitionsunterschiede hinsichtlich der im Einkommen enthaltenen Größen, der Analyseeinheit (Individuum, Familie oder Haushalt), der zugrundeliegenden Population und der Anpassung an die Haushalts- bzw. Familiengröße bestehen.

Da es bisher nicht möglich war, sämtliche methodischen Unterschiede zwischen den Ländern zu beseitigen, ist auch eine vollständige Vergleichbarkeit zwischenstaatlicher Einkommensdaten kaum möglich. Ziel muß es deshalb sein, ein möglichst hohes Vergleichbarkeitsniveau zu erreichen. Mit dem im Jahr 1983 begonnenen LIS[2]-Projekt steht nunmehr eine Datengrundlage von vereinheitlichten Haushaltseinkommen wichtiger Industrieländer zur Verfügung, die den zwischenstaatlichen Vergleichbarkeitsgrad wesentlich erhöht. 1995 veröffentlichte die OECD eine umfangreiche sozialpolitische Studie, in der die Einkommensverteilungen ausgewählter OECD-Länder auf Basis der LIS-Daten miteinander verglichen werden. Da wir im nächsten Abschnitt staatliche Umverteilung von Einkommen rechtfertigen wollen, sind die Einkommensverteilungen **vor Umverteilung** für uns von besonderem Interesse. Im folgenden stellen wir einige Ergebnisse für die Bundesrepublik Deutschland, die USA und Frankreich vor.

	P_{10}	P_{25}	P_{50}	P_{75}	P_{90}	P_{95}	P_{90}/P_{10}	P_{80}/P_{40}
BRD	37.7	68.3	100	138.2	179.2	210.7	4,75	1,72
USA	18.8	53.6	100	152.4	214.5	256.3	11,39	2,03
F	32.4	60.2	100	150.0	210.0	252.6	6,48	1,99

Quelle: OECD (1995), S. 86.

Tab. 8.1: Verteilung des Primäreinkommens (Perzentil-Anteile in %).

Tabelle 8.1 zeigt die Verteilung des **Primäreinkommens** in den ausgewählten Ländern. Es setzt sich zusammen aus Löhnen und Gehältern sowie den Bruttoeinkommen aus selbständiger Arbeit, wobei Versicherungsbeiträge der Arbeitgeber, z.B. zur Sozialversicherung, ausgeschlossen, die Beiträge der Arbeitnehmer hingegen eingeschlossen sind. Das Primäreinkommen in Frankreich beinhaltet allerdings auch Einnahmen aus der Arbeitslosenversicherung, da diese nicht separiert werden können, und ist deshalb mit den deutschen und US-amerikanischen Einkommensdaten nicht mehr voll vergleichbar. Berücksichtigt werden alle Haushalte mit einem jährlichen Primäreinkommen ungleich Null, also auch negative Primäreinkommen, die beispielsweise aus negativen Einkünften aus selbständiger Arbeit resultieren. Anpassungen an die Haushaltsgröße wurden nicht vorgenommen, d.h. ein 1-Personen-Haushalt wird genauso gewichtet wie beispielsweise ein 4-Personen-Haushalt.

Die Verteilung des Primäreinkommens wird hier mit Hilfe von Perzentilen beschrieben. Generell gibt ein Perzentil P_x die Höhe des Merkmalsbetrags an, der von $x\%$ der Merkmalsträger nicht überschritten wird. Der Merkmalsträger ist der einzelne Haushalt. Merkmalsbetrag ist das Primärein-

[2] Luxembourg Income Study.

kommen, welches jedoch nicht in absoluten Größen, beispielsweise in DM pro Jahr, sondern als prozentualer Anteil am Medianeinkommen[3] des jeweiligen Landes angegeben wird. Die Punkte P_{10} und P_{25} erfassen demnach die Abweichung der unteren, die Punkte P_{75}, P_{90} und P_{95} die Abweichung der oberen Einkommen relativ zum Medianhaushalt, P_{50}, wobei $P_{50} = 1$ gilt. Sind die Haushaltseinkommen gleichverteilt, dann betragen sämtliche Perzentil-Anteile am Median 100%. Daß dies in den ausgewählten Ländern nicht der Fall ist, zeigt Tabelle 8.1 deutlich. In Deutschland beziehen 10% der Haushalte ein Primäreinkommen von höchstens 37.7% des Medians (P_{10}), die vergleichbaren US-amerikanischen Haushalte hingegen nur 18.8% des Medianeinkommens in den USA. Die unteren 10% der französischen Haushalte erzielen 32,4% des Medians. Dieser Anteil wäre jedoch kleiner, wenn man die Einnahmen aus der Arbeitslosenversicherung vom französichen Primäreinkommen herausrechnen könnte. Auf der anderen Seite steht 10% der Haushalte in Deutschland ein Primäreinkommen von über 179.2% des Medians zur Verfügung (P_{90}), den oberen 5% der Haushalte sogar mehr als das doppelte des Medianeinkommens (P_{95}). Diese Anteile sind jedoch wesentlich kleiner als in den USA, wo schon 10% der Haushalte mehr als als das doppelte des Medianeinkommens verdienen und Spitzenverdiener (5% der Haushalte) sogar 256.3% des Medians. Der obere Bereich der französischen Einkommensverteilung (die Punkte P_{90} und P_{95}) stimmt mit dem der amerikanischen Verteilung nahezu überein.

Werden obere und untere Perzentile miteinander in Beziehung gesetzt, so erhalten wir Verhältnisse von Hoch- zu Niedrigeinkommen. In Tabelle 8.1 sind dies die Verhältnisse (P_{90}/P_{10}) und (P_{80}/P_{40}). Die 10% reichsten deutschen Haushalte beziehen ein Primäreinkommen, das 4,75-mal höher ist als das der 10% ärmsten Haushalte (P_{90}/P_{10}); in Frankreich nimmt dieses Verhältnis den Wert 6,5 an [4]. Am größten ist das (P_{90}/P_{10})-Verhältnis in den USA: Die oberen 10% der US-amerikanischen Haushalte verdienen über elfmal mehr als die unteren 10%. Die (P_{80}/P_{40})-Verhältnisse fallen im Vergleich zu den (P_{90}/P_{10})-Verhältnissen in allen drei Ländern wesentlich moderater aus. Dies liegt daran, daß breitere Randbereiche der jeweiligen Verteilung miteinander in Beziehung gesetzt werden. Bei der Interpretation dieser Ergebnisse müssen wir jedoch vorsichtig sein, denn es wird nichts darüber ausgesagt, wieviele Stunden die Haushalte in den Ländern jeweils arbeiten, ob Vollzeit- oder Teilzeitarbeit

---

[3] Das Medianeinkommen ist das Einkommen, das von der Hälfte aller betrachteten Haushalte nicht überschritten wird.

[4] Dieser Wert dürfte bei voller Vergleichbarkeit der französischen Einkommensdaten jedoch höher sein.

verrichtet wird, und ob alle Haushaltsmitglieder arbeiten oder beispielsweise nur der Haushaltsvorstand. Einziges Kriterium der Analyse ist ja, daß die Haushalte ein Primäreinkommen ungleich Null erzielen. Zudem bleibt ungeklärt, ob die nicht betrachteten Haushalte aufgrund individueller Arbeits-/Freizeit-Entscheidungen „freiwillig" auf Primäreinkommen verzichten oder aber, ob diese Haushalte „unfreiwillig" arbeitslos sind und deshalb kein Primäreinkommen erzielen können. Wir können aber vorläufig festhalten, daß das Primäreinkommen in der Bundesrepublik Deutschland, in Frankreich und in den USA mit zunehmendem Grad ungleichverteilt ist.

Kommen wir nun zu einer anderen Möglichkeit, statistische Verteilungen darzustellen. Sie besteht darin, die Gesamtzahl der Merkmalsträger in aufsteigender Folge in jeweils gleichgroße Klassen einzuteilen und deren Anteile an der Verteilungsmasse zu ermitteln. Werden zehn gleichstark besetzte Gruppen gebildet, dann ergeben sich zehn Gruppenanteilswerte, die auch **Dezilwerte** genannt werden. In unserem Kontext bedeutet dies, daß alle Haushalte mit einem Primäreinkommen ungleich Null nach der Höhe des Einkommens aufsteigend sortiert, in zehn gleiche Gruppen eingeteilt, und die Anteile der jeweiligen Gruppe am Gesamteinkommen berechnet werden. Zumeist werden die Gruppenanteile jedoch kumuliert und den jeweils entsprechenden **kumulierten Dezilwerten** gegenübergestellt[5], so auch in folgender Tabelle 8.2. Bei einer Gleichverteilung der Primäreinkommen stimmen die kumulierten Gruppenanteile mit den kumulierten Dezilwerten überein, d.h. die unteren 10% aller Haushalte erzielen auch einen Anteil von genau 10% des Gesamteinkommens, während die Hälfte aller Haushalte gerade die Hälfte des Gesamteinkommens bezieht. Die Abweichung von diesen Referenzwerten kennzeichnet das relative Ausmaß der Ungleichheit der jeweiligen Einkommensverteilung eines Landes.

In Deutschland erzielen die unteren 10% der Haushalte knapp über 2% des gesamten Primäreinkommens (1. Dezilwert), die vergleichbaren US-amerikanischen Haushalte lediglich 1% und die französischen Haushalte 1.7% des jeweiligen Gesamteinkommens. Wir dürfen nun aber nicht daraus schließen, daß die deutschen Haushalte im Verhältnis zu den amerikanischen relativ „besser" dastünden, da nationale Unterschiede in der Höhe des Gesamteinkommens nicht berücksichtigt werden: Ist das Gesamteinkommen in den USA beispielsweise dreimal so hoch wie das in

[5] Aus kumulierten Gruppenanteilswerten wird die wohl bekannteste Darstellung von Einkommensverteilungen, die sogenannte **Lorenzkurve**, konstruiert.

Deutschland, dann beziehen die US-amerikanischen Haushalte trotz des niedrigeren Dezilwertes ein höheres absolutes Primäreinkommen. Tabelle 8.2 zeigt aber, daß die deutschen Dezilwerte stets oberhalb derer in den USA liegen. Daraus können wir schließen, daß das Primäreinkommen in Deutschland insgesamt weniger ungleichverteilt ist, als es in den USA der Fall ist, und bestätigen damit unser aus Tabelle 8.1 abgeleitetes Ergebnis.

	10%	20%	30%	40%	50%	60%	70%	80%	90%	top 10%
BRD	2.2	7.3	13.6	20.9	29.4	39.1	50.1	62.7	77.9	22.1
USA	1.0	4.0	8.9	15.3	23.3	32.7	43.8	57.2	74.0	26.0
F	1.7	5.6	10.7	16.9	24.5	33.5	44.1	56.7	72.4	27.6

Quelle: OECD (1995), S. 87.

Tab. 8.2: Primäreinkommens-Verteilung (Kumulierte Dezilwerte in %).

Wir wechseln jetzt die Einkommensterminologie und wenden uns dem **Markteinkommen** zu, welches neben dem Primäreinkommen alle weiteren Geldeinkommen umfaßt, die nicht aus staatlichen Umverteilungsmaßnahmen resultieren. Sämliche Sozialleistungen des Staates, seien es nun Geld- oder Sachleistungen, bleiben damit ebenso unberücksichtigt wie die zu zahlende Einkommensteuer. Die weiteren Geldeinkommen sind: realisierte Einnahmen aus Vermögen (Zinsen, Dividenden und Mieteinnahmen), Berufspensionen außerhalb der gesetzlichen Rentenversicherung, Unterstützungs- und Unterhaltseinkommen sowie private Transfers in Form von Schenkungen und Erbschaften. Die geleisteten Zahlungen, z.B. Zinszahlungen, werden in keinem Fall abgezogen, mindern das Markteinkommen also nicht.

Da es in Deutschland und Frankreich statistisch nicht möglich ist, Berufspensionen von den Einnahmen aus der gesetzlichen Rentenversicherung zu trennen, letztere aber den bei weitem größeren Anteil an den gesamten Renteneinnahmen ausmachen, werden die deutschen und französischen Berufspensionen wie Sozialleistungen behandelt und sind folglich nicht im Markteinkommen enthalten. Damit nimmt der Vergleichbarkeitsgrad der Einkommensdaten geringfügig ab.

In Analogie zu den Tabellen 8.1 und 8.2 betrachten wir im folgenden die Markteinkommens-Verteilung aller Haushalte mit einem Markteinkommen ungleich Null. Die Anzahl der zugrundegelegten Haushalte ist aber nicht mehr dieselbe, sondern steigt mit dem Übergang vom Primär-

zum Markteinkommen, denn Haushalte ohne Primäreinkommen können durchaus positive Markteinkommen erzielen, so z.B. ein arbeitsloser Haushalt, der Einnahmen aus Vermögen erzielt.

	P_{10}	P_{25}	P_{50}	P_{75}	P_{90}	P_{95}	P_{80}/P_{40}
BRD	10.1	54.0	100	147.3	197.2	233.0	1,92
USA	13.0	47.7	100	154.8	220.5	269.5	2,16
F	15.3	57.5	100	155.1	220.9	269.0	2,10

Quelle: OECD (1995), S. 90.

Tab. 8.3: Verteilung des Markteinkommens (Perzentil-Anteile in %).

Bei einem Vergleich von Tabelle 8.3 mit Tabelle 8.1 wird deutlich, daß in allen drei Ländern die Abweichung des Markteinkommens relativ zum Median wesentlich größer ist als die des Primäreinkommens. Hauptursache dafür dürften linkssteile Vermögensverteilungen sein: Während die meisten der neu hinzugekommenden Haushalte über relativ geringe Einnahmen aus Vermögen verfügen, erzielen einige wenige zusätzliche Haushalte sehr hohe Vermögenseinnahmen. Folge sind bei weitem niedrigere (P_{10})- und höhere (P_{90})-Werte in den USA und Frankreich, vor allem aber in Deutschland[6]. Tabelle 8.4 bestätigt diesen extremen Anstieg des Ungleichheitsgrades der jeweiligen Einkommensverteilung bei einem Übergang vom Primär- zum Markteinkommen. Die unteren 10% der betrachteten deutschen Haushalte beispielsweise erzielen nur noch 0.1% des gesamten Markteinkommens (1. Dezilwert). Zur Erinnerung: Eine Gleichverteilung des Einkommens erfordert einen Anteil von 10%, d.h. der 1. Dezilwert ist 100mal kleiner als bei gleichverteiltem Markteinkommen. In den USA und Frankreich belaufen sich die 1. Dezilwerte auf über ein halbes Prozent. Die Hocheinkommensbezieher (die oberen 10%) erzielen zwischen 25.5% und 30% des Gesamteinkommens im jeweiligen Land.

Tabelle 8.4 zeigt, daß die deutschen Dezilwerte nicht mehr durchgängig oberhalb derer in den USA liegen — wie es in Tabelle 8.2 der Fall war —, sondern erst ab dem 4. Dezil. Da keines der betrachteten Länder Dezilwerte oberhalb derjenigen eines anderen Landes aufweist, können wir keine Aussage mehr darüber machen, welches Land ein weniger ungleich verteiltes Markteinkommen besitzt. Was wir jedoch als Ergebnis festhalten können ist, daß das Markteinkommen in Deutschland, den USA und Frankreich stark ungleichverteilt ist.

[6] Da das (P_{90}/P_{10})-Verhältnis aufgrund dieser Extremfälle sehr volatil geworden ist, wird es in Tabelle 8.4 nicht mehr angegeben.

	10%	20%	30%	40%	50%	60%	70%	80%	90%	top 10%
BRD	0.1	1.8	7.2	14.3	22.7	32.7	44.3	58.0	74.5	25.5
USA	0.6	3.2	7.6	13.7	21.5	30.9	42.0	55.5	72.5	27.5
F	0.7	4.0	8.7	14.6	22.0	30.8	41.4	54.0	70.0	30.0

Quelle: OECD (1995), S. 91.

Tab. 8.4: Markteinkommens-Verteilung (Kumulierte Dezilwerte in %).

8.2 Anrechte und Einstimmigkeit

Nach diesem einleitenden Überblick über die bestehende Einkommensverteilung in einigen Ländern wollen wir in den verbleibenden Abschnitten 8.2 und 8.3 versuchen, staatliche Redistribution aus normativer Sicht zu rechtfertigen. Hierbei bedienen wir uns unterschiedlicher Theorien, die eine gerechte Einkommensverteilung zu bestimmen helfen. Diese Theorien der Gerechtigkeit sind keine Theorien im strengen wissenschaftlichen Sinne. Sie stellen vielmehr logische Strukturen dar, die auf einem Fundament unterschiedlicher ethischer Werturteile beruhen. Diese Normen wiederum sind mehr oder weniger willkürlich gewählt, und so findet man eine große Anzahl verschiedener philosophischer Schulen der Gerechtigkeit, die sich hinsichtlich ihrer zugrundeliegenden Postulate unterscheiden lassen.

Folgen wir den Ausführungen von *Boadway* und *Bruce* (1984), so können wir diese Schulen grob in zwei Gruppen gliedern, die jeweils unterschiedliche Konzepte der Gerechtigkeit verfolgen. Die erste Gruppe nennen wir die Philosophie der Sozialen Wohlfahrt, die den Grad der Gerechtigkeit einer Allokation durch die Verteilung der Einkommen im Endzustand bestimmt. Wichtige Vertreter dieses Konzepts sind der Utilitarismus und die „Theorie der Gerechtigkeit“ von *J. Rawls* (1971), die wir in Abschnitt 8.3 behandeln werden. Die zweite Gruppe sieht die Gerechtigkeit durch die Zuweisung absoluter, unumstößlicher Rechte an die Gesellschaftsmitglieder verwirklicht[7]. Eine als gerecht angesehene Einkommensverteilung ist demnach abhängig von der Menge unverletzlicher Rechte, die man als Basis postuliert. Ein in der Volkswirtschaftslehre sehr einflußreicher Zweig dieser Gruppe ist die sogenannte **Gerechtigkeitstheorie**

[7] Einer der wichtigsten deutschsprachigen Vertreter der Idee absoluter Rechte ist *Immanuel Kant* (1724–1804).

der Anrechte (**entitlement**), die die rechtmäßigen Zugangs- und Kontrollmöglichkeiten von Personen über Güter und Faktoren beschreiben. Eine wesentliche Forderung dieser Theorie ist, daß jedem Menschen die Früchte seiner Anstrengungen auch selbst zustehen. Somit wird die gerechte Einkommensverteilung sowohl über die Zuweisung der Ausstattungen als auch über die Rechte bei der Einkommensentstehung definiert. Eine staatliche Umverteilung in diesem Sinne gerecht erworbener Markteinkommen ist demnach unnötig und ungerecht. In diesem Fall sprechen wir auch von **Einkommensentstehungsgerechtigkeit**. Der prominenteste Vertreter dieser Sichtweise ist *Nozick* (1974), dessen Theorie des Minimalstaates wir im folgenden Unterabschnitt behandeln werden. Fügt man dieser Theorie der Anrechte das Pareto–Kriterium als Norm hinzu, so können wir eine staatliche Umverteilung auch rechtfertigen, falls diese Maßnahme von allen Gesellschaftsmitgliedern einstimmig akzeptiert wird. Wir werden in Abschnitt 8.2.2 sehen, daß aufbauend auf diesen Überlegungen staatliche Redistribution aus allokativer Sicht begründet werden kann, falls Gesellschaftsmitglieder altruistisch eingestellt sind und ein Interesse am Wohlergehen ihrer Mitbürger besitzen.

8.2.1 Der Minimalstaat

Robert Nozick (1974) formulierte in seinem Buch „Anarchy, State, and Utopia" eine Staatstheorie, die auf dem unumstößlichen Recht eines jeden Menschen beruht, nicht zu etwas gezwungen zu werden. Aus diesem Grundrecht leitete er eine Theorie der Verteilungsgerechtigkeit ab, die insbesondere aus drei Elementen besteht: Eine Person besitzt das Anrecht auf eine Ausstattung,

- falls sie diese selbst rechtmäßig erworben hat, oder
- falls ihr diese rechtmäßig von einer weiteren Person übertragen wurde, und dieser Transfer vom Geber rechtmäßig erworben worden war.
- Jede Ausstattung, die keinem dieser beiden Prinzipien zugerechnet werden kann, ist nicht gerechtfertigt.

Eine Verteilung heißt nun gerecht, wenn jeder Mensch genau das Anrecht auf seine Ausstattung besitzt. Diese in der Tradition der englischen Staatsphilosophen *Hobbes* (1588–1679) und *Locke* (1632–1704) formulierte Theorie definiert damit eine gerechte Einkommensverteilung nicht im Hinblick auf einen erwünschten Endzustand, sondern als Einkommensentstehungsgerechtigkeit. Die Erstausstattungen der Individuen werden als gerecht akzeptiert, wenn sie sie rechtmäßig erhalten haben, und die Höhe des Einkommens bestimmt sich allein aus der individuellen Leistungsfähigkeit. Damit jedes Gesellschaftsmitglied seine Anrechte auch durchsetzen kann, kommt dem Staat lediglich eine ordnungspolitische Funktion zu: Er soll individuelle Eigentumsrechte, Schutz vor körperlicher Gewalt sowie die Einhaltung von Verträgen garantieren. *Nozick* nennt ihn daher auch Minimalstaat. Dieser darf nur dann Ausstattungen umverteilen, wenn sie unrechtmäßig erworben wurden. Jede weitere Umverteilung bedeutet einen Eingriff in rechtmäßig erworbene Anrechte und ist daher Diebstahl. Dagegen ist die Allokation, die sich beim freien Spiel der Marktkräfte ergibt, gerecht. Das einzige öffentliche Gut, das der Nachtwächterstaat von *Nozick* in dieser freien Marktwirtschaft bereitstellen soll, ist der „Schutz von Person und Eigentum" . Diese Staatsauffassung stellt sicherlich eine extrem liberale Sichtweise dar und wird aus verschiedenen Gründen von anderen theoretischen Schulen verworfen. Zieht man z.B. das Pareto–Kriterium als weiteres Beurteilungsmaß heran, so sichert der Minimalstaat von *Nozick* nur dann eine Pareto–effiziente Allokation, wenn der Markt keine weiteren Fehler außer der mangelnden Rechtssicherheit aufweist. Es ist offensichtlich, daß der Markt in den seltensten Fällen die geforderten Eigenschaften besitzt, und somit können wir einen weitergehenden Staatseingriff begründen, falls der Staat die allokativen Probleme besser lösen kann. Ein anderer Vorwurf ist, daß einer Errichtung des Minimalstaats in vielen Fällen nicht alle Gesellschaftmitglieder zustimmen werden. Doch ist die Suche nach dem erwünschten Staat nicht müßig, wenn er kaum eine Realisierungschance besitzt? Mit dieser Frage beschäftigten sich *Buchanan* und *Tullock* (1962), deren Gedanken wir im nächsten Unterabschnitt kurz darstellen werden. Dabei werden wir sehen, daß mit Hilfe ihres Konzepts eine Pareto–effiziente Umverteilungspolitik des Staates begründet werden kann.

8.2.2 Einstimmigkeit und Pareto–effiziente Umverteilung

Nach Ansicht *Buchanans* und *Tullocks* ist eine Staatsaktivität immer dann gerechtfertigt, wenn alle Gesellschaftsmitglieder dieser Maßnahme freiwillig zustimmen. Ihre Forderung nach Einstimmigkeit, die sie von dem schwedischen Nationalökonomen *Knut Wicksell* (1851–1926) übernahmen, scheint auf den ersten Blick wertfrei zu sein. Jedoch beruht auch sie auf einigen Normen und Grundrechten. Eine wesentliches Werturteil ist, daß der Einzelne am besten beurteilen kann, was für ihn gut oder schlecht ist. Ebenso besitzt jedes Individuum das unverletzliche Recht, selbst über sein Wohl zu entscheiden. *Buchanan* und *Tullock* legten dar, daß sich diese Individuen einstimmig und freiwillig allgemeinen und stabilen Regeln unterwerfen werden, um dem Zustand der Anarchie zu entgehen, in dem jeder verliert. Der Ordnungsrahmen definiert damit die Grenzen der persönlichen Freiheit und garantiert zugleich die Freiräume, die für das Individuum notwendig sind, um seine verbleibenden Rechte zu seinem Vorteil zu nutzen. Dieser Ansatz ebnet den Weg zu Staatseingriffen, die eine Pareto–Verbesserung bedeuten, da die Gesellschaftsmitglieder einer staatlichen Maßnahme zustimmen werden, durch die zumindest eine Person besser gestellt wird, ohne daß sich die anderen verschlechtern. Der Umfang der Staatsaufgaben wird allein aus allokativer Sicht begründet. Eine staatliche Umverteilungspolitik kann daher gerechtfertigt sein, wenn Individuen, die aus Eigennutz ihre Einkommen umverteilen wollen, nicht in der Lage sind, selbst für eine optimale Nutzen– und Einkommensverteilung zu sorgen.

Hochman und *Rodgers* (1969) nahmen diese Argumente auf und zeigten, daß reiche Haushalte freiwillig einer staatlichen Umverteilungspolitik zustimmen werden, wenn sie den Nutzen der Armen in ihrer Nutzenfunktion berücksichtigen. Wir wollen ihren Überlegungen folgen und betrachten hierzu eine Gesellschaft, die aus zwei Gruppen von Personen besteht: N_B identische, altruistische Reiche und N_A identische, egoistische Arme, deren Nutzenfunktionen sich unterscheiden. Der Nutzen der Armen, $U^A = U^A(c_A)$, ist eine ausschließlich von ihrem Konsum, c_A, abhängige Funktion. Arme Haushalte verwenden ihr gesamtes verfügbares Einkommen für Konsum. Dieses setzt sich aus ihrem exogen gegebenen Markteinkommen, I_A, sowie aus einer Transferzahlung der reichen Haushalte, b_A, zusammen. Ihre Budgetrestriktion lautet somit

$$I_A + b_A = c_A. \tag{8.1}$$

Altruistische Reiche berücksichtigen dagegen neben ihrem eigenen Konsum, c_B, auch den Konsum eines repräsentativen Armen, c_A, in ihrer Nutzenfunktion, $U^B = U^B(c_B, c_A)$. Die Existenz einer solchen Nutzenfunktion kann grundsätzlich auch aus streng egoistischen Motiven erklärt werden. Man denke z.B. an den positiven Zusammenhang zwischen dem Wohlstandsgefälle und der Kriminalität in einem Land. Höhere Einkommen der armen Bevölkerungsgruppe können dann durchaus im Interesse der reichen Bevölkerung sein. Umverteilungsmaßnahmen mag man daher als Preis für einen höheren Grad der öffentlichen Sicherheit interpretieren. Reiche erzielen ein Bruttoeinkommen I_B, das sie für eigene Konsumzwecke sowie für eine Spende an arme Haushalte, b_B, verwenden können:

$$I_B = c_B + b_B. \tag{8.2}$$

Da das gesamte Spendenaufkommen der Reichen vollständig den Armen zur Verfügung gestellt wird,

$$b_A = \frac{N_B}{N_A} b_B, \tag{8.3}$$

verdeutlicht (8.1), daß sich der Konsum eines armen Haushalts endogen durch die Höhe von b_B bestimmt. Das Verhalten armer Haushalte ist somit vollständig determiniert. Reiche Haushalte maximieren ihren Nutzen durch Wahl von b_B. Um das Ergebnis dieses Maximierungskalküls gesellschaftlich bewerten zu können, untersuchen wir zunächst das Verhalten eines wohlmeinenden zentralen Planers als Referenzmaßstab. Dabei unterstellen wir, daß dieser lediglich den Nutzen eines repräsentativen Reichen unter Beachtung der gesamtwirtschaftlichen Budgetrestriktion maximiert:

$$\max \quad U^B(c_B, c_A) + \mu(\bar{I} - N_B c_B - N_A c_A) \tag{8.4}$$

durch Wahl von c_B und c_A, wobei $\bar{I}$ das gesamte Einkommen der Ökonomie bezeichnet. Aus den Bedingungen erster Ordnung ergibt sich

$$N_B \, MRS^B = N_A, \tag{8.5}$$

mit $MRS^B \equiv \frac{\partial U^B / \partial c_A}{\partial U^B / \partial c_B}$. Gleichung (8.5) charakterisiert eine Pareto–effiziente Allokation, denn eine Abweichung von dieser Regel stellt reiche Haushalte schlechter[8]. Sie ist die bekannte Samuelson–Bedingung für eine effiziente Bereitstellung öffentlicher Güter. Der Konsum der Armen hat den Charakter eines öffentlichen Gutes, weil eine zusätzliche Einheit c_A jedem Reichen unabhängig von der Anzahl der übrigen reichen Haushalte Nutzen spendet, d.h. es liegt keine Rivalität vor, da keiner von diesem Vorteil ausgeschlossen werden kann. Demnach muß also die Summe der

[8] Gleichung (8.5) beschreibt aber nicht die Menge aller Pareto–effizienten Allokationen, denn der Nutzen armer Haushalte blieb im Maximierungskalkül des zentralen Planers unberücksichtigt. So ist z.B. die Allokation $\{c_B = 0,\ c_A = \bar{I}/N_A\}$ ebenfalls Pareto–effizient, obwohl sie eindeutig gegen (8.5) verstößt, denn ausgehend von dieser Randlösung stellt eine Reduktion von c_A arme Haushalte schlechter. Allerdings ergibt sich aus (8.5) das minimal notwendige Konsumniveau eines armen Haushalts, um Pareto–Effizienz garantieren zu können.

individuellen Grenzraten der Substitution gerade den Grenzkosten der Umverteilung auf der rechten Seite von (8.5) entsprechen.

Stellen wir dieser Norm nun das Ergebnis des Optimierungskalküls eines reichen Haushalts gegenüber. Dieser maximiert seinen Nutzen durch Wahl von b_B und beachtet, daß einem Armen b_B/N_A davon zugute kommt. Jeder Reiche verhält sich unter der Nash–Annahme[9], daß die Summe der Spenden, die ein Armer von den $N_B - 1$ anderen Reichen erhält, $\bar{B}_{-1} \equiv (N_B - 1)\bar{b}_B/N_A$, durch sein Verhalten nicht beeinflußt wird. Die gesamte Spende, die ein Armer erhält, beträgt somit aus Sicht des Reichen $b_A = b_B/N_A + \bar{B}_{-1}$. Sein Maximierungsproblem lautet daher:

$$\max \quad U^B = U^B\left(I_B - b_B, I_A + \frac{b_B}{N_A} + \frac{N_B - 1}{N_A}\bar{b}_B\right) \tag{8.6}$$

durch Wahl von b_B. Aus der Bedingung erster Ordnung,

$$MRS^B = N_A, \tag{8.7}$$

folgt nun, daß der individuelle Beitrag b_B dann eine optimale Höhe für den Reichen erreicht hat, wenn seine Grenzrate der Substitution zwischen dem Konsum eines Armen und seinem eigenen Konsum, MRS^B, gerade den Grenzkosten einer zusätzlichen Konsumeinheit für alle Armen, N_A, entspricht. Verglichen mit dem Pareto–optimalen Ergebnis (8.5) ist das durch (8.7) ausgedrückte freiwillige Spendenniveau, das bei individueller Nutzenmaximierung zustande kommt, im allgemeinen ineffizient niedrig, da der Reiche den zusätzlichen Nutzen, den die $N_B - 1$ anderen Reichen aus der Umverteilung erzielen, nicht beachtet. Es liegt dann eine positive Externalität vor. Geht die Anzahl der Reichen gegen Unendlich, $N_B \to \infty$, so kann freiwillige Umverteilung als reines öffentliches Gut bezeichnet werden, denn der Beitrag eines einzelnen Reichen ist im Vergleich zur Summe der Beiträge aller anderen Reichen verschwindend gering. In diesem Fall kommt es zu keiner freiwilligen Umverteilung. Ein Vergleich von (8.4) und (8.6) zeigt, daß das Kalkül des Zentralplaners mit dem eines einzelnen Reichen nur dann übereinstimmt, wenn genau ein Spender existiert. Unter dieser Annahme stimmen folglich auch die beiden Bedingungen (8.7) und (8.5) überein. Die Spende hat dann den Charakter eines privaten Gutes. Wir fassen dieses wichtige Resultat zusammen in

---

[9] Bei einem Nash–Spiel entwickelt jeder Spieler seine optimale Strategie unter der Annahme, daß sein Handeln keine Reaktionen seiner Mitspieler auslöst.

Ergebnis 8.2.1 *Eine altruistische Einstellung reicher Gesellschaftsmitglieder ist nicht ausreichend, freiwillige Umverteilung ohne staatliche Aktivität in Pareto–effizienter Weise durchzuführen. Individuell rationale Umverteilungsanstrengungen führen zu einem kollektiv suboptimalen Ergebnis. Dieses Dilemma kann nur der Staat durch eine ihm übertragene Umverteilungspolitik beseitigen.*

Ein reicher Haushalt wird aber nur dann freiwillig bereit sein, dem Staat die Bereitstellung des reinen öffentlichen Gutes „Transfer an die Armen" zu übertragen, wenn alle anderen reichen Haushalte diesem auch zustimmen. Dieser Konsens kann erreicht werden, wenn über das Umverteilungsprogramm zu einem Zeitpunkt entschieden wird, in dem der einzelne Haushalt noch nicht weiß, ob er später arm oder reich sein wird. In dieser Situation mag es für alle Haushalte individuell rational sein, für eine spätere durch den Staat erzwungene Umverteilungspolitik zu stimmen, um das *free–rider*–Problem zu überwinden.

Mit diesem Ansatz können wir zwar eine staatliche Redistribution von Einkommen begründen, aber keinesfalls die heute zu beobachtenden, gewaltigen Umverteilungspolitik erklären, die wohl weit über die freiwilligen Umverteilungsmaßnahmen hinausgehen dürften. Aber auch aus anderen Gründen ist diese allokative Begründung staatlicher Umverteilung unbefriedigend. Zum einen wird das öffentliche Gut „Transfer an die Armen" allein im Interesse der Reichen bereitgestellt. Zum anderen ist eine aktive staatliche Umverteilungspolitik mit Hilfe der Argumente von *Hochman* und *Rodgers* (1969) nur dann gerechtfertigt, wenn ein Teil der Gesellschaftsmitglieder altruistisch gegenüber ihren Mitbürgern eingestellt ist. Betrachten wir dagegen eine Welt, in der alle Individuen rein egoistisch handeln, so ist die Pareto–effiziente Einkommensverteilung im allgemeinen unbestimmt[10]. Eine eindeutige Lösung allein auf Grundlage des Pareto–Prinzips ist daher in der Regel nicht möglich. Einen Ausweg aus diesen Problemen bieten verschiedene Schulen der Sozialen Wohlfahrtsphilosophie an, denen wir uns nun zuwenden werden.

8.3 Soziale Wohlfahrtstheorie

Das zentrale Ziel der sozialen Wohlfahrtstheorie ist es, eine vollständige und konsistente **Rangordnung** aller in einer Volkswirtschaft möglichen

[10] Dieser Sachverhalt ist uns bereits aus Abschnitt 2.2.4 bekannt, in dem wir die Menge aller Pareto–effizienten Allokationen durch die Nutzenmöglichkeitesgrenze abgebildet haben.

ökonomischen Allokationen aufzustellen. Eine Rangordnung der sozialen Zustände ist nur möglich, wenn man vorher Werturteile fällt. Im vorangegangenen Abschnitt haben wir z.B. eine Ordnung allein auf Grundlage des Pareto–Kriteriums aufgebaut. Diese besitzt aus Sicht der Sozialen Wohlfahrtsökonomen einen entscheidenden Fehler: Sie ist nicht vollständig. Zwar kann man sehr viele Zustände mit Hilfe des Konzepts von Pareto als gesellschaftlich nicht optimal ausschließen, aber es verbleiben im allgemeinen immer noch unendlich viele Allokationen, die nach diesem Kriterium nicht vergleichbar sind. Dies ist immer dann der Fall, wenn bei einem Übergang von einem Zustand zu einem anderen einige Haushalte verlieren und andere gewinnen. Um in diesem Fall eine vollständige Ordnung aufstellen zu können, benötigen wir daher zumindest ein zusätzliches Kriterium. Wir werden in diesem Abschnitt zwei Schulen der Sozialen Wohlfahrtstheorie kennenlernen, die unter Berücksichtigung des Pareto–Prinzips weitere Normen postulieren: den Utilitarismus und die „Theorie der Gerechtigkeit“ nach *J. Rawls.* Aus ihrer Sicht ist eine staatliche Umverteilungsmaßnahme dann gerechtfertigt, wenn der zusätzliche Nutzen der Umverteilungsgewinner die soziale Wohlfahrt um mehr erhöhen als die Nutzeneinbußen der Verlierer diese verringern. Damit bieten beide Theorien eine Rechtfertigung der Staatstätigkeit an, die weit über die Vorstellungen von *Nozick* oder *Buchanan* und *Tullock* hinausgeht, und können die heutige Sichtweise vieler Politiker einer angemessenen Staatsaktivität erklären. Bevor wir in den Abschnitten 8.3.2 und 8.3.3 diese zwei Schulen der Sozialen Wohlfahrtsphilosophie untersuchen werden, wollen wir zunächst einige Grundlagen der Sozialen Wohlfahrtstheorie beschreiben und Probleme aufzeigen, die bei der Konstruktion einer konsistenten und vollständigen gesellschaftlichen Ordnung der Zustände entstehen können.

8.3.1 Grundlagen und Probleme der Sozialen Wohlfahrtstheorie

Viele Schulen der sozialen Wohlfahrtsphilosophie versuchen, die gesellschaftliche Rangordnung der Allokationen aus der Präferenzordnung der Individuen gegenüber diesen Zuständen abzuleiten. Hierfür muß ein Aggregationsverfahren existieren, das eine Überführung der individuellen Präferenzordnungen in eine gesellschaftliche Präferenzordnung erlaubt. Kann die individuelle Präferenzordnung durch eine Nutzenfunktion beschrieben werden, und ist die soziale Rangordnung kontinuierlich, dann können wir dieses Verfahren durch eine Soziale Wohlfahrtsfunktion abbilden. Die allgemeinste Form einer solchen Funktion ist die Soziale Wohlfahrtsfunktion nach *Bergson* (1938) und *Samuelson* (1947)[11]. Grundsätzlich kann diese Funktion jegliche Form annehmen. Ist sie über den Nutzenraum definiert, so läßt sie sich schreiben als

$$W = W(U^1, \ldots, U^N), \tag{8.8}$$

wobei W die Wohlfahrt und U^i den Nutzen des Individuums i, $i = 1, \ldots, N$, der Gesellschaft bezeichnet. Diese Funktion können wir analog zu einer Nutzenindifferenzkurve eines Haushalts graphisch durch eine soziale Indifferenzkurve kennzeichnen, die den geometrischen Ort aller individuellen Nutzenkombinationen angibt, die die gleiche Wohlfahrt sichern. Man unterstellt in der Regel, daß die Soziale Wohlfahrtsfunktion dem „strengen" Pareto–Prinzip genügt, und somit die Wohlfahrt zunimmt, wenn **ceteris paribus** der Nutzen eines Haushalts steigt. Diese Annahme sichert zum einen einen fallenden Verlauf der sozialen Indifferenzkurve im Nutzenraum. Zum anderen geben dann Indifferenzkurven, die weiter vom Ursprung entfernt sind, auch eine höhere Wohlfahrt an.

In Abbildung 8.1 sind einige Soziale Wohlfahrtsfunktionen dargestellt, die den bisher getroffenen Annahmen genügen. In dieser Graphik unterstellen wir eine Ökonomie, die aus zwei Personen oder homogenen Gruppen, A und B, besteht. Der Nutzen dieser Haushalte, $U^i, i = A, B$, ist an den beiden Achsen abgetragen. Die Kurve GG bezeichnet eine Nutzenmöglichkeitsgrenze, die wir bereits in Abschnitt 2.2.4 kennengelernt haben, bei Staatsaktivität. Sie gibt die maximal erreichbaren Nutzenverteilungen für A und B wieder, die wiederum von den Instrumenten abhängig sind, die dem Staat zur Verfügung stehen[12]. Auf dem Teilabschnitt QR dieser Kurve liegen die Pareto–effizienten Nutzenverteilungen. Wählen wir willkürlich eine streng quasi–konkave Bergson–Samuelson Soziale Wohlfahrtsfunktion $W(U^A, U^B)$, so stellt die Allokation W das Soziale Optimum dar. In diesem Punkt tangiert nämlich die soziale Indifferenzkurve $\bar{W}(U^A, U^B)$ gerade die Nutzenmöglichkeitsgrenze. Natürlich hängt das Soziale Optimum von der gewählten Wohlfahrtsfunktion und damit von den zugrundeliegenden Wertvorstellungen ab, die man zur Bestimmung der Wohlfahrt heranzieht. Um dies zu verdeutlichen, sind in der Abbildung noch zwei weitere soziale Indifferenzkurven eingezeichnet.

---

[11] *Abram Bergson* führte den Begriff der Wohlfahrtsfunktion (**welfare function**) in die ökonomische Literatur ein. *Paul A. Samuelson* (1947) übernahm dieses Konzept für sein berühmtes Lehrbuch **Foundations of Economic Analysis**.

[12] Diese Form der Nutzenmöglichkeitsgrenze ist z.B. bei gegenseitigem Altruismus möglich, vgl. *Schall* (1972).

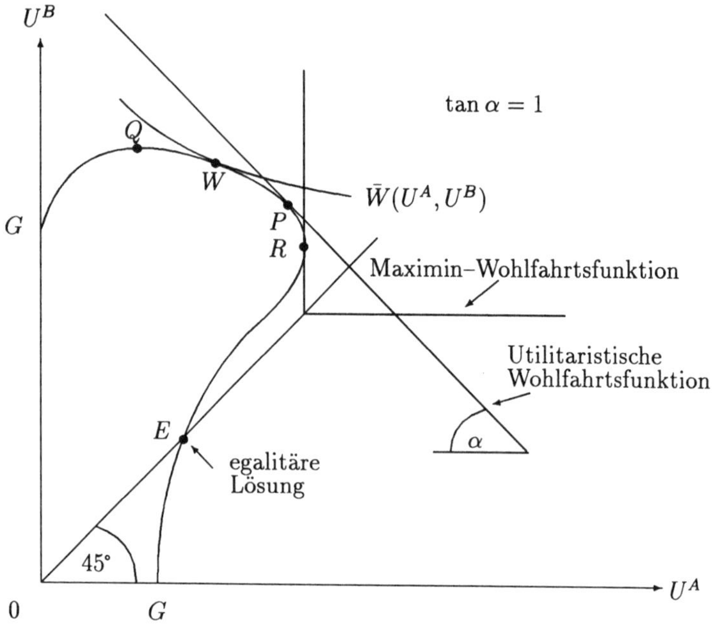

Abb. 1.1: Unterschiedliche Soziale Wohlfahrtsfunktionen

Zum einen ist eine **Utilitaristische Wohlfahrtsfunktion** abgebildet. Nach ihrem ältesten und wohl auch bekanntesten Konzept bestimmt sich die Wohlfahrt aus der Summe der ungewichteten Nutzen der Haushalte A und B,

$$W = \sum_{i=A,B} U^i. \tag{1.9}$$

Differenzieren wir diese Funktion total, so erkennen wir, daß ihre Steigung -1 beträgt,

$$dW = dU^A + dU^B = 0 \qquad \Leftrightarrow \qquad \frac{dU^B}{dU^A} = -1. \tag{1.10}$$

Unterstellt man also diese Utilitaristische Wohlfahrtsfunktion, so ist das Soziale Optimum in Punkt P erreicht. Daneben ist noch eine **Maximin–Wohlfahrtsfunktion** eingezeichnet, die sich aus der „Theorie der Gerechtigkeit" von *J. Rawls* (1971) ergibt. Nach *Rawls* bemißt sich die soziale Wohlfahrt am Nutzen des am schlechtesten gestellten Haushalts,

$$W = \min(U^A, U^B). \tag{8.11}$$

Gemäß dieses Konzepts ist ein Wohlfahrtsoptimum erreicht, wenn der minimale Nutzen maximiert ist[13]. In Abbildung 8.1 ist dies in Punkt R der Fall. Wir werden in den folgenden Abschnitten genauer auf die Grundlagen dieser beiden Wohlfahrtsschulen eingehen und untersuchen, welche Eigenschaften eine gerechte Einkommensverteilung nach diesen Konzepten besitzt und wie diese durch staatliche Umverteiungspolitik erreicht werden kann. Aber zunächst wenden wir uns der Frage zu, unter welchen Umständen ein **Aggregationsverfahren** existiert, das es uns erlaubt, die individuellen Präferenzen in eine Soziale Wohlfahrtsfunktion zu übertragen.

Wir haben bereits in Kapitel 5 ein weitverbreitetes Aggregationsverfahren der individuellen Präferenzordnungen kennengelernt: den Wahlmechanismus. Dabei haben wir festgestellt, daß Wahlen zu einer widersprüchlichen sozialen Rangordnung führen können, falls die individuellen Präferenzen mehrgipflig sind. Somit sichert dieses Verfahren im allgemeinen keine Soziale Wohlfahrtsfunktion. Wie schwer es ist, eine vollständige und logisch konsistente Soziale Wohlfahrtsfunktion aus den individuellen Präferenzen zu gewinnen, die bestimmten allgemein akzeptierten Kriterien genügt, zeigte *Kenneth Arrow* (1951)[14]. Um seine Überlegungen in möglichst einfacher Form darzustellen, greifen wir auf das Wahlmodell aus Kapitel 5.1 zurück. Wir betrachten eine Ökonomic, die aus drei Haushalten oder homogenen Haushaltsgruppen, A, B und C, besteht. Daneben gibt es drei erreichbare soziale Zustände in der Ökonomie, Ω_1, Ω_2 und Ω_3. Wir unterstellen zur Vereinfachung, daß jeder Haushalt diese drei Zustände strikt paarweise ordnen kann, d.h. er ist zwischen keinen indifferent. Eine mögliche individuelle Präferenzordnung des Haushalts i, $i = A, B, C$, besitzt demnach folgendes Aussehen:

$$\Omega_1 \succ_i \Omega_2, \quad \Omega_2 \succ_i \Omega_3 \quad \text{und} \quad \Omega_1 \succ_i \Omega_3 \quad \Longrightarrow \quad \Omega_1 \succ_i \Omega_2 \succ_i \Omega_3.$$

Diese Rangordnung ist, wie wir wissen, vollständig und transitiv. Dies ist eine Grundanforderung an die individuelle Präferenzordnung. Eine

[13] Daher heißt diese Soziale Wohlfahrtsfunktion auch Maximin–Wohlfahrtsfunktion. Es sei darauf hingewiesen, daß diese Wohlfahrtsfunktion nicht dem strengen Pareto–Prinzip genügt, da die Wohlfahrt nicht zunimmt, wenn der Nutzen eines besser gestellten Haushalts steigt.

[14] Für seine wegweisenden Forschungen auf diesem Gebiet bekam er bereits im Alter von 51 Jahren 1972 den Nobelpreis.

gesellschaftliche Präferenzordnung sollte ebenfalls vollständig und transitiv sein, z.B.

$$\Omega_1 \succ_s \Omega_3, \quad \Omega_3 \succ_s \Omega_2 \quad \text{und} \quad \Omega_1 \succ_s \Omega_2 \quad \Longrightarrow \quad \Omega_1 \succ_s \Omega_3 \succ_s \Omega_2,$$

wobei der Index s eine gesellschaftliche Rangordnung kennzeichnet. *Arrow* stellte vier weitere Minimalanforderungen an eine Aggregationsvorschrift, die jede für sich sehr schwach erscheinen. Wir folgen bei der Beschreibung dieser Postulate den Ausführungen von *Sen* (1970).

1. Unbeschränkter Definitionsbereich (U):
   Wir suchen ein Aggregationsverfahren, daß für **alle** möglichen individuellen Präferenzordnungen eine vollständige und konsistente gesellschaftliche Rangordnung erlaubt. In unserem Fall kann jeder Haushalt die alternativen Zustände in sechs unterschiedliche Rangfolgen bringen. Jede dieser Möglichkeiten kann wiederum mit den jeweils sechs verschiedenen, möglichen Präferenzordnungen der anderen Haushalte kombiniert werden. Somit gibt es in unserem Modell $6^3 = 216$ Möglichkeiten, die individuellen Präferenzen anzuordnen. Dies ist in unserer Beispielökonomie der unbeschränkte Definitionsbereich[15].

2. Demokratieregel (**non–dictatorship**) (D):
   Ein Diktator ist definiert als diejenige Person, deren Präferenzordnung allein die gesellschaftliche Rangordnung der sozialen Zustände bestimmt, unabhängig von den individuellen Präferenzen der anderen Gesellschaftsmitglieder. Es ist wohl eine Grundanforderung an jede demokratische Gesellschaftsordnung, daß eine derartige Macht eines Einzelnen ausgeschlossen sein sollte.

3. Pareto–Prinzip (P):
   Wenn alle Haushalte den Zustand Ω_1 gegenüber Ω_2 präferieren, so soll auch die gesellschaftliche Rangordnung so sein:

   $$\Omega_1 \succ_i \Omega_2 \quad \forall i = A, B, C \quad \Longrightarrow \quad \Omega_1 \succ_s \Omega_2.$$

4. Unabhängigkeit von irrelevanten Alternativen (I):
   Angenommen, die gesellschaftliche Präferenzordnung lautet $\Omega_1 \succ_s \Omega_2$. Nun ändern sich die individuellen Präferenzen, jedoch so, daß die Präferenzen eines jeden Haushalts bezüglich der Zustände Ω_1 und Ω_2

[15] In diesem Definitionsbereich liegen auch die mehrgipfligen Präferenzen. Daher sichert der Wahlmechnismus im allgmeinen auch keine vollständige und konsistente soziale Präferenzordnung, die zugleich den Anforderungen von *Arrow* genügt.

unverändert bleiben. Dann sollte auch weiterhin die gesellschaftliche Präferenzordnung $\Omega_1 \succ_s \Omega_2$ gelten. Somit bleibt die soziale Rangordnung von einer Veränderung der Position der Alternative Ω_3 in den individuellen Präferenzen unberührt. Ω_3 heißt dann die irrelevante Alternative in einer paarweisen Ordnung zwischen Ω_1 und Ω_2.

Arrow bewies, daß keine Soziale Wohlfahrtsfunktion existiert, die alle vier Minimalanforderungen gleichzeitig erfüllt und zugleich eine transitive gesellschaftliche Präferenzordnung über die sozialen Zustände sichert. Diese Schlußfolgerung heißt daher auch **Arrows Unmöglichkeitstheorem**. Wir wollen dem interessierten Leser einen Beweis für unsere Beispielökonomie nicht vorenthalten und haben ihn am Ende dieses Abschnitts angefügt. Hier geben wir zunächst nur das zentrale Ergebnis an:

Ergebnis 8.3.1 *Eine Aggregationsvorschrift, die den Mindestanforderungen U, P, I und der Transitivität genügt, wird immer von einem Diktator beherrscht.*

Das Ergebnis von *Arrow* scheint auf den ersten Blick für einen Wohlfahrtsökonomen vernichtend zu sein. Jedoch ist es falsch, das Unmöglichkeitstheorem dahingehend zu interpretieren, ein Diktator sei unvermeidbar. *Arrow* zeigte nämlich nur, daß die gleichzeitige Erfüllung aller seiner Mindestanforderungen, die auch die Transitivität der gesellschaftlichen Präferenzordnung einschließt, nicht möglich ist. Lockert man zumindest eine Bedingung, so kann man u.U. eine vollständige und konsistente Aggregationsvorschrift aufstellen. Wird z.B. der Definitionsbereich eingeschränkt, indem nur eingipflige Präferenzen zugelassen, dann sichert in unserer Modellökonomie eine direkte Demokratie eine widerspruchsfreie gesellschaftliche Präferenzordnung, wie wir in Kapitel 5.1 gesehen haben. Eine weitere Möglichkeit besteht darin, die Anforderungen an die individuelle Präferenzordnung hinsichtlich der Meßbarkeit und Vergleichbarkeit zu lockern. *Arrow* unterstellte nämlich zum einen, ganz in der Tradition der mikroökonomischen Theorie, daß der Nutzen eines Haushalts ordinal meßbar ist. Zum anderen sind bei ihm die Nutzen der Haushalte untereinander unvergleichbar. Die Informationen eines Wohlfahrtsökonomen, der eine gesellschaftliche Rangordnung durch Aggregation der individuellen Präferenzen aufstellen möchte, sind in diesem Fall sehr beschränkt. Weitet man diese Informationen aus, indem man z.B. eine vollständige Vergleichbarkeit ordinal meßbarer Nutzen der Haushalte zuläßt, so finden wir eine vollständige und konsistente gesellschaftliche Präferenzordnung. In dieser beherrscht dann nicht mehr ein bestimmter

Haushalt die gesellschaftliche Rangordnung der sozialen Zustände, sondern die Präferenzen eines Haushalts, der eine bestimmte Nutzenposition in der Gesellschaft einnimmt. Ein prominentes Beispiel, das sich nun ergeben kann, ist die Maximin–Wohlfahrtsfunktion von *Rawls*, nach der die Präferenzen des Haushalts, der den geringsten Nutzen erreicht, die gesellschaftliche Rangordnung bestimmt. Unterstellen wir des weiteren, daß bei vollständiger Vergleichbarkeit die Nutzen der Haushalte kardinal meßbar sind, so erhöht sich die Zahl der möglichen Sozialen Wohlfahrtsfunktionen noch weiter. Denn nun können wir die Nutzenverluste und -gewinne der einzelnene Haushalte nicht nur ordinal vergleichen, sondern sogar in Einheiten messen. Die bekannteste Soziale Wohlfahrtsfunktion, die auf diesen Informationsanforderungen aufbaut, ist die Utilitaristische Wohlfahrtsfunktion, mit der wir uns im folgenden Abschnitt 8.3.2 beschäftigen werden.

Exkurs: Ein Beweis des Unmöglichkeitstheorems[16]

Für diesen Beweis folgen wir den Ausführungen von *Gravelle* und *Rees* (1992) und führen zunächst zwei Definitionen ein:

- Angenommen, die individuellen Präferenzen von A, B und C über zwei soziale Zustände seien, $\Omega_1 \succ_A \Omega_2$, $\Omega_2 \succ_B \Omega_1$ und $\Omega_2 \succ_C \Omega_1$. Die gesellschaftliche Rangordnung sei zugleich $\Omega_1 \succ_s \Omega_2$ und entspricht damit den Präferenzen des A, obwohl B und C eine strikt entgegengesetzte individuelle Ordnung besitzen. Wir nennen A die **beinahe entscheidende** (**almost decisive**) Person bzw. Haushaltsgruppe bezüglich der Alternativen Ω_1 und Ω_2.

- Angenommen, die individuelle Präferenzordnung von A über zwei soziale Zustände sei $\Omega_1 \succ_A \Omega_2$ und die gesellschaftliche Rangordnung sei ebenfalls $\Omega_1 \succ_s \Omega_2$, und zwar unabhängig davon, welche individuellen Präferenzen die anderen Gesellschaftsmitglieder über diese beiden Zustände besitzen. Dann heißt A **entscheidend** (**decisive**) über diese zwei sozialen Zustände.

Natürlich ist eine entscheidende Person oder homogene Gruppe immer auch beinahe entscheidend.

Der Beweis erfolgt in zwei Teilen. Zunächst werden wir zeigen, daß eine Person oder Gruppe in einer Aggregationsvorschrift, die den Minimalanforderungen U, P und I genügt und eine transitive gesellschaftliche

[16] Ein allgemeiner Beweis findet sich bei *Sen* (1970) oder *Inman* (1987).

Präferenzordnung beschreibt, immer ein Diktator sein muß, wenn sie über irgendeine paarweise Alternative beinahe entscheidend ist. Dann werden wir beweisen, daß eine Person oder Gruppe zumindest über ein Paar an sozialen Zuständen beinahe entscheidend sein muß, wenn die Aggregationsvorschrift den Bedingungen U, P und I genügt. Fassen wir beide Teile zusammen, so erkennen wir, daß die Forderung einer transitiven gesellschaftlichen Präferenzordnung an eine Aggregationsvorschrift, die zugleich alle Minimalbedingungen von *Arrow* erfüllt, zu einem Widerspruch führt.

Beginnen wir mit dem ersten Teil und nehmen an, daß A beinahe entscheidend über die sozialen Zustände Ω_1 und Ω_2 ist:[17]

1. Angenommen, die individuellen Präferenzen von A, B und C seien $\Omega_1 \succ_A \Omega_2 \succ_A \Omega_3$ und $\Omega_2 \succ_i \Omega_1$, $\Omega_2 \succ_i \Omega_3$, $i = B, C$, so folgt:

   - Da A beinahe entscheidend über Ω_1 und Ω_2 ist, gilt für die gesellschaftliche Präferenzordnung $\Omega_1 \succ_s \Omega_2$.
   - Da alle Haushalte die individuelle Präferenzordnung $\Omega_2 \succ_i \Omega_3$, $i = A, B, C$, aufweisen, muß aufgrund des Pareto–Prinizps bezüglich der gesellschaftlichen Präferenzordnung ebenfalls $\Omega_2 \succ_s \Omega_3$ gelten.
   - Aufgrund der geforderten Transitivität der gesellschaftlichen Präferenzordnung muß folglich die Beziehung $\Omega_1 \succ_s \Omega_3$ gelten.

   Wohlgemerkt ergibt sich die letzte Folgerung ohne jegliche Spezifizierung der paarweisen individuellen Präferenzen von B und C bezüglich der Alternativen Ω_1 und Ω_3. Überdies fordert die Bedingung I, daß auch ein Wechsel der oben angenommenen individuellen Präferenzen von B und C zu $\Omega_1 \succ_i \Omega_2$, $\Omega_3 \succ_i \Omega_2$, $i = B, C$, die gesellschaftliche Präferenzordnung $\Omega_1 \succ_s \Omega_3$ nicht verändern darf. Damit ist die gesellschaftliche Ordnung $\Omega_1 \succ_s \Omega_3$ vollkommen unabhängig von den individuellen Präferenzen von B und C bezüglich dieser beiden sozialen Zustände. A muß daher entscheidend über die beiden Alternativen Ω_1 und Ω_3 sein. Somit folgt: **Ist A beinahe entscheidend über die beiden Zustände Ω_1 und Ω_2, so ist er entscheidend über die Zustände Ω_1 und Ω_3.**

2. Angenommen, die individuellen Präferenzen von A, B und C seien $\Omega_3 \succ_A \Omega_1 \succ_A \Omega_2$ und $\Omega_3 \succ_i \Omega_1$, $\Omega_2 \succ_i \Omega_1$, $i = B, C$, so folgt analog zu Schritt 1:

[17] Natürlich ließe sich der Beweis auch für B oder C führen.

- Da A beinahe entscheidend über Ω_1 und Ω_2 ist, gilt für die gesellschaftliche Präferenzordnung $\Omega_1 \succ_s \Omega_2$.
- Aufgrund des Pareto–Prinzips ist $\Omega_3 \succ_s \Omega_1$.
- Aufgrund der geforderten Transitivität der gesellschaftlichen Präferenzordnung gilt auch $\Omega_3 \succ_s \Omega_2$.

Somit können wir entsprechend den gleichen Argumenten wie unter Schritt 1 schließen: **Ist A beinahe entscheidend über die beiden Zustände Ω_1 und Ω_2, so ist er auch entscheidend über die Zustände Ω_3 und Ω_2.**

3. Nehmen wir nun an, A sei beinahe entscheidend über die Alternativen Ω_1 und Ω_3, und es gelten die individuellen Präferenzordnungen $\Omega_2 \succ_A \Omega_1 \succ_A \Omega_3$ sowie $\Omega_3 \succ_i \Omega_1$, $\Omega_2 \succ_i \Omega_1$, $i = B, C$, so folgt:

   - Da A beinahe entscheidend über Ω_1 und Ω_3 ist, gilt für die gesellschaftliche Präferenzordnung $\Omega_1 \succ_s \Omega_3$.
   - Aufgrund des Pareto–Prinzips ist $\Omega_2 \succ_s \Omega_1$.
   - Transitivität der gesellschaftlichen Präferenzen fordert wiederum $\Omega_2 \succ_s \Omega_3$.

   Zusammenfassend gilt daher entsprechend den bisherigen Argumenten: **Ist A beinahe entscheidend über die beiden Zustände Ω_1 und Ω_3, so ist er auch entscheidend über die Zustände Ω_2 und Ω_3.**

4. Unterstellen wir jetzt, A sei beinahe entscheidend über die Zustände Ω_2 und Ω_3, und es gelten die individuellen Präferenzordnungen $\Omega_2 \succ_A \Omega_3 \succ_A \Omega_1$ sowie $\Omega_3 \succ_i \Omega_1$, $\Omega_2 \succ_i \Omega_1$, $i = B, C$, so folgt:

   - Da A beinahe entscheidend über Ω_2 und Ω_3 ist, gilt für die gesellschaftliche Präferenzordnung $\Omega_2 \succ_s \Omega_3$.
   - Aufgrund des Pareto–Prinzips ist $\Omega_3 \succ_s \Omega_1$.
   - Transitivität erfordert schließlich $\Omega_2 \succ_s \Omega_1$,

   und so folgt nach der bekannten Argumentationskette: **Ist A beinahe entscheidend über die beiden Zustände Ω_2 und Ω_3, so ist er auch entscheidend über die Zustände Ω_2 und Ω_1.**

5. Angenommen, A sei beinahe entscheidend über die Zustände Ω_2 und Ω_1, und es gelten die individuellen Präferenzordnungen $\Omega_3 \succ_A \Omega_2 \succ_A \Omega_1$ sowie $\Omega_1 \succ_i \Omega_2$, $\Omega_3 \succ_i \Omega_2$, $i = B, C$, so folgt:

- Da A beinahe entscheidend über Ω_2 und Ω_1 ist, gilt für die gesellschaftliche Präferenzordnung $\Omega_2 \succ_s \Omega_1$.
- Das Pareto–Prinzip verlangt $\Omega_3 \succ_s \Omega_2$.
- Transitivität fordert schließlich $\Omega_3 \succ_s \Omega_1$,

und so folgt nach dem bekannten Muster: **Ist A beinahe entscheidend über die beiden Zustände Ω_2 und Ω_1, so ist er auch entscheidend über die Zustände Ω_1 und Ω_3.**

6. Abschließend nehmen wir an, A sei beinahe entscheidend über die Zustände Ω_3 und Ω_2, und es gelten die individuellen Präferenzordnungen $\Omega_1 \succ_A \Omega_3 \succ_A \Omega_2$ sowie $\Omega_1 \succ_i \Omega_3$, $\Omega_2 \succ_i \Omega_3$, $i = B, C$, so folgt:

   - A ist beinahe entscheidend über Ω_3 und Ω_2 und somit gilt für die gesellschaftliche Präferenzordnung $\Omega_3 \succ_s \Omega_2$.
   - Das Pareto–Prinzip verlangt $\Omega_1 \succ_s \Omega_3$ und
   - Transitivität erfordert $\Omega_1 \succ_s \Omega_2$.

   Folglich gilt: **Ist A beinahe entscheidend über die beiden Zustände Ω_3 und Ω_2, so ist er auch entscheidend über die Zustände Ω_1 und Ω_2.**

Erinnern wir uns, daß eine entscheidende Person oder Gruppe über zwei soziale Zustände zugleich beinahe entscheidend über dieselben Zustände ist. Somit folgt aus den Schritten 1 und 3 bis 5: Ist A beinahe entscheidend über die sozialen Zustände Ω_1 und Ω_2, so ist er auch entscheidend über die Alternativen Ω_1 und Ω_3 (Schritt 1). Dann ist er aber auch beinahe entscheidend über Ω_1 und Ω_3. Gemäß Schritt 3 ist A dann ebenfalls entscheidend über die Zustände Ω_2 und Ω_3 und somit beinahe entscheidend über dieselben Alternativen. Schritt 4 sagt aus, daß A damit auch über das Paar Ω_2 und Ω_1 entscheidend und beinahe entscheidend ist. Somit ist er gemäß Schritt 5 ebenfalls entscheidend über die Zustände Ω_3 und Ω_1.

Zugleich zeigen die Schritte 2 und 6: Ist A beinahe entscheidend über die Alternativen Ω_1 und Ω_2, so ist er entscheidend und damit beinahe entscheidend über das Paar Ω_3 und Ω_2 (Schritt 2). Aus dem 6. Schritt folgt damit abschließend, daß A entscheidend über die sozialen Zustände Ω_1 und Ω_2 ist. Dies schließt den ersten Teil des Beweises. Es ist offensichtlich, daß A über alle sechs möglichen Paarungen der Zustände in einer gesellschaftlichen Rangordnung entscheidend ist, wenn er über irgendein Alternativenpaar beinahe entscheidend ist, wobei die gesellschaftliche Rangordnung den Bedingungen U, P, I und der Transitivität genügt. A beherrscht als Diktator allein durch seine Präferenzen die gesellschaftliche Präferenzordnung, und die Minimalanforderung der Demokratieregel ist verletzt.

Aber kann man diesen Diktator nicht verhindern, indem man jeder Person oder Gruppe die Macht verwehrt, über irgendein Paar an sozialen Zuständen beinahe entscheidend zu sein? Leider nein, wie der zweite Teil des Beweises zeigt. Zunächst merken wir an, daß für jedes Paar an Alternativen zumindest eine entscheidende Menge an Gesellschaftsmitgliedern existiert, die die gesellschaftliche Rangordnung festlegt. Besitzen z.B. A, B und C die gleichen individuellen Präferenzen bezüglich zweier sozialer Zustände Ω_1 und Ω_2, nämlich $\Omega_1 \succ_i \Omega_2$, $i = A, B, C$, so gilt nach dem Pareto–Prinzip $\Omega_1 \succ_s \Omega_2$. Die entscheidende Menge besteht dann aus den drei Elementen A, B und C. Es kann auch sein, daß für einige Alternativpaare eine kleinere entscheidende Menge existiert, die z.B. nur aus zwei Personen oder Gruppen besteht. Natürlich ist jede entscheidende Menge zugleich auch beinahe entscheidend. Im zweiten Teil des Beweises wollen wir nun zeigen, daß zumindest für ein Paar sozialer Zustände eine beinahe entscheidende Menge existiert, die lediglich aus einem Element, also einer Person oder Gruppe besteht.

Der Beweis erfolgt durch Widerspruch: Nehmen wir an, jede beinahe entscheidende Menge besitze mehr als ein Element. Gegeben, für jedes Paar an Alternativen existiert zumindest eine beinahe entscheidende Menge, so greifen wir diejenige (beinahe entscheidende) Menge heraus, die die wenigsten Elemente enthält. Diese umfaßt annahmegemäß entweder zwei oder drei Personen oder Gruppen. Angenommen, über das Paar Ω_1 und Ω_2 sei die Menge A und B beinahe entscheidend mit der individuellen Rangordnung $\Omega_1 \succ_i \Omega_2$, $i = A, B$. Nun können wir aufgrund der Forderung des unbeschränkten Definitionsbereichs (U) folgende individuellen Präferenzen unterstellen: $\Omega_1 \succ_A \Omega_2 \succ_A \Omega_3$, $\Omega_3 \succ_B \Omega_1 \succ_B \Omega_2$ und $\Omega_2 \succ_C \Omega_3 \succ_C \Omega_1$. Solange die Menge A und B beinahe entscheidend über Ω_1 und Ω_2 ist, ist bei den angenommenen individuellen Präferenzen die gesellschaftliche Rangordnung $\Omega_1 \succ_s \Omega_2$. Außerdem erkennen wir, daß lediglich B den sozialen Zustand Ω_3 über den Zustand Ω_2 stellt. Würde also eine gesellschaftliche Präferenzordnung die Reihung $\Omega_3 \succ_s \Omega_2$ fordern, so wäre B beinahe entscheidend für diese beiden Alternativen. Dies haben wir aber durch Annahme ausgeschlossen. Somit muß für die gesellschaftliche Rangordnung die Beziehung $\Omega_2 \succ_s \Omega_3$ gelten. Wenn aber

$\Omega_1 \succ_s \Omega_2$ und $\Omega_2 \succ_s \Omega_3$ gilt, erfordert die Transitivität dieser Ordnung auch $\Omega_1 \succ_s \Omega_3$. Betrachten wir wieder die unterstellten individuellen Präferenzen, so erkennen wir, daß nur A die sozialen Zustände Ω_1 und Ω_3 in eben dieser Weise ordnet, $\Omega_1 \succ_A \Omega_3$. Damit ist aber A allein für diese Rangordnung beinahe entscheidend. Diese Schlußfolgerung widerspricht nun der Annahme, es gebe keine beinahe entscheidende Menge, die nur aus einer Person oder Gruppe besteht. Somit können wir den zweiten Teil des Beweises schließen und zusammenfassend sagen:

Eine Aggregationsvorschrift, die den Mindestanforderungen U, P, I und der Transitivität genügt, besitzt mindestens eine beinahe entscheidende Menge, die nur aus einer Person oder Gruppe besteht. Diese Person oder Gruppe ist unter den gleichen Bedingungen zugleich über alle möglichen Paare sozialer Zustände entscheidend und beherrscht als Diktator die gesellschaftliche Präferenzordnung.

8.3.2 Utilitarismus

Der Utilitarismus, dessen wichtigste Vertreter *Jeremy Bentham* (1748–1832) und *John Stuart Mill* (1806–1877) sind, beeinflußte die Entwicklung der Sozialen Wohlfahrtstheorie maßgeblich. Gemäß dieser Schule sind die individuellen Leid- und Lustempfindungen meßbare Größen. Das Glück oder der Nutzen einer Person ergibt sich als Summe der Einzelempfindungen. Darüber hinaus sind die individuellen Nutzen zwischen den Gesellschaftsmitgliedern vergleichbar und addierbar. In den Worten von *Bentham* (1907) sollte das Ziel einer Gesellschaft nun darin bestehen, „das größte Glück für die größte Zahl“ zu suchen. Diese Forderung ist ohne weitere Einschränkung zunächst leer, denn sie verlangt die gleichzeitige Maximierung von zwei Variablen, die in keinem direkten Zusammenhang stehen. Gehen wir jedoch von einer gegebenen Anzahl an Gesellschaftsmitgliedern aus, so können wir diese Norm als Suche nach dem größten Glück für eine gegebene Zahl definieren. Das Glück wiederum ergibt sich durch Aggregation der genau meßbaren, individuellen Nutzen. Aus diesen Überlegungen folgt die allgemeine Form einer Utilitaristischen Wohlfahrtsfunktion als

$$W = \sum_{i=1}^{N} \alpha_i U^i, \tag{8.12}$$

wobei N die Zahl der Gesellschaftsmitglieder und α_i das gesellschaftliche Gewicht des Nutzens eines Individuums in der sozialen Wohlfahrt angibt. Doch welche Gewichtung ist gerecht? *Bentham* forderte, daß jedes Individuum gleich behandelt werden, und somit mit gleichem Gewicht in die soziale Wohlfahrt eingehen soll. Folgen wir diesem Gerechtigkeitspostulat, so erhalten wir die im vorhergehenden Abschnitt bereits für zwei Personen vorgestellte (Benthamsche) Utilitaristische Wohlfahrtsfunktion

$$W = \sum_{i=1}^{N} U^i. \tag{8.13}$$

Man könnte vermuten, daß diese Wohlfahrtsfunktion das demokratische Wahlprinzip nach dem Grundsatz: „One man – one vote." repräsentiert. Jedoch stellt sich dieser Gedanke bei näherer Betrachtung als irreführend heraus, denn derjenige, der einen höheren Nutzen erzielt, bringt sich auch stärker in die soziale Wohlfahrtsfunktion ein. Diese Wohlfahrtsfunktion garantiert vielmehr, daß der Nutzen jedes Gesellschaftsmitglieds vollständig in die soziale Wohlfahrt eingeht. Wie wir ebenfalls aus dem vorhergehenden Unterabschnitt durch Gleichung (8.10) wissen, verlaufen die sozialen Indifferenzkurven dieser Funktion bei zwei Gesellschaftsmitgliedern, $i = A, B$, mit einer Steigung von -1. Das bedeutet, daß die Aufgabe einer Einheit des Nutzens von B bei gleichzeitiger Erhöhung des Nutzens von A um eine Einheit die gesellschaftliche Wohlfahrt nicht beeinflußt. Die Verteilung der individuellen Nutzen besitzt folglich für die soziale Wohlfahrt keine Bedeutung, solange die Nutzensumme unverändert bleibt[18].

Der Reiz dieser Wohlfahrtsfunktion liegt darin, daß mit ihrer Hilfe eine Verminderung der interpersonellen Einkommens– und Nutzenunterschiede als Wohlfahrtsoptimum gerechtfertigt werden kann. Diese Glättung kann durch ein geeignetes Umverteilungsprogramm erreicht werden, indem reiche Personen besteuert werden und die Steuereinnahmen als Transfers an Arme fließen. Allerdings ist eine vollständige Angleichung der Einkommen im allgemeinen nicht optimal. Um dies zu verdeutlichen, betrachten wir nochmals Abbildung 8.1, in der wir die verschiedenen Auffassungen über Staatsaktivität graphisch dargestellt haben. In dieser Graphik ist gemäß der (Benthamschen) Utilitaristischen Wohlfahrtsfunktion bei unterstelltem Verlauf der Nutzenmöglichkeitsgrenze eine Gleichverteilung der Nutzen der Haushalte nicht erwünscht. Um das Wohlfahrtsmaximum einer Utilitaristischen Wohlfahrtsfunktion in dieser Ab-

[18] Dies ist ein Grund, warum die Utilitaristische Wohlfahrtsfunktion nach *Bentham* von vielen Wohlfahrtsökonomen verworfen oder zumindest modifiziert wird, indem den Gesellschaftsmitgliedern unterschiedliche Gewichte zugewiesen werden, oftmals in Abhängigkeit ihres individuellen Nutzens.

bildung bestimmen zu können, muß nämlich die soziale Indifferenzkurve so weit nach rechts oben geschoben werden, bis sie die Nutzenmöglichkeitsgrenze an der Stelle tangiert, an der diese auch eine Steigung von -1 aufweist. Dies ist in Punkt P aber nicht auf der 45°–Linie, die die Kombinationen gleichen Nutzens der beiden Gesellschaftsmitglieder angibt, der Fall. Wie wir im folgenden aufzeigen werden, haben die Gerechtigkeitsvorstellungen der Utilitaristischen Wohlfahrtsfunktion im Gegensatz zu einer egalitären Wertvorstellung nur unter bestimmten Annahmen eine Gleichverteilung der Nutzen und Einkommen zur Folge.

Doch welche Einkommensverteilung in einer Gesellschaft ist optimal, wenn die Regierung eine Utilitaristische Wohlfahrtsfunktion maximiert? Um diese Frage zu beantworten, gehen wir zur Vereinfachung wieder von zwei Gesellschaftsmitgliedern, $i = A, B$, aus. Die Nutzenfunktionen der beiden Personen, $U^i \equiv U(I_i^v)$, seien identisch und ausschließlich von ihrem verfügbaren Einkommen, $I_i^v = I_i - T_i$, abhängig. Dabei gibt I_i das Markteinkommen und T_i die Steuer an, die von i zu zahlen ist. Der Grenznutzen sei positiv und fallend im verfügbaren Einkommen, $U_I^i \equiv \partial U^i / \partial I_i^v > 0$, $\partial^2 U^i / \partial I_i^{v^2} < 0$. Wir nehmen an, daß B der reiche Haushalt ist und ein höheres Markteinkommen erhält als A, $I_B > I_A$. Im Extremfall kann das Markteinkommen des A auch Null sein. Schließlich sei die Höhe des insgesamt erwirtschafteten und zu verteilenden Einkommens, $\bar{I}$, zunächst unabhängig von staatlichen Redistributionsprogrammen, $\sum_{i=A,B} I_i = \sum_{i=A,B} I_i^v = \bar{I}$.

In diesem Beispiel ist die Steuer ein reiner Umverteilungsmechanismus, bei dem die Steuerzahlung des B gerade dem Transfer enspricht, den A erhält, $T_B = -T_A$. Daher haben wir nur eine Variable zu bestimmen, und das Maximierungsproblem der Regierung lautet:

$$\max \quad U(I_B^v) + U(I_A^v) = U(I_B - T_B) + U(I_A + T_B) \tag{8.14}$$

durch Wahl von T_B. Als notwendige Bedingung für ein Soziales Optimum gemäß dieser Utilitaristischen Wohlfahrtsfunktion erhalten wir:

$$U^{B'} = U^{A'} \qquad \Leftrightarrow \qquad I_B^v = I_A^v = I^{v^*}. \tag{8.15}$$

Die Grenznutzen der beiden Personen müssen sich im Wohlfahrtsmaximum entsprechen. Dies ist unter den genannten Annahmen genau dann der Fall, wenn die verfügbaren Einkommen auf die Gesellschaftsmitglieder gleichverteilt sind. Somit formulieren wir

Ergebnis 1.3.2 *Angenommen, die Nutzenfunktionen aller Personen sind identisch und weisen einen abnehmenden Grenznutzen des Einkommens auf. Zusätzlich seien die Markteinkommen unabhängig vom staatlichen Redistributionsprogramm. Orientiert sich der Staat an einer Utilitaristischen Wohlfahrtsfunktion (nach Bentham), so sind unter diesen Bedingungen die Nettoeinkommen vollständig anzugleichen.*

Ergebnis 1.3.2 kann auch mit Hilfe von Abbildung 8.2 verdeutlicht werden. Das insgesamt zur Verfügung stehende Einkommen, $\bar{I}$, ist darin durch die Strecke $0_A 0_B$ gegeben. Die Kurven *aa* und *bb* geben die jeweiligen Grenznutzenkurven von A und B an. Dabei nimmt der Grenznutzen von A ab, wenn man von links nach rechts sein Einkommen erhöht. Für B wird von 0_B aus nach links das Einkommen erhöht, so daß sein Grenznutzen nach links fällt. I_A ($I_B = \bar{I} - I_A$) sei die Einkommensverteilung, die sich ohne ein staatliches Redistributionsprogramm ergibt. Aus den Flächen unterhalb der Grenznutzenkurven läßt sich die gesamte Wohlfahrt als Summe der einzelnen Nutzen ermitteln.

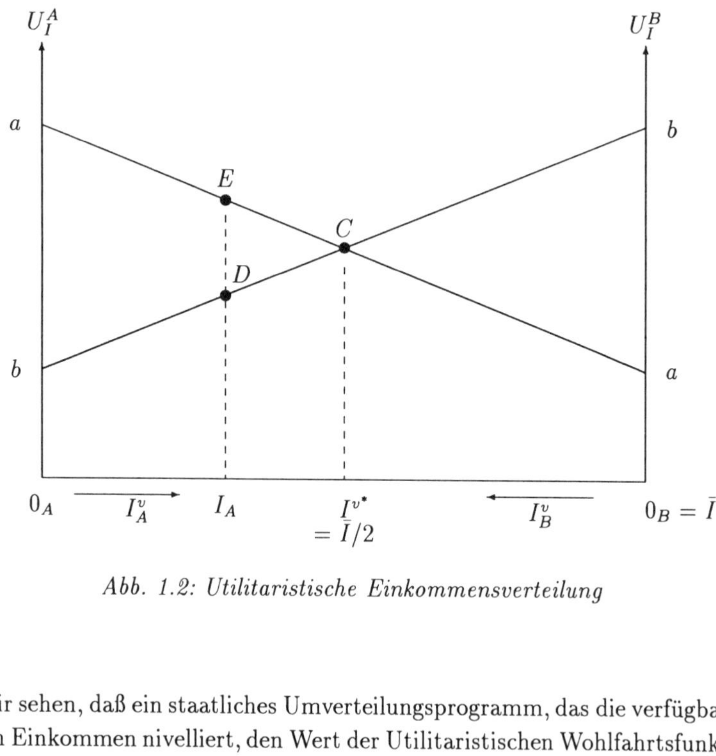

Abb. 1.2: Utilitaristische Einkommensverteilung

Wir sehen, daß ein staatliches Umverteilungsprogramm, das die verfügbaren Einkommen nivelliert, den Wert der Utilitaristischen Wohlfahrtsfunktion um $I^{v^*}I_AEC - I^{v^*}I_ADC = CDE$ erhöht. Bei dieser Einkommensverteilung ist gleichzeitig auch das Wohlfahrtsoptimum erreicht, da es nicht mehr möglich ist, die Nutzensumme weiter zu erhöhen. Im Wohlfahrtsoptimum entsprechen sich die Grenznutzen der beiden Personen.

Die in Ergebnis 8.3.2 geforderte Einkommensnivellierung steht und fällt jedoch mit den Annahmen. Insbesondere die Annahme eines gegebenen und von staatlichen Umverteilungsprogrammen unabhängigen gesellschaftlichen Einkommens $\bar{I}$, ist kaum zu halten. Denn sowohl die Steuererhebung als auch die Transferzahlungen werden den Leistungswillen der Gesellschaftsmitglieder – insbesondere deren Arbeitsangebot – zur Erwirtschaftung eines eigenen Einkommens beeinträchtigen. Hierauf werden wir in Kapitel 9, das den Zusammenhang zwischen Arbeitsangebot und staatlichen Transferprogrammen erläutert, näher eingehen[19]. Ein weiteres Problem tritt hinzu, wenn die Zahl der Gesellschaftsmitglieder zunimmt. Ist die Bevölkerung groß, so kommt es nämlich bei einer Politik der Gleichverteilung des gesellschaftlichen Einkommens zu einem **free–rider**-Problem ähnlich wie bei der Bereitstellung öffentlicher Güter. Wenn in dieser Situation jeder weiß, daß er, auch ohne zu arbeiten, durch Transfers gleichgut gestellt wird wie jemand, der arbeitet, dann ist zu befürchten, daß das gesamtwirtschaftliche Arbeitsangebot sehr stark abnimmt. Eine Gleichverteilung der Einkommen kann dann nicht optimal sein, da das Einkommensniveau auch gegen Null gehen würde. Dieses Trittbrettfahrerproblem werden wir im folgenden jedoch vernachlässigen. Vielmehr wollen wir nun untersuchen, wie eine optimale Redistributionspolitik gemäß einer Utilitaristischen Wohlfahrtsfunktion gestaltet sein soll, wenn aufgrund der staatlichen Umverteilungsmaßnahmen der individuelle Leistungswille des Reichen und damit das gesamtwirtschaftlich zur Verfügung stehende Einkommen reduziert wird. Hierfür unterstellen wir, daß das Markteinkommen des B eine Funktion der Steuer $I_B(T_B)$ ist, wobei mit steigender Steuer sein Einkommen sinkt, $I'_B \equiv dI_B/dT_B < 0$. Das Markteinkommen des A sei weiterhin von den Transfers unabhängig. Diese Zusammenhänge muß die Regierung bei der Wahl der optimalen Umverteilungspolitik beachten. Ihr Maximierungsproblem lautet nun:

$$\max \quad U[I_B(T_B) - T_B] + U[I_A + T_B] \tag{8.16}$$

[19] Eine vertiefende Untersuchung der Anreizwirkungen verschiedener Steuern auf das Arbeitsangebot findet sich in Abschnitt 4.1 des Bandes „Finanzwissenschaft II: Theorie der Besteuerung“ .

durch Wahl von T_B. Das Optimum wird durch folgende Bedingung erster Ordnung wiedergegeben:

$$\frac{U^{A'}}{U^{B'}} = 1 - I'_B = 1 - \varepsilon^B_{I,T}\frac{I_B}{T_B} \qquad \Leftrightarrow \qquad I^v_B > I^v_A \tag{8.17}$$

mit $\varepsilon^B_{I,T} \equiv I'_B T_B / I_B < 0$ als Einkommenselastizität der Besteuerung. Wie wir sehen, muß nun das verfügbare Einkommen des Steuerzahlers B das des Transferempfängers, A, übersteigen, um die gesellschaftliche Wohlfahrt zu maximieren. Nimmt nämlich die Regierung dem reichen Haushalt eine Einheit seines Markteinkommens weg, um diese dem A zu geben, so reduziert sich das verfügbare Einkommen des B um mehr als diese eine Einheit, da sein Leistungswille abnimmt. Unter diesen Umständen kann aber eine vollständige Nivellierung der verfügbaren Einkommen kein Soziales Optimum darstellen. Denn besitzen beide Haushalte das gleiche verfügbare Einkommen, dann bedeutet die letzte transferierte Einheit Einkommen für B einen höheren Verlust als der Einkommenszuwachs des A um diese eine Einheit. Um die maximale Wohlfahrt zu sichern, ist es daher notwendig, dem B mehr als die Hälfte des gesamtwirtschaftlichen Einkommen zuzubilligen. Insgesamt folgt

Ergebnis 8.3.3 *Orientiert sich der Staat an einer (Benthamschen) Utilitaristischen Wohlfahrtsfunktion und sinkt das Markteinkommen der Nettozahler mit steigender Umverteilung, so ist das verfügbare Einkommen zur Maximierung der gesellschaftlichen Wohlfahrt nicht vollständig über alle Gesellschaftsmitglieder zu glätten.*

Schließlich kann die Annahme identischer Nutzenfunktionen in Frage gestellt werden. Hierfür nehmen wir wieder an, daß das gesamte verfügbare Einkommen in der Gesellschaft unveränderlich ist, $\sum_{i=A,B} I_i = \bar{I}$. Unterscheiden sich die Nutzenfunktionen der Gesellschaftsmitglieder, so kann es zu der in Abbildung 8.3 dargestellten Konstellation kommen. Der Lohnempfänger A hat beispielsweise weniger freie Zeit, sein Einkommen zu Konsumzwecken auszugeben als der Kapitaleinkommensbezieher B. A leitet daher aus einem gegebenen Nettoeinkommen einen geringeren zusätzlichen Nutzen als der B ab. Ein anderer Grund für einen niedrigeren Grenznutzenverlauf des A könnte auch eine weniger materialistische Gesinnung sein. In diesem Fall kann es sein, daß zusätzliches Einkommen den Nutzen des A nicht in so starkem Maße erhöht wie von B, wenn beide über das gleiche Einkommen verfügen. Beide Beispiele führen dazu, daß die Grenznutzenfunktion des A nicht mehr symmetrisch zur Grenznutzenfunktion des B, *bb*, ist, sondern auf einem niedrigeren Niveau, $a'a'$, verläuft. Eine optimale Nettoeinkommensverteilung ist erneut aufgrund der unterschiedlichen Grenznutzenverläufe nicht mehr bei einer Nettoeinkommensnivellierung wie in C mit $I_A^v = I_B^v = \bar{I}/2$, sondern in D mit I_A^{v*} (und $I_B^{v*} = \bar{I} - I_A^{v*}$) erreicht. Das optimale Nettoeinkommen von B muß das nivellierte Einkommen übersteigen, $I_B^{v*} > \bar{I}/2$, da die Grenznutzen der beiden Gesellschaftsmitglieder bei einer Einkommensnivellierung unterschiedlich sind.

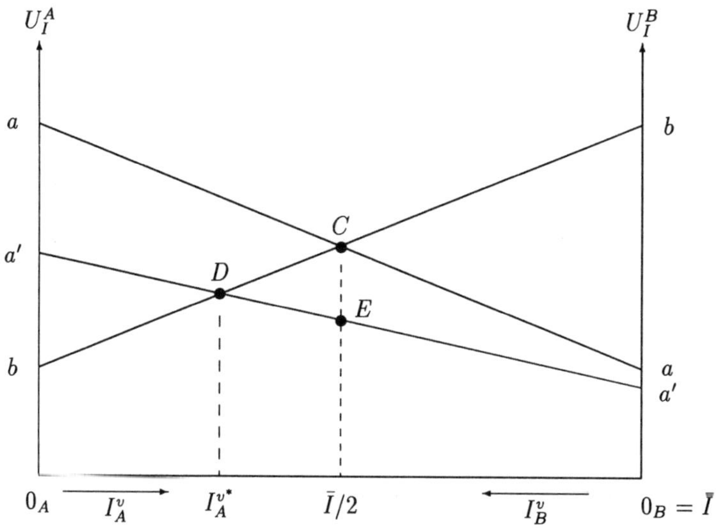

Abb. 1.3: Optimale Nettoeinkommensverteilung bei unterschiedlichen Grenznutzen

Ein Übergang von $\bar{I}/2$ nach I_A^{v*}, also eine Angleichung der Grenznutzen, erhöht die gesellschaftliche Wohlfahrt um CDE, indem sich der Nutzen des B stärker erhöht als der des A zurückgeht. Eine mögliche Schlußfolgerung aus diesem Ergebnis wäre, Kapitaleinkommensbezieher im Vergleich zu Lohnbeziehern besserzustellen, sofern jene bei gleichem Einkommen einen höheren Grenznutzen des Einkommens als Lohnempfänger haben. Daher gilt

Ergebnis 1.3.4 *Bei unterschiedlichen Grenznutzenverläufen sichert die Maximierung der Utilitaristischen Wohlfahrtsfunktion (nach Bentham)*

keine Gleichverteilung der verfügbaren Einkommen. Vielmehr ist es optimal, die Nettoeinkommen und damit die individuellen Nutzen ungleich zu verteilen.

Da es durchaus realistisch ist, ungleiche Nutzen– bzw. Grenznutzenverläufe zu unterstellen, ist eine Nivellierung der Nettoeinkommen und Nutzen nur dann optimal, wenn die Nutzengleichheit ein explizites Ziel in der Gesellschaft ist. Dieses wird nur durch eine **egalitäre Wohlfahrtsfunktion** verkörpert, die immer einen identischen Nutzen aller Gesellschaftsmitglieder sichert. In Abbildung 8.1 charakterisiert Punkt E diejenige Nutzenverteilung, die bei gegebener Nutzenmöglichkeitsgrenze beiden Haushalten den höchstmöglichen gleichen Nutzen gewährt. Wir sehen, daß eine egalitäre Wohlfahrtsfunktion im allgemeinen keine Pareto–effiziente Allokation sichert. Ausgehend von E könnte nämlich der Nutzen des B erhöht weden, ohne daß derjenige des A sinkt. Selbst wenn eine Gesellschaft Wertvorstellungen verfolgt, die die Ärmsten wirtschaftlich bevorzugt, ist eine Nutzengleichheit nur dann optimal, wenn diese den Ärmsten einen höheren Nutzen spendet als Nutzenungleichheit. Diese Feststellung führt uns zum nächsten Unterabschnitt, in dem wir eine Wohlfahrtsfunktion erläutern werden, die den Nutzen des Ärmsten als Maß der gesellschaftlichen Wohlfahrt postuliert.

8.3.3 Das Maximin–Prinzip von Rawls und der Schleier der Ungewißheit

John Rawls (1971) prägte mit seinem Buch „A Theory of Justice“ die alte Diskussion, welche Verteilung gerecht sei, nachhaltig. Er fragte sich, welche Prinzipien freie und rational handelnde Personen, die nur am eigenen Wohl interessiert sind, in einer ursprünglichen Situation der Gleichheit aller zu akzeptieren bereit wären. Diese ursprüngliche Situation (**original position**) ist dabei nicht als historischer Urzustand zu verstehen, sondern stellt eine rein hypothetische Situation dar, in der jeder weder seine tatsächliche Position in der Gesellschaft noch seine relativen Chancen in der Verteilung der Vermögen und der persönlichen Begabungen kennt. Unter diesem Schleier der Ungewißheit (**veil of ignorance**) würden sich nach Auffassung von *Rawls* alle Menschen auf zwei Grundsätze in einem Gesellschaftsvertrag einigen, die damit zugleich gerecht seien:

- Freiheitsprinzip
  Maximal mögliche persönliche Freiheit jedes Einzelnen, solange sie mit der ebenso weitgehenden Freiheit anderer vereinbar ist.

- Differenzprinzip
  Soziale und ökonomische Ungleichheit wird nur zugelassen, solange man erwarten kann, daß sie allen Gesellschaftsmitgliedern zum Vorteil gereicht.

Während das Freiheitsprinzip der Erkenntnis Rechnung trägt, daß ökonomische Anreize notwendig sind, um Individuen zu besonderen Leistungen anzuspornen, fordert das zweite Prinzip, daß alle Gesellschaftsmitglieder – insbesondere das am schlechtesten gestellte – von diesen individuellen Leistungen profitieren sollen. Die Einigung auf das Differenzprinzip läßt sich wie folgt erklären: In der ursprünglichen Situation befürchtet jedes Individuum, daß es ex post, also nachdem die Rollen in der Gesellschaft verteilt sind, am schlechtesten gestellt sein könnte. Deshalb befürwortet es aus eigenem Interesse die **Maxi**mierung des **min**imalen Nutzens. Aus diesem Grund heißt die zweite Regel auch Maximin–Prinzip von *Rawls*. Diese Regel muß allerdings unumstößlich festgelegt werden, da ex post Personen keinen Anreiz mehr haben, den Nutzen der Schlechtergestellten zu berücksichtigen, wenn sie nicht altruistisch eingestellt sind. Die sich aus dem Maximin–Prinzip ergebende Wohlfahrtsfunktion, die wir bereits in Abschnitt 8.3.1 vorgestellt haben, lautet nun

$$W = \min(U^A, U^B). \tag{8.18}$$

Durch einen graphischen Vergleich mit einer Utilitaristischen Wohlfahrtsfunktion nach *Bentham* wollen wir die Besonderheit der Maximin–Wohlfahrtsfunktion herausstellen. Betrachten wir hierzu Abbildung 8.4, in der wieder eine Ökonomie abgebildet ist, die aus zwei Personen, A und B, besteht. Ihr Nutzen ist auf den jeweiligen Achsen abgetragen. Wie wir wissen, ist es gemäß der Utilitaristischen Wohlfahrtstheorie erwünscht, die Summe der ungewichteten Nutzen zu maximieren, unabhängig davon, welcher Nutzen dem Einzelnen zufällt. Daher sichern die Nutzenverteilungen zwischen den beiden Personen in den Punkten C, D und F nach Ansicht von *Bentham* die gleiche Wohlfahrt, obwohl es lediglich in C zu einer Nutzennivellierung kommt. Nach dem Maximin–Prinzip ist es jedoch unmöglich, Nutzenzuwächse einer bessergestellten Person mit Nutzeneinbußen einer schlechtergestellten Person zu verrechnen, um die gesellschaftliche Wohlfahrt zu erhöhen. Nach der Auffassung von *Rawls* sichern die durch die Punkte D, E und F gegebenen Nutzenkombinationen daher die gleiche Wohlfahrt. Während alle Punkte im vertikal verlaufenden Teilstück dieser sozialen Indifferenzkurve A den gleichen Mindestnutzen bei verschiedenen Nutzen des B garantieren, zeichnen sich die Punkte im horizontal verlaufenden Teil dadurch aus, daß dem B ein bestimmter Mindestnutzen gewährt wird.

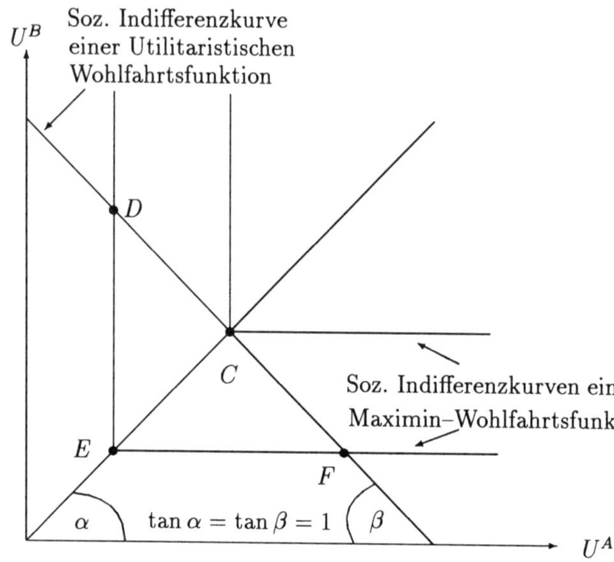

Abb. 8.4: Maximin- und Utilitaristische Wohlfahrtsfunktion

Besonders deutlich wird die unterschiedliche Bewertung verschiedener Nutzenverteilungen durch die beiden Wohlfahrtsfunktionen in D und E. Während Benthamschen Utilitaristen die Nutzenkombination E im Vergleich zu D aus gesellschaftlicher Sicht sehr viel schlechter beurteilen, entspricht für einen Rawlsianer die Wohlfahrt in E der in D. Ob im Endzustand bei der Maximin–Wohlfahrtsfunktion eine Gleichverteilung der Nutzen optimal ist, hängt vom Verlauf der Nutzenmöglichkeitsgrenze und somit von den interpersonellen Umverteilungsmöglichkeiten ab. Nur wenn die soziale Indifferenzkurve die Nutzenmöglichkeitsgrenze bei staatlicher Aktivität auf der 45°–Diagonale tangiert, sind gleiche Nutzen für alle optimal. In Abbildung 8.1 zum Beispiel wird die Wohlfahrt nach dem Maximin–Prinzip in einem Punkt maximiert, in dem der Nutzen des B höher ist als der des A. Eine Egalisierung ist in diesem Fall nach *Rawls* nicht erwünscht.

Rawls sieht seine **Gerechtigkeitstheorie** insbesondere in zwei Punkten dem Utilitarismus überlegen. Zum einen vermeidet sein Konzept die von vielen als ungerecht empfundene Utilitaristische Schlußfolgerung, daß eine politische Maßnahme auf jeden Fall gesellschaftlich erwünscht ist, wenn der Nutzenzuwachs der Gewinner dieser Politik die Nutzenverluste der anderen übersteigt. Denn dies bedeutet auch, daß eine extreme Ungleichheit der Nutzenverteilungen zum Wohle der Nutzensumme zugelassen wird. Zum anderen ist es fraglich, ob eine derartige Verrechnung überhaupt möglich ist. Denn hierfür ist es, wie bereits oben angemerkt, erforderlich, daß die individuellen Nutzen sowohl **kardinal meßbar** als auch interpersonell vergleichbar sind. Dagegen behauptet *Rawls*, daß dem Maximin–Prinzip eine ordinale individuelle Präferenzstruktur genügt. Denn diese Präferenzordnung ermöglicht es jedem Einzelnen bereits, die aus seiner Sicht schlechteste aller denkbaren gesellschaftlichen Positionen auszuwählen. Dies allein sichert allerdings im allgemeinen noch keine eindeutige gesellschaftliche Bestimmung der schlechtesten Position, da unterschiedliche Personen auch verschiedene Positionen als die ungünstigste empfinden. Mag dieser Vorwurf nicht allzu schwer wiegen, so trifft ein anderer Kritikpunkt von *Harsanyi* (1975) die Gerechtigkeitstheorie von *Rawls* weitaus härter. Er legte dar, daß unter dem Schleier der Ungewißheit in der fiktiven ursprünglichen Situation bei plausiblen Verhaltensannahmen keineswegs zwingend das Maximin–Prinzip folgt. Vielmehr ist die Maximin–Strategie die vorsichtigste aller denkbaren Verhaltensweisen und wird daher wohl nur von unendlich risikoaversen Personen gewählt[20]. In der Volkswirtschaftslehre wird dagegen oftmals eine andere Verhaltensweise rationaler Individuen unter Unsicherheit unterstellt: das **Erwartungsnutzenkonzept** nach *von Neumann* und *Morgenstern* (1947). Aufbauend auf Überlegungen des Schweizer Mathematikers und Physikers *Daniel Bernoulli* (1700–1782) zeigten sie, daß ein Individuum Situationen, die mit einer bestimmten Wahrscheinlichkeit eintreten können, mit dem Erwartungswert der möglichen Nutzenniveaus bewertet[21]. Demnach würde ein Individuum unter dem Schleier der Ungewißheit nicht nur die Maximierung des minimalen Nutzens anstreben, sondern alle möglichen Alternativen in sein Entscheidungskalkül miteinbeziehen. Wir wollen nun untersuchen, welche Einkommensverteilung nach diesem Konzept als gerecht angesehen werden kann.

---

[20] So behauptet *Harsanyi* (1975), daß eine Person, die die Maximin–Regel befolgt, nie eine Straße überqueren würde, wenn sie eine positive Wahrscheinlichkeit dafür besitzt, von einem Auto erfaßt zu werden, ganz gleich welchen Nutzen diese Person aus der Überquerung der Straße ziehen würde.

[21] Wir haben dieses Konzept bereits in Abschnitt 2.2.6 und Kapitel 7 angewandt. Eine ausführliche Darstellung findet sich z.B. bei *Sinn* (1980).

Wie wir wissen, kennen in der ursprünglichen Situation alle Personen weder ihre gesellschaftliche Position noch ihre relativen Chancen. Unterstellen wir in Anlehnung an das statistische Prinzip des unzureichenden Grundes, daß alle Individuen ohne besseres Wissen jedem möglichen Zustand die gleiche Wahrscheinlichkeit zuordnen. Wir können uns somit auf die Analyse eines repräsentativen Haushalts beschränken. Dieser besitze die Nutzenfunktion $U(I_i)$, die nur von seinem Einkommen abhängig ist, daß er in der gesellschaftlichen Position i erzielen kann. Nehmen wir an, es gebe ohne staatliche Umverteilungsmaßnahmen nur zwei mögliche gesellschaftliche Positionen A und B, die beide aus Sicht des Individuums mit der gleichen Wahrscheinlichkeit $P = 1 - P = 1/2$ eintreten. In Position A ist er arm, während er in B Bezieher eines hohen Einkommens ist, $I_A < I_B$. Wird nun das Gesellschaftsmitglied unter dem Schleier der Ungewißheit für eine Gleichverteilung der Einkommen mittels eines staatlichen Umverteilungsprogramms oder eher für eine Ungleichverteilung stimmen? Eine Antwort auf diese Frage ist entscheidend von der **Risikoeinstellung** des repräsentativen Individuums abhängig.

Unterstellen wir zunächst, der Haushalt sei **risikoavers**. In diesem Fall verläuft seine Nutzenfunktion (streng) konkav, und somit ist der Grenznutzen positiv aber abnehmend mit steigendem Einkommen, $U'(I) > 0$, $U''(I) < 0$. Dies ist eine Standardannahme in der mikroökonomischen Haushaltstheorie. Unter dem Schleier der Ungewißheit werden nun alle Gesellschaftsmitglieder einer Gleichverteilung der Einkommen zustimmen. Denn der Nutzen aus dem erwarteten gleichverteilten Einkommen, dessen Höhe bei einer großen Anzahl von Individuen aufgrund des Gesetzes der großen Zahl zugleich sicher ist,

$$U[E(I)] = U[PI_A + (1-P)I_B] = U\left(\frac{I_A + I_B}{2}\right), \tag{8.19}$$

übersteigt den Erwartungswert des zukünftigen Nutzens bei ungleich verteiltem Einkommen,

$$E[U(I)] = P\,U(I_A) + (1-P)U(I_B) = \frac{1}{2}\left[U(I_A) + U(I_B)\right]. \tag{8.20}$$

Dieses Ergebnis können wir uns auch mit Hilfe von Abbildung 8.5 verdeutlichen. In dieser Graphik ist die konkave Nutzenfunktion eines risikoaversen Haushalts dargestellt. Wie wir sehen, übersteigt bei dieser Funktion der Nutzen des Erwartungswerts des Einkommens, $U(\frac{I_A+I_B}{2})$, immer den Erwartungsnutzen der beiden möglichen Einkommenszustände, $PU(I_A) + (1-P)U(I_B)$. Folglich wird der Haushalt eine Nivellierung der Einkommen einer ungleichen Einkommensverteilung vorziehen. Die Zustimmung eines Haushalts zu einer Umverteilungspolitik vor Bekanntwerden der individuellen Position in der Gesellschaft können wir analog zu Kapitel 7 als Abschluß eines Versicherungskontrakts interpretieren. Wieder sehen wir, daß Versicherung und Umverteilung nur zwei unterschiedliche Seiten derselben Medaille sind.

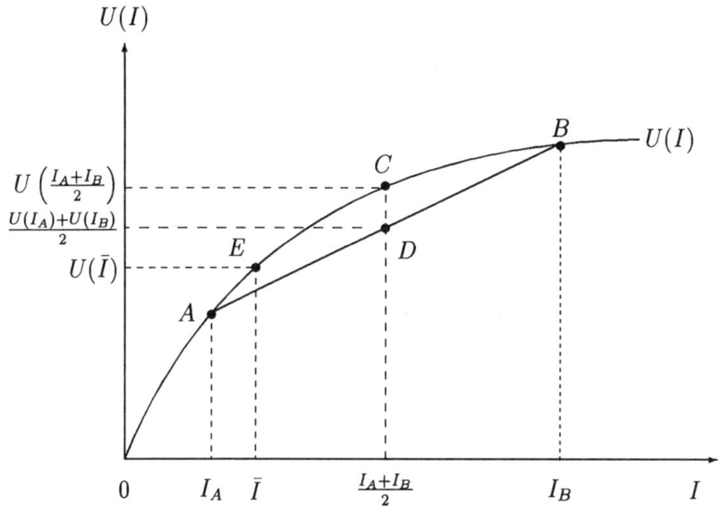

Abb. 8.5: Nutzen bei risikoaversen Individuen

In diesem einfachen Beispiel würden wir das gleiche Ergebnis erhalten, wenn wir das Maximin–Prinzip anwendeten. Dennoch unterscheidet sich das Erwartungsnutzenkonzept nach *von Neumann* und *Morgenstern* fundamental von *Rawls'* Gerechtigkeitstheorie. Um dies zu verdeutlichen, bedenken wir, daß jeder Versicherungskontrakt die **Anreizstrukur** der Individuen beeinflußt. So vernachlässigen Haushalte, die eine Versicherung gegen ein bestimmtes Risiko abgeschlossen haben, ihre eigenen Vorsorgeaufwendungen gegen dieses Risiko, und zwar bevor der Schadensfall eingetreten ist. Diesen aus Abschnitt 7.2 bereits bekannten **ex ante** moral hazard Effekt wollen wir nun in unsere Überlegungen miteinbeziehen. Hierfür betrachten wir nochmals Abbildung 8.5 und unterstellen, daß ohne eine Versicherung, die eine Nivellierung der Einkommen **ex post** verspricht, die möglichen gleich wahrscheinlichen Einkommenszustände weiterhin durch I_A und I_B gegeben sind. Der repräsentative, risikoaverse Haushalt besitzt also einen unveränderten Erwartungswert des zukünftigen Nutzens in Höhe von $\frac{1}{2}[U(I_A)+U(I_B)]$. Tritt er jedoch der Versicherung bei und stimmt einer Nivellierung der Einkommen im Endzustand zu, so werden seine Leistungsanreize so weit reduziert, daß nicht mehr ein sicheres Einkommen von $\frac{I_A+I_B}{2}$ für jeden Versicherten verbleibt, sondern nur in Höhe von $\bar{I}$. Er realisiert dann einen Nutzen in Höhe von $U(\bar{I})$. In dem in der Abbildung 8.5 eingezeichneten Fall, wird ein Haushalt, der seinen Erwartungsnutzen maximiert, die Versicherung ausschlagen und einer ungleichen Einkommensverteilung ex post zustimmen, da sein Nutzen in diesem Fall höher ist als bei Umverteilung der Einkommen, $\frac{1}{2}[U(I_A) + U(I_B)] > U(\bar{I})$. Würde sich jedoch der Haushalt nach dem Maximin–Prinzip verhalten, so wird er die Versicherung wählen, da er dann im schlechtesten Fall ein Einkommen erhält, das das geringste Einkommen ohne Umverteilungsmaßnahme übersteigt, $\bar{I} > I_A$. Wir erkennen, daß die durchaus plausible Annahme der Risikoaversion nicht ausreicht, um Hauhalte zu einer freiwilligen Zustimmung zu einem Umverteilungsprogramm zu bewegen. Die Maximin–Strategie ist für ein rationales, sich am Erwartungsnutzen orientierendes Individuum nur dann attraktiv, wenn es sehr stark (im allgemeinen sogar unendlich) risikoavers ist.

Ist der repräsentative Haushalt dagegen **risikofreudig**, so erhalten wir nach dem Erwartungsnutzenkonzept ein eindeutiges Ergebnis. Betrachten wir hierzu Abbildung 8.6. Bei Risikofreude verläuft die Nutzenfunktion des Individuums (streng) konvex und der Nutzen des Erwartungswerts ist immer geringer als der Erwartungsnutzen aus den beiden möglichen Einkommenszuständen. Das Gesellschaftsmitglied wird folglich nicht für eine (ex post) Umverteilungspolitik stimmen, die die Einkommen nivelliert, auch wenn keine negativen Anreizeffekte zu befürchten sind. Risikofreudige Personen werden auf keinen Fall einer Maximierung des minimalen Nutzens anstreben und folglich wird eine Gesellschaft, die ausschließlich aus risikfreudigen Individuen besteht, auch nicht der Wohlfahrtstheorie nach *Rawls* folgen.

Bei **Risikoneutralität** schließlich sind die Gesellschaftsmitglieder indifferent zwischen einer Einkommensnivellierung und einer Situation ohne Umverteilungspolitik, in der eine ungleiche Einkommensverteilung resultiert, solange keine negativen Anreizeffekte auftreten. Die Nutzenfunktion eines repräsentativen risikoneutralen Haushalts ist dann eine Gerade. Als Vorteilhaftigkeitskriterium ergibt sich in unserem Beispiel unter Vernachlässigung möglicher Leistungsanreizprobleme somit

$$\begin{aligned} &\text{Gleichverteilung} \overset{\succ}{\underset{\prec}{\sim}} \text{Ungleichverteilung} \\ \Leftrightarrow \quad & U\left(\frac{I_A + I_B}{2}\right) \gtreqless \frac{1}{2}[U(I_A) + U(I_B)]. \end{aligned} \tag{8.21}$$

Wohlgemerkt ist Risikoaversion allein nicht hinreichend für die Begründung einer staatlichen Umverteilungsmaßnahme, der alle Gesellschaftsmitglieder unter dem Schleier der Ungewißheit zustimmen werden. Die Risikoaversion muß zusätzlich sehr stark sein, und somit erhalten wir abschließend das

Ergebnis 8.3.5 *Besteht Ungewißheit über die gesellschaftliche Position in der Zukunft und wird den möglichen Zuständen, ein niedriges oder hohes Einkommen zu erzielen, jeweils eine Eintrittswahrscheinlichkeit von 1/2 zugeordnet, so entscheiden sich Personen nur dann für eine Gleichverteilung der Einkommen, wenn sie hinreichend stark risikoavers sind. Eine Wohlfahrtsfunktion nach Rawls kann demnach allein mit Risikoaversion nicht begründet werden. Risikofreudige Personen entscheiden sich dagegen immer für eine ungleiche Einkommensverteilung.*

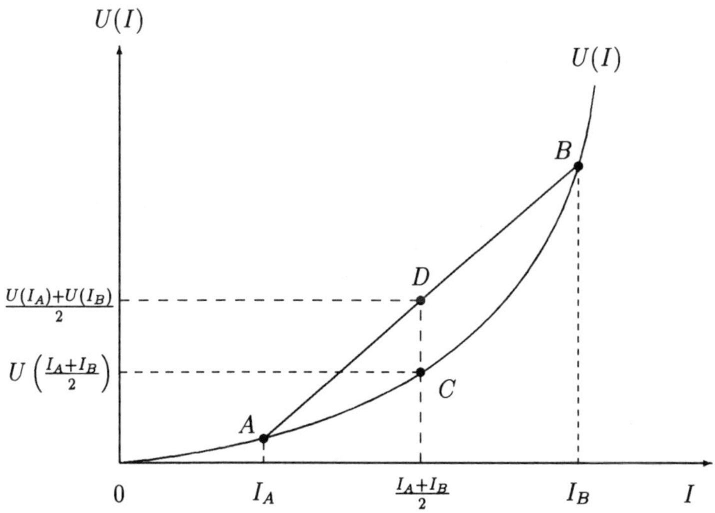

Abb. 8.6: Nutzen bei risikofreudigen Individuen

Neben möglichen moral hazard Effekten tritt ein weiteres schwerwiegendes Problem einer Redistributionspolitik hinzu, wenn wir eine offene Ökonomie betrachten. Ist nämlich die Freizügigkeit der Faktoren, wie

Arbeit und Kapital, und der Haushalte zwischen Volkswirtschaften wie z.B. innerhalb der EU garantiert, so ist es im allgemeinen unmöglich, nach der Rollenverteilung ein Umverteilungsprogramm aufrecht zu erhalten. Zwar werden alle hinreichend risikoaversen Gesellschaftsmitglieder in einer Volkswirtschaft unter dem Schleier der Ungewißheit einer Versicherung und damit einer Umverteilung von Einkommen ex post zustimmen. Ist ihnen aber ihre gesellschaftliche Position bekannt, so werden diejenigen, die nun Nettozahler der Redistributionsmaßnahme sind, den Kontrakt brechen und dorthin wandern, wo entweder kein Umverteilungsprogramm existiert oder nur wenig umverteilt wird. Ärmere Haushalte werden dagegen von den Volkswirtschaften angelockt, die ein hohes Umverteilungsniveau versprechen. Natürlich kann das Schließen der Grenzen nicht die Lösung des Problems sein, da andernfalls Effizienzgewinne aus der internationalen Arbeitsteilung verloren gingen. Vielmehr stellt die Harmonisierung der Umverteilungsprogramme in den verschiedenen Ländern eine Lösung dar, d.h. wir benötigen eine Versicherung für den gesamten Integrationsraum. Ein Wettbewerb im Bereich nationaler Redistribution innerhalb einer Föderation wie der EU wäre nicht angebracht, da der Staat dann nur noch wenig umverteilen würde, obwohl die Umverteilung letztendlich im Interesse aller Gesellschaftsmitglieder ist. Stattdessen müßte auf einer höheren Ebene, also z.B. auf der Ebene des Europäischen Rats, eine kollektive Einigung über Umverteilung getroffen werden, so daß die Wohlfahrt aller in der Föderation lebenden Gesellschaftsmitglieder maximiert wird. Ein weiterer Vorteil harmonisierter Umverteilungsprogramme besteht darin, daß Wanderungsverzerrungen vermieden werden, weil mobile Haushalte ihre Wohnsitzentscheidungen nicht von fiskalischen Größen abhängig machen. Eine vertiefende Darstellung zu diesen Problemen findet sich im 5. Kapitel des Bandes „Finanzwissenschaft II: Theorie der Besteuerung“.

Literaturempfehlungen zu Kapitel 8

Empfohlene Lehrbuchliteratur:

Atkinson, Anthony B. und Joseph E. Stiglitz, 1980, *Lectures on Public Economics*, McGraw-Hill, New York, Kapitel 11.

Boadway, Robin W. und Neil Bruce, 1984, *Welfare Economics*, Basil Blackwell, Oxford, Kapitel 5 und 6.

Boadway, Robin W. und David E. Wildasin, 1984, *Public Sector Economics*, 2. Aufl., Little Brown and Company, Boston, Kapitel 9 und 10.

Gravelle, Hugh und Ray Rees, 1992, *Microeconomics*, 2. Aufl., Longman, London und New York, Kapitel 17.

Rosen, Harvey S., 1995, *Public Finance*, 4. Aufl., Irwin, Chicago, Kapitel 15.

Zitierte Literatur:

Arrow, Kenneth J., 1951, *Social Choice and Individual Values*, 1. Aufl. (2. Aufl. 1962), Wiley, New York.

Bentham, Jeremy, 1907, *An Introduction to the Principles of Morals and Legislation*, Clarendon Press, Oxford.

Bergson, A., 1938, „A Reformulation of Certain Aspects of Welfare Economics“ , *Quarterly Journal of Economics 52*, S. 310–334.

Buchanan, James M. und Gordon Tullock, 1962, *The Calculus of Consent. Logical Foundations of Constitutional Democracy*, University of Michigan Press, Ann Arbor, MI.

Harsanyi, John C., 1975, „Can the Maximin Principle Serve as a Basis of Morality? A Critique of John Rawls's Theory“ , *The American Political Science Review 69*, S. 594–606.

Hochman, Harold M. und James D. Rodgers, 1969, „Pareto Optimal Redistribution“ , *American Economic Review 59*, S. 542–557.

Inman, Robert P., 1987, „Markets, Government, and the "New" Political Economy“ , in: A.J. Auerbach und M. Feldstein (Hrsg.), *Handbook of Public Economics II*, Elsevier–North Holland, Amsterdam, S. 647–677.

Mill, John S., 1921, in: *Principles of Political Economy*, W.J. Ashely (Hrsg.), Longmans, Green & Co. Ltd., London.

Neumann, Johann von und Oskar Morgenstern, 1947, *Theory of Games and Economic Behavior*, Princeton University Press, Princeton.

Nozick, Robert, 1974, *Anarchy, State and Utopia*, Basic Books, New York.

Rawls, John, 1971, *A Theory of Justice*, Harvard University Press, Cambridge, Mass.

Samuelson, Paul A., 1947, *Foundations of Economic Analysis*, Harvard University Press, Cambridge, Mass.

Schall, Lawrence D., 1972, „Interdependent Utilities and Pareto Optimality" , *Quarterly Journal of Economics 86*, S. 19–24.

Sen, Amartya K., 1970, *Collective Choice and Social Welfare*, Holden–Day, San Francisco.

Sinn, Hans–Werner, 1980, *Ökonomische Entscheidung bei Ungewißheit*, J.C.B. Mohr (Paul Siebeck), Tübingen.

Kapitel 9

Transferprogramme

Kapitel 8 vermittelte einen Überblick über die ungleiche Verteilung sowohl des Primäreinkommens als auch des Markteinkommens in wichtigen Industrieländern und zeigte auf, auf welchen normativen Grundlagen sich staatliche Einkommensredistribution rechtfertigen läßt. In der finanzpolitischen Praxis wird die Umverteilung von Einkommen durch das Zusammenwirken von Steuererhebung, staatlichen Transferprogrammen und staatlicher Sozialversicherung bewirkt.

Kapitel 9 thematisiert die Einkommensumverteilung durch staatliche Transfers und stellt zunächst die wichtigsten Transferprogramme in ausgewählten Ländern dar. Danach greifen wir einen wichtigen ökonomischen Aspekt von Transferprogrammen heraus. Es geht um die Auswirkungen eines traditionellen Sozialhilfeprogramms — wie beispielsweise in der Bundesrepublik Deutschland praktiziert — auf den Anreiz, weiterhin Arbeit auf dem offiziellen Arbeitsmarkt anzubieten. Diese Untersuchung steht in Abschnitt 9.2 im Zentrum. Schließlich werden wir im letzten Abschnitt das alternative Sozialhilfekonzept einer negativen Einkommensteuer vorstellen und dessen ökonomische Wirkungen untersuchen.

9.1 Transferprogramme in ausgewählten Ländern

Das System der sozialen Sicherung in der Bundesrepublik Deutschland besteht aus staatlichen Versorgungsleistungen, z.B. der Beamtenversorgung, den Sozialversicherungen, die bereits in Kapitel 7 vorgestellt wurden, und den staatlichen Fürsorgeleistungen. Dazu gehören die **Sozial-**

hilfe, das **Kindergeld** und das **Wohngeld**, welche die bedeutendsten Sozialtransfers dieser Art darstellen.

Sozialhilfe:

Die Sozialhilfe deckt existentielle Bedarfslücken für alle Personen, die über keine ausreichenden finanziellen Mittel verfügen und die durch vorgelagerte Maßnahmen des Systems der sozialen Sicherung, z.B. der Arbeitslosen- und Rentenversicherung, nicht hinreichend abgesichert sind. Rechtsgrundlage ist das Bundessozialhilfegesetz (BSHG). Die Ausgaben für Sozialhilfe betrugen im Berichtszeitraum des Jahres 1995 insgesamt 52,2 Mrd. DM. Gegenüber 1994 sind dies 2,4 Mrd. DM mehr, was einer Wachstumsrate von 4,9 % entspricht. Hiervon flossen 45,1 Mrd. DM in das frühere Bundesgebiet und 7,1 Mrd. DM in die Neuen Länder.

In Deutschland existieren freie und staatliche Sozialhilfeträger: Zu den freien Trägern gehören die Verbände der freien Wohlfahrtspflege, z.B. das Deutsche Rote Kreuz und die Arbeiterwohlfahrt, die sich zum Teil aus öffentlichen Mitteln finanzieren. Staatliche Träger sind die Kreise und die kreisfreien Städte über ihre Sozialämter. Erst dann, wenn kein freier Träger bereit oder in der Lage ist, den Bedarf durch Ausbau seiner Einrichtungen zu decken, ist der Staat zur Schaffung von Einrichtungen — wie etwa Heimen — verpflichtet. Finanziert werden die öffentlichen Aufwendungen für Sozialhilfe entweder aus den Haushalten der Kreise bzw. kreisfreien Städte oder aber aus den Haushalten der Länder. Da die Finanzierung im einzelnen durch Landesrecht geregelt wird, kommt es zu unterschiedlichen Finanzierungsregeln in den einzelnen Länder.

Die Ausgaben für Sozialhilfe lassen sich in zwei Hauptkategorien einteilen: die sogenannte **Hilfe zum Lebensunterhalt** (HLU) und die sogenannte **Hilfe in besonderen Lebenslagen** (HbL). Tabelle 9.1 zeigt die Sozialhilfeausgaben der Bundesrepublik Deutschland für die Jahre 1994 und 1995.

Für die HLU wurden im Berichtszeitraum 1995 18,8 Mrd. DM ausgegeben. Sie setzt sich aus der **laufenden Hilfe** und den sogenannten **einmaligen Hilfen** zusammen. Der laufenden Hilfe kommt jedoch die weitaus größere Bedeutung zu. Mit einem Volumen von 15,8 Mrd. DM waren die Ausgaben für laufende Hilfe fünfmal höher als die für einmalige Hilfen.

Ein Anspruch auf laufende Hilfe zum Lebensunterhalt besteht, wenn das Einkommen einschließlich Einkünften aus Vermögen den sogenannten

Bedarfssatz unterschreitet und keine Verwandten ersten Grades vorhanden sind, die Hilfe leisten können. Zur Feststellung der Anspruchsvoraussetzung müssen die Sozialämter eine Bedürftigkeitsprüfung durchführen. Der Bedarfssatz setzt sich zusammen aus dem Regelsatz, den Kosten der

Sozialhilfe	Einheit	1994	1995
HLU	Mrd. DM	16,95	18,79
davon			
laufende Hilfe	Mrd. DM	14,27	15,83
einmalige Hilfe	Mrd. DM	2,68	2,95
HbL	Mrd. DM	32,78	33,38
davon			
Hilfe zur Pflege	Mrd. DM	17,72	17,47
Eingliederungshilfe			
für Behinderte	Mrd. DM	12,36	13,19
Krankenhilfe	Mrd. DM	1,99	2,06
Insgesamt	Mrd. DM	49,73	52,16

Quelle: Satistisches Bundesamt (1997), S. 333.

Tab. 9.1 *Sozialhilfeausgaben in Deutschland.*

Unterkunft — sofern diese nicht überhöht erscheinen — und dem sogenannten Mehrbedarf. Die Regelsätze werden von den Landesbehörden festgesetzt und können deshalb zwischen den Ländern unterschiedlich hoch sein. Generell gilt aber, daß der Regelsatz für einen Haushalt umso höher ist, je mehr Personen ihm angehören. Ein Mehrbedarf wird anerkannt, wenn bestimmte Umstände, z.B. Alter, Behinderung oder Schwangerschaft vorliegen, die begründen, daß der Hilfsbedürftige einen über den Regelsatz hinausgehenden Bedarf hat. Die laufende Hilfe entspricht im allgemeinen der Differenz zwischen Bedarfssatz und Einkommen des Anspruchsberechtigten. Laufende Hilfe zum Lebensunterhalt außerhalb von Einrichtungen (Alten- und Pflegeheimen) wird häufig auch als **Sozialhilfe im engeren Sinne** bezeichnet und im allgemeinen Sprachgebrauch mit „Sozialhilfe" gleichgesetzt. Zum Jahresende 1995 gab es 2,5 Millionen Anspruchsberechtigte, für die 14,5 Mrd. DM verausgabt wurden. Mit einem Anteil von über einem Viertel an den gesamten Sozialhilfeausgaben ist die „Sozialhilfe" die zweitgrößte Hilfeart.

Zusätzlich zur laufenden Hilfe besteht ein Anspruch auf einmalige Hilfen, wenn bestimmte größere Anschaffungen (z.B. Hausratsgegenstände) von den Sozialämtern für erforderlich gehalten werden.

Für die HbL wurden im Berichtszeitraum 1995 33,4 Mrd. DM ausgegeben. Sie wird bei Vorliegen von bestimmten Merkmalen der Pflegebedürftigkeit, Behinderung oder Krankheit, aber auch bei besonderen sozialen Schwierigkeiten wie z.B. Drogenabhängigkeit und Alkoholismus gewährt. Die Einkommensgrenzen, unterhalb derer Bedürftigkeit vorliegt, die eine Gewährung der HbL begründen kann, sind etwas höher als die für die HLU. Der Großteil der Mittel, die 1995 im Rahmen derartiger Hilfen verausgabt wurden, entfallen auf die **Hilfe zur Pflege**, die **Eingliederungshilfe für Behinderte** und die **Krankenhilfe**. Hinsichtlich des Ausgabevolumens ist die Hilfe zur Pflege mit einem Anteil von etwa einem Drittel an den gesamten Sozialhilfeausgaben und von mehr als der Hälfte der Ausgaben für die HbL die bedeutendste Hilfeart. Die Aufwendungen hierfür betrugen 1995 17,5 Mrd. DM. Fast 94 % dieser Ausgaben wurden für voll- oder teilstationäre Pflegeleistungen verausgabt. Lediglich 1,1 Mrd. DM (6,1 %) wurden für die ambulante Pflege, also für Personen, die nicht in einem Pflegeheim untergebracht sind, in Form des sogenannten **Pflegegeldes** ausgegeben. Die Kosten bei Pflegebedürftigkeit sind insbesondere im stationären Bereich beachtlich gestiegen. Als wichtiger Fortschritt ist deshalb zu sehen, daß mit der zum 1. Januar 1995 in Kraft getretenen **Pflegeversicherung** das Risiko der Pflegebedürftigkeit vorrangig abgesichert wird. Die Pflegeversicherung trägt seit April 1995 ambulante und teilstationäre Pflegeleistungen, die aber nur einen geringen Anteil an den Sozialhilfeausgaben im Bereich der Hilfe zur Pflege haben. Mit der zum 1. Juli 1996 in Kraft getretenen zweiten Phase der Leistungen bei stationärer Pflege ist jedoch in Zukunft mit einer erheblichen Entlastung der Sozialhilfeträger zu rechnen. Die Eingliederungshilfe für Behinderte belief sich auf 13,2 Mrd. DM und ist mit einem Anteil von etwa einem Viertel an den gesamten Sozialhilfeausgaben die drittgrößte Hilfeart. Sie wird Behinderten gewährt, um den Rehabilitationsprozeß zu unterstützen und ihnen eine Integration in die Gesellschaft zu ermöglichen bzw. zu erleichtern. Krankenhilfe wird bedürftigen Personen im Krankheitsfall gewährt, sofern kein ausreichender Versicherungsschutz besteht. Die Ausgaben für Krankenhilfe, die Hilfe bei Schwangerschaft oder bei Sterilisation sowie Hilfe zur Familienplanung beinhaltet, betrugen 2,1 Mrd. DM.

Eine andere Möglichkeit, die Sozialhilfeausgaben zu untergliedern, besteht in der Unterscheidung nach der Art der Unterbringung. An Sozialhilfeempfänger in Einrichtungen wurden im Berichtszeitraum Leistungen in Höhe von 32,1 Mrd. DM gewährt, das sind 61, 4 % der gesamten Sozialhilfeausgaben. Personen außerhalb von Einrichtungen erhielten Hilfen in Höhe von 20,1 Mrd. DM. In diesem Zusammenhang ist auch von Bedeutung, daß 1995 HbL zu 91,5 % innerhalb und HLU zu 92,1 % außerhalb von Einrichtungen gewährt wurde.

Kindergeld:

Das Kindergeld soll Lasten mindern, die den Familien mit Kindern entstehen. Rechtsgrundlagen für die Gewährung des Kindergeldes sind das Bundeskindergeldgesetz (BKGG) und das Einkommensteuergesetz (EStG). Der Bund beauftragt die Familienkasse, das ist die Bundesanstalt für Arbeit, mit der Durchführung der Gesetze und trägt sämtliche damit zusammenhängende Aufwendungen. Generell wird das Kindergeld nach § 70 I EStG von der Familienkasse durch Bescheid festgesetzt und ausgezahlt. Es existieren jedoch besondere Regelungen: Steht Angehörigen des öffentlichen Dienstes Kindergeld zu, dann erfolgen Festsetzung und Auszahlung durch die Arbeitgeber oder Dienstherren. Körperschaften, Anstalten oder Stiftungen des öffentlichen Rechts sind insoweit Familienkassen (§ 72 I EStG). Ferner waren Arbeitgeber nach bisherigem Recht verpflichtet, das Kindergeld nach der von der Familienkasse festgesetzten und bescheinigten Höhe an Arbeitnehmer auszuzahlen, die länger als sechs Monate bei dem Arbeitgeber beschäftigt sind (§ 73 EStG)[1]. Berücksichtigt werden Kinder bis zur Vollendung des 18. Lebensjahres und Kinder, die sich noch in Ausbildung befinden bis zur Vollendung des 27. Lebensjahres, wenn sie nicht eine Ausbildungsvergütung in bestimmter Höhe vom Ausbildungsträger erhalten. In Ausnahmefällen, z.B. geistige oder seelische Behinderung, wird auch über das 27. Lebensjahr hinaus Kindergeld gewährt. Kindergeld wird nicht für Kinder gezahlt, für die Kinderzulagen aus der gesetzlichen Unfallversicherung, Kinderzuschüsse aus den gesetzlichen Rentenversicherungen oder eine vergleichbare Leistung von einer zwischen- oder überstaatlichen Einrichtung gewährt werden.

Das Kindergeld beträgt seit 1999 für das erste und zweite Kind jeweils 250 DM, für das dritte Kind 300 DM und für das vierte und jedes weitere Kind jeweils 350 DM monatlich. Nach Plänen der neuen Regierungskoalition soll das Kindergeld mit Wirkung zum 1.1.2002 für das erste und

[1] Durch das Steuerentlastungsgesetz 1999/2000/2002 ist diese Regelung aufgehoben worden.

zweite Kind um 10 DM je Monat auf 260 DM angehoben werden. Für das dritte und alle weiteren Kinder sind keine Erhöhungen vorgesehen.

Rund 8,5 Millionen Familien erhielten 1996 Kindergeld. Die Ausgaben der entsprechenden Kassen betrugen dafür mehr als 37 Mrd. DM. (vgl. dazu Tabelle 9.2).

Kindergeld	Einheit	1993	1994	1995	1996
Empfänger/-rinnen	Mill.	7,85	7,87	7,96	8,45
Ausgaben	Mrd. DM	16,66	16,58	16,99	37,29

Quelle: Statistisches Bundesamt (1998).

Tab. 9.2 *Kindergeldausgaben in Deutschland.*

Im Rahmen des sogenannten **Familienleistungsausgleichs** besteht für die Anspruchsberechtigten eine Wahlmöglichkeit zwischen dem Erhalt von Kindergeld und der Gewährung eines **Kinderfreibetrags**. Die Finanzämter haben von Amtes wegen zu prüfen, welche Alternative besser ist, d.h., zu einem größeren Nettobetrag führt. Der Kinderfreibetrag beläuft sich seit 1997 auf monatlich 288 DM für jedes zu berücksichtigende Kind des Steuerpflichtigen und wird bei der Veranlagung zur Einkommensteuer vom Einkommen abgezogen. Ehegatten, die zusammen zur Einkommensteuer veranlagt werden, wird ein monatlicher Kinderfreibetrag von 576 DM gewährt. Eine Erhöhung des Kinderfreibetrags ist vorerst nicht geplant. Die Inanspruchnahme des Kinderfreibetrags ist genau dann vorteilhaft, wenn der Quotient aus Kindergeld und Kinderfreibetrag den persönlichen (Grenz-) Steuersatz der Anspruchsberechtigten übersteigt. In diesem Fall führt der Kinderfreibetrag zu einer Steuerersparnis, die das Kindergeld übersteigt. Nach aktuell geltendem Recht ist ein (Grenz-) Steuersatz von (250/576 =) 43,4% bei einem zu versteuernden Einkommen zusammenveranlagter Ehegatten mit zwei Kindern von ca. 164000 DM erreicht, im Kalenderjahr 2002 ein (Grenz-) Steuersatz von (260/576 =) 45,14% erst bei einem gemeinsam zu versteuernden Einkommen von ca. 193000 DM. Der Kinderfreibetrag verliert somit mehr und mehr an Bedeutung.

Wohngeld:

Das Wohngeld trägt wesentlich dazu bei, daß Haushalte mit unterdurchschnittlichem Einkommen mit Wohnungen zu tragbaren Mieten oder Kosten versorgt werden können. Die Finanzierungsmittel für das Wohngeld werden je zur Hälfte von Bund und Ländern aufgebracht. Die Verwaltungskosten tragen die Länder und Gemeinden. Wohngeld wird Mietern als Mietzuschuß und Eigentümern von Wohnungen als Lastenzuschuß nach dem Wohngeldgesetz gezahlt, wenn die Aufwendungen für eine angemessene Wohnung im Verhältnis zum Haushaltseinkommen unzumutbar hoch sind. Ein Teil der Wohnkosten muß also in jedem Fall vom Antragsteller selbst getragen werden.

Wohngeld	Einheit	1993	1994	1995	1996
Empfänger/-innen	Mill.	3,21	2,74	2,60	2,72
Ausgaben	Mrd. DM	6,46	5,72	5,75	6,12

Quelle: Statistisches Bundesamt (1998).

Tab. 9.3 *Empfängerhaushalte mit Wohngeld (Deutschland).*

Bei der Wohngeldgewährung ist grundsätzlich zwischen dem **spitz berechneten** und dem **pauschalierten** Wohngeld zu unterscheiden: Beim spitz berechneten Wohngeld handelt es sich um die herkömmliche Form der Wohngeldgewährung. Die Höhe des Miet- bzw. Lastenzuschusses wird für jeden Anspruchsberechtigten individuell ermittelt. Sie richtet sich dabei nach der Haushaltsgröße, dem Familieneinkommen und der zuschußfähigen Miete bzw. Belastung — „zuschußfähig" deshalb, da Wohnkosten nur bis zu bestimmten Höchstbeträgen für angemessen gehalten werden. Da sich die Höhe des Miet- bzw. Lastenzuschusses im Einzelfall letztendlich aus Wohngeldtabellen ergibt, wird das spitz berechnete Wohngeld auch als **Tabellenwohngeld** bezeichnet. Beim pauschalierten Wohngeld handelt es sich um ein vereinfachtes Wohngeldverfahren für Empfängerinnen und Empfänger von Sozialhilfe (HLU) und Kriegsopferfürsorge. Unter bestimmten Voraussetzungen wird diesem Personenkreis das Wohngeld zusammen mit der Sozialhilfe oder Kriegsopferfürsorge, auf die es angerechnet wird, als Pauschale gewährt. Die Höhe dieser Pauschale bestimmt sich nach landesspezifischen Prozentsätzen der anerkannten Aufwendungen für Unterkunft. Der gleichzeitige Bezug von spitz berechnetem und pauschaliertem Wohngeld ist ausgeschlossen. 1995 erhielten 2,6 Mill. Haushalte Wohngeld in Höhe von 5,7 Mrd. DM. Der monatliche Wohngeldanspruch eines Durchschnittsbeziehers belief sich somit auf 182,69 DM (vgl. dazu Tabelle 9.3).

Neben dem Transfer von Wohngeld existieren in der Bundesrepublik Deutschland sowohl **direkte** als auch **indirekte Wohnungsbauförderungsmaßnahmen**. Zum einen werden **direkte Subventionen** im Rahmen des sogenannten **sozialen Wohnungsbaus** gewährt. Dabei handelt es sich entweder um zinsgünstige staatliche Darlehen oder um eine Zinssubvention bei der Darlehensaufnahme am Kapitalmarkt und um Tilgungshilfen. Zum anderen wird der Wohnungsbau durch Steuervergünstigungen **indirekt subventioniert**. So genießt die gesamte Wohnungswirtschaft bei einer Vielzahl von Steuern Vergünstigungen. Die wichtigste davon ist die Möglichkeit, sogenannte **Sonderabschreibungen** vorzunehmen, also Abschreibungen, die über den tatsächlichen Werteverzehr hinausgehen.

Soviel zu den drei bedeutsamsten staatlichen Fürsorgeleistungen in der Bundesrepublik Deutschland — Sozialhilfe, Kindergeld und Wohngeld. Wir kommen nun zu den wichtigsten Transferprogrammen in den USA.

Anders als in der Bundesrepublik Deutschland existiert in den USA kein einheitliches Auffangnetz sozialer Sicherung. Stattdessen gibt es über 80 verschiedene Sozialhilfe-Programme (**welfare programs**) des Bundes, die jedoch weder eine lückenlose Versorgung der Bevölkerung sicherstellen, noch sinnvoll aufeinander abgestimmt sind. Im Gegensatz zu der deutschen Sozialhilfe, die nach Bundessozialhilfegesetz ein bestimmtes Mindesteinkommen für alle Personen garantiert, ist das Sozialhilfesystem in den USA nach **Social Security Act** (SSA) „kategorial" ausgerichtet: Während bestimmte Bedarfstatbestände und Personengruppen von den Sozialhilfe-Programmen erfaßt werden, bleiben andere Problem- und Bedarfslagen wie auch Gruppen unberücksichtigt.

Die Transferprogramme umfassen Einkommensleistungen, medizinische Leistungen, Nahrungsmittelhilfen, Wohnungshilfen[2], allgemeine und berufliche Bildungsangebote sowie soziale Dienste unterschiedlichster Art für einkommensschwache Personen und Haushalte. Die Programme sind

[2] Wohnungshilfen sind in USA nicht so bedeutend wie etwa das vergleichbare pauschalierte Wohngeld in der Bundesrepublik Deutschland, das im Rahmen der HLU gewährt wird.

„means-tested", d.h. die Gewährung eines Sozialtransfers wird an ein bestimmtes mittleres Einkommensniveau gekoppelt: Nur derjenige wird unterstützt, der über finanzielle Mittel unterhalb dieses Niveaus verfügt.

	Einheit	1994	1995
Medicaid	Mrd. US$	87,2	89,1
Food Stamps	Mrd. US$	25,5	25,6
Supplemental Security Income	Mrd. US$	26,7	24,5
Aid to Families with Dependent Children	Mrd. US$	16,4	18,1

Quellen: Rosen (1995), S. 175; *Hanesch* (1997), S. 269.

Tab. 9.4 *Ausgewählte Sozialhilfe-Programme in den USA.*

Tabelle 9.4 zeigt die größten und wichtigsten Transferprogramme der USA für die Jahre 1994 und 1995. Dabei handelt es sich um Leistungssysteme, die der Bund garantiert (sogenannte **entitlement-programs**). Ein individueller Rechtsanspruch auf Einkommens-, Sach- oder Dienstleistungen besteht, wenn materielle Bedürftigkeit vorliegt und die jeweiligen Programmvoraussetzungen erfüllt sind[3].

Das mit Abstand bedeutendste US-amerikanische Transferprogramm ist **Medicaid**, für das im Jahr 1995 Ausgaben in Höhe von 89,1 Mrd. US$ getätigt wurden. Medicaid kommt für die Kosten verschiedener medizinischer Dienst- und Versorgungsleistungen auf, so z.B. für die Krankenpflege inner- und außerhalb von Krankenhäusern, für Operationen und ärztliche Dienste. Die Finanzierung erfolgt durch den amerikanischen Bund und die Einzelstaaten, wobei letzteren die Verwaltungshoheit obliegt. 1991 erhielten über 28 Millionen Leistungsempfänger Hilfe durch Medicaid.

Essensmarken (**food stamps**) stellen mit einem Ausgabenvolumen von über 25 Mrd. US$ die zweitwichtigste Sozialhilfeleistung in den USA dar. Mit diesen staatlichen Gutscheinen können Nahrungsmittel unentgeltlich oder zu herabgesetzten Preisen erworben werden. Tiernahrung, Alkohol, Zigaretten und importierte Lebensmittel sind davon allerdings ausgenommen. Die direkten Kosten des Food-Stamp-Programms übernimmt der amerikanische Bund, die Verwaltung einschließlich Verteilung

[3] Bei den meisten anderen Programmen besteht keine Leistungsgarantie, d.h. Sozialleistungen werden lediglich in dem Maße gewährt, wie Mittel vorgesehen bzw. vorhanden sind.

der Gutscheine an Bedürftige liegt bei den Einzelstaaten. Im Jahr 1992 erhielten über 25,4 Millionen US-Amerikaner Essensmarken.

Während Medicaid und das Food-Stamp-Programm Sachleistungen bereitstellen (sogenannte **in-kind transfers**), denen in den USA eine weitaus größere Bedeutung zukommt, als es in der Bundesrepublik Deutschland der Fall ist, gewähren die beiden folgenden US-amerikanischen Sozialhilfe-Programme Geldleistungen (sogenannte **cash transfers**).

Supplemental Security Income (SSI) ist ein Bundesprogramm zur monatlichen Unterstützung Alter, Blinder oder Behinderter. Die Ausgaben für SSI wurden gegenüber 1994 um 2,2 Mrd. US$ abgesenkt und beliefen sich im Jahr 1995 auf 24,5 Mrd. US$.

Aid to Families with Dependent Children (AFDC) ist das umstrittenste Sozialleistungsprogramm in den USA und steht im Mittelpunkt der jüngsten Sozialhilfereform. Obwohl die „Sozialhilfe“ in den USA eine Vielzahl von Hilfen unterschiedlichster Art umfaßt, und AFDC mit einem Ausgabenvolumen in Höhe von 18,1 Mrd. US$ im Jahr 1995 nur das viertgrößte Programm darstellte, steht es in der öffentlichen Debatte dennoch als „das“ Sozialhilfeprogramm im Vordergrund.

Familien mit minderjährigen Kindern besaßen im Rahmen des AFDC-Programms einen bundesgesetzlich verbrieften Rechtsanspruch auf eine laufende Einkommensunterstützung (**Kinderzulage**), sofern ein Elternteil fehlt, arbeitsunfähig oder arbeitslos geworden ist. Wegen dieser die Eltern betreffenden Anspruchsvoraussetzung ist AFDC nicht mit dem Kindergeld in der Bundesrepublik Deutschland vergleichbar. Im Rahmen relativ weitgefaßter Bundesrichtlinien legten die Einzelstaaten sowohl die Höhe des sogenannten **Hilfstandards** (vergleichbar mit dem Bedarfssatz in der Bundesrepublik Deutschland) als auch die Anspruchsvoraussetzung für AFCD fest, erließen Vorschriften für die Anrechnung von Einkommen und Vermögen und führten das Programm durch. Im Ergebnis bestand zwischen den verschiedenen Einzelstaaten ein erhebliches Gefälle sowohl im Leistungsniveau als auch in den Leistungsbedingungen. Die Finanzierung der AFDC-Leistungen erfolgte zu 50–80% über den amerikanischen Bund, der sich zudem mit 50% an den Verwaltungskosten beteiligte. 1995 erhielten pro Monat durchschnittlich 4,9 Millionen Familien mit Kindern AFDC.

Mit Verabschiedung des „Personal Responsibility and Work Opportunity Reconciliation Act of 1996“ hat das amerikanische Sozialhilfesystem tiefgreifende Einschnitte erfahren[4]. Zentrales Element des Reformpakets ist die Abschaffung des AFDC und die ersatzweise Einführung eines pauschalen Bundeszuschusses an die Einzelstaaten unter dem Titel **Temporary Assistance for Needy Families** (TANF). Während AFDC ohne zeitliche Begrenzung gewährt wurde, gilt für TANF grundsätzlich eine begrenzte Leistungsdauer von 5 Jahren. Künftig ist es jedem Einzelstaat freigestellt, ob und in welcher Form ein Rechtsanspruch für das neue Programm eingeführt wird. Der Bund gewährt den Einzelstaaten Zuschüsse in Festbetragsform, die sich an den AFDC-Zuschüssen der letzten Jahre orientieren (sogenannte **block grants**).

Deutsche und US-amerikanische Transferprogramme unterscheiden sich in Inhalt und Ausmaß wesentlich voneinander. Die Transferprogramme haben zudem unterschiedliche ökonomische Effekte. Wir wollen uns im nun folgenden Abschnitt jedoch darauf beschränken, die Wirkung eines traditionellen Sozialhilfeprogramms auf die individuelle Arbeitsangebotsentscheidung zu untersuchen.

9.2 Arbeitsanreize und Sozialhilfe

In diesem Abschnitt soll das populäre Argument theoretisch untersucht werden, daß die herkömmliche Ausgestaltung von Sozialhilfeprogrammen die Bereitschaft lähmt, selbst eine Beschäftigung aufzunehmen.

Konventionelle Sozialhilfeprogramme funktionieren nach der folgenden Regel: Nimmt ein Sozialhilfeempfänger Arbeit auf, wird der Unterstützungsbetrag um die gleiche Summe gekürzt, die er verdient. Sowohl das US-amerikanische AFDC (TANF)-Programm als auch das in der Bundesrepublik Deutschland praktizierte Programm der Sozialhilfe funktionieren im Prinzip nach dieser Regel, wenn auch gewisse Freibeträge vorgesehen sind.

9.2.1 Arbeitsangebot ohne Sozialhilfeprogramm

Zur Analyse der Wirkungen dieser Regelung auf die individuelle Bereitschaft, eine Arbeit aufzunehmen, wird das Verhalten eines repräsentativen Individuums untersucht, das zwei Güter konsumiert, nämlich Freizeit und ein Konsumgüterbündel. Im Gegensatz zur bisherigen Analyse

---

[4] Zur jüngsten Sozialhilfereform in den USA vgl. z.B. *Hanesch* (1997).

zieht es aus seiner Freizeit, F, und — wie bisher — aus dem Konsum privater Güter, x, einen Nutzen. Die Nutzenfunktion des repräsentativen Individuums sei $U(x, F)$, mit $U_i > 0$, $U_{ii} < 0$ für $i = x, F$. Das Konsumgüterbündel wird mit einem Preisindex, p, bewertet. Das Individuum hat eine maximal zur Verfügung stehende Zeit, $\bar{F}$, welche durch die Länge der betrachteten Periode (z.B. Tag oder Woche) begrenzt ist. Diese Zeit kann es entweder für seine Freizeit, F, oder zum Arbeiten, $l = \bar{F} - F$, verwenden. Für jede angebotene Arbeitsstunde erzielt das Individuum einen Lohnsatz in Höhe von w. Somit lautet die individuelle Budgetrestriktion ohne staatliches Sozialhilfeprogramm

$$px = (\bar{F} - F)w, \tag{9.1}$$

wobei p und w aus individueller Sicht nicht veränderbare Preise sind und w auch als Lohn nach Steuern interpretiert werden kann.

Das Individuum maximiert dann seinen Nutzen unter Beachtung der Nebenbedingung (9.1) durch geeignete Wahl von x und F. Formal läßt sich das Optimierungsproblem durch folgenden Lagrange-Ansatz darstellen:

$$\max \quad \mathcal{L} = U(x, F) + \lambda[w(\bar{F} - F) - px], \tag{9.2}$$

wobei w und p gegeben sind, und λ ein Lagrange-Multiplikator ist. Zu beachten ist, daß die Entscheidungsvariablen x und F nicht unabhängig voneinander sind. Ist x gewählt, dann ist über (9.1) auch zwingend F und somit das Arbeitsangebot bestimmt. Analog dazu ergibt sich x über (9.1) als Residualgröße, wenn F bereits gewählt ist. Wir gehen im folgenden davon aus, daß beide Güter notwendige Bestandteile in der Präferenzstruktur des repräsentativen Individuums sind und schließen somit Randlösungen aus. Dies ist eine plausible Annahme, da ein Individuum arbeiten muß, um sich ernähren zu können, wenn niemand anderes seinen Konsum sichert. Gleichzeitig aber kann es die maximal zur Verfügung stehende Zeit nicht ausschließlich mit Arbeit verbringen, da es auch Schlaf benötigt. Formal gesprochen heißt dies, daß die ersten marginalen Arbeits- und Freizeiteinheiten einen unendlichen Nutzenzuwachs stiften: $U_x(0, F) \to \infty$ und $U_F(x, 0) \to \infty$. Aus diesem Grunde entscheidet sich das Individuum ohne fremde Unterstützung für eine innere Lösung, d.h. im Optimum gilt $F^O > 0$ und $x^O > 0$. Lösen wir das Maximierungsproblem des Individuums (9.2) nach den Entscheidungsvariablen x und F, so erhalten wir die notwendige Bedingung für ein Nutzenmaximum als

$$\frac{U_F}{U_x} = \frac{w}{p}. \tag{9.3}$$

Im Optimum entspricht also die Grenzrate der Substitution zwischen dem Gut Freizeit und dem Konsumgüterbündel dem Preisverhältnis aus Lohn und Preisindex. Der Reallohn stellt die **Opportunitätskosten** einer zusätzlichen Einheit Freizeit dar, denn Freizeit bedeutet einen Verzicht auf Arbeit und damit auf Lohn. Graphisch läßt sich das Haushaltsoptimum durch Abbildung 9.1 darstellen. Die Budgetrestriktion schneidet die Abszisse im Punkt maximal möglicher Freizeit, $\bar{F}$, und die Ordinate im Punkt maximal möglichen Konsums, $\bar{F}\frac{w}{p}$. Dieser Punkt ergibt sich, indem wir (9.1) nach x auflösen und $F = 0$ berücksichtigen, d.h. es wird nur gearbeitet und damit das maximale Arbeitseinkommen in Höhe von $\bar{F}w$ erzielt. Mit diesem Einkommen kann das Individuum maximal $\bar{F}\frac{w}{p}$ Einheiten des Konsumgüterbündels kaufen. Die Steigung der Budgetrestriktion ist negativ und entspricht absolut dem Reallohn $\frac{w}{p}$. Das Arbeitsangebot wird von $\bar{F}$ ausgehend nach links an der Abszisse abgelesen und entspricht der Differenz von $\bar{F}$ und gewählter Freizeit F. Die Steigung der Indifferenzkurve entspricht der Grenzrate der Substitution zwischen F und x, $MRS_{x,F} \equiv \frac{U_F}{U_x}$. Die notwendige Bedingung (9.3) für ein Haushaltsoptimum ist in Punkt O erfüllt, da dann die Indifferenzkurve des Individuums U^O gerade die Budgetgerade tangiert. Das Individuum bietet im Optimum $\bar{F} - F_O$ Einheiten Arbeit an und konsumiert x_O Einheiten Konsumgüter.

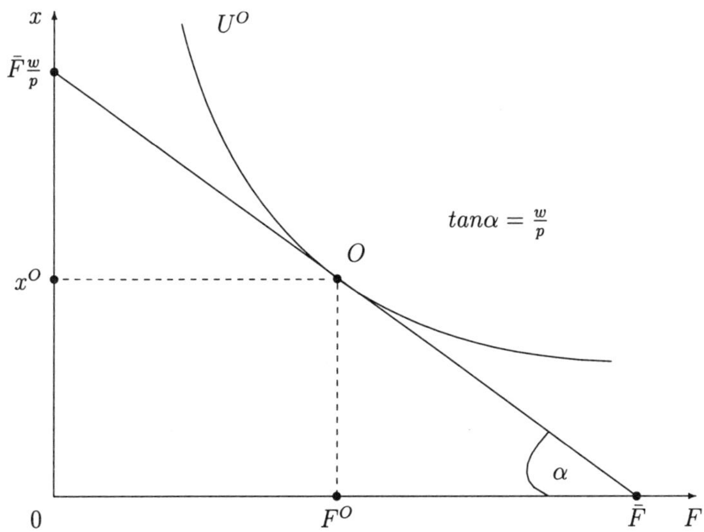

Abb. 9.1: Bestimmung des Arbeitsangebots ohne Sozialhilfeprogramm.

9.2.2 Arbeitsangebot mit Sozialhilfeprogramm

Es gebe nun ein Sozialhilfeprogramm mit einer Unterstützungszahlung in Höhe von Tr. Das betrachtete Individuum erhält Tr, wenn es nicht arbeitet (nicht arbeiten kann) und kann somit zumindest seinen Grundbedarf in Höhe von $\frac{Tr}{p}$ Einheiten des Konsumgüterbündels decken. In Annäherung an die tatsächlich praktizierten Hilfsprogramme nehmen wir an, daß das Sozialhilfeprogramm derart ausgestaltet ist, daß jede zusätzlich am Markt verdiente DM die Unterstützung um genau diese eine DM kürzt, bis ein Arbeitseinkommen in Höhe von $w(\bar{F} - F) = Tr$ erreicht ist. Das **kritische** Arbeitsangebot, das gerade zu einem Arbeitseinkommen von Tr führt, ist $\tilde{l} = \bar{F} - \tilde{F}$ mit $\tilde{F} \equiv \bar{F} - (Tr/w)$. Solange $F > \tilde{F}$ gilt, erzielt das Individuum ein Einkommen in Höhe von Tr und zwar unabhängig davon, wieviel es arbeitet bzw. welches Arbeitseinkommen es erzielt, da die Unterstützungszahlung genau um den Betrag des Arbeitseinkommens gekürzt wird. Wenn $F = \tilde{F}$ gilt, erzielt das Individuum gerade ein Arbeitseinkommen von Tr, mit der Folge, daß die Unterstützung auf Null zurückgeht. Im Fall $F < \tilde{F}$ schließlich ist das Arbeitseinkommen größer als Tr, ein Anspruch auf Sozialhilfe besteht daher nicht. Die Budgetrestriktion des Individuums lautet somit

$$px = Tr \qquad \text{für} \qquad \tilde{F} \leq F \leq \bar{F} \tag{9.4}$$

und

$$px = (\bar{F} - F)w \qquad \text{für} \qquad 0 \leq F < \tilde{F}, \tag{9.5}$$

mit

$$\tilde{F} \equiv \bar{F} - \frac{Tr}{w}. \tag{9.6}$$

In Abbildung 9.2 ist die Budgetrestriktion unter Berücksichtigung der Sozialhilfe graphisch dargestellt. Die Budgetlinie geht durch die Punkte $ABC\bar{F}$. Betrachten wir diese genauer, dann können wir jedoch feststellen, daß der Abschnitt BC dieser Restriktion für das Individuum irrelevant ist. Warum ist das so? Das Individuum trifft seine Arbeitsangebotsentscheidung weiterhin, indem es seinen Nutzen aus dem Konsum privater Güter, x, und der Freizeit, F, maximiert. Kein Punkt der Teilrestriktion BC außer Punkt C kann jedoch ein Nutzenmaximum sein. Betrachten wir Punkt B, zu dem Tr/p Einheiten des Konsumgüterbündels und ein Freizeitniveau in Höhe von $\tilde{F}$ gehören. Dieser Punkt kann kein Nutzenmaximum darstellen, denn das Individuum kann seinen Nutzen erhöhen, indem es sein zu Punkt B gehörendes Arbeitsangebot, $l = \bar{F} - \tilde{F}$, einschränkt und stattdessen mehr Freizeit konsumiert. Da das entgangene Arbeitseinkommen im Rahmen des Sozialhilfeprogramms durch eine Unterstützung in gleicher Höhe kompensiert wird, stehen dem Individuum trotz gestiegener Freizeit erneut Tr/p Einheiten des Konsumgüterbündels zur Verfügung. Ausgehend vom Punkt B führt also eine Bewegung auf BC nach rechts zu einem Anstieg des Nutzenniveaus, da immer mehr Freizeit und ein gleichbleibendes Konsumgüterbündel konsumiert werden können. In Punkt C ist die Freizeit maximal, das Individuum arbeitet gar nicht mehr, kann aber dennoch seinen Grundbedarf mit Hilfe der Unterstützungszahlung Tr decken.

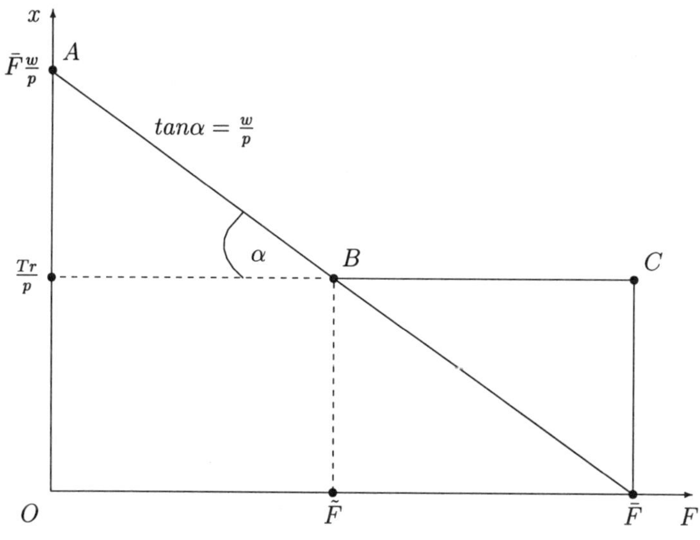

Abb. 9.2: Budgetrestriktion mit Sozialhilfe.

Der für das Individuum relevante Bereich der Budgetrestriktion ist demnach durch den Abschnitt AB und den Randpunkt C gekennzeichnet. Folglich vergleicht das Individuum den erreichbaren Nutzen bei maximaler Freizeit, $\bar{F}$, und dem aus der Sozialhilfe finanzierbaren Güterbündel, $x = \frac{Tr}{p}$,

$$\bar{U} = U(Tr/p, \bar{F}) \tag{9.7}$$

mit dem erreichbaren Nutzenniveau bei einer inneren Lösung seines Maximierungsproblems

$$U^O = U(x^O, F^O), \tag{9.8}$$

wobei sich x^O und F^O aus der notwendigen Bedingung (9.3) ergeben. Somit ist klar, daß das Individuum entweder den Punkt C in Abbildung 9.2 wählt oder einen Punkt auf dem Segment AB. Keinesfalls wird es einen Punkt auf der Teilrestriktion BC wählen. Ob der Punkt C mit keinem Arbeitsangebot einen höheren Nutzen spendet als ein Punkt auf AB, hängt vom Verlauf der Indifferenzkurve relativ zur Steigung der Geraden $A\bar{F}$ und von der Höhe der Unterstützung Tr ab, wie folgende Abbildungen 9.3 und 9.4 verdeutlichen sollen.

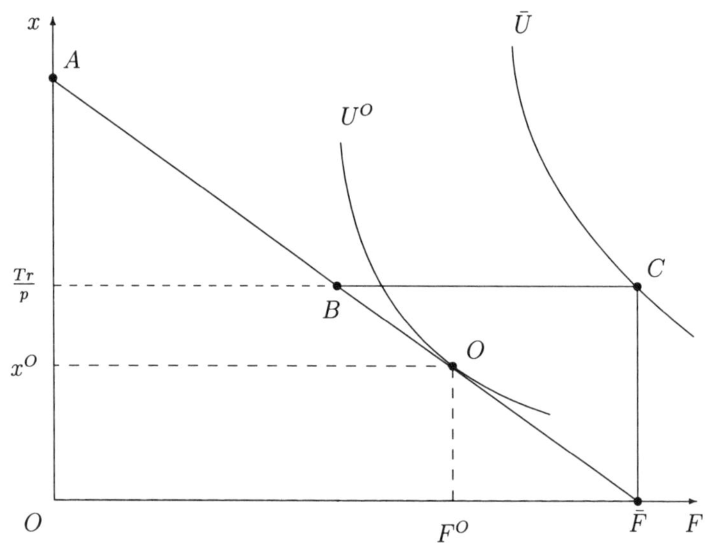

Abb. 9.3: Optimum mit Randlösung

In Abbildung 9.3 ist der Fall eingezeichnet, bei dem eine „normale" Freizeitpräferenz vorliegt. Normale Freizeitpräferenz bedeutet, daß die Indifferenzkurve eines Individuums relativ stark gekrümmt ist. Wenn dem Individuum keine Sozialhilfe gewährt wird, so würde es gemäß Abbildung 9.3 das Haushaltsoptimum O wählen. In diesem Punkt bietet das Individuum $\bar{F} - F^O$ Einheiten Arbeit an und kann mit seinem Arbeitseinkommen x^O Einheiten des Konsumgüterbündels kaufen. Es realisiert dann das Nutzenniveau U^O.

Bei Gewährung einer Sozialhilfe in Höhe der Strecke $C\bar{F}$ würde das Individuum dagegen gar keine Arbeit anbieten, da es seinen Nutzen ausgehend von Punkt O auf $\bar{U}$ erhöhen kann, wenn es den Punkt C wählt und lediglich Sozialhilfe empfängt. In diesem Punkt konsumiert es nämlich mehr private Güter, $\frac{Tr}{p} > x^O$, und zugleich mehr Freizeit, $\bar{F} > F^O$, als in Punkt O. Diese Strategie ist bei gegebenen Präferenzen und Preisen umso wahrscheinlicher, je höher die Sozialhilfe angesetzt wird, d.h. je länger die Strecke $C\bar{F}$ ist.

Ist dagegen die Freizeitpräferenz schwach ausgeprägt und weist die Indifferenzkurve daher eine relativ geringe Krümmung auf, so ist es auch bei gegebenem Sozialhilfeniveau nicht auszuschließen, daß das Individuum dennoch Arbeit anbietet und die Sozialhilfe ausschlägt. Dieser Fall ist in folgender Abbildung 9.4 dargestellt. Das Individuum wählt trotz der Möglichkeit, Sozialhilfe zu empfangen, das Haushaltsoptimum O, da es dann das Nutzenniveau U^O realisiert, welches höher ist als der Nutzen im Punkt C, $\bar{U}$. Individuen mit geringer Freizeitpräferenz bieten trotz Unterstützungszahlungen Arbeit an. Es ist aus Abbildung 9.4 ersichtlich, daß ein positives Arbeitsangebot trotz Zahlung einer Sozialhilfe umso wahrscheinlicher ist, je geringer die Unterstützungszahlung, Tr, ist. In der Abbildung bedeutet dies eine Verringerung der Strecke $C\bar{F}$.

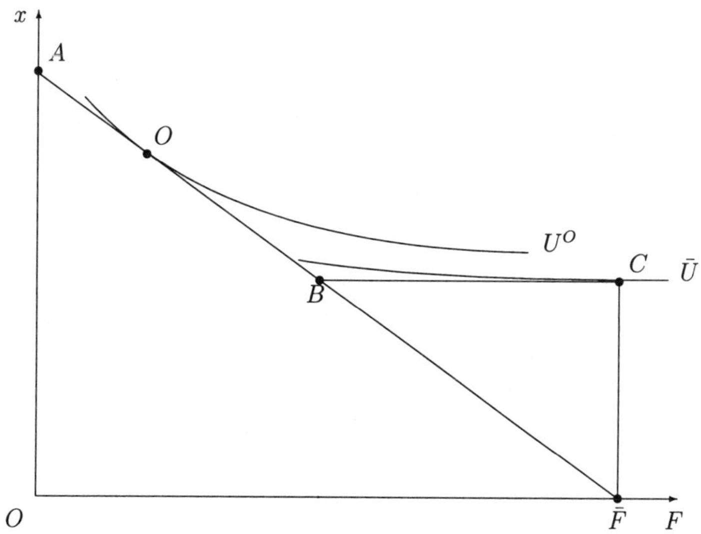

Abb. 9.4: Optimum mit innerer Lösung.

Zusammenfassend erhalten wir das

Ergebnis 9.2.1 *Pauschale Unterstützungszahlungen im Rahmen eines Sozialhilfeprogramms lähmen die Bereitschaft, eine Arbeit aufzunehmen, wenn die Freizeitpräferenz normal ausgeprägt ist und eine sozialpolitisch angemessene Grundversorgung angestrebt wird.*

Nun befinden wir uns in einem Dilemma. Um die Bereitschaft, eine Arbeit aufzunehmen, zu erhöhen, müßte die Sozialhilfe reduziert werden. Diese Maßnahme gefährdet aber eine sozialpolitisch angemessene Grundversorgung. Der Vorteil bezüglich des Arbeitsanreizes würde in diesem Fall durch den Nachteil erkauft werden, den wirklich Bedürftigen und vielleicht behinderten Personen eine zu geringe Grundversorgung zu gewähren. In der Bundesrepublik Deutschland hat sich die Kürzung der absoluten Höhe des Sozialtransfers als nicht konsensfähig erwiesen. Die im Juli 1996 verabschiedete Sozialhilfereform sieht sogar eine geringfügige Steigerung des Sozialhilfeniveaus vor. Zur Eindämmung des Spannungsverhältnisses zwischen sozialpolitisch angemessener Grundversorgung und Lähmung der Arbeitsanreize werden in der öffentlichen Diskussion insbesondere zwei Vorschläge gemacht:

1. Arbeitszwang für Unterstützungsempfänger (Workfare)
Nach dieser Idee sollen arbeitsfähige Arbeitslose nur dann Unterstützungszahlungen empfangen dürfen, wenn sie bereit sind, ihnen zugewiesene öffentliche Arbeiten zu verrichten oder bestimmte Arbeitsangebote anzunehmen.

Anhänger dieser Idee gehen davon aus, daß ein Zwang zur Arbeitsaufnahme die **politische Akzeptanz** von Sozialhilfeprogrammen und möglicherweise die Unterstützungszahlungen erhöht. Das Argument der politischen Akzeptanz dürfte bei der Umgestaltung der US-amerikanischen Sozialhilfe in Richtung „Arbeit statt Sozialhilfe" („from welfare to work") eine große Rolle gespielt haben. Zukünftig werden in den USA arbeitsfähige Leistungsempfänger im Rahmen des TANF-Programms verpflichtet, innerhalb einer Zweijahresfrist ab Leistungsbeginn eine Beschäftigung aufzunehmen. Das Food-Stamp-Programm verpflichtet alleinstehende erwerbsfähige Leistungsempfänger zwischen 18 und 50 Jahren, zumindest auf Teilzeitbasis zu arbeiten. Kommen die Leistungsempfänger ihren Verpflichtungen nicht nach, müssen sie mit erheblichen Leistungseinbußen rechnen. So auch in der Bundesrepublik Deutschland, wo die Sozialhilfe um 25% gekürzt wird, wenn sich der Sozialhilfeempfänger weigert, eine ihm angebotene Arbeit anzunehmen. Ein weiterer Vorteil wird darin gesehen, daß der Zwang zur Arbeit sowohl die Arbeitserfahrung als auch die Ausbildung fördert. Auferlegte Qualifizierungs- und Beschäftigungsmaßnahmen werden aus dieser Sichtweise heraus damit gerechtfertigt, daß Personen so die Möglichkeit verschafft wird, später auf eigenen Beinen einer Arbeit nachzugehen und somit die Abhängigkeit zu überwinden. Schließlich wird in der Öffentlichkeit immer wieder herausgestellt, daß der Zwang zur Arbeitsaufnahme die (behauptete) Ausnutzung und Ausbeutung des Systems verringert, was wiederum zu einer höheren politischen Akzeptanz von Sozialhilfeprogrammen führt.

Dem stimmen Gegner dieser Idee jedoch nicht zu. Beispielsweise gibt es in der Bundesrepublik Deutschland tatsächlich keine Wahlmöglichkeit zwischen regulärer Erwerbstätigkeit und Sozialhilfebezug, denn die Sozialhilfe setzt eine Notlage voraus und wird grundsätzlich nur bei festgestellter Bedürftigkeit gewährt. Der Zwang zur Arbeitsaufnahme ist damit ein Affront gegen die wirklich Bedürftigen und führt zu einer noch stärkeren Stigmatisierung der Sozialhilfeempfänger, als sie es in den meisten Ländern ohnehin schon sind. Davon abgesehen stellt sich die Frage, ob und wie zwischen arbeitsfähigen und nicht arbeitsfähigen Empfängern differenziert werden kann. Selbst wenn eine solche Differenzierung möglich ist, so ist sie doch mit prohibitiv hohen administrativen Kosten verbunden. Das Argument der „Systemausbeutung" verliert erheblich an Aussagekraft, wenn deren Verhinderung nur zu einem noch höheren Preis möglich ist. Diesen **trade-off** gilt es jedoch zu berücksichtigen. Ferner wird von den Gegnern eines Arbeitszwangs bezweifelt, daß wirklich sinnvolle Beschäftigungen für die Leistungsempfänger gefunden werden können. In diesem Zusammenhang verweisen sie auf die Gefahr der **Arbeitssubstitution**. In den USA beispielsweise sollen auf Basis eines lokalen workfare-programs Reinigungsarbeiten in der U-Bahn zukünftig von Sozialhilfeempfängern durchgeführt werden. Dieser Arbeitszwang hat jedoch den Wegfall von Arbeitsplätzen zur Folge, da regulär beschäftigte Reinigungskräfte nun nicht mehr benötigt werden. Schließlich wird angezweifelt, ob der Zwang zur Arbeitsaufnahme für Sozialhilfeempfänger nicht generell gegen den **Freiheitsgrundsatz** vieler demokratischer Verfassungen verstößt und in der Bundesrepublik Deutschland speziell auch gegen Art. 12 des Grundgesetzes.

2. Negative Einkommensteuer

Wie wir bereits festgestellt haben, sind die negativen Arbeitsanreize bei der herkömmlichen Sozialhilfe darauf zurückzuführen, daß bis zu einer bestimmten Höhe des selbst erzielten Arbeitseinkommens das gesamte Einkommen durch Mehrarbeit nicht erhöht werden kann, da jede zusätzlich erarbeitete DM von der Unterstützungszahlung wieder abgezogen wird. Zusatzverdienste aus einer Niedriglohn- oder Teilzeittätigkeit, die den Transferbetrag unterschreiten, unterliegen implizit einem hundertprozentigen Grenzsteuersatz. Diese lähmende Wirkung auf die Arbeitsangebotsentscheidung kann jedoch ein wenig entschärft werden, wenn nur ein Teil jeder zusätzlich verdienten DM von der Unterstützungszahlung abgezogen wird, der implizite Steuersatz auf Arbeitseinkommen der Transferempfänger also gesenkt wird. Aufgrund der Teilanrechnung — statt der bisherigen Vollanrechnung — erhöht jede zusätzlich verdiente DM das Nettoeinkommen.

Dieser Vorschlag findet sich in der bereits aus den vierziger Jahren stammenden Idee einer allgemeinen **negativen Einkommensteuer** wieder. Geht es bei der traditionellen Einkommensteuer um Zahlungen der leistungsfähigen Bürger an den Staat, sollen mit einer um einen negativen Tarifabschnitt erweiterten Einkommensteuer umgekehrt auch Zahlungen des Staates an bedürftige Bürger geregelt werden. Für diese „negativen“ Einkommensteuerzahlungen hat sich in Deutschland der Begriff **„Bürgergeld“** durchgesetzt, welches die verschiedenen Sozialtransfers durch eine einzige Zahlung vom Finanzamt ersetzen soll. Gemäß der Idee einer allgemeinen negativen Einkommensteuer werden zwar alle Haushalte zur Einkommensteuer veranlagt, aber nur diejenigen Haushalte, deren Bruttoeinkommen einen bestimmten Schwellenwert überschreitet, müssen tatsächlich netto Steuern entrichten, haben also eine positive Einkommensteuerschuld. Erzielt ein Haushalt dagegen ein Bruttoeinkommen unterhalb dieses Schwellenwertes, so erhält er einen Nettotransfer vom Staat, hat also eine negative Einkommensteuerschuld.

Diese Regelung können wir uns folgendermaßen veranschaulichen: Jeder Haushalt erhält im Kalenderjahr vom Staat einen Transfer, Tr. In der gleichen Periode aber schuldet er dem Staat Steuern in Höhe eines bestimmten Prozentsatzes, den Steuersatz τ, seines Bruttoeinkommens. Der Staat erhebt also eine **proportionale Einkommensteuer** auf jede erarbeitete DM. Verdient ein Haushalt ein Bruttoeinkommen von weniger als $\frac{Tr}{\tau}$, so erhält er vom Staat einen höheren Transfer, als er an Steuern zahlen muß. Damit ist der Haushalt Empfänger eines Nettotransfers, bezieht also ein Bürgergeld. Umgekehrt müssen alle diejenigen Haushalte, die mehr als $\frac{Tr}{\tau}$ im Kalenderjahr verdienen, dem Staat mehr Steuern zahlen als sie von ihm an Transfers, Tr, erhalten. Diese Haushalte müssen netto Steuern entrichten, erhalten also kein Bürgergeld.

Betrachten wir dazu ein Zahlenbeispiel: Das maximal vom Staat gezahlte Bürgergeld betrage 12000 DM im Kalenderjahr, der proportionale Einkommensteuersatz 50%. Der Schwellenwert des Jahreseinkommens liegt dann bei (12000 DM)/(0.5) = 24000 DM. Bruttoeinkommen oberhalb von 24000 DM führen zu einer positiven Einkommensteuerschuld, unterhalb von 24000 DM zu einer negativen Einkommensteuerschuld, somit zu einem Bürgergeldanspruch. Ein Haushalt ohne Arbeitseinkommen hat einen Anspruch auf das maximale Bürgergeld in Höhe von 12000 DM pro Jahr. Entscheidend ist nun, daß der Haushalt sein Gesamteinkommen durch eigene Zusatzverdienste erhöhen kann. Nimmt er beispielsweise eine Teilzeittätigkeit auf und erzielt infolgedessen 10000 DM Bruttoeinkommen im Jahr, welches der Einkommensteuer unterliegt, dann verringert sich der Bürgergeldanspruch zwar um 5000 DM, insgesamt aber kann der Haushalt sein jährliches Nettoeinkommen auf 17000 DM erhöhen.

Eine allgemeine negative Einkommensteuer ist in der Steuerpraxis noch nicht implementiert worden. In den USA hat man aber bereits Erfahrungen mit einer speziellen Ausprägung einer negativen Einkommensteuer, dem sogenannten **Earned Income Tax Credit** (EITC) gesammelt. Die Kernidee des seit 1975 existierenden EITC besteht darin, finanzielle Arbeitsanreize für erwerbstätige Geringverdiener durch eine Steuergutschrift (Negativsteuer) in Abhängigkeit vom erzielten Arbeitseinkommen zu schaffen. Die Steuergutschrift wirkt wie eine Lohnsubvention, mit der die Aufnahme einer Arbeit belohnt wird. Nicht-Erwerbstätige erhalten dagegen keine Transfers, im Gegensatz zum Bürgergeld sichert der EITC also kein Existenzminimum. Ursprünglich wurde der EITC ausschließlich für geringverdienende Familien konzipiert, seit 1994 sind jedoch auch Einzelpersonen anspruchsberechtigt. Schätzungsweise 18,4 Millionen Steuerzahler haben im Jahr 1995 den EITC in Anspruch genommen, was Kosten in Höhe von 22,8 Mrd. US$ verursachte. Die US-amerikanische Sozialhilfereform vom August 1996 sieht allerdings verschärfte Anforderungen zur Anrechnung eigener Einkommen vor, wodurch die Steuererleichterungen für Arbeitnehmer mit Niedrigeinkommen im Rahmen des EITC abgesenkt werden.

In der Bundesrepublik Deutschland wurde an einer Verordnung gearbeitet (FAZ, 25.08.97, S. 13), die die oben skizzierte Anrechnungsmöglichkeit von selbst erzieltem Einkommen enthält, um somit Arbeitsanreize für Sozialhilfeempfänger zu schaffen. Bisher gilt folgende Regelung: Nimmt ein Sozialhilfeempfänger Arbeit auf, wird die Unterstützung bis auf einen Freibetrag um die gleiche Summe gekürzt, die er verdient. Er kann seine Gesamtbezüge nur um höchstens 265 DM steigern, wobei dieser Absetzbetrag schon bei einem monatlichen Nettoeinkommen in Höhe von 1000 DM erreicht ist, d.h. jede darüber hinaus zusätzlich verdiente Mark mindert die Sozialhilfe genau um diese Mark. Nach den Plänen des Bundesgesundheitsministeriums sollten in Zukunft selbst erzielte Nettoeinkommen, die die kritische Grenze von monatlich 1000 DM übersteigen, nicht mehr —wie bisher— zu 100 Prozent, sondern nur noch zu 90 Prozent auf die Sozialhilfe angerechnet werden. Verdeutlichen wir uns die Auswirkungen dieser Neuregelung an einem Beispiel: Ein vierköpfiger Haushalt mit einem derzeitigen monatlichen Sozialhilfebedarf von 2864 DM, der ein Nettoeinkommen von 1500 DM erzielt, hat heute aufgrund des Freibetrages 265 DM mehr zur Verfügung, als wenn er ausschließlich auf Sozialhilfe angewiesen wäre. Die geplante Reform führte dazu, daß diesem Haushalt 50 DM mehr Sozialhilfe gewährt werden, da ihm lediglich 450 DM statt bisher 500 DM auf die Sozialhilfe angerechnet würden. Die Initiatoren versprechen sich von dieser Regelung eine größere Bereitschaft der Anspruchsempfänger, Tätigkeiten auch mit Niedriglöhnen anzunehmen.

Im folgenden Abschnitt vergleichen wir die Anreizwirkungen dieser Teilanrechnungs-Regelung — die in Ansätzen dem Konzept einer negativen Einkommensteuer entspricht — auf die Arbeitsangebotsentscheidung mit den Ergebnissen, die wir in Abschnitt 9.2.2 abgeleitet haben.

9.3 Arbeitsanreize bei einer negativen Einkommensteuer

Zur Modellierung der bisher nicht in Kraft getretenen bundesdeutschen Verordnung sei das Unterstützungsprogramm vereinfachend so ausgestaltet, daß zunächst eine gewisse Grundversorgung Tr gewährt wird, welche aber geringer ist als die Sozialhilfe in Abschnitt 9.2.2. Für jede angebotene Arbeitsstunde wird jedoch die Unterstützungszahlung nicht um den gesamten Nettolohn w, sondern nur um einen Bruchteil t dieses Nettolohns, $0 < t < 1$, gekürzt. Die Budgetrestriktion des Individuums beträgt somit:

$$px = Tr + (\bar{F} - F)w(1-t) \qquad \text{für} \qquad \tilde{F} \leq F \leq \bar{F} \tag{9.9}$$

und

$$px = (\bar{F} - F)w \qquad \text{für} \qquad 0 \leq F < \tilde{F}, \tag{9.10}$$

mit

$$\tilde{F} \equiv \bar{F} - (Tr/wt). \tag{9.11}$$

Die Budgetrestriktion ist in Abbildung 9.5 grafisch dargestellt. Die Budgetlinie geht wieder durch die Punkte $\bar{F}CBA$. Jedoch verläuft der Abschnitt BC nicht mehr horizontal, sondern weist einen fallenden Verlauf mit der Steigung $\frac{w}{p}(1-t)$ auf. Das Individuum kann also ausgehend von einer Grundversorgung in Einheiten des Konsumgüterbündels in Höhe von $\frac{Tr}{p}$ in Punkt C sein Nettoeinkommen bis zum Punkt B um $\frac{w}{p}(1-t)$ Konsumeinheiten für jede zusätzlich angebotene Arbeitseinheit erhöhen.

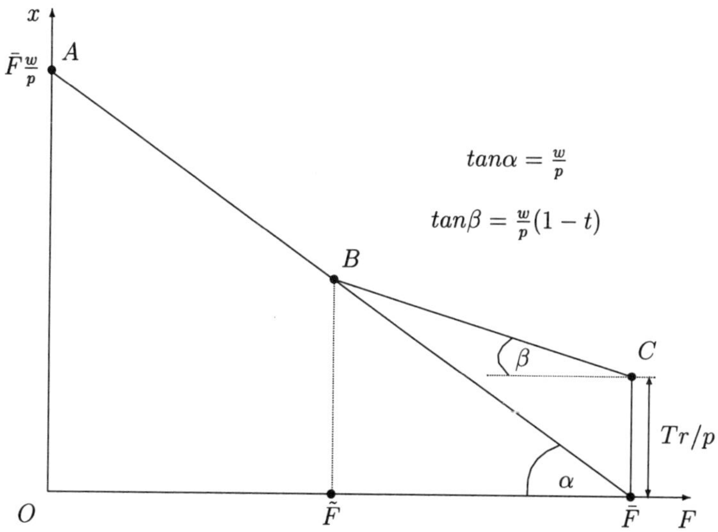

Abb. 9.5: Budgetgerade mit negativer Einkommensteuer.

Im Unterschied zu einer Unterstützungszahlung, bei der jede zusätzlich verdiente DM die Sozialhilfe um eben diese DM kürzt, ist nun der Bereich BC auch entscheidungsrelevant, denn selbst entlang dieser Strecke CB kann mehr Freizeit nur durch einen Konsumverzicht erkauft werden. Ein Arbeitsangebot entlang CB kann nun aus Sicht des Individuums optimal sein, während dieser Fall bei einem pauschalen Programm ausgeschlossen ist.

Die Wirkung einer negativen Einkommensteuer auf das Arbeitsangebot ist in Abbildung 9.6 dargestellt. In dieser ist wieder der Fall normal ausgeprägter Freizeitpräferenz abgebildet. Das Haushaltsoptimum ist gemäß der Graphik in Punkt O erreicht, in dem die notwendige Bedingung

$$\frac{U_F}{U_x} = \frac{w}{p}(1-t) \tag{9.12}$$

gilt. Die Grenzrate der Substitution entspricht dann dem mit dem Faktor $(1-t)$ gewichteten Reallohn $\frac{w}{p}$. In diesem Optimum bietet das Individuum $\bar{F} - F^O$ Einheiten Arbeit an und realisiert das Nutzenniveau U^O. Dieses ist höher als das Nutzenniveau $\bar{U}$, welches das Individuum erreichen würde, wenn es nicht arbeitete und nur den Transfer Tr konsumierte.

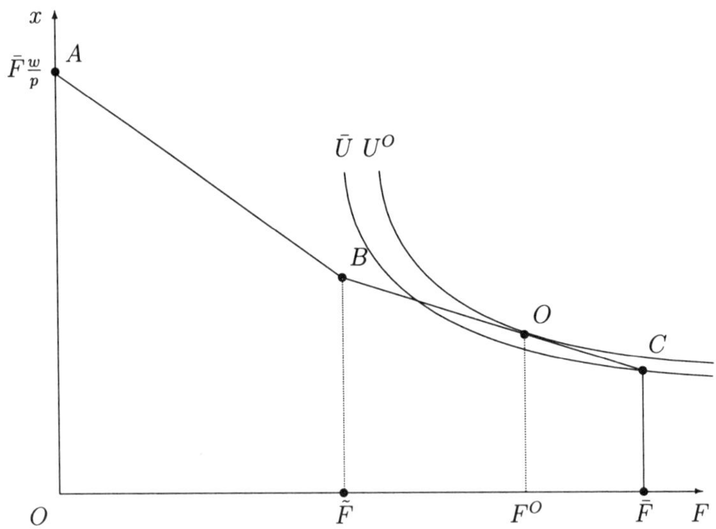

Abb. 9.6: Haushaltsoptimum bei negativer Einkommensteuer.

Natürlich kann es bei sehr stark ausgeprägter Freizeitpräferenz, und damit stärker gekrümmten Indifferenzkurven, dazu kommen, daß das Individuum auch bei der negativen Einkommensteuer den Punkt C als optimal ansieht. In diesem Fall schafft selbst die negative Einkommensteuer keinen positiven Arbeitsanreiz für den Transferempfänger. Jedoch ist bei normal ausgeprägter Freizeitpräferenz ein Haushaltsoptimum mit positivem freiwilligen Arbeitsangebot wahrscheinlicher, nämlich genau dann, wenn $U^O > \bar{U}$ gilt. Dies halten wir fest in

Ergebnis 9.3.1 *Ein Unterstützungsprogramm mit negativer Einkommensteuer fördert das freiwillige Arbeitsangebot. Je höher das zusätzliche Einkommen (je geringer t) ist, desto stärker sind die Anreize, freiwillig Arbeit anzubieten.*

Allerdings schafft es auch die negative Einkommensteuer nicht, den fundamentalen Zielkonflikt jedes Sozialhilfeprogramms zu lösen: Während eine sozialpolitisch angemessene Grundversorgung einen relativ hohen Sockelbetrag Tr für die wirklich Bedürftigen und arbeitsunfähigen Empfänger erfordert, verlangt ein Programm, das Arbeitsanreize schafft, einen geringen Sockelbetrag mit stark steigendem Nettoeinkommen bei Arbeitsaufnahme, wenn das Programm finanzierbar sein soll.

Die negative Einkommensteuer wird dennoch auf breiter Basis als Bestandteil des allgemeinen Steuertarifs vorgeschlagen. Befürworter betonen neben den positiven finanziellen Arbeitsanreizen die erhebliche Vereinfachung des Transfersystems in bürokratischer Hinsicht. Da jedermann in das Programm aufgenommen wird, entfällt die oftmals als erniedrigend empfundene Prüfung der Bedürftigkeit und der persönlichen Verhältnisse, insbesondere zwischen den Eltern von unehelichen Kindern. Der Wegfall der Bedürftigkeitsprüfung führt zu einer erheblichen Einsparung von administrativen Kosten.

Jedoch weist dieses Konzept auch ernste Probleme auf, sowohl in fiskalischer als auch in allokativer Hinsicht. Zum einen dürfte die Einführung einer negativen Einkommensteuer mit hohen Kosten verbunden sein: Da alle Haushalte mit einem Bruttoeinkommen unterhalb des festgesetzten Schwellenwertes einen Nettotransfer vom Staat erhielten, würde eine Vielzahl bisheriger Steuerzahler zu Transferempfängern werden. Da jedem Haushalt ein Transfer gewährt würde, der zumindest das Existenzminimum sichern soll, ist die Finanzierung des Programmes ferner nur dann möglich, wenn die mittleren und oberen Einkommensbezieher einem hohen Grenzsteuersatz unterlägen.

Zum anderen ist zu befürchten, daß die positive Wirkung auf den Arbeitsanreiz vernachlässigbar klein ist, da der Transfer Tr sehr hoch angesetzt werden muß, um die sozialpolitisch erwünschte Grundversorgung sicherstellen zu können. Daher ist auch nach Einführung einer negativen Einkommensteuer zu erwarten, daß ein Großteil der heute Bedürftigen in der Abhängigkeit der staatlichen Transfers verbleibt.

Diese Argumente verdeutlichen, daß auch die negative Einkommensteuer keinen Königsweg darstellt. Wieder einmal liegt ein Zielkonflikt zwischen der Erreichung einer effizienten Allokation und einer als gerecht angesehenen Einkommensverteilung vor. Ein abschließendes Urteil in dieser Frage kann nur durch ein **Werturteil** zwischen ökonomischer Effizienz und Gewährung einer sozialen Mindestsicherung gefällt werden.

Literaturempfehlungen zu Kapitel 9

Empfohlene Lehrbuchliteratur:

Rosen, Harvey S., 1995, *Public Finance*, 4. Aufl., Irwin, Chicago, Kapitel 9.

Stiglitz, Joseph E. und Bruno Schönfelder, 1994, *Finanzwissenschaft*, 2. Aufl., Oldenbourg, München, Kapitel 14.

Zitierte und vertiefende Literatur:

Atkinson, Anthony B., 1987, „Income Maintenance and Social Insurance", in: A.J. Auerbach und M. Feldstein (Hrsg.), *Handbook of Public Economics II*, Elsevier North-Holland, Amsterdam, S. 779–908.

Danziger, S., R.H. Haveman und R. Plotnick, 1981, „How Income Transfer Programs affect Work, Savings, and the Income Distribution: A Critical Review", *Journal of Economic Literature 19*, S. 975–1028.

Diamond, Peter A., 1968, „Negative Taxes and the Poverty Problem: A review Article", *National Tax Journal 31*, S. 288–303.

Einkommensteuergesetz (EStG), 1997, BGBl. I S. 821.

Foldes, L.P., 1967, „Income Redistribution in Money and Kind", *Economica 34*, S. 30–41.

Frankfurter Allgemeine Zeitung, 1997, *Arbeitsanreize für Sozialhilfeempfänger*, 25. August 1997, Nr. 196, S. 13.

Hanesch, Walter, 1997, *Armut und Sozialhilfereform in den USA*, WSI Mitteilungen, 4, S. 266–279.

Hanoch, G. und M. Honig, 1978, „The Labor Supply Curve under Income Maintenance Programs", *Journal of Public Economics 9*, S. 1–16.

Hauser, R., 1984, „Some Problems in Defining a Poverty Line for Comparative Studies“, in: G. Sarpellon (Hrsg.), *Understanding Poverty*, Franco Angeli, Mailand, S. 329–355.

Statistisches Bundesamt, 1998,
Internet: http://www.statistik-bund.de.

Statistisches Bundesamt, 1997, *Wirtschaft und Statistik*, 5.

Sachverzeichnis